唐代 後期詩 研究

唐代 後期詩 研究

柳晟俊 著

푸른사상

序

　중국의 唐詩를 이해한다는 것은 중국의 傳統 文學을 이해하는 지름길이며 나아가서 중국의 문화 자체를 쉽게 이해하는 좋은 方法인 것을 강조하고자 한다. 이것은 마치 我田引水 같은 말일 줄 모르지만 최소한 시에는 삶의 모든 감성과 이치가 含蓄的으로 담겨져 있기 때문이다. 더구나 唐詩는 중국인의 심성을 가장 진솔하게 묘사한 것은 물론이려니와, 그 이후의 중국인의 의식과 관습까지 固着化시키는 데 절대적인 영향을 주었기 때문이다. 唐詩를 모르고서 중국을 논하지 말라는 말을 한다고 해서 크게 臆說로 들리지 않는 이유는 바로 이러한 관념에서 기인된다고 할 수 있다.

　본서는 唐代의 中唐詩와 晚唐詩 부분을 편의상 '後期詩'라고 명칭하여 書題로 삼았다. 그 주제목차에 있어서는 旣發表한 테마들을 주된 대상으로 하여 戴叔倫과 盧綸 등 大歷時代의 시인들과 羅隱과 崔致遠의 시 관계에 관한 논술은 이번에 새로이 추가시켰다. 그리고 그 내용에 있어서는 기존의 것은 대폭 보완하여 수정·加筆하였으며 새로운 것은 試探的인 차원에서 작가의 전 작품을 주제별로 분류하고 그 담긴 풍격을 추출하는 방법으로 서술하였다.

　제1장은 중당대의 詩思潮로 보아 大歷才子들의 비중을 감안해야

한다는 판단하에 아직 집중적인 연구대상이 되지 못했던 시인의 시를 주된 대상으로 삼았다. 그러다 보니 이미 중요한 연구대상인 高適・岑參이나 韓愈・柳宗元, 그리고 白居易・元稹 등의 시와 王維詩派로 분류되는 韋應物・劉長卿・錢起 등의 시는 이미 그 연구상의 여러 성과가 있었다고 보기에 본서에서는 이제부터 본격적인 연구대상이 될 시인들의 시에 착상을 두게 된 것이다.

제2장은 杜牧과 李商隱 같은 대시인을 다루었지만, 역시 만당의 주류에서 소외된 대상을 탐토하는 데 더 많은 심혈을 기울인 것만은 사실이다. 특히, 한국 漢文學의 鼻祖인 최치원의 시풍을 非唯美派의 주축인 나은의 시와 연계시켜 본 것은 斯界의 연구방향에 하나의 문제점을 제기해 놓은 것이라고 自評하고 싶다. 비록 그 시대를 포용할 만한 대상이 못 된다는 世評이 있는 시인들의 경우라도 본서에서는 과감하게 긍정적인 각도에서 品評値를 높이려고 하였다. 따라서 본서는 唐詩槪論的인 성격을 지닌 책이 아니고, 시도적인 개발성격의 주관적인 논술서적이라는 점을 밝혀둔다. 단지 그 서술문장이나 논술방법이 가능한 한 이해하기에 평이하게 하였으며, 거의 모든 인용문에 韓譯과 부연 설명을 가하였다는 점에서 독자 제현의 거부감이 다소간 덜어질 수 있으리라고 본다.

최근에 한국에서의 중국문학 연구풍토가 학문연구의 本領을 지키는지조차 의심스러운 현상을 목도하면서 필자도 그 한 사람의 처지에서 극히 우려할 정도로 수준하향 현상이 나타나고 있다는 점을 지적하고 싶다. 이런 상황이 계속되어진다면 국내의 중국고전문학, 더구나 詩歌 연구는 비현실적인 분야라는 卑稱下에서 砂漠化되지 않는다고 자신할 수 없다. 그러기에 본서가 이즈음에 발간되는 의미가 결코 적지 않을 것이라고 믿는다.

중국과의 다각적인 關係가 現實化되고 歷史와 文化의 因果關係가 새삼 重視되는 現時點에서 이 책이 전문적인 성격을 지니고 있지만 관심의 對象이 될 수 있기를 바라는 바이다.

　이 책을 펴내는 데 먼저 항상 크신 恩寵 주시는 하나님께 감사드리며 厚意를 베풀어준 푸른사상사 한봉숙 사장님께 감사하고, 조용히 말없이 내조하는 아내에게 특별히 고맙다는 뜻을 전하고 싶다. 그리고 정리하는 데 도움을 준 대학원생 아들 柳信의 노고를 위로하며 學成하기를 바란다. 부족하고 정확치 않은 점이 많은 이 책의 내용에 대해서 江湖 諸賢의 叱正을 바라마지 않는 바이다.

2001년 1월 설날

柳晟俊 삼가 씀

目次

序
唐詩의 槪觀 • 9

제1장 中唐代의 詩人과 그 詩

皇甫湜과 그의 시 3수 25
  Ⅰ. 생애 27
  Ⅱ. 황보식에게 준 시 33
  Ⅲ. 황보식 시 3수 48

韓翃과 그의 交遊, 그리고 詩의 世界 61
  Ⅰ. 韓君平의 生平 — 生卒과 官職을 중심으로 64
  Ⅱ. 한군평의 교유 70
    1. 令狐垣 • 73   2. 錢起 • 74
    3. 夏侯審 • 77   4. 李嘉祐 • 80
    5. 李吉甫 • 82   6. 郎士元 • 84
    7. 張謂 • 86   8. 皇甫冉 • 87
    9. 劉太眞 • 89   10. 冷朝陽 • 91
  Ⅲ. 한굉의 시 세계 94
    1. 군평 시의 諷刺性 • 95 2. 군평 시의 非戰意識 • 101

薛能과 그의 시 풍격 113
  Ⅰ. 생애와 詩作 繫年 115
  Ⅱ. 설능 시의 풍격 126
    1. 憂國의 정치의식 • 129 2. 愛自然의 美意識 • 134

戴叔倫과 그의 五言律詩 140
  Ⅰ. 生平에 대한 양인의 考辨 비교 142
  Ⅱ. 詩作辨僞의 예 146
  Ⅲ. 五言律詩의 主題別 분류 151
    1. 送別詩(36수) • 151　　　2. 詠懷詩(6수) • 153
    3. 贈酬詩(12제 13수) • 153　4. 山水詩(9수) • 154
    5. 交遊詩 (10수) • 154　　　6. 遊歷詩(8수) • 155
  Ⅴ. 五言律詩의 寫實的인 白描 155
  Ⅵ. 五言律詩의 敍事的인 避世意識 161

盧綸과 그 시의 寫實的 표현 168
  Ⅰ. 生平 관계와 詩集 版本 169
    1. 생평 관계 • 169　　　　 2. 盧綸詩集 版本 • 172
  Ⅱ. 노륜시의 寫實的 표현 양상 175
    1. 시 전체의 형식과 主題別 분류 • 176
    2. 대인관계 생활체험 • 189
    3. 傷亂의 直說과 平和의 희구 • 199

李益과 그의 從軍詩, 그리고 樂府詩 211
  Ⅰ. 生平과 詩作 年繫 214
    1. 생평 • 214　　　　　　 2. 시작 연계 • 218
  Ⅱ. 종군시의 慷慨 의기 221
  Ⅲ. 악부시의 淸奇와 雅正 230

제2장 晚唐代 詩人과 그 詩

張祜와 그의 詩 239
　Ⅰ. 生平 240
　Ⅱ. 詩交 관계 245
　Ⅲ. 장호 시의 性格 257
　　1. 山寺와 隱逸脫俗 • 259　　2. 교우와 悲哀 • 265
　　3. 詠物과 艷美 • 270　　　　4. 懷古와 古淡 • 275

皮日休와 그의 詩交, 그리고 詩風의 兩面性 279
　Ⅰ. 思想과 版本 279
　Ⅱ. 生平과 詩交 284
　　1. 生平 • 284　　　　　　　2. 詩交 • 298
　Ⅲ. 시의 兩面的인 성격 306
　　1. 主題別 詩 내용 • 309　　 2. 風格別 詩 내용 • 318
　　3. 唯美超脫的 詩風 • 343

羅隱과 그 詠物詩의 諷刺性 358
　Ⅰ. 生平과 文集 版本 359
　　1. 출신 성분 • 362　　　　　2. 성격과 외모 • 363
　　3. 관직 관계 • 364　　　　　4. 시문집의 版本 • 365
　Ⅱ. 나은 詠物詩의 諷刺의 특성 373
　　1. 나은 영물시의 諷刺性 一般論 • 375
　　2. 自我傷心의 葛藤意識 • 384
　　3. 정치사회에 대한 諷諭 의식 • 393

羅隱과 崔致遠의 詩 比較 401
  Ⅰ. 시 비교의 蓋然性 402
  Ⅱ. 兩人의 詩風格 비교 409
    1. 풍격 비교의 도론 • 409   2. 淡雅 • 414
    3. 隱諭 • 420   4. 脫俗 • 424

杜牧詩의 憂國性 428
  Ⅰ. 사상과 시풍 일반 428
  Ⅱ. 시의 淵源 432
  Ⅲ. 시의 우국적인 豪健性 435
    1. 국사에의 感懷와 慷慨 • 435   2. 憂國에의 열정 • 442
    3. 정치현실의 諷刺 • 444

李商隱 詩의 唯美的 要素 449
  Ⅰ. 이상은 個性과 그 시의 背景 452
  Ⅱ. 戀情 454
  Ⅲ. 傷感과 悽情 465
  Ⅳ. 精麗 473

◇ 索 引 • 481

唐詩의 概觀

　唐朝가 隋를 멸망시키고 천하를 통일하면서 道敎를 국교로 하여 강력한 王權을 확립하고 민심의 求心點을 잡아나가는 통치정책을 펴기 시작하면서 삶의 情緖를 함양하는 데 가장 중요한 대상으로 文藝의 창달을 내세웠다. 과거시험의 과목으로 詩文을 부과하여 시문에 능한 자는 신분에 크게 구애받지 않고 관직에 나갈 수 있는 길이 열리게 된 것이다. 그에 따라서 시에 대한 관심과 창작의욕도 점차로 높아지고 開國 초기부터 수많은 詩人과 詩會가 출현하게 되었고 자연스레 시가 당대 문예의 중심이 되면서 결과적으로 중국문학의 精髓로 자리 매김이 가능하게 된 것이다. 그러면 과연 唐詩는 어째서 발달하였고 그 시기별 특성과 중요작가는 어떤 文人이 있었는지를 개괄적이나마 알아야만, 직접 당시를 읽고 그 담긴 詩興을 나름대로 느껴서 이해하는 데 도움이 될 것이다. 아울러 당시는 初唐代에 형성된 定型試인 律詩와 絶句, 排律 그리고 당대 이전에 형성되어 지어진 古體詩라는 여러 형식의 詩體가 활용된 만큼 기초적인 시의 형식도 인지할 필요가 있는 것이다. 따라서 唐詩에 대한 기본 내용을 다음에 간략하게 기술하고자 한다.

唐詩란 무엇인가라는 물음에 '唐詩는 바로 唐代에 당대 시인들이 지은 詩이다.'라고 답하면 일단은 아무런 異論이 없을 것이다. 왜냐하면 중국문학의 장르 개념은 전통적으로 그 王朝와 발달성향을 맞추어서 형성된 특성을 지니고 있기 때문이다. 예컨대, '詩經-周·春秋戰國時代, 辭賦-楚·漢代, 樂府-漢代·魏晉六朝, 騈文-六朝, 詩-唐代, 詞-宋代, 雜劇(戲曲)-元代, 小說-明淸代' 등의 일반적인 等式이 가능한 것이다. 그래서 여기서 첫 마디부터 지극히 常識的인 말로 이 글을 시작하는 底邊에는 그만한 까닭이 있다. 오늘날 중국문학에서 소위 '장르'라는 현대적 개념이 도입된 것부터가 순수한 중국문학적 의식에서가 아니라 서양의 문예사조와 관계되기 때문인데, 물론 중국문학에도 傳統的인 文體 개념이 있어 왔지만 독립된 個別體로서의 의미는 강하지 않았다. 학문 자체의 연구방법에서 장르별로 엄격한 構想을 重視하지도 않았으며 文學이면 문학 전체를 史學이면 사학 전체를 總括하여 習得하는 것이 바로 학문하는 것으로 되어 왔다. 이것은 곧 文·史·哲·藝의 균등한 섭렵에서 중국의 학문을 올바르게 터득하는 줄 알고 공부해 왔다. 따라서 '唐詩'라는 區分槪念도 어느 한 시대에 創作된 시를 의미하면서 한편으로는 그 시대의 시적 특성을 의미하기도 하는 것이다. 문학의 精華인 시가 三皇五帝부터 면면히 創出되어 왔지만, 그럼에도 불구하고 특히 '唐詩'라고 하여 시대와 장르를 결부시킨 것은 '唐代의 詩'가 詩歌뿐만 아니라 중국문학 전체를 포함해서 견주어 보아도 가장 문학성이 우수하고 민족의식이 훌륭하게 발양된 문학의 정화라고 평가해도 지나친 말이 아니기 때문이다. 그러므로 '唐詩'라는 함축적인 의미는 시대별로 흔히 '漢詩'·'魏晉詩'·'六朝詩'·'宋詩' 등 王朝에 따라 그 때의 시를 지칭하는 개념이나 기준과는 엄연히 차별되어야 하는 것이다. '唐詩'가 약 삼백 년의 기간에(618~907) 창작되어 천여 년이 지난 지금까지 아직도 2,300여 시인에 48,900여 수가(≪全唐詩≫ 900卷) 전래되어 남아 있다는 것은 그 차지하는 比重과 價値가 얼마나 至大한가를 한 마디로 대변해 주는 것이다.

1. 唐詩가 발달된 要因

中國詩歌의 발달이 음악과 함께 삼천 년이나 끊이지 않고 전개되어 오면서 유난히 당나라에 와서 왜 近體詩(律詩와 絶句)가 정착되고, 시를 지칭하면 곧 唐詩를 가리킬 만큼 인식하게 된 것이다. 그 당시엔 인쇄술이 개발되지 않았고 단지 筆寫만으로 전래되는 상황이었는데, 지금까지 그 양이나 질적인 면에서 찬란한 문학적 聲價를 독차지하다시피 하게 된 연유가 어디에 있었는지 다음 몇 가지 측면으로 살필 수 있다.

첫째로 당대에는 학술 사조가 다양하게 발달하여 성행하였다는 것이다. 당나라는 道敎를 국교로 하여 ≪太玄眞經≫으로서 老子의 ≪道德經≫을 추숭하고 도교의 長嘯나 鍊丹이 매우 일반화되어 일상 생활의 중요한 일이 되어 있었다. 그리고 전통적인 儒家 사상을 견지하고 있었고 東漢 시대에 전래된 불교가 南北朝 시대에 성행하면서 당나라에 유입되어 비록 도교를 국교로 정했지만, 당나라의 초기인 太宗이나 高宗 때에는 玄奘 法師나 懿貞 禪師 같은 이들이 佛經을 번역하여 선교하는 일을 도와주는 풍토가 지속되고 있었다. 이러한 현상은 마치 춘추전국 시대에 諸子百家들이 할거하던 것과 비숭하였으니 종교사상의 흥성은 즉 문학의 질적인 면이나 양적인 면에서 비례하여 발전하는 요인이 되었던 것이다.

둘째로 정치와 사회의 변화무쌍한 배경이 당시 발달의 큰 요인이 되었다. 太宗 때에(627~649) 文治를 중시하여 어진 신하를 등용하고 세금과 부역을 감면하면서 태평성세의 시대를 열었으며, 玄宗(712~755) 때에는 물정이 풍부하여 당대의 황금시대를 맞게 되었다. 따라서 백년간의 정치와 경제의 안정으로 문화가 자연스레 발전하게 된 것이다. 동시에 대외적인 영토 확장이나 외교적 측면에서도 성공을 거둔 시기라 할 것이다. 초반 40년 동안에 突厥·吐藩·龜茲·新羅·日本 등에 都護部를 두어 감독하고 남방으로는 동남아의 월남·버마 지역까지 조공케 하여 중국영토에 있어 역사상 가장 광대한 영역을 확보하였으며 문화의 교류 또한 빈번하여 국내외의 學人들의 왕래가 사방 각지로부터 활발하였다. 여기서 그 例로써 우리 삼국시대의 신라와 당의 시인들의 교류 관계를 살펴보면, 당대의 崇文 의식을 확인하게 될 것이다.

新羅가 당나라와 교류하기 시작한 시기는 초당 시기인(621년 전후) 신라 眞平王 43년 전후로 추정되는데(《三國史記》 卷四), 신라인으로 당의 賓貢科에 급제한 사람만도 金雲卿·金可紀 등 58인이나 되었다고 한다. 구체적인 예를 들어 보면, 《全唐詩》에 수록된 신라인의 시가 王巨仁·崔致遠·金立之·金雲卿·金可紀 등 9인의 시 9수가 있으며, 당대 文人에게 준 贈酬詩로 崔致遠의 9수와 朴仁範의 5수가 남아 있다. 그리고 《全唐詩》에서 당인이 신라인에게 준 증수시도 李涉·張籍·皮日休·鄭谷·貫休 등의 시 41수나 수록되어 있는 것이 발견되었다.(졸저 《중국당시연구》 하책, 1994년, 국학자료원 참조.) 그리고 그들 상호간의 우의도 두터워서 온화한 인정을 읽을 수 있으며, 元稹의「白氏長慶集序」에 보면 신라의 경주에서는 백거이의 시가 돈 백 량에 교환될 만큼 문물의 교류가 풍성하였다고 기록되어 있다. 이와 같은 당나라의 문화적 역할이 당의 문화수준을 더욱 높이고 긍지심을 북돋아 주었으리라고 본다.

셋째로 문학운동에 진력할 수 있는 환경이 조성되어 있었다는 것이다. 문학의 발달에는 음악과 미술 등 예술의 발달이 수반되는 것이다. 당의 玄宗 때에 음악을 관장하는 敎坊을 두고 관직에 太樂丞이 있었으며 전대의 궁중 및 민간의 악곡을 정리케 하였다. 중당대에 신악부가 다시 성행한 것이며 당 중엽부터 점차 파생하기 시작한 '詞'의 등장도 바로 이러한 바탕 위에서 가능하였던 것이다. 미술도 당대에 와서 王維에 의해 南宗畵가 파생하여 그림의 입체감과 함께 문인화의 등장이 가능하였으며, 예술의 규격화된 굴레를 자유로이 벗어날 수 있는 풍토가 조성되게 된 것이다. 특히 漢代에 성행하던 樂府가 당대에 와서 신악부로서 더욱 성행하고 체계화된 것은 단순한 음악적인 연관 이상의 사회구조상의 낭만적이며 토속적인 풍조의 영향도 많이 작용하였다고 본다. 唐詩의 발달은 일시적이거나 정책적인 人爲에 의한 요인 때문이 아니고 오랜 시간 쌓여진 복합적인 이유들 때문에 당대라는 시기에 이르러서 창출된 중국문학사에 있어서 피할 수 없는 자연현상적인 결과에 의해서 나타났다고 보는 견해가 보다 더 합리적일 것이다.

2. 唐詩의 특성과 그 시대 구분

당시를 시대 구분하는 방법은 여러 설이 있지만, 지금까지는 明代

의 高棅이 분류한 다음의 四分法을 따르고 있다.(≪唐詩品彙≫序) 고 병도 송대의 嚴羽가 분류한 5분법(≪滄浪詩話≫에서 唐初體·盛唐體·大曆體·元和體·晩唐體로 분류)을 근거로 하여 나누고, 그 시기의 시풍과 활동한 시인들을 체계화시켰다는 데에 그 구분의 의미를 줄 수 있다. 그러나 어느 시대의 한 시인의 風格이 반드시 자기가 살던 시기의 풍격에 귀속시키는 일률적인 관념 같은 편견에서 탈피해야 할 것이다. 더구나 문학이라는 時空에 구애받지 않는 정신세계를 창조하는 면에 있어서는 더 말할 나위가 없다. 그래서 錢鍾書도 일찍이 陸游가 송대에 살았지만 어느 한 곳에 송시의 맛이 있느냐고 하면서 생존시기는 송대인이지만 당시의 풍골을 지녔다고 문학시기의 구분에 대해 비판적인 견해를 피력하기도 하였다.(≪談藝錄≫) 이러한 점을 감안하면서 고병의 四分法에 의하여 각 시대의 당시 특성을 보고자 한다.

(1) 初唐詩(618~712)

六朝와 隋代의 유미주의적인 齊梁風이 계승되면서 시의 형식과 기교가 규율화되고 이전의 고체시의 틀에서 새로운 詩體가 완성되었다. 上官儀 등의 宮廷 시인과 王勃 등의 初唐四傑, 그리고 崔融 등의 文章四友들이 형식미와 音律을 중시하여 내용보다는 格式에 여전히 치중하였으므로, 그에 따라서 沈佺期와 宋之問에 의해서 近體詩의 완성을 보게 된 것이다. 그러나 이 시기에도 체재의 중시를 반대하고 性情을 시의 요소로 강조하던 이른바 反齊梁風의 시를 중시하던 陳子昻과 張九齡 같은 시개혁론자들도 등장하였다. 이들 반제량풍의 시인들은 뒤에 성당시풍을 일구는 시문학상의 중요한 역할을 하게 된다.

이 시대의 중요작가로는 율시 완성에 큰 공헌을 한 상관의(608~664)를 비롯하여 제량풍을 따랐지만 독자적인 초당시를 주도한 초당 사걸인 王勃(648~675)·楊炯(650~692?)·盧照隣(637?~676?)·駱賓王(640~680?)이 있었고, 초당 후기에 유미풍을 계승하면서 율시의 완성에 적극적인 역할을 하였던 文章四友들인 崔融(652~705)·李嶠(645~714)·蘇味道·杜審言(645~708?) 등을 먼저 들 수 있다. 그리고 같은 노선을 지킨 율시의 완성자인 심전기(656~713)와 송지문(656~712)은 여러 문인의 도움을 받아서 오언율시를 먼저 완성하고 칠언율시와 절구를 체계화하여 오늘의 漢詩라는 체재의 틀을 만들었다.

한편, 형식보다는 내용을 중시할 것을 주장하던 반제량풍의 시인들의 활약도 적지 않아서 초기에는 王績(585~644)·王梵志·寒山 등 은둔시인들이 있었으며, 특히 성당의 길을 열어준 시의 興奇를 중시하여 제량풍을 극력 반대한 陳子昻(661~702)이나 張九齡(678~740) 등은 시대적 의미에서 중요한 위치에 있었다.

(2) 盛唐詩(713~765)

당의 정치·경제의 안정과 번영에 있으면서도 安祿山의 亂 등 국내외적으로 난리도 많았다. 이 시기에 특기할 것은 玄宗의 楊貴妃와의 애정으로 나타나는 여러 가지 부작용으로 백성에 대한 세금 과중, 기강의 문란, 군벌의 발호 등의 현상이 일어나서 성세의 풍기가 무너지고 민생의 질고가 극심하여지니, 시인의 마음과 현실 또한 이율배반적인 처지에 빠지게 되어 자연히 시도 性情爲主의 낭만이며 자연추구의 隱逸 사상이 깃들여 갔다. 거기에다 초당 말기에 일어난 시 개혁정신이 이어지면서 진자앙·장구령에 뒤이어 賀知章

(659~744)과 張說(667~730) 등이 그 뜻을 계승하여 성당시의 문을 열게 되자, 개성에 따라서 여러 파의 시풍이 서로 조화를 이루는 당시의 황금기를 맞게 되었다.

이 시기에는 王維(701~761)와 孟浩然(689~740)을 위시한 자연시파가 나와서 山水田園을 주제로 자연을 노래하며 은거적인 의식 속에 현실문제를 초월하는 시의 세계를 추구하였다. 이런 유파에 속했던 시인으로는 韋應物·綦毋潛(741 전후)·裵迪 등을 들 수 있다. 그리고 이 시기에는 잦은 전쟁이 있었는데, 그 당시의 문인들에게는 나라가 혼란하여 민심이 어지럽고 고통스러운 까닭에 非戰思想이 팽배해 있었다. 따라서 高適(702~765)이나 岑參(715~770) 같은 시인들은 변새시파로서 구분되어 전쟁에 대한 갖가지 소재를 작품 속에 다루어 현실적이고 진취적인 면을 보여주었다. 그러나 그들도 역시 자연을 노래하는 낭만성을 공유하고 있었다. 이 시기에 있어서 무엇보다 중요한 시인들은 바로 李白(701~762)과 杜甫(712~770)이다. 이들은 당대의 시인일 뿐 아니라 중국문학을 대표하는 시인이기 때문이다. 낭만시인으로서의 이백과 사실주의 시인으로서의 두보는 唐詩가 낳은 詩仙이요 詩聖이다. 이백은 道家的 색채가 강하지만 儒家的인 면도 지니고 있으며, 유랑생활을 많이 한 까닭에 다양한 시가를 남기고 있다. 여러 가지의 시형을 구사하는 데에 그의 뛰어난 詩才를 발휘하여서 자유분방하게 시의 감흥을 토로하였다. 두보가 그의 시를 "붓을 쓰면 비바람이 놀란 듯하고, 시가 지어지면 귀신도 흐느끼네.(筆落驚風雨, 詩成泣鬼神.)"(「寄李十二白二十韻」)라고 말하기도 하였다. 천재 시인은 그의 창작기교와 시의 정취를 가장 즉흥적이고 담백하게 승화시킨 것이다.

두보는 이백에 비해 율격에 엄정하였다. 즉흥이 아니라 많은 각고의 노력에 의해 入神과 같은 완전한 시를 창조해낸 것이다. 그의 시는 그의 삶이요, 社會相 그 자체였으며 살아 있는 모습 그대로였기에, 하나 하나가 바로 '詩史'였던 것이다. 1,400여 수의 그의 시는 하나같이 형식과 내용이 잘 다듬어져 있어서 후세의 만인에게 師表가 되며 그의 불행한 생애와는 달리 길이 추앙되고 있다.

(3) 中唐詩(766~835)

이 시기는 大曆(766~804)과 元和(805~835)로 나누어 볼 수 있다. 대력시기는 성당을 계승하여 두보의 영향권에 있었으니 현실주의적인 경향을 지니고 있었다. 盧綸·錢起 등을 비롯한 大曆十才子의 활약이 눈에 띄었으며, 민생고를 위시한 平庸한 시가들을 남기고 있어 문학적 가치를 높이 평가받지는 못한다. 그러나 元結(723~772)이나 劉長卿(709~780) 등은 왕유나 맹호연을 계승하여 민중의 고통을 노래하면서도 풍유의 뜻을 살리려고 하였고, 자연풍의 시도 구사하였다.

원화시기에는 白居易(772~846)를 위시한 元稹(779~831), 張籍(765~830), 王建(751~835) 등이 新樂府運動을 전개하여 俗語의 구사는 물론이거니와 철저하게 민중의 실상을 풍유하는 데 주력하였다. 그리고 韓愈(768~824)나 孟郊(751~814) 등은 기험한 표현을 平淡하게 추구하였고, 柳宗元(773~819)과 劉禹錫(772~842) 등은 중당에서도 자연시를 계승 발전시켰으며, 李賀(791~817)는 낭만적이지만 유미풍을 지향하고 난해한 상징시를 개척하기도 하였다. 이같이 성당에는 시형과 기교를 발달시켰는가 하면, 중당에서는 그것을 더욱 차원을 높여서 발전시켜 나갔다고 하겠다.

(4) 晩唐詩(836~906)

만당은 정치가 혼미해져서 나라가 망해 가는 시대였다. 정치와 사회가 부패하여 백성의 고통은 극에 달하였으며 시인들은 현실을 도피하고 은둔하려고 하였으며 자포자기적이며 末世的인 도덕과 기강의 문란이 돌이킬 수 없는 지경에 달해 있었다. 따라서 시도 화사한 표현에 주력하여 내용보다는 겉모양의 美化를 따르게 되었다. 이것을 유미주의적인 시대라고 말하고 있다. 그러나 시단에서는 순수유미파로 杜牧(803~852)과 李商隱(812~858)을 들 수 있는 반면, 이 시기에도 정치와 사회의 부패와 혼란을 고발하는 현실주의적인 시인들도 많아서 皮日休(843~883)나 杜荀鶴(846~907) 등은 민중의 비참한 생활상을 적나라하게 묘사해 냈던 것이다. 여기에 피일휴의 「農夫謠」한 편을 살펴보고자 한다. 만당에도 이같이 백거이 못지 않은 사실파 부류가 있었던 것이다.

> 농부가 고생을 원망하여
> 나에게 그 마음 털어놓는다.
> "한 사람이 농사하기 어려워도
> 열 사람의 원정은 하여야 하네.
> 어째서 강회의 곡식을
> 배와 수레로 서울로 실어 나르나?
> 태반은 물에 잠기니,
> 옮기는 일에 능사가 난,
> 양반네들 어찌 감히 투덜만 대는가.
> 삼천에선 어찌 농사 안 짓고,
> 서울 땅엔 어찌 밭갈이 안 하는가.
> 그 곡식 수레에 실어 임금의 병사에게 주려함이 아니런가!"
> 멋지도다! 농부의 말씀,

왕도를 어떻게 꾸려 갈려 하려는지!

農父寃辛苦, 向我述其情. 難將一人農, 可備十人征.
如何江淮粟, 輓漕毂咸京. 黃河水如電, 一半沈與傾.
均輪利其事, 職司安敢評. 三川豈不農, 三輔豈不耕.
奚不車其粟, 用以供天兵. 美哉農父言, 何計達王程.

唐詩를 이해한다면 중국의 시를 이해한 것이며 중국문학을 올바르게 이해할 수 있는 것이다. 당시를 모르면 중국의 문학세계를 제대로 모르는 것이기도 하다.

3. 唐詩의 形式

중국의 시는 그 형식에 있어서 크게 古詩와 近體詩로 나누는데, 唐詩는 이 두 가지를 모두 포함하고 있다. 고시에는 다시 詩經體의 시와 五言古詩·六言古詩·七言古詩 등 다양한데, 당시에는 五言과 七言을 多用하고 있다. 한편 근체시는 당대에 완성된 詩體이므로 常用되었다. 律詩와 絶句, 그리고 排律로 구별하여 각각 五言과 七言體를 쓰고 있다. 시는 시의 韻律이 있어서 唱할 수 있고 吟詠할 수 있으니 시의 운율은 시의 음악성과 불가분의 관계를 갖는 직접적인 이유가 된다.

먼저 唐古詩의 格律을 보면, 韻을 쓰는데, 平韻을 쓰는 고시와 仄韻을 쓰는 고시가 있으며 매 4구마다 운을 바꾼다. 고시이므로 通韻을 하며 전편의 시가 한 개의 운을 가지고 類似韻과 통운하는 경우와 두 개 내지 그 이상의 운을 채용하는 경우가 있다. 따라서 근체

시처럼 一韻으로 시 전체를 押韻하는 一韻到底만을 하지 않고 換韻할 수 있다. 그리고 唐古詩의 平仄論은 異論이 많은데(주된 내용은 필자의 ≪中國唐詩硏究≫ 上冊, 국학자료원, 1994 참고) 몇 가지 참고할 사항을 보면 다음과 같다.

    ① 고시의 平仄은 율시와 맞지 않는다.
       時見歸村人, 涉行渡頭歇. (孟浩然「秋登蘭山寄張五」)
       평측평평평　평평측평측

       때때로 돌아가는 사람 보니
       모래 위에 가다가 나루터에 쉬네.

    ② 앞의 구에서 入律하면 對句에서는 피한다.
       明日隔山岳, 世事兩茫茫. (杜甫「贈衛八處士」)
       평측측평측　측측측평평

       내일 이별하여 높은 산에 막혀 있으면
       서로의 소식일랑 또 알지 못하리.

여기서 대구는 入律하지만 出句는 入律하지 않는다.

    ③ 三平調(平三連)를 많이 쓴다.
       悠悠西林口, 自識門前山. (王維「崔濮陽兄」)
                측측평평평

       아늑한 서림의 입구에 서 있으니
       문 앞에 산이 있음을 알겠노라.

다음에는 律詩와 絶句의 平仄配列을 圖示하려고 한다.

① 오언율시의 平仄式正格
  (측)측평평측, 평평(측)측평(운)
  (평)평평측측, (측)측측평평(운)
  (측)측평평측, 평평(측)측평(운)
  (평)평평측측, (측)측측평평(운)
  여기서 첫 구에 운을 쓰면 '측측측평평(운)'이 되어야 한다.

② 오언율시의 平起式正格
  (평)평평측측, (측)측측평평(운)
  (측)측평평측, 평평(측)측평(운)
  (평)평펴측측, (측)측측평평(운)
  (측)측평평측, 평평(측)측평(운)
  여기에서 첫 구에 운을 쓰면 '평평측측평(운)'이 되어야 한다.

③ 칠언율시의 측기식정격
  (측)측평평(측)측평(운), (평)평(측)측측평평(운)
  (평)평(측)측평평측, (측)측평평(측)측평(운)
  (측)측(평)평평측측, (평)평(측)측측평평(운)
  (평)평(측)측평평측, (측)측평평(측)측평(운)

여기에서 첫 구에 운을 쓰지 않으면 '(측)측(평)평평측측'이 되어야 한다.

④ 칠언율시의 평기식정격
  (평)평(측)측측평평(운) (측)측평평(측)측평(운)
  (측)측(평)평평측측, (평)평(측)측측평평(운)
  (평)평(측)측측평평(운)

여기서 첫 구에 운을 쓰지 않으면, '(평)평(측)측평평측'이라고 해야 한다.

⑤ 오언절구의 仄起格平聲韻正式
(측)측평평측, 평평(측)측평(운)
(평)평평측측, (측)측측평평(운)
여기에서 첫 구에 운을 쓰면 '(측)측측평평(운)'이 되어야 한다.
⑥ 오언절구의 平起格平聲韻正式
(평)평평측측, (측)측측평평(운)
(측)측평평측, 평평(측)측평(운)

여기에서 첫 구에 운을 쓰면 '평평(측)측평(운)'이 되어야 한다.

⑦ 오언절구의 仄起格仄聲韻正式
(측)측평평측(운), (평)평평측측(운)
평평(측)측평, (측)측평평측(운)

⑧ 오언절구의 平起格仄聲韻正式
(평)평평측측(운), 측측평평측(운)
(측)측측평평, (평)평평측측(운)

⑨ 칠언절구의 仄起格平聲韻正式
(측)측평평(측)측평(운), (평)평(측)측측평평(운)
(평)평(측)측평평측, (측)측평평(측)측평(운)

여기에서 첫 구에 운을 쓰지 않으면 '(측)측(평)평평측측'이 되어야 한다.

⑩ 칠언절구의 平起格平聲韻正式
(평)평(측)측측평평(운), (측)측평평(측)측평(운)
(측)측(평)평평측측, (평)평(측)측측평평(운)

여기에서 첫 구에 운을 쓰지 않으면 '(평)평(측)측평평측'이 되어야 한다.

⑪ 칠언절구의 仄起格平聲韻正式
　(측)측(평)평평측측(운), (평)평(측)측평평측(운)
　(평)평(측)측측평평, (측)측(평)평평측측(운)

⑫ 칠언절구의 平起格仄聲韻正式
　(평)평(측)측평평측운, (측)측(평)평평측측(운)
　(측)측평평(측)측평, (평)평(측)측평평측(운)

이상의 여러 격식에서 '……起格'이란 첫 구의 제2자가 평성이냐 측성이냐에 따라 구분한 것이고, '(측)'형은 그 자리에 平과 仄의 공용이 가능하다는 의미가 된다. 시의 운율은 ≪切韻≫에서 정리된 平聲 57韻, 上聲 55운, 去聲 60운, 그리고 入聲 34운 등 모두 206운을 가지고 활용하는데 平聲韻이란 上平과 下平을, 仄聲韻이란 上聲·去聲과 入聲을 두고 하는 말이다. 위에 열거한 형식들은 정해진 규율이거니와, 규식에 얽매이지 않고 變格을 만들어 시를 짓는 경우가 더욱 많았음을 간과할 수 없는 것이다. 唐詩의 세계는 형식이나 내용에 있어서 변화무쌍한 風格과 華麗纖細한 技巧, 그리고 靈的인 昇化를 추구하는 境界를 골고루 갖춘 중국문학의 최고의 金字塔이라고 말할 수 있다.

제 1 장
中唐代의 詩人과 그 詩

皇甫湜과 그의 시 3수

　唐代의 시단은 極盛과 極多, 그리고 極高의 三極을 누렸던 중국시의 황금기였음을 더 이상 부연할 필요가 없다. 풍격의 다양화와 수다한 시인의 수, 그리고 시적 수준의 제고 등이 한데 어울린 문학의 신나는 놀이판이었다. 그런 중에서도 중당대는 초성당대에 비해 시의 기교와 내용에 있어서 한층 세련되고 다기하며, 인간의 내심을 이지적으로 표출시키는 幽玄한 기풍마저 조성되어 있었다. 그러기에 奇險하기도 하며 苦淡하기도 하고, 사실적인 면이 주된 조류를 이루었다. 그러면서 성당의 주된 사조인 性情爲主라든가 자연현상에의 접근묘사도 이 시기에 떨치지 않고 유지시켜 오기도 하였다. 이렇다면 당대에 있어서 가장 문학적이며 가장 심도 있는 시단의 조성은 역시 중당에서 가능했다고 할 수 있을 것이다.
　이런 중당대에는 고문운동이란 문학의 대혁신이 전개되어 이것이 시작에 직접 연결되는데, 그 가장 큰 변혁의 역할자가 곧 韓愈이며, 그를 중심으로 한 전후의 시인들이 한 그룹을 형성하여 새로운 시풍을 이끌어 나갔다. 그 중의 한 사람이 바로 皇甫湜(777~832)이 되겠다. 황보식은 그의 시가 문에 비하여 잔존하는 것이 거의 없지만[1] 그의 시풍을 단정하기 어려우나[2] 그에 대한 타 시인의 시와 그 자신의 문에 나타난 이론, 그리고 그의 시에 대한 긍정적인 다음과 같은 평을 보아서 그의 시 세계를 유추할 수 있다. 즉 명대 李日華의 ≪六硯齋二筆≫을 보면,

皇甫湜, 韓門弟子而不善作詩, 其題浯溪石間爲元結詩云.……味其語意, 蓋衡量唐人文章, 而詞亦有氣岸稜峭, 非苟作者. 洪容齋以爲風味無可采, 非也.

황보식은 한유 문하의 제자로서 시를 잘 짓지 못하였으며 그「오계석」이란 시제는 간혹 원결의 시라고도 한다.……그 어의를 맛보면 대개 당인의 문장으로 여겨지고 시어 또한 기상이 우뚝함이 있어서 구차한 작품이 아니다. 홍매가 그 풍미는 취할만한 것이 없다고 한 것은 그르다.

라고 한 데서 황보식의 시 또한 문에 맞춰질 수 있다고 보는 것이다. 그러기 위해서는 그의 시문과 시 3수(≪全唐詩≫ 卷369)에 대한 객관적인 정리가 있음으로 해서 가능하다고 보아 본문의

---

1) ≪全唐詩≫(卷369)에 현존하는 詩는 단지 3首뿐이니, 五言排律「題浯溪口」·「石佛谷」, 그리고 雜言體「出世篇」이 있다.
2) 皇甫湜은 詩가 적기 때문에 그동안 그의 詩와 有關한 評價가 전혀 이루어지지 않았다. 따라서 宋代의 計有功은 ≪唐詩紀事≫ (卷25)에서 "湜不善詩, 退之知公安陸渾二篇, 可以想見其怪奇.……言其語怪而好譏罵也."라 하여 '怪譏'로 평하였으며 같은 시대의 洪邁도 ≪容齋隨筆≫에서 '浯溪石'을 引用하면서 "味此詩, 乃論唐人文章耳, 風格殊無可采也."라 하여 除外시킨 이후에 明淸代로 오면서 그의 文은 韓愈의 列에 넣으면서 詩는 酷評의 度가 심했다. 淸代 方成珪의 ≪韓集箋正≫: "唐詩紀事, 殖有爲出世篇一首, 筆意亦盧仝·劉乂之亞."

주제로 삼게 된 것이다.

I. 생애

황보식의 출신지에 대해 ≪신당서≫(卷176) 「韓愈傳附」에는,

皇甫湜字持正, 睦州新安人.

황보식은 자가 지정이며, 목주의 신안 사람이다.

라고 하여 '新安人'(지금의 浙江省 淳安縣)으로 본다. 그의 생평은 본전에 기록이 없지만 그가 韋處厚의 「재상께 황보식을 추천해 주기를 올리는 글(上宰相薦皇甫湜書)」(≪全唐文≫ 卷51)에 "전의 진사 황보식을 살펴 보건대 나이 32세이다.(竊見前進士皇甫湜, 年三十二.)"라 하고 晁公武의 ≪郡齋讀書志≫에는,

唐皇甫湜持正也, 睦州人, 元和元年進士, 仕至工部郞中.

당대의 황보식 지정은 목주인인데 원화(806년) 원년에 진사가 되고 공부랑중에 올랐다.

라고 하였고, 그리고 ≪登科記考≫(卷16)에도,

皇甫湜字持正, 睦州新安人, 元和元年擢進士第.

황보식의 자는 지정으로 목주 신안인이다. 원화 원년에 진사에 급

제하였다.

라고 한 데에서 황보식이 진사에 급제하였는데, 이때가 元和 원년(806년)에 해당하며 위처후가 황보식을 賢良方正直言極諫科에 추천한 때가 황보식의 나이 32세인 것을 알 수 있다. 그러면 32세가 언제인지는 다음 ≪舊唐書≫ 「憲宗本紀」에 보면,

元和三年夏四月乙丑,貶翰林學士王涯虢州司馬,時涯甥皇甫湜與牛僧孺李宗閔, 幷登賢良方正科第三等.

원화 3년 여름 4월에, 한림학사 왕애가 괵주사마로 좌천되었는데, 그때에 왕애의 조카 황보식과 우승유·이종민 등이 모두 현량방정과에 제3등으로 급제하였다.

라고 한 기록과 ≪唐會要≫(卷76)에,

元和三年四月,賢良方正直言極諫科牛僧孺, 皇甫湜, 李宗閔……庚威及第.

원화 3년 4월, 현량방정직언극간과에 우승유·황보식·이종민……유위 등이 급제하였다.

라고 한 기록에서 황보식의 32세는 원화 3년(808년)이므로 그의 생년은 代宗 大曆 12년(777년)에 해당된다. 그리고 그의 졸년도 불확실하지만, 姚範援의 ≪鷃堂筆記≫에 보면,

持正當卒於太和三四年, 己酉庚戌之間.

지정은 태화 3·4년, 즉 기유년과 경술년 사이에 죽었다.

라고 한 데에서 대개 太和년 간에 졸하였음을 추측하는데, 余嘉錫이 요씨의 설을 바탕으로 태화초가 아니라, 그 후의 연대로 추정하는 근거를 다음과 같이 제시하고 있다.

  姚氏謂湜卒於太和三四年間, 不及見裴度作東都留守, 自無爲度撰碑之事, 其惟一證據, 只白居易哭皇甫七郞中詩, 編次於太和三年和微之道保生詩之後耳. 其他引證雖繁, 然均無以見湜卒於何年也.……姚氏所據, 當卽此本, 其詩不編年, 但於一卷之中, 略以年月分先後耳. 然亦有淩亂失次者, 如卷二十六, 第一首爲太和戊申歲大有年, 此太和二年也, 其後有元相公挽詞, 已是太和五年之作……居易一年之中, 所作律詩, 必不只此數首, 故其卷二十七, 開卷卽戊申歲暮詠懷, 復廻至二年之冬, 而其後有哭微之詩, 又是五年之秋矣.……其前後次序, 顚倒錯謬如此, 頗似隨手亂置者, 然則惡能因其卷二十八, 編哭湜詩於微之生子及道保生詩之後, 便謂湜定死於太和三四年耶? 乃姚氏堅持此說, 以爲湜必不及裴度作留守之詩, 其亦不足據也已矣.

  요씨가 말하기를 황보식은 태화 3·4년간에 죽어서 배도가 동도유수를 지낸 것을 보지 못했고, 배도를 위해 비문을 지은 일이 없다고 하는 것이 그 유일한 증거로 삼는데, 단지 백거이의 「곡황보칠랑중시」가 태화 3년의 「화미지도보생시」의 뒤에 수록되어 있을 뿐이다. 기타 인증이 번다하지만 모두 언도교문학연구황보식이 죽었는지를 알 수 없다.……요씨의 근거는 바로 이 판본인데, 그 시가 편년이 되어 있지 않고 단지 1권 중에 대략 연월로 선후가 나누어져 있을 따름이다. 그러나 그것도 순서가 혼란함이 있으니 26권 같은 경우에 제1수가 태화 무신년(828년)으로 되어 있어 이것은 태화 2년인데 그 뒤의 「원상공만사」는 태화 5년의 작으로 되어 있다.……백거이가 일 년 동안 지은 율시가 필히 이 몇 수에 그치지 않았을 것이니, 고로 27권의 권두에 「무신년 세모의 영회」라는 시가 있어 다시 2년 겨울로 돌아가고 있고, 그

뒤에 「곡미지시」가 또 5년 가을의 작으로 되어 있다.……그 전후의 순
서가 이처럼 뒤바뀌어 틀려 있는 것이다. 자못 멋대로 어지러이 배치
된 것 같으니 따라서 어찌 28권에서 「곡식시」를 「미지생자급도보생시
」뒤에 넣었다고 하여 황보식이 태화 3, 4년에 죽었다고 단정할 수 있
겠는가? 요씨가 이 설을 내세우는 것은 황보식이 배도가 유수가 된 때
까지는 없었다고 생각한 것인데 이 또한 근거가 부족할 따름이다.

따라서 황보식의 졸년은 태화 9년(832년)을 종점으로 삼고자 한다.
황보식의 성품은 강직하면서 조급하며 재주를 믿고 오만한 면이
짙었으니, 오대의 高彦休의 ≪唐闕史≫에 보면,

皇甫郎中湜氣貌剛質, 爲文古雅, 恃才傲物, 性復褊急.

황보식 낭중은 기상이 있고 강직하여서 글을 씀도 고전적이며 우아
하여 재능을 믿고 오기를 지니고 있었으며 성품이 매우 조급하였다.

이러한 그의 성품은 한유를 배워서 그의 시문은 당대의 樊宗師의
말대로 "황보식의 건전함(皇甫湜之健)"과 송대의 沈作喆의 말처럼
"옛 것을 좋아함(好古)"이라는 호평을3) 듣는 한편, 張表臣의 "괴이하
면서 추함(怪且醜)"의 비평도 듣는 양면적인 문풍을 보여 준다.4) 황
보식의 생애에 대한 지금까지 밝혀진 연대를 정리하면 다음과 같다.

---

3) 樊宗師는 「絳守居園池記注」에서 "昌黎公以文雄一世, 從之遊者, 若李翶之純, 皇
甫湜之健, 張籍之麗.郊·島之寒苦, 巨細無不有, 而號稱險怪奇澁者."라 하였고,
沈作喆은 ≪寓簡≫에서 "韓退之·柳子厚·皇甫持正, 皆好古者也, 尙刻意雕琢, 曲
盡其妙."라 하였다.
4) 宋代 張表臣은 ≪珊瑚鈎詩話≫에서 "李唐群英, 惟韓文公之文, 李太白之詩, 務
去陳言, 多出新意, 至於盧仝, 貫休輩效其頻卑, 張籍·皇甫湜輩, 學其步, 則怪且
醜, 僵且仆矣."라 하였다.

o 代宗 大曆 12년(777) : 新安에서 출생.
o 憲宗 元和 원년(808) : 진사급제. 陸渾尉 됨.
o 헌종 원화 3년(810) : 육혼위로서 韓愈・李翺・李賀・賈島 등과 내왕. 동년에 賢良方正直言極諫科에 천거됨.
o 헌종 원화 4년(811) : 侍御史가 됨.
o 헌종 원화 8년(815) : 시어사로서 黔南에 감.
o 헌종 원화12년(819) : 李愬를 수행하여 襄陽에 감.
o 헌종 원화 13년(820) : 湖北에서 은거하며「公安園池詩」를 지어 蟲魚로써 소인을 풍자하였음(지금은 일실).
o 穆宗 長慶 4년(824) : 한유 졸. 墓銘과 神道碑를 씀.
o 文宗 太和 2년(828) : 丞相 凉公을 따라 양양에 감. 10월에 洛陽으로 돌아감.
o 문종 태화 3년(829): 낙양에서「顧況詩集序」를 씀.
o 문종 태화 6년(832): 황보식 졸. 그의 아들 皇甫松은 자칭 '檀欒子'라 하고(≪全唐詩≫ 卷369 小注) 13수의 시가 전한다.5)

Ⅱ. 황보식에게 준 시

황보식 자신은 단지 3수의 시만을 남기고 있지만 황보식에게 준 시들은 황보식의 문학활동을 이해하고 그의 풍격을 객관화시키는 데 일조가 된다고 보기 때문에 적지 않은 의미를 지니고 있다고 본다. 따라서 그의 시교에 나타난 작품을 통하여 황보식에 대한 인품과 성정, 그리고 문학적인 위치 등을 파악할 수 있을 것이다. 이들의 시로 보아서는 상호의 증시는 없지만 문학의 교류상 거론해야 할 문인으로 顧況, 李翺, 韋處厚 등을 들 수 있다. 고황(725~814)은 황보

---

5) 皇甫松의 詩는「古松感興」・「怨回紇歌」・「江上送別」・「採蓮子二首」・「抛毬樂」・「勸僧酒」・「登郭隗臺」・「楊柳枝詞二首」・「浪淘沙二首」・「句」 등 13首.

식이「顧況詩集序」에서,

> 君披黃衫白絹鞜頭, 眸子瞭然, 炯炯青立, 望之眞白圭振鷺也.

> 그대가 노란 적삼과 흰 비단 신을 걸치니 눈동자가 뚜렷하고 훤하게 말끔히 서 있으면 보건대 흰 옥을 떨치는 백로 같도다.

라고 하여 양인의 관계를 추리할 수 있으며, 또 序 중에서 고황의 시를 높여서,

> 駿發踔厲, 往往若穿天心, 出月脇, 意外驚人, 語非尋常所能及, 最爲快也. 李太白杜甫已死, 非君將誰與哉?

> 준마가 힘차게 내어 달려서 왕왕 마치 하늘 심장을 뚫는 듯, 달의 겨드랑을 쳐나가 듯 하여 의외로 사람을 놀라게 하니 시어는 심상하게 따를 수 없이 너무 통쾌하다. 이태백·두보가 이미 죽었으니, 그대 아니고 뉘와 함께 하겠는가?

라고 하여서 황보식이 고황의 문학을 이미 바르게 평가하고 고황도 황보식을 揚雄과 孟軻의 재능에 비견하였음을 알 수 있다. 황보식의 문학(시를 포함)이 고황의 대열에 같이 있음을 보여 주는 것이다. 그리고 이고는 한유의 제자로서 황보식이 그의「朝陽樓記」(≪皇甫持正文集≫ 卷5)에서,

> 不己屈以事高, 不心望以卑遠.

> 자신을 굽혀서 높은 자를 섬기지 않으며, 마음을 가까운 데 두어 멀리 있는 자를 낮게 여기지 않는다.

라고 이고를 칭찬하였는데, 이것은 원화 3년(808)에 이고가 韶州에 가서 朝陽樓를 중수하자 황보식이 그에 관한 記를 쓴 데에서 기인한다. 이러한 이고에 대한 평가는 황보식의 「答李生第一書」(상동 卷四)에 보면 더욱 분명하니,

意新則異於常, 異於常則怪矣, 詞高則出於衆, 出於衆則奇矣.

문의가 새로우면 평상보다 특이하고 평상보다 특이하면 괴이해지며, 문사가 고아하면 출중해지고 출중해지면 괴이해진다.

라고 하여서 양인의 지조가 상합하고 있음을 알 수 있다. 이고 자신도 7수의 시를 남기고 있는데(≪全唐詩≫ 卷369) 그의 시가 귀전적이며 초탈적인 면을 보여 주어서 황보식의 3수의 시와 풍격면에서 상통하기도 한다. 먼저 「戱贈詩」를 보면,

縣君好磚渠, 繞水恣行游.
鄙性樂疏野, 鑿地便成溝.
兩岸値芳草, 中央漾淸流.
所尙旣不同, 磚鑿可自修.
從他後人見, 境趣誰爲幽.

　현군은 벽돌 도랑을 좋아하여
　도랑물을 돌며 느긋이 노닐었지.
　나의 성품이 들판을 즐겨하여
　땅을 파서 도랑을 만들었네.
　양쪽 언덕에는 향기론 풀을 심으니
　가운데는 맑은 물이 출렁인다네.
　바라는 바가 벌써 같지 않으니

벽돌 구멍을 스스로 고쳐봄이 좋으리.
뒷사람이 본다면
경계의 흥취 누구든 그윽하리라.

이 시에서 이고가 자연을 아끼고 그 정취를 깊이 알고 있는 것을 보게 되고,「拜禹歌」에서는,

惟天地之無窮兮, 哀生人之常勤.
往者吾弗及兮, 來者吾弗聞.
已而.已而.

천지의 무궁함을 생각하니
인생이 늘상 괴로운 것이 슬프구나.
이미 떠난 이는 내 따르지 못하겠고
후에 올 사람 내 아직 몰라라.
그만이로다. 그만이로다.

라고 하여 삶의 무상과 허무를 성왕의 묘당에 서서 직설적으로 서술하고 있다. 한편, 韋處厚는 황보식을 재상에게 직접 추천한 친분관계로써 교분을 맺고 있었다. 그의 추천의 내용을 보면,

竊見前進士皇甫湜, 年三十二, 學窮古訓, 詞秀人文,脫落章句, 簡斥枝葉, 遊百氏而旁覽. 折之以歸正, 囊六義以疾馳, 諷之以合雅. 苟堅其持操, 不恐於囂囂之訕, 修其踐立, 不誘於籍籍之譽, 孟軻黜楊墨之心, 揚雄尊孔顔之志, 形手旣立. (「上宰相薦皇甫湜書」, ≪全唐文≫ 卷五十二)

전진사 황보식을 살펴보건대, 나이 32세에 학문은 고전을 통달하고 문사는 인문에 뛰어나며 진부한 장구를 벗어버리고 사소한 가지와 잎 같은 것을 잘라 버리고서, 백가의 경지에 드나들며 널리 읽었

습니다. 이런 것들은 꺾어버리고서 정도로 돌아가고 육의를 주머니에 넣어서 힘차게 내달리며 이것을 읊으며 雅와 어울리게 하였습니다. 진실로 그의 지조를 지켜서 시끄러운 비방에 두려워 아니하고 그 딛고선 곳을 다져서 떠들썩한 명예에 이끌리지 아니하며 맹자처럼 楊朱와 묵자의 마음을 배척하고 양웅처럼 공자와 안회의 뜻을 받들었으니, 그 자태 이미 우뚝합니다.

여기서 황보식이 유가적 입장을 취하고 지조와 의지가 굳건한 점을 높이사고 있음을 명지케 한다. 위처후 자신이 남긴 시작은 「盛山十二詩」(≪全唐詩≫ 卷479)가 있는데, 단편적인 면이지만 경물에 대한 묘사가 성당에 가깝고 진솔한 직감으로 직설하고 있어서 姜夔가 말한 바, 기상과 韻度가 조화되어 있는 것이다.[6] 그의 「宿雲亭」과 「梅谿」를 보기로 한다.

  雨合飛危砌, 天開卷曉窓.
  齊乎聯郭柳, 帶繞抱城江. (「宿雲亭」)

  비를 뿌리며 우뚝한 섬돌에 휘날리고
  날 개이니 새벽 창가에 감도누나.
  가지런히 성곽의 버들과 이어져 있고
  휘감아서 성내의 강을 감싸고 있네.

  夾岸凝淸素, 交枝漾淺淪.
  味調方薦實, 臘近又先春. (「梅谿」)

  언덕을 따라 맑은 흰 명주가 맺혀 있는데

---

6) 姜夔의 ≪白石詩說≫ : "大凡詩自有氣象·體面·血脈·韻度. 氣象欲其渾厚, 其失也俗 ; 體面欲其宏大, 其失也狂 ; 血脈欲其貫穿, 其失也露 ; 韻度欲其飄逸, 其失也輕."

가지마다에는 잔물결이 이는구나.
살코머니 마침 열매를 맺히려는 것이
세모가 가까우니 또 봄을 먼저 알리누나.

　위의 시들에서 전자는 참된 자연의 기상이 우러나오고, 후자는 4구가 구슬 구르듯 유화로이 상호 연결되어 내용과 리듬이 운치있게 조화된다. 이것은 황보식이 지닌 강직성과 위처후가 지닌 솔직성의 양면으로 상관시킬 수도 있다. 황보식의 문학에 대한 간접적인 평가도 될 것이다.
　그러면 이도교문학연구황보식에게 증시한 문인들을 거론하기로 한다. 먼저 한유의 시를 보건대, 그는 황보식의 스승으로 지대한 영향을 주었다. ≪四庫提要≫에 의하면,

其文學李翶同出韓愈, 翶得愈之醇, 而湜得愈之奇崛.

　　　그의 문장은 이고와 함께 한유에게서 나왔는데, 이고는 한유의 순박한 면을 황보식은 한유의 기험한 면을 얻었다.

라고 하여 양인의 불가분한 관계를 밝혀주고 있다. 황보식이 陸渾尉를 지낼 때, 한유가 쓴 장시가 있다. 그 시 전반과 말미 부분을 인용하면,

皇甫湜官古賁渾, 時當玄冬澤乾源.
山狂谷很相吐吞, 風怒不休何軒軒.
擺磨出火以自爁, 有聲夜中驚莫原.
天跳地趽顚乾坤, 赫赫上照窮崖垠.
　　(中略)
皇甫作詩止睡昏, 辭誇出眞遂上焚.

要余和增怪又煩, 雖欲悔舌不可捫. (「陸渾山火和皇甫湜用其韻」, ≪全唐詩≫ 卷336)

황보식이 고분혼에 관리가 되니
그때가 겨울이라 샘이 말랐네.
산이 미친 듯 계곡이 거칠게 서로 토하고 삼켜대며
바람은 성이 나서 쉬지 않고 어찌도 춤을 추는지!
부벼서 불을 내어 절로 불타니
타는 소리 한밤중에 들판을 놀라게 하네. .
하늘이 뛰고 땅이 거세어 천지가 뒤집어지고
환하게 빛나서 낭떠러지 끝까지 비치네.
　(중략)
황보식이 지은 시 조용코 어두워 보이나
말이 세차게 표현되어 진정 불붙는 듯 하네.
나로 더불어 더욱 기괴하고 번다케 하니
아쉬운들 혀끝을 잡아맬 수 없다.

한유의 이 시는 조어가 기험하지만 담겨진 뜻은 양인의 정분을 담고 있으며 말 4구는 특히 시풍이 상통하는 공감이 넘치고 있다. 원화 8년 황보식이 받은 한유의 「寄皇甫湜」(≪全唐詩≫ 卷338) 시는 제자에 대한 깊은 정과 신뢰를 담고 있다.

敲門驚晝睡, 問報睦州吏.
手把一封書, 上有皇甫字.
拆書放牀頭, 涕與淚垂四.
昏昏還就枕, 惘惘夢相値.

문을 두드리니 낮잠에서 놀라 깨었거늘
누군가 물어보니 목주의 관리더라.
손에는 한 통의 편지 쥐었거늘

그 위에 황보의 글이 있더라.
편지 뜯어 침상 머리에 놓으니
흐르는 눈물이 사방에 드리우네.
아찔거려서 베개를 의지하고서
멍하니 꿈속에서나 서로 만나지기를.

그리고, 원화 13년 황보식이 湖北의 公安에 궁거하며 소인을 풍자한 시(逸失)에 대해서 「讀皇甫湜公安園池詩書其後」(상동)를 지어 황보식의 의기를 더욱 권면해 주고 있다.

    (前略)
    湜也困公安, 不自閒其閒.
    窮年枉智思, 掎摭糞壤間.
    糞壤多汚穢, 豈有臧不臧.
    誠不如兩忘, 但以一概量.
    我有一池水, 蒲葦生其間.
    蟲魚沸相嚼, 日夜不得閒.
    我初往觀之, 其後益不觀.
    觀之亂我意, 不如不觀完.
    用將濟諸人, 捨得業孔顔.
    百年能幾時, 君子不可閒.

황보식도 공안현에서 고난을 겪으니
스스로 그 한가함을 한가롭게 여기지 못하네.
평생을 지혜와 생각을 바로 펴지 못하고
똥흙 속에 갇혔도다.
똥흙은 너무 더러우니 어찌 좋고 좋지 않고가 있으리오.
진실로 둘 다 잊음만 못하니
단지 평미레 하나로 헤아릴지라.
나는 연못이 하나 있는데

부들풀이 그 가운데 자라고
벌레와 물고기가 오르내리며 입질을 하며
밤낮으로 한가하지 않다네.
내가 처음에 가 보고는
그 후에 다시는 보지 않았으니
볼수록 내 마음이 어지러워져서
두루 보지 않음만 못하다네.
벼슬에 등용되면 뭇사람을 건져내고
버려지면 공자와 안연을 본받으리라.
백년이 얼마런가!
군자도 한가로이 지낼 게 아니네.

이 시는 황보식이 뜻을 펴지 못하고 역경에 처하여 있어도 초월하여 마음으로 평미레로 재듯이 공평한 덕성을 지닐 것을 권면하면서, 한편 한유는 한 연못으로 자신을 비유하여서 부들풀이 나고 벌레와 물고기가 성하여서 볼수록 마음을 어지럽히고 감당하지 못한 것을 속세의 사정을 보는 듯함을 비유하여 진술하면서 황보식의 입장을 이해하려고 한 것이다.

이어서 白居易와의 가까운 교유는 거이의 시에서 익히 파악할 수 있다. 거이의 시집 중에는 황보식이라고 확인되는「寄皇甫七」·「訪皇甫七」·「哭皇甫七郎中湜」(이상은 《全唐詩》 卷448)이 전해진다. 황보식이 그의 외숙인 王涯의 사건과 무관함을 변호하는 교분을 유지한 것도 황보식의 강직성에 기인한 것으로 보인다.[7] 敬宗 寶曆 원년에 쓴「寄皇甫七」을 보면,

---

7) 白居易는 上疏文에서 "故皇甫湜雖是王涯, 外甥, 以其言直合收涯亦不敢以私嫌自避, 當時有狀, 具以陳奏, 不意群心構成禍端, 聖心以此察則或可悟矣."라 하였다.

孟夏愛吾廬, 陶潛語不虛.
花尊飄落酒, 風案展開書.
鄰女儤新果, 家僮漉小魚.
不知皇甫七, 池上興何如.

초여름에 나의 집을 좋아하나니
도연명의 말이 허튼 소리가 아니로다.
꽃은 술잔에 날라 떨어지고
바람은 책상에 불어 책을 펼치도다.
이웃 여인 햇과일 몰래 따고
아이종은 작은 물고기 거르도다.
내 모르겠네만, 황보식 자네는
연못가에서 무슨 흥에 잠겨 있는지?

이 시는 은거하며 말구와 같이 황보식이 없는 무료함을 그리움으로 표현해 상대에게 전해주는 우정을 노래하였고, 같은 해에 쓴 「訪皇甫七」를 보면,

上馬行數里, 逢花傾一杯.
更無停泊處, 還是覓君來.

말을 타고 몇 리 길을 가다가
꽃을 만나서 한 잔 술을 기울이네.
더더구나 달리 머물 곳이 없어서
또 다시 그대를 찾아 왔노라.

라고 하니 이 얼마나 낭만적인 흥취인가! 황보식을 그리는 마음이 절실하고 담백하게 묘사되어 있는 것이다. 황보식에 대한 애착은 「哭皇甫七郞中」에서 극에 이른다고 할 것이니,

志業過玄晏, 詞華似禰衡.
多才非福祿, 薄命是聰明.
不得人間壽, 還留身後名.
涉江文一首, 便可敵公卿.

　　큰 뜻은 진대의 황보밀을 능가하고
　　고운 문장은 예형을 닮았도다.
　　재능이 많은 것이 복록이 아니더냐
　　박명하다면 총명해서라네.
　　세상의 수명 다 누리지 못하였으니
　　몸은 여기서 머물렀으나 명성은 후세에 이어지리라.
　　강 건너며 쓴 글 한 편은
　　공경대부에 필적할 만 하다네.

　문재가 예형을 닮았으나 박복하여 불우하게 생을 마친 황보식을 애절히 추모하며 잊지 못하고 있다.
　이어서 賈島와의 관계인데, 황보식이 육혼위로 있을 때 함께 유람하기로 하였으나 황보식이 참여치 못하자, 「皇甫主薄期遊山不及赴」(≪全唐詩≫ 卷573)을 짓고 있다.

休官匹馬在, 新意入山中.
更住應難遂, 前期恨不同.
集蟬苔樹僻, 留客雨堂空.
深夜誰相助, 惟當清靜翁.

　　관직을 그만두고 필마에 몸을 실어
　　새로운 마음으로 산 속에 들었도다.
　　더 머물려니 그 뜻 이루기 어려웁고

지난날의 약속이 같지 않음을 한하노라.
모여든 매미는 이끼 낀 나무에 비스듬히 앉아 있고
나그네는 비 내리는 마루에 쓸쓸히 있도다.
깊은 밤에 누가 도와주겠는가
오직 정결한 노인이로다.

다분히 탈속적이며 공허한 심정을 읊으며 깊은 정분을 토로한다. 그리고 황보식이 시어사로서 黔南에 갔을 때, 가도가 전송하며 쓴 「送皇甫侍御」가 있다.

曉鐘催早期, 自是赴嘉招.
舟泊襄江闊, 田收楚澤遙.
應驚起衰草, 猿渴下寒條.
來使黔南日, 時應間寂寥.

새벽종이 아침 조회를 재촉하니
이로써 가초(초대받음의 경칭)에 나아간다네.
배가 머무니 양강이 탁 트이고
곡식을 거두니 초택이 멀도다.
기러기가 놀라니 시든 풀이 일어나고
원숭이가 목말라서 찬 가지에 내려오네.
와서 검남을 다스리는 날
때때로 적막함을 막아주게나.

여기서는 송별의 아쉬움을 기러기가 놀라고 원숭이가 목말라하는 표현으로 하였고, 말구에서 마음의 적막함을 덜어주기 바라면서 이별의 정을 대신하여 토로하고 있다. 시세와 타협하지 않는 고답적인 의기를 견지하고 있다. 그리고 李賀도 황보식에게 남긴 시 3수가 있는데, 여기에 소개하려 한다. 먼저 「仁和里雜紋皇甫湜」(상동)을 보면,

大人乞馬癯乃寒, 宗人貸宅荒厥垣.
橫庭鼠遜空土澁, 出籬大棗垂朱殘.
安定美人截黃綬, 脫落櫻裙瞑朝酒.
　(中略)
明朝下元復西道, 崆峒敍別長如天.

대인이 빌린 말이 마르고 천하며
종친이 빌린 집엔 그 담장이 무너졌네.
뜰을 가로뛰는 쥐는 공터를 더듬거리며
울타리 위에 뻗은 대추나무에는 붉은 열매 점점이 드리웠네.
정좌한 미인은 노란 인끈을 풀고서
늘어진 갓끈으로 치마 자락을 매는 사랑놀이에 정신이 어찔대네.
　(중략)
내일 아침은 시월 보름날이라 서쪽 길에 오르려니
가파른 길에서 이별의 마음 길기가 저 하늘 같구나.

여기서 이하가 황보식을 대인이라 하고 말구에서 別情의 恨을 길게 묘사하였으며, 「官不來題皇甫湜先輩廳」(상동)을 보면,

官不來宮庭秋, 老桐錯幹青龍愁.
書司曹佐走如牛, 疊聲問佐官來否,
官不來門幽幽.

나으리가 오지 않는데 궁의 뜰이 가을이고
늙은 오동나무의 엉킨 가지에 푸른 용이 수심 차네.
관청의 서기가 소처럼 걸어가니
거듭 묻는 소리로 서기에게 나으리 오시는가 하니
나으리가 안 오니 대문이 조용하다 하네.

에서는 황보식을 그리워하며 의연한 자태를 찬탄하는 것이고, 「洛陽城外別皇甫湜」(상동)을 보면,

> 洛陽吹別風, 龍門起斷煙.
> 冬樹束生澁, 晚紫凝華天.
> 單身野霜上, 疲馬飛蓬間.
> 凭軒一雙淚, 奉墜綠衣前.

> 낙양에 별난 바람 불어오고
> 용문에는 운기가 일어나네.
> 겨울나무에는 엉성한 가지 있고
> 저녁 하늘에는 고운 꽃이 맺혀 있네.
> 홀몸은 들판 서리에 젖어 있고
> 지친 말은 흩날리는 다북쑥 속에 서 있네.
> 난간에 기대어 두 줄기 눈물을
> 푸른 옷 앞자락에 흘리도다.

이 시는 황보식이 侍御史로 승관되어 작별하는 심정을 토로한 것으로 보는데 시에서「綠服」을 입었다면, 九品인 尉官으로서는 가당치 않으므로 시어사의 奉命에 대한 의미로 본다. 시가 落淚하며 송별하는 우의를 묘사하고 있다.

아울러 馬異를 보면, 황보식과 죽마고우인 것을 알 수 있으니 《唐才子傳》(卷5)의 일단을 보면 확인된다.

> 興元元年, 禮部侍郞鮑防下進士第二人, 少興皇甫湜同硯席, 賦性高疏, 詞調怪澁, 雖風骨稜稜, 不免枯瘠.

홍원 원년(784년)에 예부시랑 포방 때에 진사 차석으로 급제되니

어려서 皇甫湜과 같이 공부하였고, 성품이 고아하고 깔끔하며, 문장이 괴삽하여 풍골이 반듯하지만 고담을 면치 못한다.

여기서 마이는 어려서 황보식과 동학하고 성품과 문풍이 또한 상사함을 보게 된다. 그의 4수의 시 중에「送皇甫湜赴擧」(≪全唐詩≫ 6函4冊)이 전해진다.

　　馬蹄聲特特, 去入天子國.
　　借問去是誰, 秀才皇甫湜.
　　含吐一腹文, 八音兼五色.
　　主文有崔李, 郁郁爲朝德.
　　靑銅鏡必明, 朱絲繩必直.
　　稱意太平年, 願子長相憶.

　말발굽 소리 탁탁 나며
　서울로 떠나가네.
　묻노니 가는 이가 누구인가?
　수재로 있는 황보식이라.
　배 하나 가득한 문장을 삼켰다 뱉었다 하며
　팔음과 오색의 예능도 겸비하였도다.
　과거의 시관으로는 최와 이 두 분이 있으니
　문물이 융성하매 임금의 은덕이로다.
　청동 거울은 반드시 밝으며
　붉은 실줄은 반드시 곧으니
　태평성대에 뜻을 둔 그대여
　원컨대 오래도록 기억해주오.

이 시는 황보식의 문재가 뛰어난 것과 품덕이 빛날 것을 축원해 주고 있다.

Ⅲ. 황보식 시 3수

황보식은 단지 3수의 시만을 남겼다. 전언한 바이지만, 文에 못지 않게 시에 있어서도 적지 않은 작품을 남겼지만 모두 산실되고 ≪全唐詩≫에 3수가 현존한다. 그 수준 또한 중당대의 韓退之와 같은 맥락에서 비교할 수 있는데, 한퇴지 자신이 "皇甫作詩止睡昏, 辭誇出眞遂上焚."(이미 인용)이라고 하였듯이 "其語怪而好譏罵也.(그 표현된 말이 괴이하고 헐고 욕하기를 즐겨한다.)"(≪唐詩紀事≫ 卷35)라는 평가에 머물러 있다. 그러나 황보식의 文이 韓愈, 張籍과 같이 문체를 개혁하여 秦漢代를 능가했다는 평가를[8] 받고 있는 만큼 그의 시도 긍정적인 각도에서 재론함직하다. 그는 학문바탕을 유가사상에 두었기에, 그의 문학(詩)은 현실과 불의에 대한 비판이 不少하였을 것이다.[9] 따라서 황보식의 시도 문학적인 가치보다는 도덕적인 효용과 시어의 구사특성을 감안함이 타당할 것이다. 여기서 그의 시 3수를 먼저 인용한 후에 각시를 분석하려 한다.

(가)「題浯溪石」

次山有文章, 可惋只在碎.
然長於指敘, 約潔有餘態.
心語適相應, 出句多分外.

---

[8] 唐代 樊宗師의「絳守居園池記注」: "韓愈獨與籍・湜・李翺更迭文體, 高出秦漢."
[9] 皇甫湜의「皇甫持正文集」(卷一): "夫叱文之流, 其來尙矣, 自經子史至於近代之作, 無不備詳."

於諸作者間, 拔戟成一隊.
中行雖富劇, 粹美若可蓋.
子昂感遇佳, 未若君雅裁.
退之全而神, 上興千載對.
李杜才海翻, 高下非可槪.
文興一氣間, 爲物莫與大.
先王路不荒, 豈不仰吾輩.
石屛立衙衙, 溪口揚素瀨.
我思何人知, 徒倚如有待.

원결의 문장에 있어서
단지 안타까운 것은 번다한 표현이로다.
그러나 아름다운 묘사에 뛰어나니
함축과 간결이 넘쳐나는도다.
마음과 글이 서로 어우러지고
시구의 표현이 특이하도다.
여러 문인들 중에서
창을 뽑듯 날카로운 글을 써서 하나의 대열 같은 맥락을 이루었
도다.
중용의 언행이 매우 넉넉하고
순수하고 아름다움은 가히 덮을 만 하네.
진자앙의「감우시」는 아름다우나
그대의 우아한 식견만 하겠는가!
韓愈는 온전하여 入神에 드니
윗대로 천년 두고 짝할 만 하네.
이백과 두보는 재능이 넘치니
누가 더 높고 낮은지를 잴 수가 없도다.
문장과 기상에 있어서
사물을 대함이 더할 수 없이 웅대하도다.
선왕의 길이 황폐하지 않았으니
어찌 우리들을 우러러보지 않으리오.

돌병풍을 따라서 걸어가노라니
냇물 입구에는 흰 여울물이 솟아오르도다.
나는 누가 알아줄 것인가 생각하면서
누구를 기다리듯 배회하고 있노라.

(나)「石佛谷」

漫漫太行北, 千里一塊石.
平腹有壑谷, 深廣數百尺.
土僧何爲者, 老草毛髮白.
寢處容身龕, 足膝隱成跡.
金仙琢靈象, 相好倚北壁.
花座五雲扶, 玉毫六虛財.
文人留紀述, 時事可辨析.
鳥跡巧均分, 龍骸極癯瘠.
枯松間槎柹, 猛獸恣騰擲.
蛣蜣蟲食縱, 懸垂露凝滴.
精藝貫古今, 窮巖誰愛惜.
託師禪誦餘, 勿使塵埃積.

천천히 태행산 북쪽을 따라가면
천리 뻗은 돌 한 덩이가 서 있다네.
평평한 배에 계곡이 있는데
깊고 넓기가 수백 척이라.
흙으로 된 스님은 어떻게 된 것인가?
시들은 풀이 흰 머리털이 되었네.
침소에는 불단이 들어 있고
발과 무릎에는 수도의 자취가 스며 있도다.
석가여래의 신령한 모습 새겨져서
곱게 북쪽 벽에 기대어 있네.

꽃자리에는 오색 구름이 받쳐 주고
부처님 양미간의 흰털은 천지사방으로 돋아 있네.
문인이 머물러 서술한다면
세상일은 분별해 낼 수 있으리라.
새의 발자국 묘하게도 가지런하고
용의 몸은 너무도 야위어 있네.
메마른 소나무 사이에는 그루터기의 싹이 돋고
맹수는 거침없이 날뛰어 오르네.
쇠똥구리 벌레는 먹느라고 멋대로 놀고
드리운 이슬은 방울져 맺혀 있네.
오묘한 조화의 재주는 古今을 꿰뚫었는데
깊은 바위는 그 누가 아껴줄 것인가?
선사께 의지코 느긋이 음송하면은
속세의 먼지가 쌓이지 않게 될지라.

(다)「出世篇」

出當爲大丈夫, 斷羈羅,
出泥塗, 四散號呶,
俶擾無隅, 埋之深淵.
飄然上浮, 騎龍披靑雲,
汎覽遊八區. 經太山,
絶大海, 一長吁,
西摩月鏡, 東弄日珠,
上括天之門, 直指帝所居.
群仙來迎塞天衢, 鳳皇鸞鳥燦金輿,
音聲嘈嘈兩太虛. 旨飮食兮照庖廚,
食之不飫飫不盡, 使人不陋復不愚.
旦旦狎玉皇, 夜夜御天姝,
當御者幾人. 百千爲番,
宛宛舒舒, 忽不自知,

支渚體化膏露明, 湛然無色茵席濡. 俄而散漫,
斐然虛無, 翕然復搏,
搏久而蘇, 精神如太陽,
霍然照淸都, 四肢爲琅玕,
五臟爲璠璵. 顔如芙蓉,
頂爲醍醐, 與天地相終始,
浩漫爲歡娛, 下顧人間, 溷糞蠅蛆.

대장부로 태어났으니, 굴레의 그물을 끊어버리고,
진흙의 길에서 벗어나서, 사방으로 외쳐대며,
시종 떠들며 모진 데가 없으니, 가벼이 위로 떠올라서,
용을 타고 푸른 구름을 걸치고 떠다니며 천하를 유람하였도다.
태산을 거쳐, 대해를 건너서, 한바탕 길게 탄식하며,
서쪽에서 달거울을 만져보고, 동쪽에서는 해옥구슬을 건드리며,
위로는 하늘의 문에 도달하여, 곧장 천제가 거하는 곳에 이르렀네.
뭇 신선들이 맞이하여 하늘의 큰 길을 꽉 채웠고, 봉황새가 황금 수레를 찬란히 인도하는데,
그 우는 소리 요란하게 하늘에 가득차네.
음식을 먹고 마시는데 부엌이 빛나며, 배가 불러 더 먹지도 못하니,
누추하지도 않고 어리석지도 않게 하도다.
아침마다 옥황상제를 가까이 하며, 밤마다 天女를 총애하니,
그 몇이런가! 천백 번을 한 횟수로,
구불구불 느릿느릿, 홀연히 자신도 모르게,
몸이 갈라지고 녹아서, 만물을 기름지게 하는 이슬이 되어 빛나니,
無色인데 흥건히 자리를 적시도다.
갑자기 흩어져서, 가벼이 아무 것도 없는 상태에 들어갔다가,
모여서 다시 치고, 친지 오래되어 소생하니,
정신이 태양 같아지며, 돌연히 淸都를 비추니,
몸의 사지가 옥돌로 되고, 오장은 고운 옥이 되는도다.
얼굴은 연꽃같이 되고, 이마는 우락더껑이로 되는도다(불법의 묘리를 터득).

> 천지와 서로 시종을 같이 하게 되니, 호탕하게 기뻐하고 즐거워
> 하며,
> 인간 세상을 내려다보니, 어지러이 똥 묻은 파리와 구더기들.

위의 작품들을 볼 때, 공통된 특징을 찾아볼 수 있다.
첫째는 韓愈의 영향을 받아서 소위 以識爲主의 玄學的인 풍격을 보여 준다. 황보식에 있어서는 풍부한 학식을 중시하여서 文에 대한 관점을 말하기를,

> 書不千軸, 不可以語化, 文不百代, 不可以語變. (「諭業」, ≪皇甫持正集≫ 卷一)
>
> 글씨는 천 두루마리를 쓰지 않고는 글의 조화를 이룰 수 없고, 문장은 백대를 통하지 않고는 글의 독창적인 변화를 다할 수 없다.

라고 하여 淵博한 학문을 요구하고 있다. 이러한 의식은 그의 「出世篇」에서 두드러지는데, 형식에 구애받지 않고 文의 내용에 중점을 두어서 글의 우열을 形式(格式)에 두지 않고 내용의 타당성과 文理에다 두려고 하였다. 그 때문에 「出世篇」은 詩이면서도 散文體의 散詩로 표현되어 그만의 독특한 경계에 들어가 있다. 詩賦니 散文이니의 장르 개념을 탈피하여 모든 글은 '文章'이라는 개념으로 폭을 넓혔기 때문이다. 그의 「答李生第二書」(上同集 卷4)의 일단을 보면 더욱 분명해진다.

> 直詩賦不是文章邪? 如詩賦非文章, 三百篇可燒矣. 如少非文章, 湯之盤銘是何物也.

단지 시부는 문장이 아닌가? 시부가 문장이 아니라면 시경 삼백 편은 태워 버려도 된다는 말인데, 분량이 적다고 문장이 아니라면, 탕임금의 소반의 銘文은 무엇이란 말인가?

황보식이 보는 문장은 곧 문학이란 의미와 상통하지는 않지만 학식의 폭을 중시한 것을 알 수 있다. 그리고 詩語가 난해하고 奇險한 描法을 강구하고 있는 것도 학식의 심도를 제시해 주는 수단으로 보고 있었다. 그는 平凡한 묘사를 우수한 文章으로 보지 않았다. 그의 「答李生第一書」(상동 卷4)에 보면,

夫意新則異於常, 異於常則怪矣. 詞高則出象, 出象則奇矣. 虎豹之文, 不得不炳於犬羊; 鸞鳳之音, 不得不鏘於烏鵲.

무릇 생각이 새로우면 평상보다 특이하고, 평상보다 특이하면 곧 괴이해진다. 사어가 고아하면 출중해지고 출중해지면 기이해진다. 호랑이나 표범의 무늬는 개나 양보다 빛나지 않을 수 없으며, 봉황새의 우는 소리는 까막까치보다 옥같이 울리지 않을 수 없다.

라고 하여 文의 奇崛함이 타당한 것으로 강조하였다. '奇' 자체에 대한 의미에 대해서도 이르기를,

夫謂之奇, 則非正矣, 然亦無傷於正也. 謂之奇, 卽非常矣, 非常者謂不如常也, 謂不如常者, 乃出於常也. (「答李生第二書」 上同 卷四)

무릇 '기이'하다고 하면 바름이 아닌 것이다. 그러나 바름을 해치지는 않는다. '기이'하다고 하면 정상이 아닌 것이니, 정상이 아닌 것은 정상과 같지 않다는 말이며 정상과 같지 않다고 말하면 그것은 곧 정상보다 빼어나다는 것이다.

라고 하여 여기서의 '奇'는 최고의 수준을 내포하는 표현으로 해석된다. 따라서 시에 있어서도 묘사와 시어의 난해함 즉 '奇'는 곧 표현의 극치를 향한 시도이며 그 결과라고 풀이된다.

둘째로는 修飾과 比喩라고 하겠다. 황보식에게는 수식이란 문장이 갖는 필수요건으로 보았고, 그것은 「繪事後素」(≪論語≫「八佾」)와 같은 작용을 갖는다고 보았다. 그래서 「答李生第二書」에서 다음과 같이 그 의미를 피력하고 있다.

> 夫繪事後素, 旣謂之文, 豈苟簡而已哉. 聖人之文, 其難及也, 作春秋, 游夏之徒, 不能措一詞.

> 무릇 그림을 그리는 일은 흰 바탕이 마련되고 나서 하는 것이다라는 것은 文飾을 일컫는 말이다. 어찌 간결만이 있을 것인가? 성인의 문식은 따라가기 어려워서, 「春秋」를 지으시매 자유와 자하 같은 이들이 글자 한 자도 손댈 수 없었다.

수식은 단순한 묘사의 수단에 그치지 않고 事理와 情感을 표현해 주는 요소라는 것이다. 그리고 비유는 同類로는 불가하고 異類에서만이 가능하므로 묘사상에 필수적이라는 것이다. 「答李生第二書」에서,

> 生又云--物與文學不相侔, 比喩也. 凡喩必以非類, 豈可以彈喩彈乎.

> 사물과 문학은 서로 같지 아니하니 이것이 비유인 것이다. 무릇 비유는 반드시 동류가 아닌 것으로 해야 하니, 활로써 활을 비유할 수 있겠는가?

라고 한 것은 바로 그러한 관점의 표현이라고 할 수 있다. 詩에 있어서 (가)는 浯溪石을 통하여 자신의 맑은 심태를 비유하는데 元結, 陳子昻, 李杜, 韓愈의 작품세계를 자신의 심정에 비유하여서 불굴의 의지를 표출시킨다. 그리고 (나)와 (다)에서는 초탈의식의 표현을 동물과 비유하여 대비시키고 수식의 방법이 誇張과 放曠의 틀을 벗어나지 않고 있다. 은일적인 情緖란 찾을 수 없는 시들이다. 초탈의식의 표현이 이와 같은 시는 盛唐은 물론, 어느 시인에게서도 보기 드문 독특한 묘사법이라 할 것이니, 이 모두가 황보식의 소위 非凡한 사상에서 나온 결과물인 것이다.

셋째로 3수의 시가 공통적으로 현실의 비판과 그로부터의 초월의식을 표출해준다. (가)의 말 4구, (나)의 7~10구, 말 2구, 그리고 (다)의 말 6구 등은 모두 脫俗의 심기를 표현한다. 仕路가 여의치 않고 사회현실이 맑지 않으니 復古의 希願과 함께 현실비평적 의미를 담은 것이라고 본다. 이것은 薛雪이 ≪一瓢詩話≫에서,

> 詩作必先有詩之基, 胸襟是也. 有胸襟然後能載其性情智慧, 隨遇發生, 隨生卽盛.

> 시를 짓는 것은 반드시 먼저 시의 바탕이 있어야 하니, 흉금이 곧 그것이다. 흉금이 있은 후에 그 성정과 지혜를 담을 수 있으며 그에 따라 詩情이 일어나고, 그에 따라서 詩興이 더해진다.

라고 한 것같이 황보식에게는 간직한 깊은 심지가 있는 가운데 孤高한 시어를 구사하고 있다.

그러면 시 자체에 대해서 구체적인 성격을 살펴보도록 한다.

(가)를 보면, 이 시는 먼저 論詩詩의 특성을 지니고 있다. 元結

(723~772)에 대해서는 그의 文章을 "約潔"하다고 하였는데, 楊愼의 ≪升菴詩話≫에서 元結을 놓고,

 元次山好奇, 文章好奇, 自是一病, 好奇之過, 反不奇矣. (卷二)

 원결은 기이함을 좋아하였으니, 문장 표현에 기이함을 좋아하면 이것이 하나의 병폐가 되는 것이니, 기이함을 좋아하는 것이 지나치면 오히려 기이하지 않게 된다.

라고 한 것으로 작법상 황보식과 상통하기 때문에 같은 맥락에서 평가할 수 있지만, 원결의 시를 볼 때에는,

 其詩朴拙處過其. (≪石洲詩話≫ 卷一)

 그의 시는 졸박한 것이 너무 심하다.

 作五言古, 寧拙毋巧, 寧樸毋華, 寧生毋熟. (≪峴傭說詩≫)

 오언고시를 지음에 있어, 오히려 옹졸하여 공교함이 없고, 소박하여 화미함이 없고, 생경하여 숙달됨이 없다.

라고 한 평가와 상통하고 있다. 그리고 陳子昻(661~702)에 대해서는 「感遇詩」를 "未若君雅裁"라 한 것은 곧 「風骨峻上」(≪石洲詩話≫ 卷1)과 같은 의미인 것이다. 韓愈를 "全而神"라 함은 최고의 상찬이며, 이백과 두보를 상등하게 평가하며 역시 그들의 재예를 인정하고 있다.

 그리고 (가)에서 심태의 고결함이 풍자적으로 드러나서 말 2구의 방황하듯 自適하는 묘사를 볼 수 있다. 시도교문학연구 또한 자연물을 대상으로 하였지만 내용과는 같지 않은 것이 比興法의 하나이며

현실에 대한 불만의 표현이기도 하다. 이것은 趙翼이 중당시를 두고 말한 바,

    奇警者, 猶第在詞句間爭難鬪險, 使人蕩心駭目, 不散逼視, 而意味或少正焉. (≪甌北詩話≫)

    기경이란 어구 사이에서 기험함을 다툼과 같은 것이니, 마음을 흔들어 놓고 눈을 놀라게 하여, 감히 가까이 보지 못하게 하니, 시에 담긴 의미가 적어진다.

라 하여 기경을 풀이하였는데, 황보식의 (가)는 이 경우에 해당된다고 할 것이다. 이것은 황보식의 시문에 공통된다고 본다. 따라서 洪邁는 ≪容齋隨筆≫에서 (가)를 놓고,

    味此詩, 及論唐人文章耳, 風格殊無可采也.

    이 시를 맛보면 당인의 문장을 논하게 되니, 풍격상 별로 취할 것이 없다.

라고 短評을 달았지만, 작가 자신의 심경을 대언하고 있음을 주시하지 않은 것이리라.
    (나)는 禪詩의 하나이다. 시인의 특성대로 造語와 玄學的 표현이 짙을 뿐, 제4연, 그리고 제8연 이하는 강렬한 脫俗의 意趣가 넘친다. (다)는 雜體詩로서 3·4·5·6·7언이 혼용되고 韻律 또한 불일하여 소위 산문시라고 할 것이다. 그 구성을 보면,

6・3344・4455・3334455・777777・555・44477・44445555・
446544

　이상은 44句의 시 雜言句式이다. 詞에 가까운 편법을 썼으니 내용과 함께 自在하고 自嘲하는 현실비판과 초탈의식을 동반하고 있다. 이 시는 姜夔가10) 작시의 비결을 묘사상 어려운 점을 간명하게 표현해내고, 또 평이한 점은 創新하고 속되지 않게 그려내는 것에 있다고 한 서술과는 상합하지 않지만 放任의 변격을 강구한 특이한 시라고 할 수 있다.

　황보식은 산문가로 韓愈 문하에 출입한 것이지만, 시 3수만을 남겼기 때문에 시인으로서는 명분이 설 수 없었다. 그러나 그와 교우간의 贈答詩를 통하여 산실된 자작시가 불소한 것을 확인할 수 있었으며, 현존시가 거의 없기 때문에 심지어 시작 능력이 없는 것으로 혹평받기도 한 것이다. 예컨대, 劉貢父의 ≪中山詩話≫에서「持正不能詩」11)라든가, 아니면 어느 시인의 亞流로 취급당해온 것은12) 그 좋은 예라 할 수 있다. 잔존하는 3수의 시만으로 황보식의 풍격이니 특징을 논하기는 더욱 불가능하지만, 주어진 殘詩만으로 中唐代의 조류를 지니고 있으며 韓退之의 맥락에 넣어서 다룰 수 있음을 확인하게 된다. 황보식의 산문의 성격이 그의 시에도 연결되어 있음도 비교할 수 있었다. 황보식의 시는 정감을 일깨우지 않지만 이지적이며 비판적이면서 현실로부터의 일탈하고픈 의지를 보여주고 있으며

---

10) 姜夔의 ≪白石詩說≫에 "難說處一語而盡, 易說處莫便放過 ; 僻事實用, 熟事虛用 ; 說理要簡切, 說事要圓活, 說景要微妙."라 하였다.
11) 劉貢父는 ≪中山詩話≫에서 "持正不能詩, 掎摭糞壤間, 公所以譏之, 豈或然歟."라 하였다.
12) 淸代 翁方綱은 ≪石洲詩話≫에서 "韓門諸君子, 除張文昌另一種自當別論. 皇甫持正・李習之・崔斯立皆不以詩名."이라 하였다.

論詩詩로서의 특성을 지닌 古淡한 맛과 行間의 격식을 벗어난 破格은 그의 奇險하고 造語적인 學識爲主의 詩興없는 의취를 보상해 줄 수 있으리라 본다.

韓翃과 그의 交遊, 그리고 詩의 世界

    唐朝에서 중당시의 비중을 놓고 볼 때 작가들(韓愈·柳宗元·白居易·元稹)에 대한 重評을 제외하고는 시기적 평가대상으로는 호평을 덜 하는 경향이 있다. 특히 이 시기에서 大曆十才子에 대한 가치를 높이 보지 않았다고 할 수 있다.[1] 따라서 이에 대한 연구가 더 필요하다고 보아 본고는 韓翃에 대한 시탐을 하고자 하는 것이다. 한굉에 대한 참고자료가 적은 가운데 Harvard Yenching Library에서 ≪韓翃詩集校注≫(陳王和, 高雄師範學院, 1974)를 찾았으며, ≪新唐書≫(卷203)와 詩話類書, 그리고 傅璇琮의 「關于柳氏傳與本事詩所載韓翃事迹考實」一文(≪唐代詩人叢考≫, 中華書局, 1978)에서 참열한 바 큰 것을 먼저 밝히는 바이다. 아울러 한굉을 이해하는 참고자료로 傳奇小說인 唐代 許堯佐의 「章臺柳傳」(≪龍威秘書≫ 四集)과 南宮搏의

---

1) 이러한 評價意識은 嚴羽에게서 이미 나타나는 것을 周知하는 바이다.
  ≪滄浪詩話≫ 「詩辨」에서 "論詩如論禪, 漢魏晉與盛唐之詩, 則第一義也. 大曆以還之詩, 則小乘禪也, 已落第二義矣……學大曆以還之詩者, 曹洞下也."라 하고 있다.

≪中國民間古事畫傳≫의「韓翃章臺柳」를 들겠으며, 작가문집으로는 ≪全唐詩≫(4函6冊, 復興書局印), ≪韓君平詩集≫ 卷3(明 九行活字本), ≪唐百家詩≫(明 朱警重編, 明嘉靖間刊本), ≪唐詩二十六家≫(明 黃貫曾編, 明 嘉靖甲寅本), ≪中晚唐名家詩集≫(明 姜道生編, 明天啓甲子刊本) 등을 작품의 저본들로 삼고자 한다. 본고는 한굉의 시를 탐토하기 위한 전 단계로서 그의 생평과 시교에 관해 몇 가지 중요한 관점을 검토하고 추후에 한시를 재론하고자 한다. 따라서 본론에 앞서 君平의 시에 대해 개관하겠다.

군평의 시는 모두 165수인데, 시체별로 분류하면 오언고시가 9수, 칠언고시가 17수, 오·칠언잡체가 12수, 오언율시가 67수, 칠언율시가 24수, 오언배율이 4수, 오언절구는 3수, 칠언절구는 18수, 육언시는 3수 등으로 구성되어 있다. 그 외에 孫望의 ≪全唐詩補逸≫ 卷之六(1992年)에「秋齋」가 추가되었다. 시의 묘사법은 賦比法을 다용하며 典故의 사용도 빈번하다. 따라서 그의 시는 非現實性·諷刺性·繪畫性, 그리고 邊塞風 등으로 특징지을 수 있다.[2] 아울러 贈酬詩가 많은 것은 군평의 폭넓은 교유와 사려 깊은 정회를 대언해 주는 것으로 단조롭지만 본고가 택한 시교와도 상관된다. 이와 같은 성격은 宋代 이래로 제가의 평으로도 객관화될 수 있으니 明代의 楊愼은,

---

2) 陳王和는 ≪韓翃詩集校注≫ 末尾에 詩의 筆法과 性格을 논하면서 比興法과 繪畫性을 指摘하고 있다.(同書 pp.450~460) 전자의 예로는「寄柳氏詩」와「寒食詩」를 들고, 후자의 예로는「送鄆州郎使君詩」,「題張逸人園林詩」,「題仙遊觀詩」등을 들고 있다.(筆者는 韓君平 詩의 諷刺性에 대해 詳論하였음. 1991年 12月 ≪中國文學≫ 19輯) ≪間氣集≫의 評이 君平詩에 대한 最早文인데, 여기에는 君平의 「送辰州李中丞」·「題薦福寺衡嶽禪師房」·「奉送王相公赴幽州」·「題蘇許公林亭」·「送孫革及第後歸江南」·「題僧房」·「送太常元博士歸潤州」 등 七首가 실림.

唐人評韓翃詩, 謂比興深於劉長卿, 筋節減於皇甫冉. (≪升菴詩話≫ 卷十四)

당나라 사람은 한굉의 시를 평하기를, 비흥은 유장경보다 깊고 시의 절주는 황보염만 못하다고 하였다.

라고 하여 比興의 구사를 지적하였으며, 淸代 沈炳巽도,

余謂君平之詩比興不減于長卿. (≪續唐詩話≫ 卷三十三)

내가 말하노니, 군평의 시는 비흥에 있어 유장경보다 낫다.

라고 하여 양신에 동조하고 있다. 그리고 군평시의 비현실성은 당시의 제가에 비해 사회고발 의식의 부족으로 지적하고, 한편 낭만성의 풍부로도 긍정하는데, 劉克莊이 이미 지적한 바,

可摘出者殊廖寂簡短. (≪後村詩話≫ 卷十三)

끄집어 낼 수 있는 것은 단지 고요하면서 간결한 면이 되겠다.

와 明代 徐獻忠이 말한 바,

君平意氣淸華, 才情俱秀. (≪唐詩品≫)

군평의 의기는 맑고 고우며, 재능과 성정은 모두 빼어나다.

구는 모두 군평시의 淸麗함을 높이 산 평이 되겠다. 한편, 그의 풍자시는 변새시와 함께 중요한 풍격이어서 方東樹는,

韓君平詩不過秀句, 足供諷詠, 流傳不泯, 篇法宛轉諧適而已. (≪昭昧詹言≫ 卷十八)

한군평의 시구가 특별히 빼어나지 않지만 풍자가 넘쳐서 널리 전해져 사라지지 않으니, 작법이 곱고 부드러우며 화해하기 때문이다.

라고 한정지어서 강조하고 있다. 이와 같은 군평시의 특성이 구체적으로 고구되기 위해서는 그의 생평상의 문제와 교우의 중요대상을 먼저 살펴야 할 것이다.

Ⅰ. 韓君平의 生平
― 生卒과 官職을 중심으로 ―

군평에 관한 기사는 역시 제한되어 있다. ≪舊唐書≫에는 없으며, ≪新唐書≫의 「盧綸傳」(卷203 文藝傳下)에 부록되어 있다. 즉,

翃字君平, 南陽人. 侯希逸表佐淄青幕府, 府罷, 十年不出. 李勉在宣武, 復辟之. 俄以駕部郎中知制誥. 時有兩韓翃, 其一爲刺史, 宰相請孰與, 德宗曰; 與詩人韓翃. 終中書舍人.

한굉의 자는 군평으로 남양인이다. 후희일이 표를 올려 치청막부에 두었으나, 그만두고 십 년을 벼슬에 나가지 않았다. 이면이 선무에 있는데도 그를 피하다가 잠시 가부낭중지제고를 지냈다. 그때 한굉이 둘 있었는데, 그 하나는 자사였다. 재상이 뉘와 함께 하시겠냐고 임금에 청하니 덕종이 시인 한굉과 함께 하겠다고 하였다. 중서사인으로 마쳤다.

여기에서는 단지 출신지와 관직, 그리고 왕과의 일화 정도만을 기술하였는데 군평에 관한 골격은 제시된 것이다. 그 외에 《唐才子傳》(卷4)이 비교적 상세한 기록을 하고 있으니, 이것도 위의 골격에 살을 붙인 경우가 된다.3)

    翃字君平, 南陽人. 天寶十三載楊紘榜進士. 侯希逸素重其材, 至是表佐淄靑幕府. 罷, 閑居十年. 及李勉在宣武, 復辟之. 德宗時, 制誥闕人, 中書兩進除目, 御筆不點, 再請之, 批曰 : 與韓翃. 時有同姓名者爲江淮刺史, 宰相請熟與, 上復批曰 ; 春城無處不飛花, 韓翃也. 俄以駕部郞中知制誥, 終中書舍人, 翃工詩, 興致繁富, 如芙蓉出水, 一篇一詠, 朝士珍之.

여기에서 군평의 시에 대한 부분은 高仲武의 《中興間氣集》(卷上)에서 자료를 취하였으며4) 侯希逸이 군평을 幕府로 두었다는 기록은 《資治通鑑》(卷222)에는 肅宗 寶應 元年(762)에5) 侯希逸이 靑淄의 절도사로 나가는 기사로 보아 시점이 불명하지만 군평의 생평에 대해서 전기상 상당한 가치를 지닌 兩書를 중시하지 않을 수 없다. 이 두 가지 자료도 사실은 唐의 許堯佐의 군평의 고사를 소설화한

---

3) 君平에 대해서 《唐才子傳》 外에 孟棨의 《本事詩》「韓翃傳」(比較的 長篇)과 許有功의 《唐詩紀事》, 金聖嘆의 《選批唐詩一千首》의 傳記, 그리고 劉大澄의 《唐詩三百首欣賞》의 傳記 등을 添附할 수 있다. 그러나 이들은 모두 上說한 자료에 根據하여 添言하고 있을 뿐이다.

4) 《中興間氣集》 : "韓員外意放經史, 興致繁富, 一篇一詠, 朝野珍之, 多士之選也. 至如星河秋一雁, 砧杵夜千家. 又客衣筒布細, 山舍荔枝繁. 又疏簾看雪卷, 深戶映花關. 方之前載, 則芙蓉出水, 未足多也. 其比興深於劉員外, 筋節減於皇甫冉也."

5) 이 점은 傅璇琮이 旣히 指摘한 바 있음.(《唐代詩人叢考》 p.459)
   《資治通鑑》云 : "(寶應元年五月)甲申, 以平盧節度使侯希逸爲平盧. 靑淄等六州節度使, 由是靑州節度有平盧之號."

傳奇「章臺柳傳」(《龍威秘書》 4集, 晉唐十說暢觀 第4冊)에 보면 다음과 같다.

　　天寶中昌黎韓翃有詩名, 性頗落托, 羈滯貧甚, 有李生者, 與翃友善, 家累千金, 負氣愛才, 其幸姬曰 ; 柳氏艶絶一時, 喜談謔, 善謳詠, 李生居之別第, 與翃爲宴歌之地, 而館翃於其側, 翃素知名, 其所候問, 皆當時之彦, 柳氏自門窺之.

이것이 비록 전래설화처럼 기록되었지만 군평의 생애를 설명해 주는 최초의 자료라 할 것이다. 그러면 군평의 생평에 관심이 되는 생평 문제와 관직만을 본고에서 살펴보고자 한다.

문학사나 시가사류에는 하나같이 大曆才子에 도입시키고 상술하면서 그의 「寒食」시 한 수 정도를 소개하고 있다.[6] 군평의 생졸년대를 근거 없이 밝히고 있는 자료로는 劉大澄의 《唐詩三百首欣賞》에 "736~790"이라고 하였으며,[7] 閣家定의 《中國文學家大辭典》에는 "字君平, 南陽人, 大曆十才子之一, 生卒均不詳. 約唐代宗大曆初前後在世. 約公元七六六年前後生."이라고 기술하였는데, 이 모두가 인증을 하지 않고 있다. 《本事詩》에 "天寶末擧進士."라든가, 《唐才子傳》에 "天寶十三載韓翃榜進士."라 한 것이 연대표기의 유일한 자료이고, 이것을 방증할 만한 기사로서는 각 자료에서 侯希逸의 淄青幕府를 지낸 것과 李勉의 보좌관, 德宗의 愛重 등을 기술한 것을 통하여 군평이 생존한 시대를 유추할 뿐이다.

---

6) 鄭振鐸, 《揷圖本中國文學史》 p.346 ; 葛賢寧, 《中國詩史》 p.239 ; 朱炳煦, 《唐代文學槪論》(上), p.165 등.
7) 劉大澄云 ; "韓翃(七三六－七九0), 字君平是河南南陽人, 天寶進士. 曾佐侯希逸幕府, 後又爲李勉佐幕……."

아울러 교우관계에서도 대개의 시대를 비교할 수 있을 것이다. 결론부터 말하자면, 군평의 생졸년대는 정확하게 규명할 수 없으며 劉大澄의 표기는 객관성이 없는 것이다.

여기서는 단지 가설이라는 표현으로 군평의 생졸을 추리할 뿐이다. 천보 13년(754)에 진사에 급제했다고 상정한다면, 역사적으로 侯希逸이 淄靑節度使로 나간 시기와 8~9년 차이인데, 그렇다면 급제 직후에 幕府로 임명된 시기는 肅宗 寶應 元年(762)이 된다. 치청의 막료로 가기 전의 시기에 군평이 어디에 있었는지 사적인 증거가 없지만, 安史의 난이 한창일 때인 天寶 15년(756) 哥舒翰이 尙書左僕射로 임명되는데8), 군평에게는「寄哥舒僕射」시가 남아 있으니 장안에 거주했다는 근거가 나왔으며, 이 시의 말련 "郡公楯鼻好磨墨, 走馬爲君飛羽書"를 보아서 가서한의 막중에 있었던 듯 하다. 따라서 군평은 난의 정황을 직접 목도했을 것이다. 그리고 「章臺柳傳」애정고사를 낳은 사건을 겪은 것이다.

이 기간에 또 다른 직분을 맡은 듯 하니, ≪本事詩≫에 "車中問曰 ; 得非靑州韓員外耶? 曰 ; 是."라든가, 傳奇에 "自車中問曰 ; 得非韓員外乎? 某乃柳氏也."로 보아서 군평이 員外職을 맡은 것으로 본다.9) 군평이 侯希逸의 막부에 나갔다가 侯希逸이 代宗 永泰 원년(765)에 방축됨에 따라 장안에 들어온다.

상기 인문에 보듯, "罷, 閑居十年"에서 파직하고 10년간 閑居했으니 그간의 행적이 불명한 것이 사실이다. 단지 그의 작품 중에서 장안에서 지은 왕유의 제인 王縉이 幽州節度使로 임명되어 전송하는

---

8) ≪舊唐書≫ 卷九「玄宗紀下」; "天寶十五載正月, 甲子, 哥舒翰進位尙書左僕射, 同中書門下平章事."
9) 員外職에 대해서 傅璇琮은 侯希逸의 幕中의 職分일 것으로 推定(傅氏 上書 p.458) 그러나, ≪本事詩≫와 傳奇의 時期는 安史亂 시기에 局限시키고 있다.

시「奉送王相公縉赴幽州巡邊」(大曆 三年, 768年 作)과 冷朝陽을 전송하는「送冷朝陽還上元」(大曆 四年, 769年 作)이 있으며, 田神玉에게 부치는 시「寄上田僕射」(大曆 年間, 770년 이후)에서 군평이 한거중에도 교류를 했었음을 알 수 있다.10)

군평이 李勉의 막부에 들어간 시기는 田神玉이 죽은 대력 11년의 일이다. ≪舊唐書≫(卷124)「田神功傳」에 "十一年(田神玉)卒, 詔滑州李勉代之."라 하고, 同書(卷131)「李勉傳」에 "十一年, 汴宋留后田神玉卒, 詔加勉汴州刺史·汴宋節度史."라고 한 기사에서 李勉의 득세를 보게 되며, 군평의 입지방향을 짐작케 된다. 군평의 처신에 참고될 그 시기의 전후 상황을 보자면, 田神玉이 죽고 李勉이 滑亳永平軍節度使로서 대력 11年 5月에 汴宋節度使를 맡게 되는데, 부임하기도 전에 汴州部將 李靈曜가 항명 변란을 일으키매 淮西 절도사 李忠臣 등과 토벌케 하여 이충신으로 변주자사를 겸케 하니 이면은 부임도 못 하게 된다. 그러나 대력 14年 3月 部將 李希烈에게 쫓겨 장안에 귀환하자 李希烈을 蔡州刺史로 보내고 李勉이 마침내 변주자사로 부임케 된다.11) 이 과정에서 군평은「爲李希烈謝留后表」(≪全唐文≫

---

10) ≪舊唐書≫(卷一一八)「王縉傳」云 ; "大曆三年, 幽州節度使李懷仙死, 以縉領幽州, 盧龍節度." ≪通鑑≫(卷二二四)云 ; "乙亥, 王縉如幽州, 朱希彩盛兵嚴備以逆之. 縉晏然而行, 希彩迎謁甚恭." ≪唐才子傳≫ 卷四「冷朝陽傳」; "朝陽, 金陵人, 大曆四年, 齊映榜進士及第, 不待調名, 言歸省覲, 自狀元以下, 一時名士大夫, 及詩人李嘉祐·李端·韓翃·錢起等大會, 賦詩攀餞, 以一布衣才名如此, 人皆羨之." 그리고 ≪舊唐書≫ 卷十一「代宗紀」; "大曆八年十一月, 庚戌, 汴宋節度使田神玉來朝.", "大曆九年正月, 壬寅太子少師·檢校尙書右僕射·兼御史大夫·汴州刺史田神功卒. 二月己丑, 以田神功第神玉權知汴宋留后." 여기서 君平의 시가 大曆八年(773) 前後作임을 알 수 있다. 錢起의 시는「送冷朝陽擢第後歸金陵」(≪錢考功集≫ 卷八).

11) ≪舊唐書≫「李勉傳」: "十一年, 汴宋留后田神玉卒, 詔加勉汴刺史·汴宋節度史. 未行, 汴州將李靈曜阻兵, 北結田承嗣, 承嗣使侄悅將銳兵戍之. 詔勉與李忠臣, 馬燧等攻討, 大破之, 悅以身免. 靈曜北走, 勉騎將杜如江擒之以獻……旣

卷444)를 써서 李希烈의 입장을 옹호하게 된다. 李忠臣 재임시에 흉포가 심했던 현장을 목도한 데도12) 이유가 있겠지만 구명의 불가피한 현실도 감안하지 않을 수 없다. 表의 일단을 보자면,

    臣少小孤遺, 又無藝術, 叔父忠臣, 勵以成人……群小用權, 臣不能規諫, 三軍潛怨, 臣不能警覺……十起之恩, 低回未報, 一朝之難, 逼迫見留. 白刃交前, 脫身無路……在臣情地, 何以自容. 難早殄仇仇, 才雪家怨, 而自慙面目, 有負國恩, 豈謂降以殊私, 副兹重鎭.

여기서 조카인 希烈이 숙부를 축출한 이유를 서술하는데, 군평의 구차한 면모가 보이는 것이다. 결과적으로는 군평은 십 년의 한거 이후에 계속 汴州에 머물면서 李忠臣・李希烈, 그리고 李勉의 幕吏로 종사했다는 사실을 알 수 있다.

군평의 만년은 진지한 고사는 아니지만 德宗의 총애로 建中과 貞元年間을 高官(中書舍人) 등 태평하게 보낸 듯 하다. 덕종이 「寒食」 시를 높이 상찬한 동기가 군평으로 하여금 中書舍人(正五品)이 되게 한 것을 일화 같지만 史書 기록되었고, 또 姚合과 錢起의 글에서도 인증되고 있다.13) 군평의 졸년이 생년처럼 불명하지만 개원 연간에서 貞元 연간을 두고 약 칠십 년 간 생존했으며 대력 연간에 시작과 교분을 넓혔다고 볼 수 있다.

    而李忠臣代鎭汴州, 而勉仍舊鎭. 忠臣遇下貪虐, 明年爲麾下所逐, 詔復加勉汴宋節度使, 而理汴州, 餘幷如故."(卷一三一)
12) ≪舊唐書≫(卷一四五)「李忠臣傳」: "忠臣性貪殘好色, 將吏妻女多被誘以通之. 又軍無紀綱, 所至縱暴, 人不堪命. 而以妹壻張惠光爲衙將, 恃勢凶虐, 軍中苦之."
13) 姚合의 ≪極玄集≫(卷下)에 君平을 놓고 "以寒食詩受知德宗, 官至中書舍人." 이라 하고 錢起의 ≪錢考功集≫(卷八)의 "同王錙起居程浩郞中韓翃舍人題安國寺用上人院"에서 共히 君平을 舍人이라 號稱하고 있다.

Ⅱ. 한군평의 교유

교우를 파악함으로써 한 인간의 개성과 활동을 간접적으로 평가할 수 있다. 군평 자신은 中書舍人에 머물렀고, 그 이전에는 지방관직에 국한된 관리였지만, 그의 내심에는 구관의 의지가 잠재되어 있었음을 다음 그의 시구들에서 엿볼 수 있다. 그의 「送別鄭明府」에서,

>勸君不得學淵明, 且策驢車辭五柳.
>
>그대에 권하노니 도연명일랑은 본받지 말라.
>그래서 노새 수레를 채찍질하여 오류선생을 떠나라.

라든가, 「送田明府歸終南別業」의

>相勸早移丹鳳闕, 不須常戀白鷗群.
>
>권하건대 일찍 붉은 봉황의 궁문으로 옮길지니
>갈매기 떼랑은 연모하지 말지라.

에서 출사를 권하고 은거하지 말 것을 직설하고 있으며, 설사 자연을 그리워하지만, 퇴휴의 意趣는 찾아볼 수 없다. 그의 「宿甑山」을 보면,

>山中今夜何人, 闕下當年近臣.
>靑瑣應須早去, 白雲何用相觀.

산 속의 오늘밤엔 누구인가
궐문 아래에서 당년의 가까운 신하로다.
푸른 옥패 일찍 집어던지고
흰 구름 속에 무엇을 보고 있단 말인가.

라든가,「別甑山詩」에서

一身趨侍丹墀, 西路翩翩去時.
惆悵靑山綠山, 何年更時來期.

그 한 몸 근친신하로 더듬거리다가
서쪽 길로 홀연히 떠나갔다네.
쓸쓸히 푸른 산에 묻혀서
언제나 다시 만날 기약할 것인가.

라 한 것은 모두 군평의 평시 관념을 표출해 주는 것이라 하겠다. 특히 도연명보다는 謝靈運과 謝朓를 흠모한 것은 군평의 인생관을 더욱 이해하는 근거가 되는 것이다. 이제 그 예구를 열거해 본다.

　　　好酒近宣城, 能詩謝康樂. (「送李司直赴江西使幕」)
　　　狂歌好愛陶彭澤, 佳句唯稱謝法曹. (「和高平朱參軍思歸作詩」)
　　　閑心近掩陶使君, 詩興遙齊謝康樂. (「曾兗州孟都督」)
　　　詩歌行輩如君少, 極目苦心懷謝朓. (「送崔秀才赴上元兼省叔父」)
　　　酒客逢山簡, 詩人得謝公. (「華亭夜宴庚侍御宅」)
　　　幾日孫弘閣, 當年謝朓詩. (「送韋秀才詩」)
　　　君到新林江口泊, 吟詩應賞謝玄暉. (「送客還江東」)

雅論承安石, 新詩與惠連. (「家兄自山南罷歸獻詩敍事」)

 이와 같이 군평의 詩趣가 유로되면서 출사의 희원을 간설적으로 추구하고 있다. 따라서 君平의 이 같은 의향을 통하여 나타난 대인관계는 그의 시풍을 이해하는 하나의 근거가 될 수 있다.
 한군평의 생존시는 당의 발전기이면서 내란이 극성하던 양면적 사회상을 지녔기 때문에 당시의 인물들도 각양하게 열거되어 있음을 알 수 있다. 한군평의 시에서 수다한[14] 교우를 볼 수 있지만 시편이라도 남긴 우인은 高適을 위시하여 10인을 들 수 있다.[15] 이들 10인은 다음과 같으며 이들과 군평과의 관계를 약술하고자 한다.

　(1) 令狐垣(詩 : 《全唐詩》 4函8冊)
　(2) 錢起(722~780)(詩 : 上同 4函5冊)
　(3) 夏侯審(詩 : 上同 4函5冊)
　(4) 李嘉祐(719~781)(詩 : 上同 3函9冊)
　(5) 李吉甫(758~814)(詩 : 上同 5函7冊)
　(6) 郎士元(727~780?)(詩 : 上同 4函7冊)
　(7) 張謂(742年前後在世)
　(8) 皇甫冉(723~767)(上同 4函7冊)
　(9) 劉太眞(詩 : 上同 4函8冊)
　(10) 冷朝陽(詩 : 上同 5函6冊)

---

14) 君平詩 166首에서 贈別類가 아닌 것은 단지 13首뿐이다.
15) 이들 10인 외에 年代不明하지만 姓名이 分明한 交友로는 王光輔, 令狐彰, 李浞, 萬巨, 劉楚, 雍丘寶, 張建, 王遜, 張潴, 張五諲, 王隨, 李翼, 張儋, 田倉, 元誡 등을 들 수 있다.

1. 令狐垣

영호원에 대해서 ≪全唐詩≫ 小傳에(4函8冊),

> 德棻五世孫, 登進士第, 祿山之亂陰居南山豹林谷, 司徒楊綰未仕時, 亦避地谷中, 嘗止垣舍, 賞其博學, 及綰爲禮部侍郎, 引入史館, 建中初, 爲禮部侍郎, 典貢擧. 執政楊炎有所請托, 垣得其私書奏之, 德宗惡其訐, 貶衡州別駕, 詩二首.

라고 기록한 바, 군평의 시「令狐員外宅宴寄中丞」에서의 員外가 侍郎이 궐석시에 대행하는 직분이므로 建中 以前에(780년 以前) 令狐垣이 員外에 있을 때 군평이 머물러서 교우했음을 알 수 있다.[16] 군평의 시를 보면,

> 寒色凝羅幕, 同人淸夜期.
> 玉杯留醉處, 銀燭送歸時.
> 獨坐隔千里, 空吟對雪詩.

> 차가운 빛 비단장막에 맺혀 있는데
> 그대와 맑은 밤에 기약했었지.
> 옥잔은 술 취한 데 남아 있는데,
> 은촛불 아롱지는 때에 그대를 보내노라.
> 홀로 천리 밖에 앉아서
> 공허히 눈을 보며 시를 읊노라.

---

[16] 令狐垣의 직책인 員外는 南朝時 員外敬騎侍郎이 있었고 隨代에 尙書省의 二十四司에 각각 員外郎을 두어 籍帳을 관장케 하니 侍郎이 궐위시에 代行케 하였으며 唐代에 員外御史를 둠. 영호원의 두 首 詩는「硤州旅舍奉懷蘇州韋郎中」・「釋奠日國學觀禮聞雅頌」 등이 있다.

벗에 대한 잡념이 없이 맑은 심태를 노정시킨다. 영호원의 두 수의 시에서「硤州旅舍奉懷蘇州韋郎中」은 韋應物을 생각하며 썼지만 그 시의 注에 "公積有尺書, 頗積離卿之思."라고 하였듯이, 그리고 그 시구에서,

    白首親友幷, 江山入秋氣.
    草木彫晩榮, 方塘寒露凝.
    旅館涼颷生, 懿交守東吳.
    夢想聞頌聲, 雲水方浩浩.
    離憂何時平.

    백발이 되어 벗과 짝하니
    강산에 가을이 깃들도다.
    초목에는 늦꽃(낙엽)이 만발한데
    연못에는 찬이슬 맺혔도다.
    객사에 찬바람 건듯 이니
    고운 교분에 이 남녘 땅 지키리.
    꿈에나마 노랫소리 듣고프니
    구름 낀 저 물이 넓기도 하네.
    이별의 근심 언제나 가라앉으랴!

라고 하여 두 사람의 상통하는 心懷를 엿볼 수가 있는 것이다.

2. 錢起

전기의 생졸년에 대해서 설이 있지만 단지 군평과의 관계만을 다루고자 한다. 전기가 군평을 처음 만난 것은 大曆十才子에 병칭되기

전에 장안에서였다. 그 시기는 불명하지만 至德 二年(757)에 長安을 수복하였을 때 그곳에 있었고 군평도 그곳에 있었다.17) 그러나 시교의 흔적은 大曆 三年(768) 王縉이 幽州로 부임할 때 두 사람은 합석하여 동제의 송시를 바친다. 전기는「送王相公赴范陽」(≪錢考功集≫ 卷7)을, 군평은「奉送王相公縉幽州巡邊」을 각각 지었으며, 그 외에 皇甫冉, 皇甫曾도 동석했었다.18) 이 사람의 出家함을 李肇의 ≪國史補≫에서는,

　　　送王相公之鎭幽明也, 韓翃擅場. 送劉相公之巡江淮, 錢起擅場. (卷上)

라고 부기하고 있다. 그리고 또 冷朝陽을 전송하는 자리에 兩人은 합석했으니, 전기는「送冷朝陽擢第後歸」(上同)를, 군평은「送冷朝陽還上元」을 각각 남기고 있다.19) 그러면 兩人이 直交한 예를 들자면, 錢起는「同王錡起居程浩郞中韓翃舍人題安國寺用上人院」(≪全唐詩≫ 4函5冊)에서 탈속의 심기를 표현하면서 군평과의 우의 어린 깊고 깨끗한 관계를 토로하고 있다.

　　　慧眼沙門眞遠公, 經行宴坐有儒風.
　　　香緣不絶潛裾會, 禪想寧好藻思通.
　　　曙後爐煙生不滅, 晴來階色幷歸空.
　　　狂夫入室無餘事, 唯與天花一笑同.

---

17) 傅璇琮, ≪唐代詩人叢考≫, p.431.
18) 皇甫冉은「送王相公之幽州」(≪全唐詩≫ 4函7冊), 皇甫曾은「送王相公赴幽州」(≪全唐詩≫ 3函9冊)가 있음.
19) 그 외에 郞士元이 鄭州刺史로 부임할 때 贈送한 시들이 있으니, 전기는「寄郢郞士元使君」, 군평은「送郢州郞使君」이 전한다.

빛나는 눈동자의 스님 진원공,
줄곧 앉으신 품 선비로구나.
불심에 맺힌 자태 가다듬어서
참선에 묻힌 마음 그 어이 재능을 다칠 건가.
날 새도록 화로향기 그치지 않고
밝으면 층계에 드린 빛에 마음을 비우니,
미친 양 선방에서 바쁜 일 없건만,
오로지 흰눈과 어울려 웃는구나.

양인이 禪境의 정분을 같이하고 있음을 볼 수 있다. 이것은 바로 군평의 시심이기도 하다. 한편, 군평은 「褚主簿宅會畢庶子錢員外郞使君」에서 전기와 회동한 정회를 쓰고 있다.

開甕臘酒熟, 主人心賞同.
斜陽疏竹上, 殘雪亂天中.
更喜宣城印, 朝廷與謝公.

섣달에 빚은 술 무르익으니
주인장네 마음도 흥건하겠지.
석양은 성근 댓가지에 걸쳐 있고
희끗이 날리는 눈발 하늘에 어지럽다.
선성의 나으리라 더욱 기쁘니
사조 시인의 흥취를 누려 보게나.

보건대, 양인의 관계는 물질이나 出仕를 통한 교왕이 아니라, 순수한 정신적·문인적 흥취에서 맺어진 우정이었음을 알 수 있다.

3. 夏侯審

≪唐才子傳≫(卷4)에 이르기를,

> 審, 建中元年禮部侍郎令狐垣下試謀越衆科筆一, 釋褐校書郎, 又爲參軍, 仕終侍御史, 初於華山下多買田園, 爲別墅, 水木幽閟, 雪煙浩渺, 晚歲退居其下, 吟諷頗多, 今稍零落, 時見一二, 皆錦製也.

라고 하여 建中 元年(780)에 등제하여 출사의 길을 통하여 당대의 문인들을 만나게 되면서 大曆十才子의 하나로 남게 된다. 하후심은 流傳詩가 단 1수뿐이어서(≪全唐詩≫ 5函4冊) 그의 시풍을 따질 수는 없으나 大曆의 기상이 깃들여 있음을 알 수 있다.[20]

한편, 군평이 준 시로는 3수가 있으니, 이들 시로 볼 때 양인의 교우가 깊었으며, 특히 군평이 하후심의 생활과 의식을 깊이 이해한 것으로 본다. 먼저 「送夏侯審」을 보면,

> 謝公隣里在, 日夕問盡期.
> 春水人歸後, 東水花盡時.
> 下樓閑待月, 行樂笑題詩.
> 他日吳中路, 千人入夢思.

사안 그 님이 이웃에 계시오니
밤낮으로 좋은 기약 자주 하시게나.

---

20) 夏侯審은 「詠被中繡鞋」 一首를 남겼으니, 보건대 "雲裏蟾鉤落鳳窩, 玉郞沈醉也摩挲. 陳王當日風流滅, 只向波見襪羅."이다. 이에 대해 ≪升菴詩話≫(卷十一)에서는 "夏侯審爲大律十才子之一, 而詩集不傳. 惟此一絶, 及織綿圖君承皇詔安邊戍一歌而已."라 하였다.

봄의 물소리에 인걸은 떠나가고
동천의 물소리에 꽃이 지는구나.
누대를 내려 한가로이 달을 기다리니
그때 마음껏 노닐며 시흥을 돋우고저.
이제 오땅의 길에 들지만
모두들 꿈에서도 그대를 그려하리.

여기서 謝公이란 육조대의 謝安을 지칭함이니, 그가 會稽에 은거하여 전원을 벗하였는데 하후심이 吳中(今 江蘇吳縣)에서 은거하려 들어가는 이별의 시를 사안의 생활에 비유하여 지었음을 알 수 있다. ≪唐才子傳≫에 보듯이 하후심은 본래 전원을 추구하였기에 여기에서 군평의 성격도 동일한 방향에서 유추해 볼 수 있을 것이다. 그러면서 하후심은 결백하고 강직한 성격을 지닌 것을 다음「送夏侯校書歸上都」에서 엿볼 수 있다.

後輩傳佳句, 高樓愛美名.
靑春事賀監, 萬卷問張生.
暮雲重裘醉, 寒山匹馬行.
此回將詣闕, 幾日諫書成.

후배는 좋은 시구 많이도 남겨
높은 누대에선 멋진 그대 이름 사랑했다네.
젊은 날에 경하할 직분을 맡으니
서책을 대하며 장생의 술책 다지기를.
저녁 눈에 털옷 걸치고 취한 그대
이제 한산을 두고 필마로 떠나누나.
이번에 떠나서 궐문을 찾으면

韓翊과 그의 交遊, 그리고 詩의 世界 79

어느 날에 바른 글로 간언할건가.

이 시에서 하후심의 일생을 밝히 알고 있음을 보여 주고 있어서 (제3~6구), 양인의 교분이 남달랐다고 보여진다. 그러면서도 다음 「送夏侯侍郞」에서는 하후심의 재예와 인품을 칭찬하고, 자신의 진실된 동기간의 정분마저 토로하고 있는 것을 볼 수 있다. 이 시의 自注에 보면 "自大理兼侍御史, 攝登州中路, 徵納吉之禮, 愛弟攝青州司馬, 故備述其事."(≪全唐詩≫)라고 하여 하후심을 '愛弟'라고 기술하였으니 형제간 같은 관계였다는 것을 엿보게 된다.

元戎車右早飛聲, 御史府中新正名.
翰墨已齊鍾大理, 風流好繼謝宣城.
從軍曉別龍驤幕, 六騎先驅噸近郭.
前路應留白玉臺, 行人輒美黃金絡.
使君下馬愛瀛洲, 簡貴將求物外遊.
聽訟不聞烏布帳, 迎賓暫著紫綈裘.
公庭日夕羅山翠, 功遂心閒無一事.
移書或問島邊人, 立仗時呼鈴下吏.
事業初傳小夏侯, 中年劍笏在西州.
浮雲飛鳥兩相忘, 他日依依城上樓.

장군의 무장병사 벌써 달리는 소리에
어사부에는 새로이 어사 났다네.
필묵은 이미 종요를 비길 만하고
풍류는 능히 사조를 이을 만하네.
따르는 군사 새벽에 장군의 막사를 떠나고
기마는 먼저 달려서 성곽에 가까웠네.
앞길에는 백옥대를 두고
길가는 이들 문득 황금재갈을 찬미하네.

어사 말에서 내림은 영주가 좋아서려니
귀인을 가려 풍물을 따라 노닐고저.
송사를 듣되 검은 포장의 뇌물은 물리며
귀빈을 맞으면 잠시 보랏빛 털옷 입노라.
관청 뜰엔 조석으로 나산의 정기 어려 있고,
공로 세우고 마음 평안하니 할 일 하나도 없다네.
조서를 쓸 때 간혹 멀리 섬사람의 뜻을 살펴보고
지팡이 세워 다스릴 땐 관리를 호령하네.
하는 일 젊어선 그답게 하였고
중년에는 칼과 수판 들고 서주를 다스렸네.
뜬구름 나는 새야 다 잊자꾸나.
뒷날 성 위의 누대에서 은근히 만나 보세.

여기서 제2연은 하후심의 서도가 魏代의 鍾大理, 즉 鍾繇에 비견되고 시는 南齊의 謝朓에 비할 만하다고 극찬하고, 제1연과 제3~7연은 그의 관직의 행정력이 우수한 것을 알게 해 준다. 그것은 하후심의 애국심과 聞達의 욕망도 歸去來的 의식 못지 않게 강렬하게 내재되어 있음을 간접적으로 말해 주는 것이다.

4. 李嘉祐

≪唐才子傳≫(卷3)에,

嘉祐, 字從一, 趙州人, 天寶七年, 楊譽榜進士, 爲秘書正字, 以罪謫南荒, 未幾何有詔量移爲鄱陽宰, 又爲江陰令, 後遷台袁二州刺史, 善爲詩, 綺麗婉靡, 與錢郞別爲一體, 往往涉於齊梁, 時風人擬爲吳均・何遜之敵, 自振藻天朝, 大收芳譽, 中興風流也.

라고 상술하고 있는데, 천보 7년(748)에 진사가 되었다면 군평과 연

배가 비슷하다. 군평은 그의 「送王侍御赴江西兼寄李袁州」에서,

    中朝理章服, 南國隨旌旗.
    臘酒湘城隅, 春初楚江外.
    垂簾白角簟, 下筯鱸魚鱠.
    雄筆佐名公, 虛舟應時輩.
    按俗承流幾路淸, 平明山靄春江雲.
    溢城詩贈魚司馬, 汝水人逢王右軍.
    綠蘋白芷遙相引, 孤興幽尋知不近.
    井上銅人行見無, 湖中石燕飛應盡.
    禮門前直事仙郞, 腰垂靑綬領咸陽.
    花間五馬迎君日, 雨霽煙開玉女岡.

조정에서 예복을 입다가
남국에서 깃발을 날리노라.
상성 구석에서 섣달에 담근 술 들고
초강 가에선 봄옷을 걸치네.
주렴 드려서 뿔 장식한 바구니에
농어를 썰어 놓았네.
굳센 필치는 이름 더하고
텅 빈 쪽배는 짝질 사람 찾는구나.
탁한 물결 흐르니 어느 길이 맑은가.
새벽의 산안개 자욱하고 봄강의 구름이 끼어 있네.
분성시를 쓴 하손은 어홍에 비길 만하고
여수의 사람 이가우는 왕희지에 짝할 만하네.
푸른 부들 흰 구리떼뿌리 멀리 서로 어울리는데
외롭고 그윽한 흥취 그 뉘 알리오.
우물가의 함양궁의 동상은 행적이 없고
호숫가의 산박쥐는 날아가 버렸네.
예문 앞에선 신선 같은 낭군이

허리에 푸른 수실 드리우고 함양을 다스리네.
꽃 사이로 다섯 말이 그대를 맞이하고
비가 개이니 옥녀강에 안개 걷히네.

이처럼 군평은 이가우를 깊이 이해하고, 특히 이가우의 시를 높이 평가하여 '綠蘋' 구와 '孤興' 구는 이가우의 섬세하고 우아한 풍격을 비유한 것으로서 ≪唐才子傳≫의 "綺麗婉靡"와 상통하고, ≪全唐詩話≫(卷1)에서의 「往往涉于齊梁綺美婉麗」와 ≪升菴詩話≫(卷5)의 「淸麗瀟灑, 讀之使人神爽」과도 일맥하고 있는 것을 알 수 있다.21) 이가우의 생평상 군평의 상기시는 이가우가 시 속의 '溢城'에 나오는 것으로 보아 이가우가 乾元 元年(758)에 鄱陽令으로 폄적갈 때 쓴 것이 아닌가 추측할 수 있다.22)

5. 李吉甫

이길보는 시 4수가 전하지만 재상을 지낸 정치인이라고 봄이 타당하다. 그러나 그는 元和 二年(807)에 入相하고 이듬해 淮南節度使로 나갔다가 同六年에 復相하며, 同九年에 졸한다.(814)23) 따라서 군

---

21) 李嘉祐는 132首의 시를 남겼고, 君平과 함께 쓴 「送冷朝陽及第東歸江寧」이 있다. "高第由佳句, 諸生似者稀. 長安帶酒別, 建業候潮歸. 稚子歡迎櫂, 隣人爲掃扉. 含情過舊浦, 驅鳥亦依依."
22) 傅璇琮은 「李嘉祐考」에서 이가우의 시 「登溢城浦望盧山初晴直省齋勒催赴江陰」과 「承思量移宰江邑臨鄱江悵然之作」을 들어서 폄적생활을 四年한 것을 지적한다. 後作에서 "四年謫宦滯江城, 未厭門前播水淸. 誰言宰邑化黎庶, 欲別雲山如弟兄."이라 하였다.
23) ≪新唐書≫ 宰相表에, "吉甫以元和二年入相, 次年罷爲淮南節度使, 六年復相, 九年十月薨."라 하고, ≪人名辭典≫에 "吉甫少好學, 能屬文, 年二十七爲太常博士.……元和五年正月授吉甫金紫光祿大夫中書侍郎平章事集賢殿大學士監修國史……元和九年冬署病卒年五十年." 吉甫의 詩 4首의 題를 보면 「癸巳歲

평의 시「贈別太常李博士兼寄兩省舊遊」는 이길보가 太常博士時(794)에 쓴 것임을 알 수 있다. 이때에 군평은 늙고 이길보는 27세의 청년으로서 관직이 相差하니, 군평은 길보의 다재를 연령을 떠나서 추숭하고 있다. 보건대,

   兩年戴武弁, 趨侍明光殿.
   一朝簪惠文, 客事信陵君.
   簡異當朝執, 香非寓直熏.
   差肩何記室, 携手李將軍.
   玉鐙初回酸棗館, 金鈿正舞石榴裙.
   忽驚萬事象流水, 不見雙旌逐塞雲.
   感舊無心多寂寂, 與君相遇頭初白.
   暫誇五首君中詩, 還憶萬年枝下客.
    (後略)

  두 해나 무관의 몸으로 명광전을 모시다가,
  하루아침에 혜문관이 되어서,
  객지에서 신릉군을 모시었네.(이가우를 한대에 비유)
  그대의 비범함은 조정에 떨쳐
  그 향내 배지 않아도 그윽하도다.
  하손과 비길 만 하니
  이 장군이여! 손잡아 보세.
  옥장식한 등자를 맨 말이 산초관에 이르니,
  금비녀의 미인이 춤추는 붉은 치마 넘실거리네.
  문득 놀라노니 만사는 유수와 같거늘
  쌍깃발은 안 보이고 구름만이 자욱하네.
  옛 일 생각하니 무심히도 쓸쓸해지니

──────────

……奉寄相公兼呈集賢院諸學士」·「夏夜北園卽事寄門下武相公」·「九日小園獨謠贈門下武相公」·「懷伊川賦」등이 있다.

그대와 만난 것이 나이 들어서였지.
잠시 그대의 다섯 수 시를 읊노라니
길이 만년 남을 나그네 생각나누나.

  여기서 군평은 길보의 승관을 높이고 능력 또한 놀라움을 찬하면서 군평 자신의 노년 심태와 연차를 초월하는 소박한 우정을 읽을 수 있다. 漢代의 관명과 殿名을 가지고 길보의 聞達을 기리고 있음은 군평시의 성당풍을 엿보게 한다.

6. 郎士元

≪唐才子傳≫(卷3)에,

> 士元, 字君冑, 中山人也. 天寶十五載, 盧庚榜進士, 寶應初, 選京畿縣官, 詔試政事中書, 補渭南尉, 歷左拾遺, 出爲郢州刺史, 與員外郎錢起齊名……二公體調大抵欲同, 就中郎君稍更閒雅, 逼近康樂.

라고 하여 등제 시기가 천보 15년(756)이며 본격적인 출사시기는 보응 연간(762~763)이 된다. 大曆十才子의 일인으로 전기와 풍격이 상사하며 한아한 성당풍을 지니고 있음을 알 수 있다. 그의 시 73수 가운데 종군에 관한 것, 불심을 토로한 것 등이 있으나 역시 송시가 33수나 차지하는 것으로 보아 비감을 주제로 한 은일적 요소를 다분히 내포하고 있다. 군평과의 교우는 전기를 통하여 가까웠을 것이며 군평에게서 받은 「送郢州郎使君」은 그가 자사로 출사할 때의 시이어서 양인의 교분이 중년 이후에 더하였음을 본다. 그 시를 보면,

千人揷羽迎, 知是范宣城.

暮雪楚山冷, 春江漢水淸.
紅鮮供客飯, 翠竹引舟行.
一別何時見, 相思芳草生.

많은 사람 깃털 꽂고 맞거늘
알고 보니 범선성이구려.(낭사원을 지칭)
저녁 눈에 초산은 찬데
봄강의 한수는 맑기도 하다.
붉은 쌀로 나그네 밥해 먹고
푸른 삿대로 쪽배를 끌고 가누나.
이제 헤어지면 언제 만날 건가,
그리는 마음에 향초만 돋는구나.

이 시에서 마치 사원의 한아한 시를 보듯 청담한 정감을 엿볼 수 있으며, 이것은 사원의 「送韓司直路出廷陵」과 일맥하고 있는 것을 알 수 있다. 즉,

遊吳還適越, 來往任風波.
復送王孫去, 其如春草何.
岸明殘雪在, 潮滿夕陽多.
季子留遺廟, 停舟試一過.

오땅에 놀다가 월땅으로 떠나거늘
왔다갔다 풍파에 맡긴 그대!
귀한 그대 떠나보내니,
봄풀을 어이하리!
강가엔 눈자욱 남아 있고,
밀물 가득한데 석양이 짙구나.
이 사람아! 저 묘당을 보게나!
배를 멈추고 한 번 들러감이 어떤가!

시경의 장면이 같으며, 느끼는 시흥의 담백한 맛을 볼 때, 양인의 사상 감정이 大曆才子 중에서 가장 접근했다고 할 수 있다.

7. 張諲

≪唐才子傳≫(卷2)에 이르기를,

> 諲, 永嘉人, 初隱少室山下, 閉門修肄, 志甚勤苦, 不及聲利, 後應擧, 官至刑部員外郞, 明易象, 善草隷, 兼畵山水, 詩格高古, 與李頎友善, 事王維爲兄, 皆爲詩酒丹靑之契……天寶中, 謝官歸故山偃仰, 不復來人間矣.

라고 하여 당시의 서화가로서, 시인으로서 聞名하고 성당의 시인들과 교류가 잦았음을 알 수 있다. 상기문에서의 교류가 불소한 것을 보자면 王維, 郞士元, 皇甫冉, 錢起 등의 시에서 張諲에게 준 贈送詩가 적지 않은 데서 더욱 확인할 수 있다.[24]

장인과 군평의 교우는 大曆의 타시인과 함께 한 것으로 보아야 한다. 장인의 말년에 은거하는 길을 택하면서, 동일한 의취를 서로 인식한 점을 다음의 군평의 「贈張五諲歸濠州別業」에서 확인할 수 있다.

> 常知罷官意, 果與世人疎.
> 復此凉風起, 仍聞濠上居.

---

24) 張諲에게 준 여러 시인의 詩題를 보면, 「戱贈張五弟諲三首」・「故人張諲工詩善易卜兼能丹靑草隷頃以詩見贈聯獲酬之」・「答張五弟」・「送張五諲歸宣城」(以上王維), 「贈張五諲歸濠州別業」(郞士元), 「與張諲宿劉八城東莊」・「夜集張諲所居」・「答張諲劉方平兼呈賀蘭黃」(以上皇甫冉), 「送張五員外東歸楚州」 등이 있다.

故山期採菊, 秋水憶觀魚.
一去蓬蒿逕, 羨君閑有餘.

관직 버릴 뜻 늘 알고 있었지만
정말 속세와 헤어지려는구려.
이 또한 찬바람이 일거늘
호주 땅에 거한다고 하더이다.
옛 산에서 국화꽃 딸 일을 기약했는데
가을의 물가에서 한가론 물고기 구경턴 일 생각나누다.
이제 문득 다북쑥 무성한 길을 떠나니
그대의 너무도 잔잔한 마음 부럽구려.

장인은 출사의 뜻이 많지 않은 인품을 지니고 전원과 벗하며 幽閑한 심성을 기르려고 하는 결심을 하고 은거하는데, 군평은 부러움과 自省의 표현을 감추지 않고 있다.(말연)

8. 皇甫冉

≪唐才子傳≫(卷3)에,

> 冉, 字茂政, 安定人, 避地來寓丹陽, 耕山釣湖, 放適閒淡,……天寶十五年, 盧庚榜進士, 調無錫尉, 營別墅陽羨山中, 大曆初, 王縉爲河南節度, 辟掌書記, 後入爲左金吾衛兵曹參軍, 仕終拾遺左補闕, 公資桂禮闈, 便稱高格, 往以世道艱虞, 遂心江外, 故多飄薄之歎, 每文章一到朝廷, 而作者變色, 當年才子, 悉願綉交, 推爲宗伯, 至其造語玄微, 端可平揖沈謝, 雄視潘張, 措乎長轡未騁, 芳蘭早凋, 良可痛哉.

여기에서 황보염은 범속하기보다는 탈속적이며 직설적이며, 비판적인 성격의 소유자이고, 품격은 웅장하기보다는 섬세하면서 조탁적인 표현을 구사하고 있다는 점을 알 수 있다. 천보 15년(756)에 등제하여 左補闕에 이르렀지만, 그의 시를 두고 "冉詩天機獨得, 遠出情外." "全唐詩小傳"이라고 한 것이나, "自晋·宋·齊·梁·周·隋以來, 採掇者無數, 而補闕獨獲驪珠, 使前賢失步, 後輩却谷立."(《全唐詩話》卷2)라고 한 평에서 大曆의 으뜸이며 성당풍을 유지한 것으로 볼 수 있다. 皇甫冉이 등제 후 無錫尉를 지낸 바, 이는 浙江東道에 가까운 고로 군평이 준「送皇甫大夫赴浙東」시는 늦게 등제한 황보염의 의기를 높여서 晋代의 謝安에 비유한 것이다.

舟師分水國, 漢將領秦官.
麾下同心吏, 軍中□□端.
吳門秋露濕, 楚驛暮天寒.
豪貴山東去, 風流勝謝安.

배 탄 군사 강촌을 가르니
한 장수 진 관리를 다스리네.(황보염의 위세 비유)
휘하의 마음을 같이 하는 관리들
　(缺句)
오문에는 가을 이슬 젖어 있고
초역의 저녁 하늘 차기만 하네.
귀한 그대 산동으로 떠나가니
그 풍류는 사안에 못지 않누나.

말연은 바로 황보염이 무석(山東)으로 가는데 그 풍류가 謝安의 풍모를 닮은 것을 찬하고 있다.[25] 한편, 군평에게 준 황보염의 시가 있으니, 이것은 군평이 駕部郎中知制誥를 지낼 때의 寄贈詩인 듯하

---

25) 謝安, 字安石, 少有重名, 徵辟皆不就, 隱居東山以妓相從. 人爲語曰 ; 安石不出如蒼生何. 年四十餘始出爲相溫司馬.(《中國人名辭典》)

다. 그 시 「酬張二倉曹揚子所居見寄兼呈韓郎中」을 보면,

>孤雲獨鶴自悠悠, 別後經年尙泊舟.
>漁父置詞相借問, 郎官能賦許依投.
>折芳遠寄三春草, 乘興閑看萬里流.
>莫怪杜門頻乞假, 不堪扶病拜龍樓.

>외론 구름에 외론 학 홀로 떠나는데
>이별 후 한 해 가도록 아직 배에 기댄 신세.
>어부가 정중히 인사하는 말에
>그대는 시를 지어 답례하면서
>향기론 봄풀 꺾어
>멀리 강물 보누나.
>문 닫고 쉬고자 함을 탓하지 마오.
>병든 몸 부추겨 용루에 오르기도 힘드네.

만년에 든 君平을 보면서 歸隱의 念을 나누고자 함을 엿볼 수 있다. 학과 같이 맑은 마음을 지닌 군평을 존경하며 노후의 평강을 기원하고 있다.

9. 劉太眞

「全唐詩小傳」(4函8冊)에 이르길,

>劉太眞, 宣州人, 師蕭穎士, 天寶末擧進士, 大曆中拜起居郎, 歷臺閣, 自中書舍人, 轉工部刑部二侍郎, 左事貶信州刺史. 貞元四年重九, 賜宴曲江亭, 帝製詩序, 賜群寮各一本, 命簡文詞之士應制同用淸字, 明日於廷英門進之. 於是朝臣畢和, 上自考定以太眞. 李紓等爲上等, 集三十卷, 今存詩三首.

이와 같이 태진은 문재가 출중하였으며 顧況, 韋應物, 李紓, 蕭穎士는 물론이려니와, 그의 고향인 宣州의 東峰亭에서 당시의 문인들과 시회를 하면서 袁參·崔何·王緯·富參·郭澹·李岑·蘇寓·袁邕 등과 어울리는 교우를 하였다.26) 그의 시풍은 후평이 없어 객관적이지는 않으나, 중당으로 가기 전의 한일한 묘법을 볼 수 있다. 「宣州東峰亭各賦一物得古壁苔」에서,

苒苒溫寒泉, 綿綿古危壁.
光含孤翠動, 色與暮雲宿.
深淺松月間, 幽人自登歷.

철철 덥고 찬 샘이 솟고
이어진 옛 가파른 담이 있는데,
햇빛이 다소곳한 아지랑에 어울고
그 빛이 저녁구름과 잔잔하네.
솔새에 드리운 달빛 어른거리는데
은둔자 홀로 오르는 모습.

한편, 군평은 「送丹陽劉太眞」에서 태진의 시와 상사한 태진의 풍모를 그리고 있다.

長干道上落花朝, 羨爾當年賞事饒.

---

26) 太眞이 이들과 交遊한 것을 太眞의 현존시에서 「宣州東峰亭各賦一物得古壁苔」가 있고, 《全唐詩》 四函八冊에 이어서 問題로서 詠物의 대상이 다른 이들의 시가 있으며, 顧況 등을 상대한 것은 太眞의 「顧十二況左遷過韋蘇州房杭州韋睦州三使君皆有郡中燕集詩辭章高麗鄙夫之所仰慕顧生旣至留連笑語因亦成篇以繼三君子之風焉」에서, 소영사에 대해서는 「貢院寄前主司蕭尙書聽」에서 알 수 있다.

下筋已憐鵝炙美, 間籠不奈鴨媒嬌.
春衣晚入靑楊巷, 細馬初過皁莢橋.
相訪不遇千里遠, 西風好借木蘭橈.

장간 가는 길에 떨어진 꽃 붉은데
그대 당년에 좋은 일 많음이 부럽구나.
가던 길 멈추니 벌써 구운 거위 맛이 향긋하고
광주리를 여니 예쁜 압매(오리를 홀려서 끌어들이는 오리)가 적지 않구나.
봄옷으로 저녁에 청양골에 드니
좋은 말이 처음으로 조협교를 지나가네.
찾아가도 못 만나고 천리 멀리 떠나가니
서풍에 목란놋대 빌린 건가!

여기에서 제3·4연은 태진의 초탈적인 심상과 양인의 사심없는 정을 그려주고 있다.

10. 冷朝陽

냉조양은 十才子의 하나로서 시 11수가 현존한다. ≪唐才子傳≫(卷4)에 이르기를,

> 朝陽, 金陵人, 大曆四年, 齊映榜進士及第, 不待調官言歸省覲. 自狀元以下, 一時名士大夫, 及詩人李嘉祐·李端·韓翃·錢起等大會, 賦詩攀餞, 以一布衣才名如此, 人皆羨之. 朝陽工時, 在大曆諸才子, 法度稍弱, 字韻淸越不減也.

라고 하여 이가우·한굉·전기 등과의 교우가 깊고 격조가 덜한 면을 강조하였으며, 「全唐詩小傳」에서는,

冷朝陽, 金陵人, 登大曆進士第, 爲薛嵩從事, 詩十一首.

라고 하여 설숭의 막하에 종사한 것을 유일한 관직으로 밝히고 있다. ≪滄浪詩話≫「詩評」에서 "冷朝陽在大歷才子中爲最下."라고 평하였지만, 十才子의 수준은 유지시켰다고 하겠다.

냉조양이 대력 4년(769)에 진사에 급제하지만 곧 金陵으로 省親 가면서 그때에 장안에서 錢起・李嘉祐・李端 등과 送別宴을 열었는데, 군평은 「送冷朝陽還上元」을 남겼다.

> 青絲結引木蘭船, 名遂身歸拜慶年.
> 落日澄江烏榜外, 秋風疏柳白門前.
> 橋通小使家林近, 山帶平潮野寺連.
> 別後依依寒食裏, 共名携手在東田.

> 푸른 밧줄로 매어 목란배를 끌어내니
> 명성을 이룬 몸 돌아가니 경축을 드리노라.
> 지는 해의 징강은 오방 저 밖에 흐르는데
> 가을 바람에 성근 버들가지 백문 앞에 흔들대네.
> 다리는 작은 저자에 닿아 마을 숲에 가까이 있고
> 산은 잔잔한 호수를 끼고 들판의 절에 이어져 있네.
> 이별 후에도 잊지 않고 지내다가
> 한식날에 그대와 손잡고 동전에서 만나세.

여기에서 제2・3연은 묘사가 공교하며 청려하여 군평의 본령이 보이며 冷朝陽의 清越(唐才子傳評)과 비유할 수 있다. 이 시는 군평이 이 시기에 장안에 있었던 증거가 되며[27], 냉조양의 交友幅을 유

---

27) 傳璇琮, ≪唐代詩人叢考≫, p.461.

추케 한다. 金聖嘆은 이 시를 놓고 평하기를,

> 報柳是寫船之已到其地也. 船中一人, 則卽冷朝陽而此冷朝陽之心頭却有無限快活者, 一是新及筆, 二是准假歸, 三是二人具慶恰當上壽也. 嗚呼, 人生世間, 誰不願有此事乎哉? 後解純寫冷朝陽之得意, 此始寫送也. 言今別是初秋, 乃我別後依依, 則欲前期必訂仲春. (≪唐詩一千首≫)

라고 하여 귀전하는 냉조양을 전송하는 군평의 마음이 냉조양의 쾌활한 마음과 상통하는 것을 강조하였으니, 양인의 심기가 맑고 밝게 부합되고 있다. 이러한 의취는 냉조양에게 있어서 보다 강하게 보이니, 그의 시중에서 佛寺를 노래한 것이 대부분을 차지하는 데서도 알 수 있다.28) 이제 그의「宿柏巖寺」를 보면,

> 幽寺在巖中, 行唯一徑通.
> 客吟孤嶠月, 蟬躁數枝風.
> 秋色生苔砌, 泉聲入梵宮.
> 吾師修道處, 不與世間同.

> 그윽한 절이 바위 속에 서 있어서
> 가려니 오직 이 한 오솔길로 통할 뿐.
> 나그네는 외로이 높이 뜬 달을 노래하고
> 매미가 우는 곳에 나뭇가지 두서넛 살랑대네.
> 가을빛이 이끼 낀 섬돌에 감돌고
> 샘물소린 절간에 스며드누나.
> 나의 스승 수도하는 곳에
> 세속과는 같지 않노라.

---

28) 冷朝陽의 詩 11首 中에서 6首가 佛寺와 僧侶에 관한 것이다.

여기에서 냉조양의 심상이 얼마나 초탈적인가를 확인할 수 있다.

Ⅲ. 한굉의 시 세계

한군평은 大曆 年間(766~779 A.D.)에 성당 말기에서 중당 초엽에 걸쳐서 시작활동을 주도해 온 시풍의 과도기적인 시인이다. 성당의 은일낭만의 서정에서부터 사실적이며 고담적인 새로운 물결이 일기 시작함에 따라 十才子에게서는 이미 성당의 진미가 덜한 상태에 놓여 있었기에 十才子의 시단에서의 위치는 매우 미묘한 입장에 있었다. ≪四庫全書總目≫ ≪錢仲文集≫ 提要에,

> 大歷以還, 詩格初變. 開寶渾厚之氣, 漸遠漸漓, 風調相高, 稍趣浮響. 昇降之關, 十子實爲之職志.
>
> 대력 이후로 시의 격조가 비로소 변하게 되었으니, 개원과 천보 년간의 크고 넉넉하던 기품이 점차 멀어져 엷어져 가고 풍조가 높지만 좀 부허하게 되어 갔다. 격조의 오르내림에 있어서 십재자가 실제로 그 역할을 하였던 것이다.

라고 하여 十才子가 지니는 당시 발전에의 비중을 명기하고 있다. 이같이 긍정적인 평가를 통해서라면 十才子의 위치는 상당히 확고해질 수 있으나, 「以閑雅爲致」(王世懋의 ≪藝圃擷餘≫)와 같은 성당기미의 아류로 돌린다면 그 위치의 애매성 때문에 별다른 주목을 받을 수 없다. 이러한 장단점을 포괄하고 있는 十才子의 입점을 나름대로 조명하지 않으면 안 되는 이유는 이미 언급한 바, 중당에의 유입과정에 교

량적 역할을 했다는 점과 성당처럼 「漸趨淡靜」(≪詩藪≫)·「皆尙淸雅」(≪藝槪≫)·「漸近收斂」(≪說詩晬語≫) 등의 일면을 보이면서, 한편 많은 인간관계를 유지하여 현실직시의 인본성을 계시해 주는 점을 간과해서는 안 될 것이다.

본고의 주제인 한군평이야말로 그의 시 165수에서 贈答·送別·寄宿 등을 題한 것이 155수인 점을 볼 때, 군평의 시는 대인관계를 소재로 한 내용에서 시의 개성을 찾아야 한다. 이 점이 상기한 인본성의 의미와 상통하는 것이다. 참고자료로는 ≪全唐詩≫ 四函六冊(臺灣復興書局)과 陳王和의 ≪韓翃詩集校注≫(臺灣師大, 1973)를 주 저본으로 하였다.

1. 군평 시의 諷刺性

한굉의 시는 특성상 諷刺的·非戰的·浪漫的·超脫的 등의 요소를 짙게 지니고 있는데, 그 모든 것이 人本主義的인 의식, 좀더 구체적으로는 送別·贈酬·和盟·寄託 등의 대인관계성에서 표출되고 있기에, 성당의 隱遁的·閉鎖的·離世的인 흥취와는 상이하다. 이것이 넓게는 大歷十才子의 기미인 동시에 군평이 지닌 풍격이라 할 수 있으며, 盛·中唐의 사다리적인 노선의 일면이라고도 할 수 있을 것이다.

그러면 먼저, 군평 시의 諷刺性을 보기로 한다. 시인으로서 시의 풍자가 없을 수 없다. 이 표현법은 동서양을 막론하고 극히 일반적이다. 詩經의 比興이나, 楚辭의 擬人이나 幻想은 넓게 풍자의 念을 바탕으로 하였다. 군평에게는 소극적이며 간설적인 묘법이 짙게 드러나 있다. 이것은 직서의 묘사를 구사하기에 어려운 점으로 볼 수 있다. 그리고 중당의 사실적인 시흥을 찾아보기에는 아직 이른 감이

있다. 군평시에서는 諷諭가 있기에 典故를 통한 比擬가 능숙하게 활용되었다고 본다. 楊愼이,

唐人評韓翃詩, 謂比興深於劉長卿.29)

당나라 사람이 한굉의 시를 비흥의 면에서 유장경보다 깊다고 평가하였다.

라고 하였으며, 또 方東樹가,

韓君平詩不過秀句, 足供諷詠, 流傳不泯篇法.30)

韓君平의 시에서 몇 개의 빼어난 시구만은 풍자의 시로 내놓기에 족하니 그 작법이 전하여져 이어오고 있다.

라고 한 제가의 평언들이 바로 군평의 시에 보이는 隱喩性을 들추어 낸 예라 할 수 있다. 그런데 군평의 諷諫對象은 다양하지 못하여서 정치와 사회현실에 대한 비유에 한정되어 있다. 그러나 그 대상이 현실임에도 불구하고 표현된 작품은 비사실적이라는 데에 간과할 수 없는 요소를 보여 준다.

정치에 관한 예시로서 德宗(780~804)의 총애를 받는 계기가 되어 大官職을 받은「寒食」시를 보면,

春城無處不飛花, 寒食東風御柳斜.
日暮漢宮傳蠟燭, 輕煙散入五侯家.

---

29) 楊愼, 《升庵詩話》 卷十四.
30) 方東樹, 《昭昧詹言》 卷十八..

봄날의 성내에 곳곳마다 꽃잎 날리는데,
한식날 동풍에 궁내의 버들잎이 비스듬히 돋는구나!
날이 저무니 한대의 궁궐에 밀촛불이 밝은데,
안개만이 한대의 다섯 제후집에 흩어지누나.

 이 시에서 首 2句는 표현이 매우 미려하여 德宗의 환심을 사고 中書舍人으로 배수되는 계기가 되었으며, 諷諫이지만 懲戒의 구실을 받지 않고 족히 警戒의 역할을 할 수 있었다. 먼저 제1구를 보면, 한식날 봄꽃이 되었는데 바람에 따라 지는 꽃잎들의 모습이 가식없이 그려져 있다. 王翼雲은 이에 대해서31)

　　用無處不三字, 徧地皆春光矣.

　　아닌 곳이 없다라는 세 자를 써서 온 땅이 모두 봄빛으로 물들게 하였다.

라고 말하고 있다. 그리고 제2구에서는 버들을 꽃(花) 위에 반영시키고 바람으로 버들에 입혀서 봄경치의 맛을 한결 짙게 풍기고 있다. 그러면서 漢代의 궁전의 한식 시절에 보이는 경물과 함께 안락한 성세의 면모를 엿보여 준다. 그러기에 당대를 말하면서도, 당대에는 쓰이지 않던 밀랍을 시어로 쓰고(제3구), 이 밀랍이 秦漢代에는 人魚의 기름으로 만들었다는 고사를 상기한다면 정치풍토의 사치와 민생의 탈취를 상상케 해 준다.32) 일설에는 閩越王이 漢高帝에게 蜜燭

---

31) 王翼雲, ≪古唐詩合解≫.
32) ≪瀛園詩話≫에 "唐時宮內用蠟不用燈, 故韓翃有日暮漢宮傳蠟燭句."라 하고, 洪亮吉의 ≪北江詩話≫에는 "唐韓翃詩, 日暮漢宮傳蠟燭, 然燭之用蠟究不知

을 바쳤다는 말도 있으나(≪西京雜記≫), 이 또한 근거가 약하다 보면, 군평이 시어로 만들어 쓴 造語라고도 할 수 있다. 한군평이 造語하지 않으면 안 될 만큼 세태의 심각성을 인식했으리라 본다. 이것이 제4구에 가서 그 촛불의 향기가 권세가에게 퍼져 나간다고 표현해 놓은 이유이다. 사치와 방탕의 기풍이 궁궐은 물론, 신하들에게까지 만연하고 있다. 漢末의 桓帝 때에 單超·徐璜·貝瑗·左琯·唐衡 등 오인의 권세가를 전고로 인용하여 당대의 肅宗 이후의 환관의 득세와 폐단을 풍자하고 있다. 王翼雲이[33]

    唐自肅代以來, 宦者權盛, 政之衰亂侔於漢, 故此詩寓諷刺焉.

    당나라는 숙종대 이래로 환관들의 권세가 성하여 정치가 혼란하기가 한대에 비길 만하니, 따라서 이 시는 이를 풍자한 것이다.

라고 인술한 것은 한군평의 시에 보이는 한 개성이라고 할 수 있다.
    한편, 혼탁한 사회를 보고 그 현상을 자연경관에서 착상하여 道仙的인 묘사를 구사하면서 함축미까지 가미시킨 풍자시「經月巖山」을 보고자 한다.

    驅車過閩越, 路山饒陽西.
    仙山翠如畵, 簇簇生虹蜺.
    群峰若侍從, 衆阜如嬰提. (一段)

    수레를 몰아 월땅을 지나니,

    起於何時.……≪史記≫ : 始皇家中以人魚膏爲燭.≫是古燭炬之外, 或亦以膏爲之, 亦稱爲脂膏是矣."라고 하였다.
33) 王翼雲, ≪古唐詩合解≫,「寒食詩條」.

산길이 요양 서쪽에 나 있구나.
선산의 푸른 빛 그림 같아,
대순 솟듯 암수무지개 이는구나.
뭇 봉우리는 시종 같고,
뭇 언덕은 아이들 같구나. (일단)

巖巒互呑吐, 嶺岫相追携.
中有月輪滿, 皎潔如圓珪.
玉皇恣遊覽, 到此神應迷. (二段)

높은 산과 작은 언덕은 서로 머금었다 토해 내고,
산정과 산굴은 서로 따라 어울리네.
그 중에 달무리가 가득한데,
밝고 맑기가 둥근 옥 같구나.
옥황상제께서 느긋이 노닐다가,
여기에 오시면 정신이 아찔하시리라. (이단)

嫦娥曳霞帔, 引我同攀躋.
騰騰上天牛, 玉鏡懸飛梯.
瑤池何稍稍, 鸞鶴煙中棲.
回頭望塵世, 露下寒淒淒. (三段)

상아신은 노을치마 끌고서,
나와 함께 오르려 하네.
오르고 올라 하늘 위에 높이 뜨니,
옥거울(달)이 휘날리는 사다리(구름)에 걸렸구나.
서왕모 계신 옥연못이 얼마나 먼가!
봉황과 학이 안개 속에 깃드누나!
머리 돌려 세상을 내려다보니,
이슬 아래 춥고도 쓸쓸하구나. (삼단)

이 시에 보듯이, 어느 한 곳에도 풍자적인 기미가 눈에 띄지 않는다. 너무도 함축적이다. 이 시의 序를 보아도,

  西三十里山, 名仙人城. 城上有月巖山. 其狀秀拔, 有山門如滿月之狀, 余因過其下, 聊賦是詩.

  신주 서쪽 삼십 리 밖에 선인성이 있고, 성 위에 월암산이 있다. 그 모양이 빼어나서 산입구가 보름달 모습과 같거늘 내가 그 아래를 지나다가 잠시 이 시를 짓는다.

라고만 했을 뿐, 이 시가 무엇을 빗대어 서술하려 했는지를 간파할 수 없다. 그러나 劉開揚은 이 시를 李白의 「古風」第十九首에 비교하여 혼탁한 사회상을 비유하였음을 주장하였다.34) 이것은 한군평의 시에 있어서 매우 중시해야 할 표현법이다. 외관상으로는 이 시가 道家風의 탈속미로만 의식될 수 있지만, 필자의 소견으로도 劉氏의 입장에 동감하면서 나름대로 분석하고자 한다. 이 시는 한편의 仙詩로 묘사되어 있으나 기실은 심각한 사회현실에 대한 隱喩가 담겨 있다. 일단은 매우 현실적 감각으로 있는 대로, 보는 대로 자기의식을 담지 않았다. 민월과 요양은 南과 北의 지역이니 나라 전체를 포용하는 표현이며 이 나라의 자연이 주어진 美의 대상을 江西의 上饒縣에 있는 '월암산'을 표적으로 하여 대신케 하였다. 한 폭의 그림이요 비 갠 후의 오색 무지개 지는 찬란한 대자연 美를 지닌 나라이건만, 시인의 눈에 보이는 산천의 자태가 높은 것은 상층지배계급이며, 낮은 것은 가련한 百姓被支配層으로 부각된다. 그러기에, 하나는 侍從

---

34) 劉開揚은 ≪唐詩通論≫(木鐸出版社, 1983, p.141)에서 詩를 인용했다. "這首詩很像李白的古風五十九首的第十九首, 前後用對比的手法, 只是這首的結句不同於李白的指斥安史亂軍, 而是概括地表現社會的混濁, 所以寫得含蓄不露."

이요, 다른 하나는 아이들이다. 2단에 가서는 그 높고 낮은 산들이 가지런하다기보다는 서로 물고 먹히고 쫓고 잡히는 관계로 묘사된다. 사회가 무질서하고 혼란되어 그 정경은 너무도 참치하다. 시인의 눈에 보이는 높고 낮은 산들이 그 당시 사회의 모순처럼 자리잡혀 있다. 군평이 中書舍人의 직에 있을 당시인 德宗 初葉(784年 前後)은 측신들이 발호하여 朱泚·李懷光이 國號를 漢元天皇이라 하여 德宗이 梁州로 몽진한다든가(興元 元年·784), 吐蕃·回紇 등이 내침하여(貞元 元年·786) 민심이 극도로 배반되고 사회의 기강이 문란하니, 시인의 마음에 월암산에 올랐지만 憂國의 시름을 떨칠 수 없었으리라. 따라서 산을 보아도 얽혀 있게만 보였으리라. 그러나 그 위에 떠 있는 둥근 보름달을 바라볼 때, 희망의 대상으로 설정한 것이 달이요, 사회의 淨化와 신세계의 도래를 동시에 仙界에서 구하려 했음을 알 수 있다. 따라서 삼단에 이르러 시인이 처한 세계를 초월하려 했기에 嫦娥와 瑤池를 동경하고 仙人이 타고 다니는 봉황과 학을 추구하면서 사회의 유토피아가 도래하기를 기구한다. 그러므로 시인이 보는 사회현상은 더욱 춥고 쓸쓸할 뿐이라는 강렬한 비판적 의식이 표현될 수 있었을 것이다.

2. 군평 시의 非戰意識

한군평은 혼돈을 겪는 세태에서 내외분란에 대해 부정적인 자세를 취할 수밖에 없었다. 나아가서 그가 읊는 시는 哀歌的이다. 초당의 主戰的 壯歌風에서 중당에 들어 凄苦的이며 傷亂的인 풍조를 띠는 것과 상통한다. 군평의 시에는 중당의 비전적 문풍이 깃들여 있어서 적극적이며 慷慨的이라기보다는 소극적이며 哀吟的인 흐름이 보인다. 그러기에 의외로 비현실적인 면모를 보여 주며 전쟁묘사에 있어서 직접적이라기보다는 방관자적이다. 이것은 중당의 元·白에게서 보이는 구체적인 寫實性과 또 다르다. 최소한 大歷時에는 성당대의 염세적인 전쟁에 대한 혐오감이 아직까지 물들어 있기 때문이다. 그러니까, 전쟁의 서술이 비애적일 수밖에 없다. 杜甫나 白居易에서 볼 수 있는 객관적인 敍事詩가 적극적인 非戰의 성향을 지니고 있다면 군평에게는 완곡한 묘사로 표현되어 나와서 시의 함축과 풍자를 맛보게 한다. 그렇다고 전언한 바, 풍자와는 그 의미가 다르다. 이 점을 놓고 胡雲翼은 긍정과 비판의 양면을 동시에 지적하고 있다. 즉 묘사의 완곡성은 전통적인 溫柔敦厚의 영향이지만 소극적인 隱晦意識은 大歷을 중심한 중당대의 한 결점이라는 것이다.35) 이것은 하나의 전쟁에 대한 저주와 평화에의 희원으로 진전된다. 단순한 감상이나 염오에서 내면적인 안정의 방법을 강구하게 된 것이다. 군평에게서도 예외는 아니며 오히려 보다 더 부정적인 서정성을 띠고 있기에 은둔적이라 할 수 있다. 그렇다고 군평을 중심으로 하여 大歷·貞元初年의 풍격을 胡應麟이 말한 "氣骨頓衰"(《詩藪》「內編」卷3)의 평구를 인용하여 羅宗强 같은 이는 감정이 冷漠하다느니, '冷眼旁觀'이지 풍자라고 할 수 없다는 등으로 기술하고 있음은 일종의 성당에 대한 第一義的 관점에서 대력에 대한 독자적 가치를 무시하는 태도라 할 수 있을 뿐이다.36) 진정한 긍정적인 평가를 가해 줄 필요가 있기에

---

35) 胡雲翼은 《唐代的戰爭文學》(p.30)(商務印書館)에서 "至於描寫的婉曲的另一原因, 則由受詩經溫柔敦厚的影響, 不以直訴爲詩的主旨, 所以中唐詩人的非戰詩, 大都轉灣而又轉灣, 直至原意隱晦爲止. 這種沒有積極的反抗精神, 沒有激昂慷慨的精神, 只消極地哀吟, 實在是中唐非戰文學的一大缺點."라고 하였다.
36) 羅宗强은 《隋唐五代文學思想史》(p.160~164)에서 "而大歷初·貞元中, 濃烈的情思彷彿從詩境上消退了. 詩人們的感情天地彷彿比盛唐的詩人們的感情天地要窄小得多, 平靜得多, 表述也冷漠得多了."라고 하였다. 또 "韓翃詩前人言其

본문은 이 점을 지적하는 것이다.

그러면 구체적으로 군평에 있어 邊塞詩風의 단면을 살펴보자. 군평에게도 전쟁을 승리로 이끌 것을 독려하는 의상만을 담은 작품이 없는 것은 아닌데,「送劉將軍」을 보면,

>   明光細甲照鋥鍜, 昨日承恩拜虎牙.
>   膽大欲期姜伯約, 功多不讓李輕車.
>   靑巾校尉遙相許, 黑矟將軍莫大誇.
>   闕下來時親伏奏, 胡塵未盡不爲家.

>   빛나는 고운 갑옷에 '투구의 뒤에 늘어져 목을 가리게 된 부분인' 경개마저 갖추시고,
>   어제 성은을 입어 虎牙장군 되셨네.
>   담이 크시기론 촉한의 姜維 장군에 기댈 만 하고,
>   공이 많기론 한대의 李蔡 장군에 뒤지지 않네.
>   푸른 두건의 校尉 '六品以下의 軍官'으로 멀리 나라에 몸을 바쳤고,
>   검은 긴 창을 찬 장군으로서 결코 뽐내지 않으시네.
>   궁궐에 오실 때 충성으로 복종하시니,
>   오랑캐의 먼지가락 진정치 않고선 돌아오지 않으시리라.

여기에서 劉將軍의 무용을 찬하면서 그 정신을 蜀漢의 姜維에 견주고37) 그의 공적을 漢代의 李蔡에 비교하여38) 적절한 전고로서 중후하게 존숭하고서 말련에서 그의 충성심과 불퇴전의 용맹성을 부

有諷刺之意, 未知何據, 從詩意本身看, 幷無諷刺痕迹可尋. 前人解詩, 大抵以儒家之美刺觀點衡量得失, 由此而常常失之附會. 卽使從諷刺之說, 也屬冷眼旁觀, 與李‧杜諷刺時政之尖銳强烈者大異其趣."라고 하였다.
37) 詩에서 姜伯約은 蜀漢의 姜維이다. 膽大如斗하다고 했음.
38) 《史記》卷一百九「李廣傳」: "廣之從弟李蔡與廣俱事孝文帝. 景帝時, 蔡積功勞至二千石. 孝武時至代相, 以元朔五年爲輕車將軍, 從大將軍擊右賢王有功, 中率封爲樂安侯."

각시키고 있다. 이 시의 어디에도 비전적 소극성이 스며 있지 않다. 그리고 「送劉侍御赴令公行營」에서도 강렬한 승전의식이 표출되어 있다.

> 東城躍紫騮, 西路大刀頭.
> 上客劉公幹, 元戎郭細侯.
> 一軍偏許國, 百戰又防秋.
> 請問蕭關道, 胡塵早晚收.

> 동쪽 성내에선 검은 털의 준마가 뛰고 있고,
> 서쪽 길가에는 떠나 돌아갈 채비하네.
> 그대의 인품은 魏代의 劉楨 선생이요,
> 그대의 통솔은 漢代의 郭伋 태수러니.
> 하나의 군인으로 오로지 나라에 몸을 바쳐서,
> 전쟁마다 북쪽 오랑캐 물리쳤으니,
> 소관의 길을 묻노라면,
> 오랑캐 먼지가락 조만간에 쓸어 없애리라.

이 시 또한 劉侍御(中書令·令公)의 고결한 인품은 劉楨에, 그리고 은덕은 漢代의 敦伋에39) 각각 비유해서 甘肅의 蕭關에 가는 길에 평정할 수 있기를 기원하고 있다. 그러나 군평에 있어 변새와 비전, 그리고 소극적인 애수 등은 일종의 초탈성마저 느끼게 해주는 것을 그 특성으로 삼아야 할 것이다. 먼저 「送戴迪赴鳳翔幕府」를 보면,

> 青春帶文綬, 去事魏征西.

---

39) 郭細侯는 郭伋이다. 漢茂陵人, 字 細侯, 少有志行, 哀平間辟大司空府, 王莽時爲幷州牧. 伋前在幷州, 素結恩德, 及再至, 縣邑老幼相携逢迎行部到西河, 有兒童數百, 騎竹馬迎道次.……

上路金羈出, 中人玉筋齊.
當歌酒萬斛, 看獵馬千蹄.
自有從軍樂, 何須怨解携.

젊어서 빛나는 벼슬의 옥띠를 두르고서,
높은 님 섬기어 서녘을 원정했다네.
이제 '西京의 봉황부로' 길 떠나 황금 고삐 내 잡으니,
높은 님들이여, 모두 옥 같은 눈물 흘리누나.
노래 속에 술이 만 섬이나 되고,
사냥하는 말을 보니 발굽이 천을 헤아리네.
스스로 종군의 樂을 지녔거늘,
어찌 헤어짐을 한스러워하리오!

여기에서 일런부터 청춘에 종군하며 세월을 보낸 것이며 이런에서 玉筋은 이별과 상통하고[40] 말련의 종군의 樂을 피력하면서 특히 「怨」자를 부각시킨 것은 비록 한스러워하진 않지만 부정적 의취를 담고자 한 것이다. 평생을 종군에 바친 戴氏의 또 다른 종군을 보면서 은근한 반전의 念을 '怨'으로 표출시킨 것이다. 그리고 「贈鄆州馬使君」에서는 종군의 열기는 전혀 없고 음영의 念으로 종군에 대한 소극성을 표출하고 있다. 이것은 군평의 비전의식의 한 예인 것이다.

東方千萬騎, 出望使君時.
暮雪行看盡, 春城到暮遲.
路人趨墨幀, 官柳度靑絲.
他日鈴齊內, 知君亦賦詩.

---

40) 高適,「燕歌行」: "鐵衣遠戍辛勤久, 玉筋應啼別離後."

동쪽에 수많은 기마가 가니,
그대를 보내려는 때라네.
잔설을 길가며 다 보노라면,
봄날의 성내에는 저녁 늦게 이르겠네.
길가는 이들 검은 두건을 따르고,
관가의 버들에는 푸른 실가지 솟아나네.
훗날 장군의 거실에서,
내 또한 더불어 시를 읊으리!

　일구의 성대한 출정광경과는 대조적으로 말련에서 閑靜한 심태로 대응시킨 것은 군평의 종군혐오와 부정적 자세의 일면을 보여줌이다.
　한편, 단순한 전쟁혐오에서 종군 자체에 대한 짙은 비애를 담고 있는 면은 군평을 중당대의 변새파에 넣으려는 의견에 동의할 수 없는 특징이 되겠다.「送李侍御歸宣州使幕」을 보면,

春草江東外, 翩翩北路歸.
官齊魏公子, 身逐謝玄暉.
山色隨行騎, 鶯聲傍客衣.
主人池上酌, 携手暮花飛.

봄풀이 강동 '江蘇省一帶' 밖에 돋았는데,
그대는 홀가분히 북쪽 길로 귀임하누나.
관직은 信陵君에 짝하나,
몸은 南齊의 謝朓를 따르는 그대.
길가는 말에 산경치 같이 가고,
꾀꼬리 우는 소리 나그네 옷깃 스치겠지.
주인장! 연못가에서 술 들자구!
손잡고 아쉬워하니 저녁 꽃잎만 흩날리누나.

여기에서 安徽 寶城의 使幕으로 귀임하는 사람에게 武運을 빌기보다는 저녁에 날리는 꽃을 보면서 이별주로 객고를 위로해 주는 것은 종군 자체에 대한 無念이며 强迫보다는 浪漫으로 수용하는 자세로 보인다. 그래서 관직은 信陵君에 짝하지만 마음은 南齊의 浪漫詩人 謝朓를 따른다고 李侍御의 내심을 이 시에서 파악하고 있다. 또 「東城水亭宴李侍御副使」에서도,

> 東門留客處, 沽酒用錢刀.
> 秋水床下急, 斜暉林外高.
> 金羈絡驃裹, 玉匣閉豪曹.
> 去日隨戎幕, 東風見伯勞.

> 동문에 나그네 거처 있으니,
> 술을 마시는 데 돈이 뭐 아까우리!
> 가을 냇물 침상 아래 급히 흐르고,
> 지는 햇빛 숲 저 밖에 높이 드누나.
> 황금 고삐에 준마를 매고서,
> 옥 칼통에 '歐冶子가 지은' 호조칼을 담는구나.
> 지난 날 군영을 따라 다닌 그대!
> 동풍에 때까치가 보이는구려.

특히, 말구의 "伯勞"(때까치)라는 새를 인용한 것은41) 앞 구의 "戎幕"(軍營)과 깊은 상관성을 지니고 있다. 이 새는 五更에 시끄럽게 우짖는 잠 못 들게 하는 미운 대상으로서 군영에서 잠 못 자게 우는 새를 본다 함은 심적인 불안과 염오의 표현이기 때문이다. 종군지역이 주로 西域 일대라는 점을 상기해 볼 때 "東風"은 사향의 念이며

---

41) 陳王和 ≪韓翃詩集校注≫(p.260)에 "伯勞, 鳴禽. 性猛, 捕昆蟲小鳥爲食, 好以食物貫於棘枝之上而徐食之. 以其五更輒鳴, 聲極聒耳, 人多惡之."라고 하였다.

새는 종군의 불만으로까지도 유추해 볼 수 있다. 더욱이 삼련에서 歐冶子가 만든 古劒인 豪曹를 인용한 것은 전의가 반감되는 의취마저 보여주는 것이다. 나아가서 「送趙陸司兵歸使幕」을 보면,

> 客路靑蕪遍, 關城白日低.
> 身趨雙節近, 名共五侯齊.
> 遠水公田上, 春山郡舍西.
> 無因得携手, 東望轉凄凄.

> 나그네길에 푸른 잡초 널려 있고,
> 관성에는 밝은 해가 저무누나.
> 몸은 천자가 내리신 두 깃대를 가까이 하여 나라에 충성하니,
> 명성이 다섯 제후와 나란히 하네.
> 멀리 흐르는 강물은 公田 위에 흐르고,
> 봄날의 산은 관사의 서쪽에 서 있는데,
> 떠나야 하기에 손잡고 함께 할 수 없으니,
> 동쪽만 쳐다보며 서러워하는 그대.

여기에서도 말구에서 「東望」은 망향의 의미이며 使幕에 있지만 비애를 금할 수 없으리라는 격려보다는 위로의 표현으로 전개시켜 놓고 있다. 아무리 雙節을 지키고 五侯의 명성에 견줄 수 있다 해도 일련에서의 「客路」와 「靑蕪」며, 지는 해를 가지고 起句로 삼은 것은 시인의 격려보다는 우수의 내심이 강하게 표출된 것이며, 말련에서는 이별의 통한을 직설하고 있다. 이러한 비전적인 애수는 다음 「梁城贈一二同幕」에서 극치에 이른다.

> 五營河畔列旌旗, 叭角鳴鼙日暮時.
> 曾是信陵門下客, 兩廻相弔不勝悲.

강가에 친 다섯 군영에 깃발이 휘날리는데,
군대의 호각 소리와 북 소리에 날은 저무누나.
일찌기 信陵君인 魏無忌의 문하의 삼천 객들도,
애타게도 애도의 몸이 되었거늘 그 슬픔을 이길 수 없도다.

  이것은 단순한 방관적인 소극적 非戰意識이 아니라, 강렬하고도 적극적인 종군에 대한 반감이며 그로 인한 哀吟의 동정이다. 군기가 출렁이고 사기가 넘쳐도 전쟁에 대한 증오는 비애로 진전되어 직설적으로 표현될 수밖에 없었을 것이다.
  한군평시에서 보이는 특성 가운데에서 낭만적이며 초탈적인 면도 매우 중요한 만큼 상기의 풍자와 비전의 양면만을 다루었다. 덧붙여서 군평시의 화적 의미를 논하자면, 翁方綱이 지적한,

    韓君平風致翩翩, 尙覺右丞以來格韻去人不遠. (≪石洲詩話≫ 卷二)

    한군평의 시의 풍격은 가벼이 날듯 시원하니 또한 왕유 이래로 그 격조가 멀리 떨어지지 않는다.

라는 평구처럼 군평시의 繪畵性은 王維의 묘법에 근접하여 비교할 수 있다는 점에서 향후 깊이 있게 고구하고자 한다. 즉 군평의 시도 幽暗한 색채감각과 繪畵構圖法과 選材(繪畵上의 材料選擇처럼 詩語上의 회화적 활용)가 또한 특이한 점을 간과할 수 없기 때문이다. 특히, 色의 조화와 회화적 구성법은 王維의 시에 핍근하다 할 수 있다.[42] 예컨대,

---

42) 拙著 ≪王維詩硏究≫ 第三章(臺北黎明出版社, 1987) 참조.

ⓐ 路人趨墨幘, 官柳度青絲. (「贈鄆州馬使君」)
ⓑ 紅鮮供客飯, 翠竹引舟行. (「送鄆州郎使君」)
ⓒ 客舍不離青雀舫, 人家舊在白鷗洲. (「送客歸江州」)
ⓓ 蟬聲驛路秋水裏, 草色河橋落照中. (「送王光輔淸州兼寄儲侍郎」)
ⓔ 臨風會于門帳, 映水連營百乘車. (「寄令狐尙書」)
ⓕ 落日澄江烏榜外, 秋風疎柳白門前.
 橋通小使家林近, 山帶平湖野寺連. (「送冷朝陽還上元」)

여기에서 ⓐ·ⓑ·ⓒ는 각각 자연의 색채를 통해서 시의 시각성과 시의의 분명성을 동시에 도모하고 있으며, ⓓ·ⓔ는 각각 색감과 음성, 음성과 光態의 조화라는 회화적 기법으로 시흥을 피력한 것이고, ⓕ는 회화상의 구도를 가지고[43] 산수의 원근과 명암을 입체적으로 묘사한 것이니, 이는 경계의 幽遠, 白描, 그리고 象外見意라는 詩中有畵的 기법을 담고 있는 예증이라 하겠다.[44] 아울러 군평의 시에서 탈속성도 본고와 또 다른 풍격으로 지적할 수 있어서, 특히 陶潛과 謝靈運을 추숭하였으며[45] 道佛의 경계에도 깊이 심취해 있었음을 알 수 있다. 예컨대, 「同題仙遊觀」을 보면,

仙臺下見五城樓, 風物凄凄宿雨收.

---

43) 金聖嘆은 이 詩句를 評하기를 "前解一解, 看他異樣妙筆, 只從自己眼中畵出一船者, 便是從船中畵出一冷朝陽, 從冷朝陽畵出無限快活也. 如言纜是靑絲纜, 船是木蘭船, 端坐於中, 順流東下, 每當落日, 便看澄江於烏榜之外, 一見秋風早報疎柳在白門之前. 看江是寫船之日近一日. 報柳是寫船之已到其地也."라고 하였다.

44) 《唐代文學論叢》 一輯의 韓小默 「漫話詩中有畵」(陝西人民出版社, 1982) 참조.

45) 君平詩에 陶·謝를 引述한 곳이 不少하니, "好酒近宜城, 能詩謝康樂."(「送李司直赴江西使幕」) ; "家貧陶令酒, 月俸沈郞錢."(「送金華王明府」) ; "才子舊稱何水部, 使君還繼謝臨川."(「寄徐州鄭使君」) ; "閑心近掩陶使君, 詩興遙齊謝康樂."(「贈兗州孟都督」) 등이 있음.

山色遙連秦樹晚, 砧聲近報漢宮秋.
疎松影落空壇靜, 細草香閑小洞幽.
何用別尋方外去, 人間亦自有丹丘.

장안 서산의 선대 아래에 五城十二樓의 신선터가 보이고,
경물이 쓸쓸한데 지루한 빗줄기가 걷히누나.
산의 경치는 멀리 아련한데 진땅의 나무에 날이 저물고,
다듬이 소리 가까이 들리는데 한대의 궁궐에 가을이 짙었도다.
성근 솔 그림자 지는데 텅 빈 제단은 고요하고,
가는 풀 향기 그윽한데 작은 굴은 깊기도 하네.
어찌 따로이 속세를 떠날 필요 있단 말인가?
세상에도 또한 단구 같은 신선터가 있는도다.

여기서 군평이 道仙에 대해 깊은 식견과 수양을 지녔다는 것을 인식할 수 있으니 淸代의 王翼雲은 이 시의 구성을 놓고, "前解於觀外生情, 後解於觀中設想."(《唐詩合解》)(앞에서는 선유관의 풍정을, 뒤에서는 선유관에서의 상념을 각각 풀어놓았다.)라고 하여 시의 착상을 지적하였으며 《詩體明辨》에서는 沈芳의 말을 인용하여 "玄悟不遜, 郭璞遊仙作."(깊이 깨우쳐 터득한 경지가 조금도 뒤지지 않으니 곽박의 유선시를 당할 만하다.)라고 하여 이 시의 가치를 인정하고 있다. 그리고 「題薦福寺衡嶽禪師房」을 보면,

春城乞食還, 高論此中閑.
僧臘階前樹, 禪心江上山.
疎簾看雪捲, 深戶映花關.
晚送門人出, 鐘聲杳靄間.

춘성에서 걸식하고 돌아와서,
고결한 담론 속에 마음이 한가롭다.

스님의 僧年은 앞 나뭇가지에 쌓여 오르고,
좌선하는 마음은 강가의 산에 있도다.
성근 주렴발 거두니 멀리 잔설이 보이고,
깊은 방문을 닫으니 봄꽃이 비추이네.
저녁에 제자를 떠나보내니,
절간의 종소리가 아련한 노을 속에 들리네.

  이 시는 禪境의 심태를 2·3연의 산천과 조화를 이루어 놓고 있다. 그러므로 ≪紀批瀛奎律髓≫에서는 "三四微有俗韻不及五六."이라 하였으며, 顧起綸은 ≪國雅品≫에서 제2연을 평하기를 시구가 幽深하여서 후인의 표절이 있을 만큼 秀句인 예를 들고 있다.46) 이런 면까지 감안한다면 시의 비사실성이 될 만한 高雅美와 浪漫性을 부연해서 밝힐 만하다고 보겠다.

---

46) 顧起綸, ≪國雅品≫云 : "張司丞來儀體裁精密, 情喩幽深頗似錢郎……有松老知僧臘, 禪空悟佛心, 或譏其剽竊韓翃僧臘禪心語也."

薛能과 그의 시 풍격

    당대 시인 중에[1] 지나쳐선 안 될 만한 시인인 '薛能'(817?~882?, 字太拙, 汾州人)과 그의 詩를 살펴보고자 하는데, 그간의 연구자료가 여의치 않아서 다분히 주관에 의해서 논술해 나가야 할 것 같다. 본고에서 설능의 시를 다루는 데에는 몇 가지 상고해야 할 점이 있으니, 먼저는 그의 생평상의 시작 활동시기의 구명이며, 다음은 시작에 대한 繫年을 가능한 한 작성하는 것이다. 설능에 관한 근래의 논리적 기술이라면 譚優學의 「薛能行年考」[2] 외에는 참고할 만한 자료

---

[1] 近年에 아직 論究가 未盡한 對象中에서(필자의 觀點으로 총 230餘人의 作品을 정리·분석하여야 唐詩의 正確한 詩史 및 詩學的 論述이 可能하다고 본다.) 「李益과 그 詩 小考」(≪中國文學≫ 4輯, 1977)·「唐代民歌의 發生과 結句攷」(≪中國學報≫ 20輯, 1979)·「杜牧詩의 憂國的 豪健風」(≪中國文學≫ 7輯, 1983)·「羅昭諫詩評語輯析」(≪中國學研究≫ 1輯, 1984)·「許渾詩 詩攷」(≪葛雲文璇奎博士華甲紀念論文集≫, 1985)·「陳子昻의 交遊와 感遇詩」(≪外大論文集≫ 19輯, 1986)·「晩唐張祜詩試攷」(≪中國研究≫ 10輯, 1987)·「晩唐皮日休詩考」(≪中國學研究≫ 4輯, 1988)·「初唐崔融과 그 詩考」(≪外大論文集≫ 23輯, 1990)·「韓君平과 그의 詩交考」(≪中國研究≫ 13輯, 1992)·「대숙륜의 五言律詩考」(1999)·「盧綸詩」(2000) 등의 글을 통하여 多少間 정리했는데, 그 모두 一次資料에 의한 初探이므로 不實한 바 많다.

가 없으며, 이 또한 생평년대에 대한 불확정적 가설하에 전개시킨 만큼 주된 참고로 삼을 수도 없다. 그러나 譚氏의 논고도 나름대로 미답의 부분에 예리하고 객관성 있게 접근하려 하였기에 그 노고 또한 높이 평가하고자 한다. 따라서 여기서는 설능의 생평 자체를 譚氏의 고증에 맡겨 제현의 참고 있기를 양해바라며(고증의 시비를 따질 여건이 불가능하므로), 단지 현존하는 236제 315수(≪全唐詩≫ 9函2冊 通4卷·臺灣復興書局復印)에서 시제와 原注, 幷序와 작중 내용 등을 통하여 시작 연대의 추측이 가능한 작품에 대한 연대와 그 근거를 제시해 보고 설능의 시에 대한 특징을 간술하고자 한다. 부언컨대, 설능의 시수에 있어서, 陳尙君의 ≪全唐詩續拾≫ 卷32에 「海棠」·「再遊雲門訪僧不遇」·「風詩」 등을 새로 설능의 시로 추가하고 있다.

시집에 대한 관한 版本 상황을 개관해 보면,3) ≪許昌集≫ 十卷의 초간본이 北宋 咸平癸卯刻本(1003年)으로 출간되어 당시의 刑部侍郎인 張詠의 序가 있고 418수가 수록되었다고 하며, 南宋 紹興 元年에 (1131年) 陸榮望이 230편을 수록하여 翠山書院에서 출간한 것이 재

---

2) 薛能의 詩가 平平한 水準이라는 傳來의 評價로 해서, 믿을 만한 詩史·詩學은 물론, 唐詩書에도 擧名되지 않고 있으며 이 譚氏의 글 외에는 연구자료가 全無하다.(≪唐詩人行年考續編≫, 巴蜀書社, 1987) 傳來上, 薛能의 輕薄한 人品이나 詩의 平庸한 品評 때문에 315首의 多詩를 가지고 있으며 京兆尹, 工部尙書 등의 高官을 역임하고서도 壇上에 擧論되지 않았지만 그의 시가 지닌 다양한 特性과 그 시대의 正統的 詩脈을 잇고 있던 점에는 評價의 再考를 요한다. 傳來上이란 鄭谷이 「讀故許昌薛尙書詩集」에서 "華岳題無敵, 黃河句絶倫."이라 했다든가, 夏敬觀이 鄭谷의 「高且眞」(≪唐詩說≫)을 引用하여 賞讚한 一角의 評이 있지만 그 외에는 전부 人品과 함께 그 詩에 대한 酷評으로 一貫해 왔다. 劉克莊의 評(≪後村詩話≫ 卷一) 이후 始終된 惡評은 詩 自體보다는 人品에 力點을 둔 듯하다. 劉開揚의 ≪唐詩通論≫에는 異例的으로 세 페이지를 할애하고 있다.(pp.261~263)

3) 版本에 대한 記述은 萬曼의 ≪唐集敍錄≫(明文書局, 1982) ≪許昌集≫案을 참고하였음. ≪許昌集≫은 薛能이 晩年(878)에 許州節度使를 역임한 데서 題名된 것임.

간본이 된다. 수록 작품을 축약한 이유에 대해 陸氏는 「跋文」에서,

> 古詩風賦比興雅頌之作, 猶經刪削, 何獨於太拙之作而不可? 掩惡而揚善, 於太拙之何負云.4)

라고 하여 選詩의 이유를 밝히고 있다. 원래 천여 편이던 시수가 이렇게 산거되어서 明代의 汲古閣刊本에서는 227수로 더욱 줄어들어 초간본은 산실되고 남송본에 의거할 수밖에 없으니 복원도 불가했던 것이다. 明代本에는 陸心源의 跋文이 수록되어 있지 않다고 하였으니, 그 版本의 신뢰도 또한 분명치 않다. 지금 본고의 저본인 ≪全唐詩≫ 9函2冊의 315수는 오히려 明刊本보다 많은 것으로 보아 그 중에 타인작이나 위작이 없다고 단언할 수도 없을 것이다.5) 淸代本인 ≪全唐詩≫에는 收錄過程에서 기산일된 작품을 수집하여 보충한 것으로 추측할 수 있을 뿐이다.

I. 생애와 詩作 繫年

작품연대 추정에 앞서 설능의 생평을 개조식으로 개설하려 한다.

1. 憲宗 元和 十二年(817) : 출생. 불명한데 聞一多의 설에 의함.(≪唐詩大系≫)

---

4) 陸氏跋文은 ≪唐集敍錄≫에서 再引.
5) ≪全唐詩≫에는 실지로 他人作이 兼錄되어 있는 것이 보이는데,「華淸宮和杜舍人」(張祜作 또는 趙嘏作),「老圃堂」(曹鄴作),「春色滿皇州」(滕邁作),「省試夜」(韋承貽作) 등을 들 수 있다.

2. 武宗 會昌 五年(845) : 國子監擧試에 응함.
3. 武宗 會昌 六年(846) : 진사에 급제.
4. 宣宗 大中 八年(854) : 書判入等하여 盩厔尉에 보함.
5. 宣宗 大中 十一年(857) : 太原河東節度使幕下에 듦.
6. 宣宗 大中 十三年(859) : 滑州義成節度使의 觀察判官이 됨.
7. 懿宗 咸通 元年(860) : 入朝하여 侍御史를 제수받음.
8. 懿宗 咸通 三年(862) : 許州에 근무.
9. 懿宗 咸通 五年(864) : 劍南西川節度副使로 入蜀.(866年까지 在任).
10. 懿宗 咸通 七年(866) : 蜀에서 西州節度副使로 재임.
11. 懿宗 咸通 八年(867) : 嘉州刺史職을 대리.
12. 懿宗 咸通 九年(868) : 尙書省郞官을 역임.
13. 懿宗 咸通 十年(869) : 給事中이 됨.
14. 懿宗 咸通 十一年(870) : 京兆尹이 됨.
15. 懿宗 咸通 十四年(873) : 京兆尹에서 徐州刺史感化軍節度使로 나감.
16. 僖宗 乾符 三年(876) : 工部尙書로 들어감.
17. 僖宗 乾符 五年(878) : 다시 徐州感化軍節度使를 거쳐 許州忠武軍節度使로 옮김.
18. 僖宗 廣明 元年(880) : 許州에서 周岌등 부하의 난으로 전가와 함께 피해 이때 살해되었다는 설도 있음.
19. 僖宗 中和 二年(882) : 이때까지 생존하여 졸년이 불명함.

(이상 譚優學의「薛能行年考」, pp.225~253 참조)

설능의 현존시가 236제 315수(≪全唐詩≫ 9函2冊)인 것은 기설한 바인데, 생평에서 생졸년대를 위시한 생애의 고증에 대한 불명확성과 이에 상응하는 시작 등을 통한 인거자료의 미흡으로 작시연대를 파악할 수 있는 비율이 낮아질 수밖에 없다. 그러나 다행히도 譚優學의 행년고는 부분적이나마 연표작성의 시도를 가능케 하고, 필자 자신의 조사를 첨부하여 보완하게 된 것이다. 譚氏의 行年考에는 설능의 초년 20여 년에 대한 기록이 없는 만큼, 그의 초년작에 대한 기술이 불가능한 상태이며 만년작에 대한 배열 또한 미소한 약점을 안고 연표작성에 임하는 것을 자인하지 않을 수 없다. 작성요령은 작시의 시년·시제, 그리고 그 근거의 순으로 기술하고자 한다.

· 21세(文宗 開成 二年 丁巳, 837)
「丁巳上元日放三雉」: 시제의 丁巳上元日(837年 1月 15日)과 "嬰網雖皆困, 褰籠喪共歸."

· 24세 (文宗 開成 五年 庚申, 840)
「幷州」: "少年流落衣幷州, 裘脫文君取次游."의 裘脫文君은 漢代의 卓文君이 司馬相如와 살기 위해 "以衣貰酒" 했다는 고사에서 차용한 것으로 연령상 성년이 되고 이 시기에 幷州(山西太原)에 留居.(西京雜記·相如死渴)「幷州寓懷」:「常恐此心無樂處, 枉稱年少在幷州」에서 下句.

· 28세(武宗 會昌 四年 甲子, 844)
「送人歸上黨」: 自注에 "時潞寇初平"이라 하니 潞州는 古名을 上黨이라 하니, 지금의 山西 長治市. "會昌三年四月令劉稹護從諫之喪歸洛陽, 稹拒朝旨."(≪舊唐書≫,「武宗紀」)에서 반란을 일으킨 유진을 會昌 4년에 평정했다.

· 29세(武宗 會昌 五年 乙丑, 845)
「國學試風化下」: 試帖詩로서 會昌 五年에 "每一季一度據名籍分番于國子監試帖."(「登科記」考)라 하고 "三月, 中書門下奏, 貢擧人幷不許于兩府取解, 仰于兩都國子監就試."(≪冊府元龜≫)라 함.
「春早選寓長安二首」: 삼차의 國子監考試에 뽑히면 장안에서

豫試한다. 시에서 "疏拙自沈昏, 長安豈是村……道僻惟憂禍, 詩深不敢論."(其一) "舊論已浮海, 此心猶滯秦."라 하여 應試前의 불안한 심리를 토로하였다.

「下第後春日長安寓居三首」와 「下第後夷門乘舟至永城驛題」는 '下第'라는 詩題의 표기로 보아 동시기작으로 본다. 譚氏는 下第시기가 불명하다 하였으나, 전시의 "全家期聖澤, 半路敢農桑, 獨立應無侶, 浮生欲自傷."에서 득의하기 어려운 심정을 읽을 수 있다.

「恭禧皇后挽歌詞三首」: 兩唐書后妃傳에 穆宗皇后로서 姓王氏, 敬宗을 낳았는데 會昌 五年에 崩하다.

· 36세(宣宗 大中 六年 壬申, 852)
「投杜舍人」 杜牧이 죽기 전에(이 해의 十一月卒) 中舍人으로서 있을 때 투숙한 일이다. 詩云: "牀上新詩詔草和, 欄邊淸酒落花多. 閒消白日舍人宿, 夢覺紫薇山鳥過."라 하여 薛能이 두목과 투숙한 사실을 기록.

· 40세(宣宗 大中 十年 丙子, 854)
「盩厔官舍新竹」: 설능이 大中 八年(854)에 盩厔尉가 되어 부임하여 40세 때인 이 해에 해임된다.
「宿仙遊寺望月生峰」: 仙遊寺는 이 현 부근에 있다.(陳鴻, 「長恨歌傳」)

· 41세(宣宗 大中 十一年 丁丑, 857)
「太原使院晚出」: 설능이 이때에 太原을 거쳐 陝虢·河陽 등에 종사한다.(《唐詩紀事》 卷60). 詩云: "靑門無路入淸朝, 濫作

將軍最下僚."

「乞假歸題候館」: 題下注에 "一本題首有河東幕三字."

· 44세(懿宗 咸通 元年 庚辰, 860)

「秋日將離滑臺酬所知」(二首): 이때에 설능은 滑州를 떠나 侍御史로서 장안에 든다.

· 46세(懿宗 咸通 三年 壬午, 862)

「重遊通波亭」: 通波는 許州의 亭名.

· 48세(咸通 五年 甲申, 864)

「褒斜道中」: 2月 劍南西川節度副使가 되어 蜀의 成都에 부임하는데 장안에서 蜀에 갈 때는 포사협곡을 거친다. 이 시기의 작품은 入蜀하는 노정에서 쓴 작품들이 대부분이다.

「褒城驛有故元相公舊題詩因仰嘆而作」: 入蜀에 포성역을 지난다. 이 역은 포사곡 남녘에 있다.

「題褒城驛池」: 上同.

「西縣途中二十韻」: 포성 서쪽에 서현이 있다.

「籌筆驛」: 題下原注에 "余爲蜀從事, 病武侯非王佐才, 因有是題."

「嘉陵驛見賈島舊題」: 설능이 賈島가 長江縣主簿로 유배하던 곳을 지나며 지은 시. 嘉陵驛, 지금 四川 廣元縣(추가로「嘉陵驛」시 2수 있음)

「西縣作」: "三年西蜀去如沈, 西縣西來出萬吟."

「海棠」: 幷序에 "蜀海棠有聞而詩無聞······余謹不敢讓風雅盡在蜀矣."

「望蜀亭」: "樹簇烟迷蜀國深, 嶺頭分界戀登臨. 前軒一望無他處, 從此西川只在心."

「過象耳山二首」: "山門欲別心潛願, 更到蜀中還到來."에서 蜀으로 돌아오다.

「蜀路」: "劍閣綠雲拂斗魁, 疾風生樹過龍媒."

「西縣道中有短亭巖穴飛泉隔江灑至因成二首」: 詩題와 詩云: "風凉津濕共微微, 隔岸泉衝石竅飛."

・49세(懿宗 咸通 六年 乙酉, 865)

「聞官軍破吉浪戎小而固慮史氏遺忽因記爲二章」: 詩云: "一戰便抽兵, 蠻孤吉浪平." 여기서 吉浪은 蜀의 浪稽部의 倒置字인 稽浪의 同音異字이다. ≪資治通鑑≫에 "初, 南詔圍嶲州, 東蠻浪稽部竭力助之."(卷250 唐紀六十六)라 하였는데, 吉浪을 지칭. 薛能은 成都에 있었음.

「相國隴西公南征能以留務獨宿府城作」: 詩云: "吾君賢相事南征, 獨宿軍廚負請纓……"에서 南征은 ≪通鑑≫의 咸通 六年條에 보면 "南詔復寇嶲州, 兩林蠻開門納之, 南詔盡殺戍卒, 士珍降之."(卷250)라 하여 南詔의 발호를 정벌간 사건이다. 相國隴西公은 同平章事이며 隴西人인 李福을 지칭. 李福이 成都에 정벌 갔고 설능이 그 막하에서 成都에서의 유무를 한 것이다. ≪資治通鑑≫ 咸通 七年 三月에 보면, "南詔遣淸平官董成等詣成都, 節度使李福盛儀衛以見之."에서 李福의 南征後의 일을 알 수 있다.

・50세(懿宗 咸通 七年 丙戌, 866)

이 해 사월에 李福이 蘄王傅로 좌천되면서 설능이 그의 副使를 면하고 嘉州刺史의 職을 섭정하며 일 년간 다작하다.

「邊城作」: 詩云: "行止象分符, 監州是戲儒. 管排蠻戶遠, 出箄鳥巢孤(原注: 蜀人謂稅爲排戶, 謂林爲叢箄.)." 嘉州는 蜀의 樂山으로 邊方城이다. 따라서 分符와 監州라 한 것은 설능이 잠시 이 지역을 관리한 것으로 본다.

「邊城寓題」: 詩題.

「監郡犍爲舟中寓題寄同舍」: 犍은 嘉州의 옛칭호. ≪通鑑≫ 胡三省注: "嘉州, 漢犍郡南安縣. 隋改曰眉州, 唐復曰嘉州."(卷251) 詩云: "一寢閑身萬事空, 任天敎作假文翁."에서 假文翁은 가주를 임시 관리한다는 의미.

「凌雲寺」: 이 절은 樂山의 부근에 있고, 시의 「像閣與山齊」의 상각은 樂山大佛. ≪資治通鑑≫ 咸通 十年: "後數日, 蠻軍大集於陵雲寺, 與嘉州對岸."6) 「暇日寓懷寄朝中親友」: "臨生白髮方監郡, 遙恥靑衣懶上樓." 原注에 "郡南靑衣山"이라 하니 梁武帝時 嘉州를 靑州라 한데 이는 靑衣山에서 취함.(≪通鑑≫注)

「游嘉州後溪」: 原注는 「開元觀閑遊困及後溪偶成二題」

「題開元寺閣」: 이것은 전시의 原注의 開元觀.

「題龍興寺」: "高戶列禪房, 松門到上房. 像開祇樹嶺, 人施蜀城香."

· 51세(咸通 八年 丁亥, 867)

「春日寓懷」: "井邑常多弊, 江山豈有神, 犍爲何處在, 一擬弔埋輪." 말구의 埋輪은 後漢의 淸直吏 張綱의 고사가 담긴 것으로 정강이 嘉州에 묻혔다.7)

---

6) ≪資治通鑑≫ 胡三省注: "陵雲寺在嘉州南山, 開元中, 僧海通於瀆江·沫水·濛水三江之會, 悍流怒浪之濱, 鑿山爲彌勒大像, 高踰三百六十尺, 建七層閣以覆之."

7) ≪後漢書≫ 卷五十六「張皓傳」(張綱의 父·犍爲武陽人): 漢安元年, 選遣八使

「靑靄」: 末二句: "何當窮蜀境, 却憶滯遊人." 이 시는 嘉州를 떠나면서 쓴 것으로 이후의 시도 가주이후에 해당한다.

「監郡犍爲將歸使府登樓寓題」: 말 2구: "江樓一望西歸去, 不負嘉州只負身."에서 가주를 지고 가지 못하고 몸만 지고 간다함은 이거.

「初發嘉州寓題」: 전 2구: "勞我是犍爲, 南征又北移." 嘉州를 떠나는 마음을 읊음.

「春日北歸舟中有懷」: "盡日遶盤餐, 歸舟向蜀門."

「舟行至平羌」: "暫去非吳起, 終休愛魯連." 平羌은 지금 四川靑神縣濱岷江.

「行次靈龕驛寄西蜀尙書」: "北客推車指蜀門, 乾陽知已近臨神." (原注: 太原府有乾陽門, 尙書自北都遷蜀.) 成都에서 장안으로 돌아가는 길에 쓴 시.

「題漢洲西湖」: 漢洲(四川 廣漢縣)를 거치면서 쓴 시.

「自廣漢遊三學山」・「三學山開照寺」・「雨霽北歸留題三學山」: "靈龕一望終何得, 謬有人情滿蜀鄕." 成都部 金堂縣東에 三學山이 있음.(淸一統志)

「雨霽宿望喜驛」: 望喜驛, 今 四川廣元縣南에 驛址가 있음.

「望喜驛」:「盡室可招魂, 蠻餘出蜀門.」

・58세(僖宗 乾符 元年 甲午, 874)

徇行風俗, 皆者儒知名, 多歷顯位, 唯網年少, 官次最微. 餘人受命之部, 而網獨埋其車輪於洛陽都亭, 曰「豺狼當路, 安問狐狸」, 遂奏曰「大將軍冀……時冀妹爲皇后, 內寵才盛, 諸梁姻族滿朝, 帝雖知網言直, 終不忍用. 時廣陵賊張嬰等衆數萬人, 殺刺史, 二千石, 寇亂揚徐閒, 積十餘年, 朝廷不能討. 冀乃諷尙書, 以網爲廣陵太守, 因欲以事中之……網在郡一年, 年四十六卒. 百姓老幼相攜, 詣府赴哀者不可勝數. 網自被疾, 吏人咸爲祠祈福」, 皆言「千秋萬歲, 何時復見此君」, 張嬰等五百餘人制服行喪, 送到犍爲, 負土成墳.

「春日使府寓懷二首」: "靑春背我堂堂去, 白髮欺人故故生. 道困古來應有彬, 詩傳身後亦何榮." 徐州節度使로 부임할 시의 작.

「彭門解嘲二首」·「題彭祖樓」: 이 누각은 徐州에 있었음. 徐州의 古名은 彭城, 이 지역을 封土로 받았다 함.

「淸河泛舟」: "都人層立似山丘, 坐嘯將軍擁櫂遊. 逶郭煙波浮泗水, 一般絲竹載凉洲." 淸河는 泗水(泗河)이다.8)

· 59세(乾符 二年 乙未, 875)

「燈影夜」: "偃王燈塔古徐州, 二十年來樂事休. 此日將軍心似海, 四更身領萬人遊." 題下注: 「一作上元詩」이해 6월에 黃巢가 수천 명을 모아서 王仙芝에 호응하여 난을 일으키니 민심이 그 전부터 徐州 일대가 어수선하였음을 알 수 있다.9)

「送福建李大夫」: ≪舊唐書≫本紀僖宗(卷十九): "河南尹李晦檢校左散騎常侍, 兼福州刺史, 福建都團練觀察使." 시제에서 李大夫는 곧 李晦이다.

· 60세(乾符 三年 丙申, 876)

「郊亭」: "郊亭宴罷欲回車, 滿郭傳呼調角初. 尙擁笙歌歸未得, 笑娥扶著醉尙書." 시인이 長安으로 돌아와 工部尙書가 된다. ≪唐詩紀事≫ 卷60: "出領感化節度, 入授工部尙書, 復節度徐州."

---

8) 泗河: "出山東泗水縣陪尾山, 四源幷發, 故名.(禹貢錐指)泗水自泗水縣歷曲阜, 至淸河縣入淮, 此禹跡也. 今其故道自徐州以南, 悉爲黃河所占."(≪中國地名大辭典≫, p.521)
9) ≪舊唐書≫ 本紀 卷十九僖宗: "二年五月, 濮州賊首王仙芝聚衆于長垣縣, 其衆三千, 剽掠井間, 進陷濮州."≪資治通鑑≫ 卷252·唐紀六十八: "王仙芝及其黨尙君長攻陷濮州·曹州, 衆至數萬, 天平節度使薛崇出兵擊之, 爲仙芝所敗. 冤句人黃巢亦聚衆數千人應仙芝." 濮州, 曹州, 그리고 冤句(曹州) 등 지역이 山東·江蘇에 위치.

「閑題」："八年藩翰似僑居, 只此誰知報玉除. 舊將已成三僕射, 老身猶是六尙書." 題下注："能鎭彭門, 時溥・劉巨容・周岌俱在麾下, 後各領重鎭兼端揆, 故作此詩." 注의 내용은 十年後(僖宗 廣明 元年, 880) 周岌 등에 의해 피해를 입기 전에 설능이 득의하던 시기로서 시구의 "八年"은 외지생활, 즉 許州 3년(862~864)과 徐州 4년(873~876까지의 만4년)을 지칭한다.10)

· 62세(乾符 五年 戊戌, 878)

「許州旌節到作」："兩地旌旗擁一身, 半緣傷舊半榮新. 州人若憶將軍面, 寫取雕堂報國鎭." 절도사의 행차. 雕尙은 절도사의 거처. 설능은 徐州感化軍節度使에서 許州忠武로 옮겼다.「雕堂詩」：上同.

「將赴鎭過太康有題」：太康은 河南 陳州府이며 許州는 河南許昌縣이니 臨地에는 太康을 경과하게 된다.(≪中國地名大辭典≫)

「柳枝詞五首」：幷序에 "乾符五年(878) 許州刺史薛能……"라 하고 其一首에서 "朝陽晴照緣楊烟, 一別通波十七年."의 17년을 역산하면 제1차의 許州 부임은 咸通 3년(862)이 된다.

「許州題觀察判官廳」："三載從戎類繫匏, 重遊全許尙分茅. 劉郞別後無遺履, 丁令歸來有舊巢." 三載란 제2차의 徐州感化節度使로 3년(876~878)을 지칭하며, 다시 밟은 許州와 옛 거처로 돌아온 사실에서 초임시(862)와 상관시켰다.

「重遊德星亭感事」：亭子는 許州의 古跡.(≪大平寰于記≫ 卷7)

「折楊柳十首」：「柳枝詞」와 동년작.「柳枝詞」詩末의 自注："劉(禹錫)・白(居易)二尙書繼爲蘇州刺史, 皆賦楊柳枝詞, 世多傳唱, 雖有才語, 但文字太僻, 宮商不高."라 하고,「折楊柳」幷序："能專

---

10) ≪唐詩紀事≫ 卷60과 ≪唐才子傳≫ 卷7에 共히 官職變動을 記述.

于詩律, 不愛隨人, 搜難抉新, 誓脫常態, 雖欲弗伐, 知音其舍諸." 등이 서로 동시작으로 상통한다.

「柳枝四首」: 동년작.

「荔枝詩」: 序에 "杜工部老居兩蜀, 不賦同年作. 是詩, 豈有意而不及歟. 白尚書曾有是作, 興旨卑泥, 與無詩同, 予遂爲之題."라 하여 「柳枝詞」의 작시 감흥과 상통한다.

· 66세(僖宗 中和 二年 壬寅, 882)

「漢南春望」: 설능이 64세시(僖宗 廣明 元年, 880)에 周岌에게 전가가 피해를 입었는데 사망 여부는 불명하다.11) 이 시의 제2구 "三月皇州駕未回."는 黃巢亂으로 왕이 蜀으로 피난 갔다가 돌아오지 못함을 한남(襄州)에서 읊은 것이다.12)

이상과 같은 소략한 근거 제시만으로는 미흡한 점이 적지 않겠으나 설능의 시 98수를 추정할 수 있었다.

---

11) 薛能이 周岌의 軍亂으로 全家族과 함께 害를 당했는데, 설능의 死亡에 대해서는 여러 설이 있다. ≪唐詩紀事≫에는 "大將周岌, 因衆怒, 逐能, 自稱留後, 能全家遇害."라 하고, ≪唐才子傳≫에는 "逐能據城, 自稱留後, 數日殺, 能幷屠全家."라 하여 후자는 이때 死亡을 기술하였으며, ≪舊唐書≫ 僖宗紀에는 단지 "逐薛能, 自據其城."이라고만 기술하고 있다. 그리고 ≪太平廣記≫(卷二六五)·≪詩林廣記≫(卷之前)·≪後村詩話≫(卷一)·≪全唐詩說≫ 등에는 불명하며, ≪唐詩通論≫(劉開揚)에서는 中和 二年까지 설능이 生存했음을 알 수 있다.(譚氏說에 同意) 詩題도 許州와는 무관한 漢南을 지명으로 하고 있다.
12) 僖宗의 피난은 廣明 元年(880) 十二月 甲申의 일이다. ≪資治通鑑≫(卷二百五十四) : "百官退朝, 聞亂兵入城,……上奔馳晝夜不息." 왕의 피난처는 蜀地이니, 上同書同卷 : "聞天子幸蜀, 無所歸." 그리고 왕이 回京한 시기는 光啓 三年(887) 三月壬辰으로 上同書(卷二百五十六) : "車駕至鳳翔."이라 하여 回京하는 경로를 기술하고 있다.

126 제1장 中唐代의 詩人과 그 詩

Ⅱ. 설능 시의 풍격

설능의 시에 대해서 최고의 상찬을 한 鄭谷은 그의 「讀故許昌薛尙書詩集」(《全唐詩》 10函6冊)에서,[13]

  篇篇高且眞, 眞爲國風陳.
  澹佇雖師古, 縱橫得意新.
  剪裁成幾篋, 唱和是誰人.
  華岳題無敵, 黃河句絶倫.
  吟殘荔枝雨, 詠徹海棠春.
  李白欺前輩, 陶潛仰後塵.
  難忘嵩室下, 不負蜀江濱.
  屬思看山眼, 冥搜倚樹身.
  楷模勞夢想, 諷誦爽精神.
  落筆空惆愴, 曾蒙借斧斤.

  글 하나 하나 고아하고 진솔하니,
  실로 國風의 뜻이 펼쳐져 있도다.
  담박함은 옛것을 본뜬 것이나,
  종횡으로 뜻 얻어 새롭도다.
  깎고 다듬은 시는 몇 상자가 되나니,
  이에 대적할 자 누구이랴?
  「華岳」의 제목은 필적할 자 없고,
  「黃河」의 구절은 출중하도다.
  비 오는 날에 「荔枝」 지어 노래하였고,

---

13) 鄭谷의 이 시의 頭四句를 引用하여 薛能詩를 評한 出典으로는 夏敬觀의 《唐詩說》과 劉開揚의 《唐詩通論》이 있다. 鄭谷은 「故許昌薛尙書嘗爲都官郎中後數歲」란 七律이 있다.(《全唐詩》 十函六冊)

봄날에 「海棠」 지어 읊었도다.
이백은 先人을 마음대로 다루었고,
도잠은 후세의 여운을 일게 하였네.
숭실의 아래를 못 잊어 하였고,
촉강의 물가를 등지지 않았도다.
작품을 구상할 때는 산을 바라보았고,
작품을 궁리할 때는 나무에 몸을 기대었도다.
시의 법도를 고되게 꿈에서도 생각하고,
시를 지어 읊을 때는 정신이 맑아지네.
붓을 던지면 공허히 서글퍼지니,
일찌감치 도끼자루 빌려 나무나 하리라.

이라 하였는데, 정곡이 評한 설능의 시 특징은 첫째, 高雅하고 眞率하여 國風의 시흥이 있으며, 둘째는 淡白하고 淸新하니 예컨대, 「華岳」과 「黃河詩」, 그리고 「荔枝詩」와 「海棠詩」 등은 절품인 것을 강조하였다. 그리고 李白과 陶潛의 독특한 경지의 반면에는 단점도 있으니 설능의 시의 강점을 높이 평가할 수 있어서 吟苦의 격조를 지켜서 흥취를 자아내고 비창하면서도 예리한 데가 있음을 역설하고 있다. 정곡의 평가에 대해서 기타의 품평이 매우 편견이 들어가 있어서 객관성을 의심케 한다. 예컨대, 폄하한 평어로서 宋代 洪邁(≪容齋詩話≫ 卷5)는,

薛能者晚唐詩人格調不能高, 而妄自尊大.

설능은 만당 시인으로서 격조가 그리 높지 않은데, 망령되이 스스로 존대하였다.

라 하였고, 劉克莊(≪後村詩話≫ 卷1)은,

> 薛能詩格不甚高而自稱譽太過.…… 卒以驕恣陵忽, 債軍殺身, 其才安在. 妄庸如此乃敢妄議諸葛, 可謂小人無忌憚者.
>
> 설능의 시는 격조가 그리 높지 않은데, 지나치게 자화자찬하였다.…… 결국 오만방자하게 남을 업신여기고, 군사에 실패하고 몸을 버렸으니, 그 재능이 어디에 있겠는가? 망령되고 어리석기가 이와 같으면서 감히 망령되게 제갈량을 들먹였으니, 소인 주제에 거리낌없이 없었다 할 것이다.

라고 하여 시는 물론, 인격조차 문제시하였다. 그러나 그의 인품이 豪邁하던 驕矜하던 그의 시가 남긴 풍격은 결코 간과할 수 없으며, 만당대의 유미와 현실을 겸유하고 賈島를 추숭한 양면성의 시를 보여주고 있다.14) 설능의 작시에 대한 집념은 지극하여 "耽癖於詩, 日賦一章爲課."(≪唐才子傳≫ 卷7)이라 할 만큼 노고의 작시를 앞세워서 격율에 엄정하니 李白을 능멸하기도 하였다.15) 이제 그의 시 315수를 제재별로 세분하면 다음과 같다.

'詠物': 56首, '送別': 25首, '贈答': 46首, '挽歌': 3首, '懷古': 32首, '感興': 75首, '景物': 50首, '憂國': 10首, '諷諭': 18首

그러면 설능의 시에 나타난 특성을 몇 가지로 분류해 보자.

---

14) 薛能은 賈島의 苦吟을 推重하여 "賈子命堪悲, 唐人獨解詩, 左遷今已矣, 淸絶更無之."(「嘉陵驛見賈島舊題」)
15) 淸代 方起英의 ≪古今詩塵≫ : "譏李白曰, 我生若在開元日, 爭遣名爲李翰林, 又曰, 李白終無取, 陶潛固不刊." 夏敬觀은 설능의 律體에 대해 "能詩亦惟律體, 學杜而無杜大體之度, 然在晚唐, 固時能手."(≪唐詩說≫)

1. 憂國의 정치의식

설능은 苦吟詩人 賈島를 추숭하였다. 剛直한 비타협의 소유자이므로 시를 통해서 宦達하는 시인을 무시하였으며 경멸하였다. 그의 「春日使府詠懷」(其一)를 보면,

  道困古來應有分, 詩傳身後亦何榮.
  誰憐合負淸朝力, 獨把風騷破鄭聲.

  도가 어지러우면 본디 분수를 지켜야 하나니,
  시가 전해진다면 사후까지 무슨 영달을 바라리요?
  조정의 힘 합쳐 짊어진다고 누가 아끼랴만,
  홀로 風騷 가지고 음탕한 鄭風 없애리라.

라 하여 시를 짓는 것 자체도 자족한 일이거늘 오히려 영달을 추구하며 음란한 풍조에 물든 것을 개탄하기도 하였다. 따라서 그의 시에는 전쟁에 대한 강한 긍정적 의식이 표출된다. 「柘枝詞」其一을 보면,

  同營三十萬, 震鼓伐西羌.
  戰血黏秋草, 征塵攪夕陽.
  歸來人不識, 帝里獨戎裝.

  병영생활을 함께 한 삼십 만 군사,
  전고를 울리며 서쪽 오랑캐 물리치네.
  전장의 피는 가을 풀에 늘어붙고,
  전장의 먼지는 석양을 흐릿하게 하도다.

130 제1장 中唐代의 詩人과 그 詩

돌아와도 사람들 몰라보지만,
서울에서는 홀로 전쟁 준비하네.

이라 하여 강렬한 전쟁의 승리를 격려하고 고취한다. 설능 자신이 중년에 들어 軍節度使로서 南蠻의 정벌에 참여하였기에 시에 그의 거침없는 의식이 강하게 유로될 수 있다. 「贈出塞客」을 보면,

出郊征騎逐飛埃, 此別惟愁春未回.
寒葉夕陽投宿意, 蘆關門向遠河開.

교외로 나가 출정 가는 기마대 흙먼지 날리니,
봄 아직 오지 않은 이 날에 이별의 근심만 솟구치도다.
차가운 잎은 석양에 품어 온 뜻 보여주고,
관문의 갈대는 먼 강 향해 피어 있도다.

라 하니, 출정 가는 자에게서 느끼는 悲愁가 있지만 雄志를 펴기를 바라는 豪氣가 宿意에 담겨 있다. 한편, 국내외의 난이 그치지 않으니 항상 나라에 대한 근심이 차있었다. 그의 憂國之心을 담은 「題大雲寺西閣」을 보면,

閣臨偏險寺當山, 獨坐西城笑滿顔.
四野有歌行路樂, 五營無戰射堂閑.
鼙和調角秋空外, 砧辦征衣落照間.
方擬殺身酬聖主, 敢於高處戀鄕關.

누각은 가파른 곳에 임하고 절은 산을 마주하는데,
나 홀로 서쪽 성에 앉아 얼굴 가득 웃음 지어 보노라.
사방 들에는 노래 있어 가는 길이 즐겁고,

다섯 군영에는 전쟁 없어 활터가 한가하도다.
가을 하늘 밖에선 북소리가 구성진 호각소리와 조화되어 울려오고,
해저물 때엔 원정에 보낼 옷에 공들이는 다듬이 소리 들려오네.
바야흐로 이 몸 바쳐 성주께 보은하고파,
감연히 높은 곳에 올라 고향을 그리노라.

라 하여 無戰의 평화를 원하지만, 유사시에 살신하여 충성하여야 한다는 의지가 엿보인다. 이러한 충심이 담긴 「雕堂」을 보면,

丈室久多病, 小園晴獨遊.
鳴蛩孤獨雨, 啅雀一籬秋.
聖主恩難謝, 生靈志亦憂.
他年誰識我, 心跡在徐州.

조그마한 방에서 많은 병 앓아 누웠다가,
작은 뜰에 비 개이니 홀로 거닐게 되었노라.
귀뚜라미 우는 가운데 외로이 비는 내리고,
지저귀는 참새가 가을의 울타리에 줄지어 있네.
성명하신 임금의 은혜 떨치기 어려우니,
이 몸의 마음 또한 근심에 차네.
훗날 누가 나를 알아 줄까마는,
마음의 자국은 서주에 있도다.

서주의 절도사의 관사인 雕堂에서 聖主의 은총을 생각하며 우국의 念을 그리고 있다. 따라서 설능은 태평시대를 희구하고 노력하려고 하였다. 그의 「昇平詞」(第8首)를 보건대,

無戰復無私, 堯時卽此時.
焚香臨極早, 待月卷廉遲.

(中略)
君看聖明驗, 只此是神龜.

전쟁 없고 사사로움 없으니,
요순 시대가 바로 이때로다.
일찍 일어나 나가서 분향하고,
서서히 발 걷어 올려 달 기다린다.
　(중략)
그대여 聖明하신 영험을 볼지니,
이것이 바로 신령한 거북이로다.

堯舜 시대와 같은 현세가 오고 평화가 넘치는 세월을 노래한다. 따라서 설능은 비록 출사표를 던진 諸葛亮이지만 결과적으로 성취한 것이 없기에 본받을 점이 없다고 냉혹하게 비판한다. 그의 「早春書事」의 말 2구에서,

焚却蜀書宜不讀, 武侯無可律我身.

蜀書는 불태우고 읽어서는 안 되리니,
제갈량에겐 내게 귀감되는 것이 없도다.

라고 하였고, 「籌筆驛」의 첫 4구에서는,

葛相終宜馬革還, 未開天意便開山.
生欺仲達徒增氣, 死見王陽合厚顔.

제갈 승상은 끝내 죽어 말가죽에 쌓여 돌아와야 했고,
天命을 펴지 못했으면 산이라도 개척해야 했네.

살아서는 仲達을 속여 한갓 기세만 높였으니,
죽어서는 王陽 만나 후안무치를 함께 하였으리라.

라 하니 仲達은 司馬懿이며 王陽은 西漢時의 益州刺史를 지낸 사람으로 武侯를 멸시한 연고가 단순한 우국적 희생정신에서 발로된 것으로 이해해야 할 것이다.16) 그러나 후대에 설능을 평하면서 선현을 모독하는 언행이라고 혹평하였으니, "從事蜀川日, 每短諸葛功業,⋯⋯自負如此, 東軍亂被害."(≪唐詩紀事≫ 卷60) 등의 수다한 구설이 분분해왔던 것이다. 이것은 설능의 국가통일의 기본자세 때문이다.17)

그러나 설능은 결백하였기에 백성을 사랑하고 민생의 질고를 염려하였으니 백거이나 유우석 못지 않은 점을 지닌 것이다. 그의 「題逃戶」를 보면,

幾世事農桑, 凶年竟失鄕.
朽關生濕菌, 傾屋照斜陽.
雨水淹殘臼, 葵花壓倒墻.
明時豈致此, 應自負蒼蒼.

몇 대를 농사일 해오다가,
흉년들자 고향을 떠나야 했네.
썩은 빗장엔 축축한 곰팡이 나고,
기운 집에 석양이 비치네.
빗물은 부서진 절구에 고이고,
해바라기는 무너진 담 짓누르네.

---

16) 薛能의 시에 武侯를 거론한 예가 적지 않으니 添言하면, 「西縣途中二十韻」: "葛侯眞竭澤, 劉主合亡家. 陷彼貪攻吠, 貽爲黷武誇. 陣圖誰許可, 廟貌我揄揶.", 그리고 「遊嘉州後溪」: "當時諸葛成何事, 只合終身作臥龍." 등이다.
17) 譚優學, 上揭書.

태평한 때라면 어찌 이러하겠는가?
마땅히 창창하게 살아가고 있으리라.

라 하여 흉년에 고향 떠나는 민생의 참상을 그려놓고 있다. 그리고, 「吳姬」(第6首)의 일단을 보면,

年來寄與鄕中伴, 殺盡春蠶稅亦無.

여러 해 동안 고향 속에 짝하여 지냈건만,
봄누에 다 죽었으니 세금이라도 없이 해야 하리라.

과세의 과중과 민생의 고통을 함께 나누고 있음을 본다. 이러한 시의 기풍은 설능의 시에서 만당의 중당풍을 연상케 하는 요인인 것이다.

2. 愛自然의 美意識

설능에게는 詠物의 淸新과 高雅美가 있으며 佛禪과 유관한 超世味가 엿보인다. 이는 설능 시의 일관성보다는 양면성이 보다 짙게 표출되어 있기 때문이다. 그의 이 같은 시풍은 즉흥적인 작시 태도가 아니라 각고의 결실이기 때문이다. 그의 「自諷」에서,

千題萬詠過三旬, 忘食貪魔作瘦人.
行處便吟君莫笑, 就中詩病不任春.

수많은 시 짓고 읊은 지 한 달,
먹을 것 잊고 시에 심취하여 수척해졌네.

길거리에서 읊조린다고 그대는 비웃지 마오.
詩病에 걸린 것은 봄 때문이 아니로다.

라고 하였듯이 작시에 몰두할 때는 詩狂의 경지에 드는 것이다. 그의 영물시는 기탁의 묘가 살아있으니, 「銅雀臺」를 보면,

　　魏帝當時銅雀臺, 黃花深映棘叢開.
　　人生富貴須回首, 此地豈無歌舞來.

　　위 무제가 놀았던 그 당시의 동작대,
　　국화가 깊이 비치고 가시나무 꽃 피어 있네.
　　인생의 부귀가 얼핏 돌이켜지노니,
　　여기엔 어찌 가무하러 오는 사람이 없는가?

라 하니 魏武帝가 놀던 누대를 보며 회고적이며 영사적인 인생무상의 寄興을 하고 있으며, 「杏花」를 보면,

　　活色生香第一流, 手中移得近青樓.
　　誰知艷性終相負, 亂向春風笑不休.

　　빛 흐르고 향기 나는 제일의 꽃,
　　손에서 青樓 근방으로 옮겨졌네.
　　요염한 맵씨 끝내 부담될 줄 누가 알랴만,
　　어지러이 봄바람 향해 쉴새 없이 방긋거리네.

라 하니 살구꽃의 향기와 아름다움을 통하여 미녀를 회상하며 온정에 든 시심이 깃들여 있다. 그리고 「新柳」는 가냘픈 버들가지에서 불굴의 의지를 느끼고 온화한 덕성과 웅지를 기를 결심을 하는 시인

의 뜻이 기탁되어 있다.

> 輕輕須重不須輕, 衆木難成獨早成.
> 柔性定勝剛性立, 一枝還引萬枝生.
> 天鐘和氣元無力, 時遇風光別有情.
> 誰道少逢知己用, 將軍因此建雄名.

> 살랑살랑 무거워야지 가벼워서는 안 된다 하나,
> 뭇 나무가 해내기 어려운 것 홀로 일찍 해낸다네.
> 부드러운 성품이 강한 성품 이기는 것은 정한 이치,
> 한 가지가 다시 뻗으면 만 가지가 돋는다네.
> 부드러운 기질 타고나 본래 힘이 없지만,
> 때때로 풍광 만나면 또 다른 정감 지닌다네.
> 지기를 만나 등용되기 어렵다고 누가 말하는가?
> 장군은 이 때문에 영웅 이름 세우리라.

이 시는 경계와 교훈의 대상으로 '柳'를 매개체로 하여 나약해 보이지만 불굴의 의지가 서린 사표로 승화시켜 놓고 있다.
한편, 설능의 禪詩는 그 자신의 불심과도 유관하다.[18] 그의 시에서 선시가 27수나 되고, 그 시 자체가 초탈적 은일감을 주는 데는 설능 시의 二律的인 요소를 간과할 수 없게 한다. 선과 시에 대한 개괄적 관계는 이미 언급한 바 적지 않기에 생략하고[19], 그의 시에서 禪趣를 맛보고자 한다. 「贈隱者」를 보면,

> 自得高閑性, 平生向北樓.

---

18) ≪北夢瑣言≫ 卷十 : "僧鸞有逸才而不拘檢, 早歲稱卿御, 謁薛氏能尙書于嘉州."
19) 杜松柏, ≪禪學與唐宋詩學≫(臺灣黎明書局) ; 拙著, ≪王維詩硏究≫(臺灣黎明書局).

月潭雲影斷, 山葉雨聲齊.
庭樹人書匝, 欄花鳥坐低.
相留永不忘, 經宿話丹梯.

고상하고 한가한 성품 얻은 뒤로,
평생 북쪽 누대 향해 살아 왔다네.
달빛 비친 못엔 구름의 그림자가 끊겨 있는데,
산 속의 나뭇잎에선 빗소리가 가지런하네.
정원수엔 사람들 둘러앉아 글씨를 쓰고,
목란 꽃엔 새들 나직이 앉아 있다네.
서로 만류하고 길이 잊지 말자며,
밤 지새워 붉은 계단에서 이야기하였네.

여기에서 청신한 담백미를 느낀다. 속세가 아니라 자연 그대로이다. 자연과 '나'의 일치이며 음지가 보이지 않는 평화 자체이다. 「贈禪師」를 보면,

嗜慾本無性, 此生長在禪.
九州空有路, 一室獨多年.
鳴磬微塵落, 移缾濕地圓.
相尋偶同宿, 星月坐忘眠.

세상의 욕심은 본디 천성이 아니니,
이 삶은 길이 禪에 있다네.
九州에는 공연히 길이 있으니,
한 방에서 홀로 여러 해 지냈네.
경쇠 울려 속세의 먼지 떨쳤고,
항아리 옮겨 습한 땅 도톰하게 하였네.
서로 찾아 같이 어울려 지내다가,

별과 달 속에 앉아 있다가 잠도 잊었네.

이 세계는 禪理와 禪跡의 표상이다. 시인의 심리가 이렇거늘 어찌 후인이 "妄庸"이니(≪後村詩話≫ 卷1) "自負甚高"니(≪唐詩談叢≫ 卷1), "佻務相類"니(≪全唐詩說≫) 하는 편견을 가할 수 있을는지 의심스럽다. 이러한 설능의 시심은 다음 「贈普恭禪師」에서 탈속과 禪境의 坐忘에 드는 것이다. 生而不生한 듯한 入神界가 여기에 보인다.

   一日迢迢每一飡, 我心難伏我無難.
   南簷十月繩牀暖, 背卷眞經向日看.

   해가 높이 오르면 매양 한 끼 먹지만,
   내 마음 굽히기 어렵고 나 또한 어려움 없네.
   남쪽 처마 아래의 시월 새끼줄로 엮은 침상에서,
   불경을 외우면서 해를 쳐다보노라.

이 시에는 禪語 일 자 없는 무욕의 의식을 보인다. 먹지 않고 움직이지 않고 하늘을 향한 지계를 탈출하고픈 의식세계가 드러난다.
 시에는 다양한 애매성이 겹쳐 있고 누구나 공통적으로 지닌 특성 속에서 그 만이 지닌 개성을 추출하기가 쉽지 않다. 설능의 시도 그 하나로서 혹평하에서도 이어온 그의 시이기에 그의 생애만큼이나 다기하다. 그러기에 "薛許昌詩天分有限, 不逮諸公遠矣. 至合人意處, 正如芻豢, 時復咀嚼自佳."(≪西淸詩話≫ 上)란 평이 믿어지지 않으며, "薛太拙平生極誇己詩, 及讀全集, 亦不見得."(≪一瓢詩話≫)라는 평도 실감나지 않는다. 한 시인의 시에는 긍정적인 가치부여라는 의식 속에서 평해야 정답을 도출해낼 수 있다고 재삼 생각이 간다. 당시를 분석하는 과정에서 평가의 긍정성을 인정받은 작가는 시의 다과나 시단에서의 활동범위에 구애받지 않고 후세의 호평을 받으며 학술적 가치까지 얻고 있으니, 崔融이나 蘇味道 등은 20수가 안 되는 시작으로 초당의 지위를 차지하고 있는 반면에, 당시에 대한 초기연구에서 누락된 작가들 중에 설능이나 융욱 같은 경우는 詩가 성중당대의 낭만과 풍자를 지녔고 한군평은 중당의 사실주의적 시를 남기고 있으면서도 지금까지 온당한 평가 대열에 들지 못하는 편견을 보여주고 있다. 따라서 시 연구의 긍정적 의식에서만이 분석의 합당성도 인정받을 수 있을 것이다. 부분적인 평가만으로 한 시인의 가치를 왈가왈부하는 자세를 바로잡아야 한다는 점을 강조한다.

戴叔倫과 그의 五言律詩

 당대의 大歷時代는 초·성당을 거치면서 儒·佛·道의 삼교가 성행하여 문학에 있어서도 다양한 사조가 유행하였다. 소위 大歷時代란 至德 원년(756)에서 貞元 8년(792)의 36년 간을 지칭하는데, 그간에 시단의 성향은 창작방법에 있어 박실한 현실주의를 지향하여 사실적인 白描手法을 주중하게 되었으며, 주제 취향에 있어서는 倫常情感과 身邊雜事에 경도되어 있으며, 感情詠懷보다는 酬贈送別의 작품이 격증되고 있음을 보게 된다.1) 그리고 대력시대의 시인을 크게 두 부류로 구분하는데, 하나는 長安과 洛陽을 중심으로 활동한 작가군으로 錢起·盧綸·韓翃 등의 大歷十才子 시인들이 있었고, 또 하나는 江東吳越을 중심으로 한 劉長卿·李嘉祐 등이 있어 山水風月을 묘사하는 경향을 보였다.2) 戴叔倫(732~789)의 활동무대는 앞의 후자에 속하였으니, 지방관 시인의 대표로 지칭되고 있다.3) 따라서

---

1) 蔣寅,《大歷詩人研究》導論 참고.
2) 傅璇琮,《唐代詩人叢考》, 李嘉祐, p.232 참고.
3) 蔣寅,《大歷詩人研究》 p.51 : "戴叔倫是地方官詩人中一位直接繼承杜甫精神

당대의 李肇는 "位卑而著名者, 李北海·杜甫·韋蘇州·戴叔倫."(≪國史補≫ 卷下)라고 분류하였고, 대숙륜 자신은 지방관리로서 치적과 의기가 남달라서⁴⁾ 德宗이 貞元 5年(789)「中和節詩」를 하사하여 치하할 만큼⁵⁾ 聞達意識을 떨치고, 관리이며 시인으로서 자족했음을 보인다. 현존하는 대숙륜시는 ≪全唐詩≫(卷273~274)에 283제 299수가 실려 있고, 蔣寅은 ≪戴叔倫詩集校注≫에 279제 296수를 담았는데, 蔣寅은 상세한 근거를 제시하며 그 중에서 고증을 요하는 58수와 후인의 위작으로 단정되는 55수를 제외시키면 180여 수밖에 안 된다는 것이다.⁶⁾ 이 중에서 오언율시는 위작 여부를 분류하지 않은 ≪全唐詩≫에서 109수이며, 蔣寅注本에서는 위작 부분을 제외하면 82수가 된다. 본고에서는 상당수가 위작으로 분별된다고 보아(蔣寅과 傅璇琮의 자료에 근거) 잠정적으로 66수를 대상 자료로 삼으려 하며, 간단한 생평고변과 시작변위를 먼저 간술하고서 오율의 특성을 간단히 살펴보는 데 주안점을 두고자 한다. 그리고 본문에서 인용되는 戴詩는 ≪全唐詩≫ 卷273과 卷274에 의거하며 인시의 出典을 이것으로 대신하려 한다.

并最典型地体现了群體特徵的詩人."
4) ≪重修戴氏宗譜≫ 卷三: "卿當國家之多亂, 任社稷之至憂, 實能忠勤, 以濟勛績. 方均逸豫, 適此外虞, 煩我元公. 良非得已. 亦惟體國, 義不辭勞."
5). 李肇, ≪國史補≫ 卷下: "貞元五年, 初置中和節, 御製詩, 朝臣奉和, 詔寫本賜戴叔倫於容州, 天下榮之."
6) 蔣寅의 校注本 前言(p.2)와 同人의 ≪大歷詩人硏究≫(p.51)를 참고. 傅璇琮은 일찍이 ≪唐代詩人叢考≫,「戴叔倫的事蹟繫年及作品的眞僞考辨」에 僞作 18首를 제시했고, 岑仲勉(≪讀全唐詩札記≫)와 ≪讀唐詩隨筆≫)도 거론했음.

I. 生平에 대한 양인의 考辨 비교

'兩人'이란 생평에 대한 고증을 객관성 있게 추구한 傅璇琮(≪唐代詩人叢考≫의 戴叔倫 부분)과 蔣寅(≪戴叔倫詩集校注≫)을 지칭하는데, 여기서는 이 양인의 고변에서 재론할 여지가 있는 사항에 대해서 제3자적 입장에서 재고변하려는 것이다.

먼저 傅氏의 자료(1980年)에서 선세가 불명하고 고향의 위치와 字의 상이에 대해서 이견을 제시하였으며, 蔣氏의 자료가 15년 후의 것인데도 傅璇琮은 생평에서 代宗 廣德 元年(763)과 代宗 大歷 4년, 그리고 특히 德宗 建中 2년(781)의 기록에 대해서 장씨의 설을 능가하거나 장씨가 오히려 一切 거론하고 있지 않음은 학자의 도리상 장씨가 재고할 필요가 있다고 본다.(德宗 建中 2년 부분) 이에 양인의 고변에서 연보정리에 의미있는 사항들을 거론하여 대숙륜의 생평을 파악하는 데 일조로 삼고자 한다. 아울러 생평 전체에 대한 기술은 양인의 「事蹟繫年」과 「年譜簡編」에서 상술하였기에 재론을 약하기로 한다. 참고로 생평에 근거가 되는 자료를 들자면, ① ≪新唐書≫ 卷143 本傳, ② ≪唐才子傳≫ 戴叔倫 卷5, ③ ≪全唐文≫ 卷502「唐故朝散大夫使持節都督容州諸軍事守容州刺史兼侍御史充本管經略招討處置等使譙縣開國男賜紫金魚袋戴公墓誌銘幷序」, ④ ≪道光東陽縣志≫ 卷6「唐東陽令戴公去思頌」, ⑤ ≪重修戴氏宗譜≫ 卷3「唐故朝散大夫都督容州諸州事容州刺史本管經略招討處置使兼御史中丞封譙縣開國男賜紫金魚袋戴公神道碑」 등을 들 수 있는데, 그 특징으로는 ①은 師事 관계와 歷官과 치적, ②는 성격과 의기, 그리고 교우관계, ③은 家世·才藝·性品, ④는 缺字가 많으나[7] 성격과 치적에 대한 구체적인 내용, ⑤는 의기와 사승 관계, 그리고 가세와 名을 融, 字를 叔倫이라고 별칭함 등이 되겠다.

(1) 唐 肅宗 至德 元年(756・25세)

장씨는 스승인 蕭穎士[8]가 金陵으로 가면서 대숙륜이 환향을 하고 연말에 永王璘의 난을 피하여 친족과 함께 京口에서 상선을 타고 鄱陽으로 피난 가는 것으로 추정. 근거로는 ≪資治通鑑≫ 至德 元載 12월 甲辰의 永王璘의 병란기사와 대시「撫州對事後送外生宋垓歸饒州覲侍呈上姊夫」에서 "淮汴初喪亂, 蔣山烽火起. 與君隨親族, 奔迸辭故里. 京口附商客, 海門正狂風……石壁轉棠陰, 鄱陽寄茅室."(회수와 변수에서 처음 난리가 나니, 장산에서 봉화가 일도다. 그대와 친족을 따라서 서둘러 고향을 떠났네. 경구에서 상객이 되니 해문에는 때마침 광풍이 나네.)라고 한 것을 장씨는 인증하였다. 이의 보조자료로는 ≪唐才子傳≫과 ≪同治饒州府志≫(卷24)를 예거할 수 있다.

(2) 廣德元年(763・32세)

장씨는 부씨와 같이「送謝夷甫宰餘姚縣」(≪全唐詩≫ 卷273)을 통해 秘書省正字에 이어 府中의 종사가 된 것으로 보았는데, 부씨의 경우에는 袁晁의 起義를 시 속의 "廓宇經兵史"와 결부시켜 대숙륜이 金壇에 있고 관직이 없는 것으로 추정했다.

(3) 大曆 4년(769・38세)

이 시기에 대해서 장씨가 墓誌銘을 통해서 '蜀將 楊子琳이 반란을

---

7) 蔣寅의 注本 附錄에 의하면 缺字가 무려 125字나 됨.(pp.321~324)
8) 蕭穎士에 대해서는 拙文「蕭穎士詩考」(≪外大論文集≫ 27집, p.137 참고.)

일으키자 의기로 楊子琳을 설득시켜 당조에 귀순케 하였다고 기술한 것은 부씨와 동일하지만 부씨의 상고에 미급하다. 부씨는 權德輿의 묘지명과 대시「漸至涪州先寄王員外使君縱」(≪全唐詩≫ 卷273)에 의거하여 夔州의 行巡을 확인하면서 ≪唐才子傳≫의 기록이 불합리한 점을 지적하였는데, 이 점은 매우 적절한 고증이라 하겠다. 여기서 부씨의 기술을 보기로 한다.

> ≪唐才子傳≫ 卷五謂戴叔倫乃 "貞元十六年陳權榜進士." 淸徐松 ≪登科記考≫ 卷十四卽據此列貞元十六年進士科壯元爲陳權, 其下有戴叔倫, 與白居易等同科及第. 但據權德輿所作墓誌, 戴叔倫早于貞元五年卽已去世, 年五十八歲, 又據上所考, 大歷三・四年間卽已在轉運府任職, ≪唐才子傳≫ 所載本已甚謬, 而徐松又號爲治唐史者, 乃也不經查核有關史籍, 而遂採入書中. (≪唐代詩人叢考≫, p.364)

≪唐才子傳≫ 卷五에서 戴叔倫을 두고 "정원 16년에 진권이 진사에 급제하다."라고 하였고, 청대 서송의 ≪登科記考≫ 권14에서는 이것에 의거하여 정원 16년 진사과 장원에 진권이 되고 그 아래로 戴叔倫과 백거이 등이 같이 급제하였다. 단지 權德輿가 쓴 묘지에 의하면 戴叔倫이 일찍이 정원 원년에 이미 세상을 떠나니 나이 58세이며 또 위의 고찰에 의하면 大歷 3・4년 간에 운전부에 임명되었으니 ≪唐才子傳≫의 기재가 틀린 것으로 徐松을 唐史 연구자로 칭하는데 또한 관련 역사책을 검토하지 않고 글에 집어넣은 것이겠다.

(4) 德宗 建中 二年(781・50세)

이 시기에 대해서 장인은 단지 "在東陽縣令任上."이라고만 고증하였을 뿐, 부씨의 고증 부분을 거론하지 않았는데, 이에 대해 필자의 의견을 개진하려 한다. 부씨는 대숙륜이 東陽令에 임명된 시기를 봄으로 보았는데, 장씨는 계절을 밝히지 않아서 여기에서 부씨의 설을 따랐어야 옳은 것이다. 묘지명의 "其阜人成化也, 則東陽一同之人沐 旬歲之治"에서 東陽令이 된 지 1년인데 치적이 상당하다는 것과 대숙륜의 시 「張評事涉秦居士系見訪郡齊卽同賦中字」(≪全唐詩≫ 卷274)에서,

> 軺車息枉轍, 郡府自生風.
> 遣吏山禽在, 開罇野客同.
> 古墻描臘筍, 喬木颺春鴻.
> ……
> 작은 수레가 문득 바퀴 멈추니,
> 군부에 절로 바람이 일도다.
> 아전을 보내매 산새는 남아 있고,
> 술항아리 여니 들녘의 객이 같이하네.
> 옛 담장에서 겨울 대순을 따고,
> 높은 나무에 봄기러기 날도다.
> ……

라고 하니 봄에 대숙륜이 東陽으로 가면서 거리상 會稽에 은거하던 진계를 방문한 것으로 보여진다. 그러니까 부씨는 東陽令으로 가던 시기는 建中 元年(780) 봄(蔣氏는 오월로 기재)이며, 재직기간은 일년 남짓으로 추정하였는데, 李皐의 幕下로 옮긴 시기를 李皐가 부임한 시기(建中 元年·780)와[9] 결부시켜서 추정한 것으로 본다. 이것은 ≪新唐書≫ 本傳의 "嗣曹王皐領湖南·江西, 表在幕府."라든가 묘지명의 "曳裾于賢王也, 則爲湖南·江西上介……"에서 대숙륜이 李皐의 부임과 동시에 東陽을 떠난 것으로 본 것이다. 그리고 그 떠난 계절을 그의 시 「將赴湖南留別東陽舊僚兼示吏人」(≪全唐詩≫ 卷274)의,

---

9) ≪舊唐書≫ 卷131, 「李皐傳」 : "建中元年, 遷湖南觀察使."

> 曉路整車馬, 離亭會衣冠.
> 冰堅細流咽, 燒盡亂峰寒.

> 새벽길에 거마를 채비하고
> 정자를 떠나면서 의관을 모두네.
> 어름 단단한데 작은 냇물이 울고,
> 들불이 다 타니 어지런 봉우리가 차도다.

에서 어름이 아직 녹지 않은 建中 二年 春初로 단정하였다. 장씨는 東陽을 떠난 시기를 建中 四年(783) 초로 본 점에서 차이가 이 년 났는데, 이는 아직 비고의 대상이 된다.

Ⅱ. 詩作辨僞의 예

대숙륜의 시가 299수(≪全唐詩≫)인데 객관성이 부족하지만 그 중에 蔣寅에 의하면 비고 부분을 58수, 위작 부분을 55수로 분류하고 있어서 당시인 중에 가장 큰 비율의 위작시가 내포된 것으로 본다. 양인의 분류 가운데 중복된 것을 조절하여 72수로 분류하여 도시하면서 대시에 대한 재고증이 절실함을 제시해 보려고 한다.((1)에서 (38)까지를 보면 ≪全唐詩≫ 卷273, (39)에서 (72)까지는 동권 274에 수록)

(1) 「曾遊」: 宋代 후인, 長公 東坡 등장하니 시대 불합.
(2) 「邊城曲」: 작자 불명, 지리 불합.(부씨만 분류)

(3) 「屯田詞」: 작자 불명, 지리 불합.(부씨만 분류)
(4) 「送別錢起」: 후인작, 당시에는 陽關 三疊의 명칭 無.
(5) 「暉上人獨坐亭」: 작자 불명, 暉上人은 陳子昂에 출현.
(6) 「送崔融」: 작자 불명, 시대 불합.(부씨도 분류)
(7) 「遊少林寺」: 작자 불명, 沈佺期에 同題詩有.(案: 備考)
(8) 「崇德道中」: 張以寧作. ≪翠屏集≫ 卷2에 有.
(9) 「雨」: 張以寧作. ≪翠屏集≫ 卷2에 有.
(10) 「同日有懷賀長吉」: 작자 불명, 시대 불합.(부씨도 분류)
(11) 「送郞士元」: 작자 불명, 郞士元은 金陵과 무관.
(12) 「重遊長眞寺」: 劉崧作, ≪劉槎翁先生職方詩集≫ 卷5에 有.
(13) 「晚望」: 劉崧作, 上同書에 有.
(14) 「寄贈翠巖奉上人」: 劉崧作, 上同書에 有. 贊公은 杜甫時의 贊上人으로 葛洪과 함께 用事로는 本朝事를 쓰지 않음.(案: 備考)
(15) 「過龍灣五王閣訪友人不遇」: 劉崧作 上同書에 有.(案: 備考)
(16) 「與友人過山寺」: 작가 불명. 靈澈은 숙윤과 동시인으로 陶公과 用典과의 對擧不可.(案: 備考)
(17) 「寄禪寺華上人次韻三首」: 明代人作. 濟公은 宋末僧人, 明代 田汝成의 ≪西湖遊覽志餘≫ 卷1에 보임.
(20) 「獨坐」: 張以寧作, ≪翠屏集≫ 卷2에 有.
(21) 「舟中見雨」: 張以寧作, ≪翠屏集≫ 卷2에 有.
(22) 「送僧南歸」: 張以寧作, ≪翠屏集≫ 卷2에 有.
(23) 「江干」: 張以寧作, ≪翠屏集≫ 卷2에 有.
(24) 「宿天竺寺曉發羅源」: 송이후인작. '羅源' 지명이 ≪宋史地理志≫에 처음 나옴.

(25)「留宿羅源西峰寺示輝上人」: 작자 불명. 근거는 상동.
(26)「江上別劉駕」: 작자 불명. 劉駕는 만당인.(부씨도 분류)
(27)「送車參江陵」: 淸江作. 幻境・禪心 등, 佛家語는 숙윤에 불합.(案 : 備考)
(28)「登樓望月寄鳳翔李少尹」: 淸江作. 원래 ≪文苑英華≫ 卷152에 대시로 수록되나 ≪全唐詩≫ 卷812 淸江詩에 有.(案 : 備考)
(29)「贈司空拾遺」: 太易作. ≪全唐詩≫ 卷810 太易詩에 有(案 : 備考).
(30)「寄萬德躬故居」: 劉崧作. 劉氏集(卷6)에 보임. 呂仙洞은 五代 이후의 고사.
(31)「寄司空曙」: 劉崧作, 劉氏集(卷6)에 有.(案 : 備考)
(32)「弔暢當」: 작자 불명. 생평 불합. 暢當은 河東人.(≪新唐書≫ 卷200, 儒學傳)(부씨도 분류)
(33)「寄劉禹錫」: 劉崧作. 劉氏集(卷6)에 「寄曠伯逵」로 실림. 伯逵는 劉崧의 友人.(案 : 備考) 傅氏는 禹錫과 시대 불합이라 함.
(34)「寄孟郊」: 劉崧作. 부씨는 불명. 劉氏集(卷5)에 有. 부씨는 시대 부합되지만 행사 불합이라 함.
(35)「贈徐山人」: 劉崧作. 劉氏集에(卷7) 有.(案 : 備考)
(36)「二靈寺守歲」: 明代 丁鶴年作. ≪鄞縣通志≫(政敎志)에 宋初 韶國師가 세움.
(37)「暮春感懷」: 丁鶴年作. ≪丁鶴年集≫ 卷2에 有.
(38)「聽霜鐘」: 작자 미상. ≪文苑英華≫ 卷184「省試」에 실림.(案 : 備考)
(39)「赴撫州對酬崔法曹夜雨滴空階五首」: 작자 미상. 대숙륜의 사

적에 없음. 부선종만이 지적.

(44)「又酬曉燈室五首」: 작자 미상. 대숙륜의 사적과 무관. 부씨만이 지적.

(45)「送王司直」: 皇甫冉作. ≪全唐詩≫ 卷249 皇甫冉 詩에 有. 洪邁 ≪萬首唐人絶句≫ 五言卷, 王安石 ≪唐百家詩選≫ 卷9에 모두 皇甫冉의 시로 기재.

(50)「宿無可上人房」: 작자 미상. 無可, 만당인으로 시대 불합.

(51)「口號」: 후세인작. 本朝用事를 안 함.(案 : 備考)

(52)「贈張揮使」: 송이후인작. 揮使는 당대 직관에 無.

(53)「畫蟬」: 丁鶴年作, 丁氏集(卷2)과 顧嗣立의 ≪元詩選≫에 有.

(54)「題天柱山圖」: 丁鶴年作, 丁氏集(卷2)과 ≪元詩選≫에 有.

(55)「草堂一上人」: 王安石作. ≪王文公文集≫ 卷63에「草堂一上主」로 실림.(案 : 備考)

(56)「題黃司直園」: 王安石作. 王氏集(卷67)에 有.(「題黃司理園」)

(57)「北山游亭」: 王安石作. 王氏集(卷67)에「浐亭」으로 有. 游亭은 浐亭의 오류.

(58)「歲除日追赴撫州辨對留別崔法曹」: 작자 미상. 사적이 불일치. 부씨만 지적.

(59)「旅次寄湖南張郎中」: 周端臣作. ≪江湖後集≫ 周端臣 ≪葵窓集≫에「朱門」有.(案 : 備考)

(60)「題友人山居」: 劉崧作, 劉氏集(卷11)에「漫題」로 有.

(61)「別鄭谷」: 劉崧作, 劉氏集(卷7)에 有.「再別同夫三首」로 실림. 부씨는 ≪唐詩紀事≫(卷70)에 鄭谷이 都官郎中을 지낸 시기가 乾寧(894~898)이므로 시대 불합으로 지적.

(62)「贈鶴林上人」: 劉崧作. 劉氏集(補遺卷4)에 有.(案 : 備考)

(63)「題稚川山水」: 劉崧作. 劉氏集(補遺卷4)에 有. 稚川은 明代 畵家 羅稚川.

(64)「過柳浮道院」: 劉崧作. 劉氏集(卷11)에 有.(案：備考)

(65)「荔枝」: 白居易作. ≪全唐詩≫ 卷441에「種荔枝」로 有. ≪白氏長慶集≫ 卷18에 수록. 이 文集은 白氏 자신이 75卷으로 수정한 것임.

(66)「憶原上人」: 明代 劉績作. ≪明詩紀事≫ 乙籤卷14에 有. 사적이 ≪明詩綜≫·≪列朝詩集≫에 나옴.(案：備考)

(67)「蘭溪棹歌」: 明代 汪廣洋作. ≪汪忠勤公鳳池吟稿≫ 卷10에 有. 錢謙益의 ≪列朝詩集≫에 수록.(案：備考)

(68)「蘇溪亭」: 汪廣洋作. 앞의 汪氏集 卷10에 有. ≪明百家詩≫·≪明詩綜≫에 수록.

(69)「撫州被推昭雪答陸太祝三首」: 작자 미상. 사적에 기록이 없음. 부씨의 지적.

(72)「撫州對事後送外生宋垓歸歸饒州覲侍呈上姊夫」: 작가 미상. 부씨가 사적과 무관함을 지적.(案：備考)

이상의 眞僞辨別 자료를 볼 때 장인은 明代 劉崧의 작으로 14수, 張以寧의 작으로는 6수, 丁鶴年의 작으로는 4수, 그리고 王安石의 작으로 3수를 분류하였고, 당대인의 작으로는 淸江 3수, 白居易 1수, 皇甫冉 1수, 太易 1수 등으로 분류하고 있다. 문집이나 사료에 의거한 비교적 명확한 근거 제시를 하고 있으며, 傅璇琮은 변증이 치밀하지만 작자 규명을 하지 못하고 있어서 蔣寅의 공이 다대함을 간과할 수 없다.

Ⅲ. 五言律詩의 主題別 분류

대숙륜의 오언율시를 주제별로 분류해 보면 모두 82수 중에서 각각 送別은 36수, 詠懷는 6수, 贈酬는 13수, 山水는 9수, 交遊는 10수, 遊歷은 8수가 되는데, 여기서 각 주제에 따라 소속 작품의 題와 내용을 정리하려 한다.

1. 送別詩(36수)

(1) 「送張南史」: 忘貧의 우인에게 보내는 초연함.
(2) 「九日送洛陽李丞之任」: 布衣之交인 李丞의 승진을 경하.
(3) 「送郭太祝中孚歸江東」: 同鄕인 곽중부의 太祝職 임명.
(4) 「江上別張勸」: 호남관찰사 幕書記 장권에 雄志 권면.
(5) 「送友人東歸」: 京師의 藍田關에서 송별.
(6) 「送謝夷甫宰鄮」: 袁晁 농민 起義에 친구의 임무.
(7) 「灞岸別友」: 봄에 호남으로 떠남.
(8) 「潘處士宅會別」: 호남을 떠나 京口에서 친구 상봉.
(9) 「南賓送蔡侍御遊蜀」: 南賓에서 친구 만나며 비애 묘사.
(10) 「長沙送梁副端歸京」: 長沙에서 長安 가는 친구를 보내는 낭만적인 심경.
(11) 「京口送皇甫司馬副端曾舒州辭滿歸去東都」: 老年의 去官과 歸鄕.
(12) 「送崔拾遺峒江淮訪圖書」: 京口에서 皇甫증을 10년 좌천생활에 낙양으로 보내는 우정.

(13)「送少微山人入蜀」: 탈속과 歸自然.
(14)「留別道州李使君圻」: 山川景物의 회화적인 묘사.
(15)「送李審之桂州謁中丞叔」: 知音과 은거의식.
(16)「送柳道時余北還」: 호반의 정경과 이별의 우수.
(17)「送李長史縱之常州」: 사령운이 있던 곳에서 같은 심정.
(18)「奉同汴州李相公勉送郭布殿中出巡」: 입춘 전날, 벗의 공을 기림.
(19)「送東陽顧明府罷歸」: 가을에 送別의 수심.
(20)「永康孫明府遞秩滿將歸枉路訪別」: 산수애호와 도연명 사모.
(21)「將游東都留別包諫議」: 包佶과 이별하며 몽매에 그리는 마음.
(22)「婺州路別錄事」: 신년부터 故友를 보내는 離恨.
(23)「酬別劉九郞評事傳經同泉字」: 연못과 백로, 그리고 사립문에도 이별의 哀愁.
(24)「臨川從事還別崔法曹」: 老病으로 은둔하는 심회.
(25)「送王翁信及第後歸江東舊隱」: 탈속과 의분.
(26)「送嵩律師頭陀寺」: 律師의 행적과 참선.
(27)「送道虔上人遊方」: 초탈과 禪心.
(28)「淸明日送鄧芮二子還鄕」: 노년에 고향을 사모.
(29)「送李明府之任」: 合自然과 계절의식.
(30)「送萬戶曹之任揚州便歸舊隱」: 仕官과 愛自然.
(31)「海上別薛舟」: 해안의 정경을 詩心에 비유.
(32)「廣陵送趙主簿自蜀歸絳州寧覲」: 가을 저녁의 정경과 애수.
(33)「留別宋處士」: 鄕里의 정분.
(34)「送汶水王明府」: 전쟁과 가족이산.

(35)「賦得古井送王明府」: 仙源과 淸心.
(36)「送耿十三湋復往遼海」: 戰場의 從軍.

2. 詠懷詩(6수)

(1)「過申州」: 변방의 戰相.
(2)「湘中懷古」: 참소의 폐해와 원한
(3)「長門怨」: 궁궐의 애환.
(4)「京口懷古」: 三國時代의 역사 회고.
(5)「客中有懷」: 노후의 歸田.
(6)「過賈誼宅」: 가의에 대한 추념.

3. 贈酬詩(12제 13수)

(1)「早行寄朱山人放」: 인생의 無常.
(2)「長安早春贈萬評事」: 漢代의 귀족에 대한 회상과 고결한 심경.
(3)「客舍秋懷呈駱正字士則」: 浮名을 떨침.
(4)「潭州使院書情寄江夏賀蘭副端」: 여행 속의 無欲.
(5)「暮春遊長沙東湖贈辛兗州巢父二首」: 景物과 삶의 번뇌.
(6)「寄中書李舍人紓」: 계절에의 무감각.
(7)「李大夫見贈因之有呈」: 질병과 허심.
(8)「郊園卽事寄蕭侍郎」: 思鄕과 淸心.
(9)「贈韋評事儹」: 초탈의식과 無欲.
(10)「暮春沐髮晦日書懷寄韋功曹渢李錄事從訓王少府純」: 合自然과 思友.
(11)「贈行脚僧」: 修道의 心性.
(12)「贈月溪羽士」: 心淸의 禪.

4. 山水詩(9수)

(1) 「泊雁」: 강가의 저녁풍경.
(2) 「題橫山寺」: 절간의 情景과 茶.
(3) 「宿靈巖寺」: 비 온 후의 가을 절간.
(4) 「南軒」: 은둔자의 하루 생활.
(5) 「春江獨釣」: 滄浪客 같은 은거.
(6) 「臥病」: 질병 속의 詩心.
(7) 「山行」: 승려의 자연현상 관찰.
(8) 「山居卽事」: 山居의 樂과 虛心.
(9) 「賦得長亭柳」: 동물에 대한 세심한 묘사와 애착.

5. 交遊詩(10수)

(1) 「吳明府自遠而來留宿」: 세속에 대한 염증과 교우의 희구.
(2) 「和尉遲侍御夏杪聞蟬」: 늦여름의 풍경묘사.
(3) 「逢友生言懷」: 친구에 대한 도덕성.
(4) 「和李相公勉晦日蓬池游宴」: 봄의 生氣와 섬세한 관찰.
(5) 「彭婆館逢韋判官使還」: 늦봄에 벗을 맞는 기쁨.
(6) 「奉陪李大夫九日宴龍沙」: 관직 욕망의 수치.
(7) 「春日早朝應制」: 仙意識과 草木 묘사.
(8) 「過友人隱居」: 산수의 생동감.
(9) 「春日訪山人」: 노년의 애자연.
(10) 「宿城南盛本道懷皇甫冉」: 애절한 思友心情.

6. 遊歷詩(8수)

(1) 「次下牢鎭」: 만리타향의 愁心.
(2) 「經巴東嶺」: 高山의 웅장과 관찰.
(3) 「將巡郴永途中作」: 思鄕과 心虛.
(4) 「巡諸州漸次空靈戌」: 湘水의 정경.
(5) 「過郴州」: 지형과 심경의 조화.
(6) 「建中癸亥歲奉天除夜宿武功山北茅平村」: 여행중의 관찰과 傷心.
(7) 「除夜宿石頭驛」: 타향의 비애와 세월무상.
(8) 「泛舟」: 가을 달밤의 고독.

(이상 출처는 ≪全唐詩≫ 卷 273~274에 의거함.)

Ⅲ. 五言律詩의 寫實的인 白描

중당시는 낭만과 사실이 혼재하여 성행하면서 성당시의 풍격에서 벗어나는 과정을 지니고 있었기에 대숙륜 시의 사회 현실에 대한 묘사는 당연히 거론되어야 하는 부분이다. 그는 漂流的인 浪人生活에서 출사와 은거를 반복하면서 자신의 불우와 민생질고, 사회모순성 등을 체험했으니 다음 삼면으로 그 白描 내용을 살펴볼 수가 있다.

먼저 자기 자신의 行役苦를 노래한 예시로 「江上別張勸」을 보면,

年年五湖上, 厭見五湖春.
長醉非關酒, 多愁不爲貧.
山川迷道路, 伊洛因風塵.

今日扁舟別, 俱爲滄海人.

해마다 오호에 오르는데,
오호의 봄은 보기 싫구나.
오래 취함이 술 때문은 아니고,
근심 많은 것이 가난 때문은 아니네.
산천은 갈 길을 잃게 하고,
이수 낙수의 낙양에서 세상 풍파에 고생이라.
오늘 쪽배로 이별하니,
모두 넓은 바다에 뜬 사람 되었네.

　이 시는 시인 조년의 未仕時에 쓴 것으로 蕭穎士에게서 河南에서 수학하던 시기의 작품인 듯하다.10) 웅지에 대한 불투명과 처경에 대한 염증을 가지고 있어서 "扁舟"라 하여 정처없는 표류 의식으로 미래의 방향을 정하지 못한 신세를 비유하였으며, "滄海人"11)이라 하여 대지를 품고서도 영달치 못한 사람임을 비유하였다. 扁舟에 몸을 실은 미약한 존재이지만 滄海를 포용하는 대의를 추구하겠다는 의지가 표출되어 있음을 알 수 있다. 그리고 「過陳州」를 보면,

擾擾倦行役, 相逢陳蔡間.
如何百年內, 不見一人閒.
對酒惜餘景, 問程愁亂山.
秋風萬里道, 又出穆陵關.
어지러이 행역이 피곤한데,
陳州·蔡州 사이에 있구나.
어찌하여 백년 두고,

---

10) 蔣寅, ≪戴叔倫詩集校註≫, p.6 註1 참고.
11) ≪抱朴子≫, 「窮達」: "小年不知大年, 井蛙之不曉滄海, 自有來矣."

한가한 사람 하나도 안 보이는가?
술을 대하니 경물이 사랑스럽고,
갈 길을 물으니 수많은 어지런 산이 답답하구나.
추풍에 갈 만리 길에,
또 목릉관을 나섰구나.

시인이 陳州(지금 河南 淮陽縣)를 지나면서 지은 것인데, 그 言表 속에 담긴 심기가 매우 비흥적이라 하겠다. 제1연은 고생스러운 자신의 신세를, 제2연은 한 평생에 한가한 사람을 하나도 만나지 못하겠다는 白話的인 묘법을 구사하였는데, 이에 대해서 ≪文苑詩格≫ 「敍舊意」에서는,

  白居易曰 : "每見爲詩者多於本事中更說舊意. 須舊意更說新意……古詩 '如何百年內, 不見一人閒.' 此舊意說新景, 爲佳矣."

  백거이가 말하기를 "매양 시 지은 것을 보면 本事 속에 해 묵은 뜻을 토로하는 것이 많다. 모름지기 해묵은 뜻을 참신한 뜻으로 바꾸어 표현해야 한다.……고시의 '어찌 백년 두고 한가한 사람 하나도 안 보이나' 구는 해묵은 뜻을 신선한 경물로 표현한 것이니 아름답다."

라고 하여 高雅한 시구는 아니지만, 참신한 시의가 드러나 있다고 하였으며, 冒春榮은 객관성 있게,

  句法最忌直率, 直率卽淺薄而少深婉之致, 戴叔倫 "如何百年內, 不見二人閒." (≪葚園詩說≫ 卷一)
  구법은 직솔함을 가장 꺼릴 것이니 직솔은 옅으면서 깊고 고운 운치가 부족하기 때문이니 戴叔倫의 "如何百年內, 不見一人閒." 구가 그러하다.

라고 평가하여 직솔한 속어로 묘사되어 신선하고 평이한 표현은 좋으나 깊은 맛이 부족하다고 하였다. 제3연에서 갈 길을 물으니 멀고 험하여 첩첩한 산을 보니 수심에 찬다는 이 표현은 인생고락의 眞像을 은유한 것이다. 그래서 梁九圖는 ≪十二石山齋詩話≫(卷2)에서,

> 人生無論富貴貧賤, 皆苦爲形役……卽唐人 "如何百年內, 不見一人閒."之意.

> 인생에 있어 부귀빈천을 막론하고 모두 괴롭게 육신에 매여 사는 것이다.……곧 당인의 "如何百年內, 不見一人閒" 구가 그 표현인 것이다.

라고 適評을 가하고 있다. 다음으로 戰亂으로 城池가 황폐되고 농촌이 凋落한 광경을 摹寫하고 있는데, 戰禍에 대한 것으로「過申州」를 보면,

> 萬人曾戰死, 幾處見休兵.
> 井邑初安堵, 兒童未長成.
> 涼風吹古木, 野火入殘營.
> 牢落千餘里, 山空水復淸.

> 수많은 사람 벌써 전사하였고,
> 몇 곳에 쉬는 군사가 보이네.
> 마을이 겨우 평안한데,
> 아이들이 아직 어리도다.
> 서늘한 바람이 고목을 스치고,
> 들불은 부서진 진영에 비추누나.

천여 리 길 쓸쓸히 가는데,
산은 텅 비고 물이 또한 맑구나.

  이 시는 시인이 申州(지금 河南 信陽市)를 지나면서 전쟁의 참상을 그려 놓은 寶應(760년 이후)년 간의 작품으로 본다. 제1연의 내용으로 보아 寶應 元年(762) 王仲昇이 申州에서 참패한 사실을 기록한 것이며12), 시기적으로 평화가 아직 오지 않았음을 제3연에서 보게 된다. 그리고 농촌의 피폐현상이 나타난 것을 다음 「送謝夷甫宰鄞縣」에서 보게 된다.

君去方爲宰, 兵戈尙未銷.
邑中殘老小, 亂後少官僚.
廨宇經兵火, 公田沒海潮.
到時應變俗, 新譽滿餘姚.

그대 떠나 현령이 되건만,
전쟁은 아직 끝나지 않구나.
마을에는 노인과 아이들만 남아 있고,
난리가 지난 후에 관리가 적도다.
관청은 전쟁을 겪었고,
공전은 바닷물에 잠겼도다.
때가 되면 응당 풍속을 바꾸어서
새로운 명예가 여조군에 가득하리라.

  謝夷甫는 생평이 미상이지만 ≪資治通鑑≫ 肅宗 乾元 二年(759) 四月條에 "天興尉謝夷甫捕殺之."라 한 데서 武將으로 보며 鄞縣은

---

12) ≪資治通鑑≫ 代宗寶應元年二月戊辰 : "淮西節度使王仲昇與史朝義將謝欽讓於申州城下, 爲賊所虜, 淮西震駭."

지금 浙江 寧波 일대로서 天寶 원년에 餘姚郡으로 개명되었다.(≪舊唐書≫ 地理志) 제2구의 내용으로 보아 이 시는 代宗 寶應 2년(763) 袁晁農民起義의 난을 지칭하는 것으로 본다.13) 高仲武는 제3연의 구를 인용하면서 다음과 같이 평하고 있다.

> 其詩體格雖不越中格, 然 "廨宇經山火, 公田沒海潮", 亦指事造形之工者. (≪中興間氣集≫ 卷上)
>
> 이 시의 형식이 격식에 맞지 않지만 "廨宇經山火, 公田沒海潮" 구는 또한 사실을 통한 묘사 구사에 기교를 다하고 있다.

제3연의 묘사가 사실에 의거하여 탁월하게 묘사기교를 다하였다고 높이 평가하고 있다. 전쟁으로 공전이 황폐화되었거늘 謝夷甫가 郡縣을 다스리는 이때에 後漢代의 循吏들처럼14) 풍속을 개변하여 새로운 칭송이 郡에 넘치기를 기대한다는 희원이 제4연에 담겨 있다. 한편 참언을 개탄하면서 굴원의 신세를 비유하며 현실에서의 같은 풍토를 고발해주는 「湘中懷古」를 보기로 한다.

> 昔人從逝水, 有客弔秋風.
> 何意千年隔, 論心一日同.
> 楚亭方作亂, 漢律正酬功.
> 倏忽桑田變, 讒言亦已空.

옛 사람이 일찍 강에 몸을 던져 떠나가고,

---

13) ≪舊唐書≫ 代宗紀 : "寶應元年八月, 袁晁陷台州, 二年三月, 袁參破袁晁之衆於浙東, 四月, 李光弼奏生擒袁晁, 浙東州縣盡平."
14) ≪後漢書≫ 循吏傳 : "衛颯·任延·王渙等人每任地方官則修庠序, 變風俗, 開水利, 興農耕, 抑豪右, 捕盜賊, 減刑省役, 境內豊給. 百姓稱頌, 令名顯聞."

한 나그네가 가을 바람에 위로 드리네.
천년을 격하고서 무슨 생각인지,
이 마음을 말하자면 그때와 같은 것을.
초 땅의 정자는 어지러운데,
한 대의 율례가 뛰어나도다.
문득 뽕밭으로 변하듯 세상이 바뀌어
참소가 헛되게 되리라.

　제2연은 천년 후의 자신의 굴원의 신세에 대한 심회가 가의와 같으니 그 원인이 참소 때문이라는 것이다. 그 참소에 의해 초국이 진에게 참패당하고 회왕이 객사하게 되었는데, 가의 또한 좌천된 가운데 義律을 제정하여 奏疏하여 漢律이 확정된 것을 묘사하였다. 제4연에서 시인 자신도 정원 4년 용주자사로 지방관 생활을 떠나서 湘水를 지나는 길에 있지만 가의처럼 간언함으로써 정치사회가 개화되고 참소가 틈타지 않는 시기가 곧 올 것을 갈망하고 있다. 대시에서 현실고발은 직설이 아니라 間說로서 차라리 비흥법을 구사하고 있다고 하겠다. 따라서 백거이나 원진처럼 전고가 없이 평이하지만 낭만적이고 은일적인 기풍을 떨치지 못하고 있다. 그의 스승 蕭穎士의 直率과 元·白의 直說의 중간 단계에 있는 중간적인 백묘수법을 활용한 면을 보여 준다고 임의적인 평을 해도 가할 것이다.

Ⅳ. 五言律詩의 敍事的인 避世意識

　대숙륜 시에서 超脫性은 중당대의 시사조와는 이질감을 주지만 어느 시인이든 이 같은 요소는 내재되어 있다고 볼 때 대숙륜에 있어서 생평상 불우한 시기에 나타나는 하나의 의식으로 보는 것이 可할 것이다. 따라서 이런 류는 흔히 送別詩나 寄贈詩・遊旅詩, 그리고 道禪詩 등에서 표출되어서 다양한 소재에 의해 각기 특성 있는 意趣를 제시하여 준다. 대숙륜 시의 피세의식을 서사적이라고 설정한 이유는 표현 시구가 평이하며 현실적인데, 그 담긴 의상이 탈속적이라는 특징을 지니고 있기 때문이다. 이와 같은 묘법이 용이한 것이 아니라는 데에 대숙륜의 장처로 삼을 수 있다. 翁方綱이 ≪石州詩話≫(卷2)에서 대시를 두고,

> 戴容州嘗拈 "藍田日暖, 良玉生烟"之語以論詩, 而其所自作殊平易淺薄, 實不可解.

> 대숙륜은 일찍이 "푸른 밭은 날로 따뜻하고, 좋은 옥엔 안개가 이네."라는 말을 붙여서 시를 논하는데, 그의 자작시는 평이하고 옅으니 실로 이해할 수 없도다.

라고 한 것은 매우 예리한 품평이다. 표현이 평범하지만 그 담긴 뜻이 심오하고 비범하다고 풀이하는 것이 온당한지는 분명치 않지만 양면성을 지닌 것으로 해석해야 할 것이다. 그러기에 宋代 范希文은 ≪對牀夜語≫(卷5)에서 대숙륜을 두고서,

> 意稍露而氣益暢, 無媿於前也.

> 뜻이 조금 드러나 있지만 그 담긴 기상은 더욱 밝히 드러나니, 이전에 비해 전혀 손색이 없다.

라고 하여 "露"의 平庸性을 "稍"라는 겸허한 어휘로 대신하고, "益"

이라는 적극적인 단어로 조화시켜 "意"와 "氣"의 내외적인 양상, 즉 意는 內涵된 시인의 의취이며 氣는 外表된 기품이라는 양면성을 동시에 부각시켜서 평가하고 있다. 대력재자의 시가 갖는 다재다능한 일면을 확인할 수 있는 것이다. 먼저 종교적인 색감을 통한 超脫性의 예로써 「送道虔上人遊方」15)을 들어보면,

> 律儀通外學, 詩思入禪關.16)
> 煙景隨緣到,17) 風姿與道閒.
> 貫花留靜室,18) 呪水度空山.
> 誰識浮雲意, 悠悠天地間.
>
> 계율의례는 다른 학문에 통하지만,
> 시의 의상은 선문에 드는도다.
> 자연의 경치를 마음에 따라가 보니,
> 풍모는 불도와 함께 한가롭네.
> 게송을 읊으며 정실에 머물고,
> 법술을 외우며 공산을 넘나드네.
> 뉘 뜬구름의 뜻을 알리오?
> 유유히 천지간에 떠갈 뿐이라.

여기서 道虔上人의 학문이 佛學과 그 외의 것 모두 관통하고 작시는 滄浪의 「以禪入詩」(≪滄浪詩話≫ 詩辨)의 경지에 있음을 말하

---

15) 李嘉祐「道虔上人竹房詩」: "詩思禪心共竹閒, 任地留水向人間. 手持如意高窓裏, 斜日沿江千萬山."(≪全唐詩≫ 卷206)
16) 禪關, ≪釋門正統≫ 卷三: "然啓禪關者, 雖分宗不同, 把流尋源, 亦不越經論之禪定一度與今家之定聖一行也."
17) 錢起,「送少微師西行」: "隨緣忽西去, 何日返東林."(≪全唐詩≫ 卷237)
18) ≪知度論≫ 卷十七: "若無禪定靜室, 雖有智慧, 其用不全, 得禪定則實智慧生."

며, 제2연은 자연과 上人의 조화를, 제3연은 문학과 信心, 그리고 山寺의 三位一體를, 제4연은 자연과 동화된 心態를 각각 묘사하고 있다. 여기서 선어로 律儀・外學・禪關・隨緣・貫花・呪水 등이 쓰이지만 그 용어가 고사나 불어의 深意를 담고 있는 것이 아니라, 平庸한 어휘의 한계를 지키려고 했다는 점에서 작자의 의도적인 백화시적인 표현법이 나타나고 있다. 그리고 은거하며 전원생활을 묘사한 「郊園卽事寄蕭侍郞」을 보면,

衰鬢辭餘秩, 秋風入故園.
結茅成暖室, 修井波淸源.
鄰里桑麻接, 兒童笑語喧.
終朝非役役, 聊寄遠人言.

희끗한 귀밑 털 난 이 몸이 임기가 차서 떠나니,
가을 바람이 옛 뜰에 스며드네.
띠 풀을 엮어 따뜻한 방 꾸미고,
우물을 고쳐서 맑은 샘물을 퍼내네.
이웃마을의 뽕나무 배나무 가까이 있고,
아이들은 웃으면서 떠들도다.
종일토록 힘든 일 없으니,
애오라지 멀리 있는 이에게 말을 붙이노라.

이 시는 貞元 3년 가을 金壇에서 대숙륜이 죽기 2년 전 만년에 쓴 것이다. 이때 蕭復은 侍郞이 아니었지만 舊情에 따라서 피차간의 입장(蕭侍郞이 이때는 饒州에 좌천되어 있었음)을 위로하는 전원적인 낭만기풍으로 白描하고 있다. 茅屋과 淸源, 桑麻와 兒童이 있는 郊園은 세속의 役役이 없는 낙원인 것이다. 莊子가 "終身役役, 而不見其成功."(「齊物論」)이라고 하였고, 또 "衆人役役, 聖人遇鈍."(上同)이

라 한 것에서 완전히 해방된 心界를 토로하였다. 이와 같은 심태를 세상의 갖은 굴레에서 초탈한 경지에로 승화시킨「暮春遊長沙東湖贈辛兗州巢父」(其一)는[19] 세상의 명예와 達官의 무의미함을 절실히 깨우친 상태를 그려주고 있다. 이 시의 辛巢父는 兗州刺史에서 長沙로 좌천된 상황이었기 때문에 작자는 寄贈의 도리를 시 속에 더욱 깊이 있게 담고자 했을 것이다. 보건대,

  湘流分曲浦, 繚繞古城東.
  岸轉千家合, 林開一鏡空.
  人生無事少, 心賞幾回同.
  且復忘羈束, 悠悠落照中.

  상수가 구비 진 물가에서,
  옛 성을 감돌아 동쪽으로 흐르네.
  언덕에는 많은 집이 어울려 있고,
  숲에는 거울 같은 하늘이 열리네.
  인생에 일 적을 리 없으니,
  마음의 느낌이 얼마나 같은가?
  또 다시 세상의 속박을 잊고서,
  지는 햇빛 속에 유유히 노닐고녀.

 제3연에서 인생은 잡사가 많은데, 제4연에서 모든 구속을(굴레) 잊어버리고 落照에 몸을 기대고 合一하는 老境의 처지를 極描하고 있다. 다음으로 송별시에서 보이는 避世觀은 다분히 玄學的인 의취와 연계되어 표현되는데,「送李審之桂州謁中丞叔」을 보면,

---

19) 東湖,《讀史方輿紀要》卷八 : "東湖在湘陰縣南十里, 其上流爲撥水江,⋯⋯ 縣東六十餘里有白鶴・玉池・密巖諸山, 其水皆會流於同含口, 經縣城東南, 謂之秀水." 辛巢父, 岑仲勉校本《元和姓纂》卷三 : "左領將軍辛嗣本姪巢父, 官果州刺史."

知音不可遇, 才子向天涯.
遠水下山急, 孤舟上路賖.
亂雲收暮雨, 雜樹落疏花.
到日應文會, 風流勝阮家.

친한 벗 만날 수 없으니,
그 재자를 하늘 저 끝 멀리 보내네.
먼데 물 산 아래로 급히 내리는데,
외로운 쪽배 길 떠남이 더디도다.
흩어진 구름이 저녁 비를 거두고,
막 자란 나무는 성근 꽃을 시들게 하네.
때가 되면 응당 글 모임을 가지리니
그 풍류는 완적의 가문을 능가하리라.

이 시는 大曆 11년(776)에 長沙에서 桂州刺史이며 御史中丞인 李昌夔를 만나러 가는 從姪인 李審을 전송하며 쓴 것이다. 戴叔倫은 李審을 阮咸의 조카인 阮籍에 비유하여 시인 자신의 강렬한 은거의식을 토로하고 있다. 이것은 時天彝가 "詩思逸發, 於綺麗外仍有思致."(≪唐百家詩選評≫ 吳禮部詩話引)(시의 담긴 성정이 뚜렷이 드러나니 기려한 외에도 그 사념이 담겨 있다.)라는 평어와 상통한다고 볼 것이다.

高仲武가 ≪中興間氣集≫(卷上)에서 "其詩體格雖不越中格"·"其骨稍軟"이라 하여 中品에 놓은[20] 이후에 대시에 대한 품평이 객관적으로 호평의 대상이 되지 못한 점을 인정한다. 그러나 그 풍골이 연약

---

20) 戴詩에 대한 폄하된 품평을 더 例擧하면 紀昀 ≪瀛奎律髓刊誤≫ 卷24;「容州七律大抵風華流美而雄渾不足, 五律尙不甚覺.」 喬億 ≪大歷詩略≫ 卷六;「戎昱戴叔倫詩, 品旣不高, 體又不健.」

한 점이 역설적으로 볼 때 胡應麟이 말한 바 "滄浪謂戎昱濫觴晚唐, 亦未確, 戴叔倫尤甚."(≪詩藪≫ 內編卷4)(엄우는 융욱이 만당의 濫觴이 되었다고 하였는데 정확치 않으며 대숙륜은 더욱 그렇다.)라고 한 것과 같이 오히려 만당의 綺麗風을 조장한 요소를 지니고 있다고 볼 수 있을 것이다.21)

한편, 대시 오율의 형식상 특성에서 짚고 넘어갈 것이 있다면 '對仗' 운용의 다양성이 될 것이다. 그것은 대장이 제2·3연에 한정되지 않고 '流水對' 형식을 활용하고 있다. 수련에 대장되는 예로,

> 將歸汾水上, 遠自錦城來. (「廣陵送趙主簿自蜀歸絳州覲」)
> 奏書歸闕下, 祖帳出湘東. (「長沙送梁副端歸京」)
> 受辭分路遠, 會府見君稀. (「彭婆館逢書判官吏還」)
> 昔人從逝水, 有客弔秋風. (「湘中懷古」)

등을 들 수 있는데, 聯數에 구애 없이 오율의 음운미를 표출시키는 데 詞性·音韻·句式에 상대성을 부여하며 상·하구의 뜻이 물 흐르듯이 이어지게 하는 對仗法이 流水對(十字格)인데22), 대시의 구법 구사에 공교한 묘법을 쓰고 있는 것도 작시의 浮虛化(唯美化)에 일조가 되었다고 할 것이다. 대시 오율의 淺率直露한 단점이 중당과 만당의 신면목을 조성시켜 준 간접요인이 되었다고 평가된다면 대숙륜을 홀시해선 안 될 대상으로 자리 매김 시켜도 가할 것이다.

---

21) 蔣寅, ≪大歷詩人研究≫, p.77 참고.
22) 葛立方, ≪韻語陽秋≫ 卷一 : "五言律詩可對聯中十字作一意……詩家謂之十字格."

盧綸과 그 시의 寫實的 표현

　중당대의 大曆年間(766~779) 때 활동한 시인들 중에서 대표적인 작가를 일컬어서 '大曆十才子'라 하는데, 문헌마다 그 분류가 달라서, 최조본인 姚合의 ≪極玄集≫ 卷上에는 "李端與盧綸·吉中孚·韓翃·錢起·司空曙·苗發·崔洞·耿湋·夏侯審唱和, 號十才子."라고 기술한 것을 비롯하여, ≪舊唐書≫ 卷163 「李虞仲傳」에는 "大曆中, 與韓翃·錢起·盧綸等文詠唱和, 馳名都下, 號大曆十才子."(대력년간에 한굉·전기·노륜 등과 글을 읊고 화답하여, 명성을 서울에 떨치니 대력십재자라 불렀다.)라 하였고, ≪新唐書≫ 卷302 「文藝下盧綸傳」은 姚合의 本과 같다. 그리고 ≪滄浪詩話≫ 「詩評」에는 冷朝陽을 넣었고, 王世禎은 ≪分甘餘話≫ 卷3에서 郞士元·李益·李嘉祐·皇甫曾을 따로 넣었으며, 管世銘은 ≪讀雪山房唐詩鈔≫ 卷18에서 劉長卿과 皇甫冉을 거론하였다. 이와 같이 분류상의 차이가 있지만, 盧綸(748~799)은 王士禎이 "盧綸大曆十才子之冠冕"(≪分甘餘話≫ 卷4)라고 했듯이 十才子 중에서 작품의 量과 質에 있어서 으뜸가는 가치를 지니고 있다. 그럼에도 불구하고 盧綸에 관한 연구 자료는 傅璇

琮의 ≪唐代詩人叢考≫(中華書局, 1980)에서의 「盧綸考」(pp.469～492)
가 最早이나 生平의 의문점 등을 개괄하는 데 그쳐 있으며, 蔣寅의
≪大歷詩人研究≫ 上編(中華書局, 1995)에서의 「臺閣之音與戎幕之音
- 盧綸」(pp.261～281)은 비교적 집중적인 소개에 머물러 있을 뿐, 본
격적인 논술 작업이 여의치 않은 상태에 있었다. 본고는 필자가 누년
을 두고 작업을 시도해 온 ≪中唐詩研究≫(2001년 하반 출간)의 일환
으로 대력시 연구 과정 속의 하나인 것이다. 따라서 다분히 일차 연
구라는 시도적인 의미가 있으며, 본고의 底本으로는 ≪全唐詩≫(卷
276～280)와 劉初棠의 ≪盧綸詩集校注≫를 작품 인용의 근거로 하였
다. 본고는 노륜 생평에 있어서 傅璇琮의 상기서에서 비교적 상론한
바, 개관하는 선에서 기술하고 339수의 시작에서는 시 전체의 주제
별 구분을 전제로 하여 시의 사실적 묘사에 주안점을 두어서 본고의
주된 내용으로 삼고자 한다.

Ⅰ. 生平 관계와 詩集 版本

1. 생평 관계

노륜의 생평 관계는 논점이 다기하지만 傅璇琮이 ≪唐代詩人叢
考≫에서 상석한 바, 여기서는 그의 생평을 개괄하는 선에서 살피
고자 한다. 먼저 ≪唐才子傳≫(卷4)에서의 기록을 보기로 한다.

綸字允言, 河中人. 避天寶亂, 來客鄱陽. 累遷檢校戶部郎中, 監察御
使, 稱疾去. 初, 舅韋渠车[1] 得幸德宗, 因表其才. 綸所作特勝, 不減盛時,

如三河少年, 風流自賞.

　　노륜의 자는 윤언이며, 하중인이다. 천보년간의 난리를 피하여 파양에서 나그네 생활을 하였다. 검교호부낭중과 감찰어사를 거쳐서 질병을 핑계로 관직을 떠났다. 처음에 외삼촌 위거모가 덕종의 총애를 얻으니, 그로 인해 그의 재능을 드러내었다. 노륜의 글은 매우 뛰어나서 시단의 왕성한 때의 풍격에 뒤지지 않아서 마치 삼하소년인 조식에 비길 만하니 그 풍류는 절로 칭찬할 만하였다.

　　이상의 기록을 통하여 노륜의 생평을 개괄해 보면, 노륜의 출신지와 그 당시의 사회배경과 역경, 그리고 관직생활과 그 동기, 끝으로 시작에 대한 평가 등으로 구분해 볼 수 있다. 그러니까 상기서의 내용으로는 그의 생평을 분명히 파악할 수 없는 것이다. 그러면 보충적인 자료로서 ≪全唐詩≫(卷276)의 盧綸略歷을 더 보기로 한다.

　　盧綸, 字允言, 河中浦人. 大歷初, 數擧進士不第. 元載[2]取其文以進, 補閺鄕尉, 累遷監察御使, 輒稱疾去. 坐與王縉[3] 善, 久不調. 建中初, 爲昭應令, 渾瑊[4] 鎭河中, 辟元帥判官, 累遷檢校戶部郎中. 貞元中, 舅

---

1) ≪唐才子傳校箋≫, p.160 云: "據權德興所作墓誌, 韋渠牟於貞元十二年(796)因講論三敎得德宗信用, 歲中歷右補闕, 左諫議大夫, 間一歲, 遷太府卿, 錫以命服, 又間一歲, 遷太常卿, 則是貞元十三年(797) 爲太府卿, 十四年(798) 爲太常卿, 十七年(801) 卒."
2) ≪新唐書≫ 卷145 列傳第70: "元載字公輔, 鳳翔岐山人……載少孤, 旣長, 嗜學, 工屬文. 天寶初, 下詔擧明莊老列文四子學者, 載第入高第, 補新平尉……載智略開果, 久得君, 以爲文武才略莫已若……"
3) ≪新唐書≫ 卷145 列傳第70: "王縉字夏卿, 本太原祁人, 後客河中. 少好學, 與兄維俱以名聞."
4) ≪新唐書≫ 卷155 列傳第80: "渾瑊, 本鐵勒九姓之渾部也. 世爲皐蘭都督……祿山反, 從李光弼定河北, 射賊驍將李立節, 貫其左肩, 死之. 肅宗卽位, 瑊以兵趣行在, 志天德與廣軍遇, 敗之……大歷七年, 吐蕃盜塞深入, 瑊會涇原節度使馬璘討之. 次黃菩原, 瑊引衆據險, 設槍壘自營, 遏賊奔突……瑊好書, 通春秋、漢書,

韋渠牟表其才, 驛召之, 會卒. 集十卷, 今編詩五卷.

　　노륜의 자가 윤언이며 하중포인이다. 대력 초에 수차 진사에 급제하지 못하다가 원재가 그의 글을 가지고 올리니, 수향위에 보직되고 감찰어사까지 지내다가 문득 병을 핑계로 사직하였다. 왕진과 가까웠으나 오래도록 어울리지 못하다가 건중초에 소응령이 되었고 혼감이 하중을 진압하니 원수판관에 임명되고 검교호부낭중으로 전직되었다. 정원년간에 외숙인 위거모가 그 재능을 알려서 역마로 불렀으나 마침 죽었다. 문집 10권이 있는데 지금 시 5권을 편성한다.

　위의 글은 ≪唐才子傳≫에 비해서 출신지를 단순히 '河中'이라 하지 않고 '河中浦人'이라 하였으며 관직을 받은 시기와 동기가 전자는 韋渠牟에 의한 것으로 기록하였으나, 후자는 元載에 의해 과거급제 못한 노륜을 천거한 데에서 시작한 것이라고 하였다. 그리고 질병을 핑계로 사직한 후의 과정은 후자에서 신빙성 있게 기술되어 있으니, 建中 初年(783년 전후)의 관직과 貞元年間(797년 전후)에 재등용될 만한 동기가 서술되어 있다. 후자의 글은 ≪新唐書≫ 卷203(列傳第128)의 '盧綸'傳에 의거하여 인술한 것으로 보이니 대조해 볼 때, 앞 부분은 같으며 말미에,

　　嘗朝京師, 是時, 舅韋渠牟得幸德宗, 表其才, 召見禁中, 帝有所作, 輒使賡和. 異日問渠牟 : "盧綸, 李益何在?" 答曰 : "綸從渾瑊在河中." 驛召之, 會卒.

　　일찍이 서울에 벼슬한 바, 이때에 외숙인 위거모가 덕종의 총애를 얻어서 노륜의 재능을 알리니 궁궐에 불러 본데 임금의 작에 문득

嘗慕司馬遷自敍, 著行紀一篇, 其辭一不矜大. 天性忠謹, 功高而志益下, 歲時貢奉, 必躬閱視"

화답하였다. 훗날 거모에 묻기를 "노륜과 이익은 어디 있느냐?" 하니, 답하기를 "노륜이 혼감을 따라서 하중에 있습니다."라고 하니, 역마로 급히 불렀으나 때마침 졸하였다.

이상의 세 가지 자료는 노륜의 생평을 개괄적이나마 확인할 수 있는 모든 것이다. 본고는 시 분석에 중점을 두기로 하고 생평은 관련 자료의 소개로 대신한다.

2. 盧綸詩集 版本

노륜집에 대한 첫 기록으로는 ≪新唐書≫「藝文志」에 "≪盧綸詩集≫ 十卷"이라고 한 것이 있다. 그 이후에 ≪崇文總目≫에 ≪盧綸集≫ 十八卷, 그리고 ≪盧綸詩≫ 十卷으로 기록하였으며, 晁公武의 ≪郡齋讀書志≫에는 ≪盧綸詩≫ 一卷이라고만 기술하면서,

　　盧綸與吉中孚, 韓翃, 錢起, 司空曙, 苗發, 崔峒, 耿緯, 夏侯審, 李端 皆以能詩名, 號大歷十才子.

　　노륜과 길중부, 한굉, 전기, 사공서, 묘발, 최동, 경위, 하후심, 이단은 모두 시명을 떨치니 대력십재자라 한다.

라고 부기하였다. 그리고 陳振孫의 ≪書錄解題≫에는 "作十卷"이라고만 하였으며 ≪天祿琳琅書目後編卷六·宋版集部≫에는,

　　盧戶部詩集. 書十卷, 得詩三百三首.

　　노호부시집이 있으며, 서 10권에 시 303수를 담았다.

라고 기록하고 있다. 여기서 ≪盧戶部詩集≫은 丁丙善本書室에 두 부가 보장되어 있으니 모두 10卷本이다. 그 중에 하나는 影宋抄本으로 虞山 錢遵王의 장서이고, 다른 하나는 明刊宋本으로 前後에 序跋이 없고 목록만 있다. 宋明 이래로 傳本이 매우 적었으니 ≪藏園群書題記≫에 시집의 상태에 대한 다음 기술을 보도록 한다.

北平圖書館新收唐盧綸詩集三卷, 明正德刊本, 十行十四字, 黑口四周雙闌, 題河中劉成德校增並編次. 前有正德乙亥河中東峰劉成德序, 言幸於友人沈天祥家獲盧郎集, 手加校證, 得若干首, 續合唐諸家集中又得若干首, 以近古體五七言爲次, 唐史言帝文宗遣中官悉索家笥, 得詩五百首, 皆入秘書省. 今尙未傳布, 業得此耳.

북경도서관은 새로이 당대 노륜시집 3권을 입수하였는데, 明代 정덕년간본으로 10행 14자이며 검은 테가 사방을 둘러싸고 있으며 하중의 유성덕의 교증과 편차라고 제목하였다. 앞에는 정덕 을해 하중 동봉 유성덕의 序가 있는데, 우인 심천상의 집에서 노랑집을 얻은 것이 다행이며 교증을 손수 가하고 몇 수를 보태며 이어서 당재가의 집에서 몇 수 또 구하여 근고체와 오칠언으로 순서를 매겼다고 기술하고 있다. 당사에 말하기를 문종이 관리를 보내 가문의 상자를 다 찾아서 시 오백 수를 구하여 모두 비서성에 들여놓았다고 하였지만 지금은 또한 전해지지 않고 단지 이것만을 구했을 따름이다.

여기서의 시집은 劉成德의 校增本임을 알 수 있는데, 상기의 ≪天祿琳瑯≫에 303수라고 기록한 바, 劉氏校本에는 11수가 추가되어 있으니, 그 題를 보면 다음과 같다.

「蠻家」, 「送華陰隱者」, 「欲別」, 「夜泊淮陰」, 「經李白墓」, 「白髮歎」, 「寧卅春思」, 「送永陽崔明府」, 「送恆操上人入歸江外省觀」(이상 五律),

「上巳日陪齊相公花樓宴」(五排), 「山店」(七絶)

여기서 「送永陽崔明府」 이하의 4수는 ≪全唐詩≫에 수록되어 있으며(卷276에서 卷280, 中華書局刊), 「白髮歎」은 五絶로 되어 있고, 나머지는 수록되어 있지 않다. 혹시 淸代의 정리 과정에서 타시인의 작으로 오입된 것인지, 劉氏本의 착오인지는 고증을 요하는 부분이다. 현존하는 노륜의 이상과 같은 판본 전래 과정을 통하여 문집을 서목별로 정리하면 다음과 같다.

- 唐盧戶部詩集 十卷
  明代 蔣孝 刻本 ≪中唐十二家詩集≫에 수록
  明代 嘉靖間 陸汴 輯本 ≪廣十二家唐詩≫에 수록
- 盧綸集 十卷
  明刻本 ≪唐十一家集≫에 수록
- 盧戶部詩集十卷
  淸代 席啓寓 輯本 ≪唐詩百名家全集≫에 수록
- 盧綸集 六卷
  明銅活字印本 ≪唐人詩集≫에 수록
  淸初抄本 ≪唐詩二十家≫에 수록
  上海古籍出版社에서 ≪唐五十家詩集≫ 影印明銅活字本에 수록(1981年 8月)
- 唐盧綸詩集 三卷
  明代 正德 十年(1515) 劉成德 刻本
- 唐盧戶部詩集 一卷
  明代 朱之藩 輯本 ≪中唐十二家詩集≫에 수록

Ⅱ. 노륜 시의 寫實的 표현 양상

노륜 시는 대력십재자 중에서 비교적 많은 작품을 남기고 있으니, 316제에 339수가 된다. 노륜 시의 풍격에 대해서는 후세에 간간이 품평을 가해온 바, 그 평어가 다양한데 그 내용면에서 ≪三唐詩品≫에서는,

    其源出於王筠, 庾信. 七古爲優, 明茂相宣.……絶句淸英獨秀, 工寫神情.

    그 연원은 왕균과 유신에서 나왔다. 칠고는 뛰어나서 밝고 웅장함이 서로 드러났다.…… 절구는 맑고 꽃다움이 홀로 빼어나고 공교함이 성정을 다 묘사했다.

이라 하여 그 시의 연원과 체재별 특성을 밝혔는데, 시의 飄逸을 강조하고 있다. 그리고 ≪載酒園詩話又編≫에서도,

    其詩亦以眞而入妙.

    그의 시는 역시 진지하며 묘오에 들어 있다.

라고 하여 妙悟의 경지를 터득한 요점을 지적하였으며, 한편으로는 ≪滙編唐詩十集≫에서,

    盧詩相朴, 別是一種風味, 恨篇各有瑕, 似乏全力.

노륜의 시는 순박을 드러내어 따로이 한 풍미가 되는데, 편마다 하자가 있고 전력한 면이 부족한 듯하여 아쉽다.

라고 하여 그 시의 淳朴한 면을 지적하였고, 또 潘德衡은 ≪唐詩評選≫에서,

綸詩五絶時作勁健語, 七律則情致深婉, 有一唱三嘆之音.

노륜의 오언절구는 때로는 강건한 어구를 썼으며, 칠언율시는 성정이 깊고 고와서 일창삼탄의 소리를 지니고 있다.

라고 하여서 시의 건전성과 서정성을 동시에 높이 사고 있다. 이와 같이 노륜 시의 兩面性(Ambiguity)을 인정하면서 본고에서는 중당시의 특성인 사실주의적인 면만을 국한시켜서 노륜 시의 위상과 가치를 살펴보고자 한다.

1. 시 전체의 형식과 主題別 분류

본론에 앞서 먼저 노륜 시 전체의 형식 및 주제별 분류를 하면 다음과 같다.(본 분류는 ≪全唐詩≫ 卷276에서 280에 의거하여 316제 339수의 詩題·詩體·內容 主題別로 구분하였음.)

1. 送惟良上人歸江南	五律	歸僧송별
2. 送韓都護還邊	五律	遠征전송
3. 送吉中孚校書歸楚州舊山	五古	吉中孚의 楚州行 송별

4. 送姨弟裴均尉諸暨	五律	이별의 親情
5. 送鄧州崔長史	七律	등주행 친구 전송
6. 送鹽鐵裴判官入蜀	五律	裴判官 入蜀 송별
7. 送魏廣下第歸揚州	五律	친구의 양주행 송별
8. 送潘述應宏詞下第歸江南	五律	친구의 강남 귀향 송별
9. 送從舅成都縣丞廣歸蜀	五律	歸蜀 송별
10. 送宋校書赴宣州幕	五律	선주막 부임 송별
11. 送李縱別駕加員外郎卻赴常州幕	五律	상주막 부임 송별
12. 送元贊府重任龍門縣	五律	용문현 중임 송별
13. 送黎燧尉陽翟	五律	양적 송별
14. 送丹陽趙少府	五律	조소부 송별
15. 送菊潭王明府	五律	왕명부 송별
16. 送陳明府赴萍縣	五律	평현 부임 송별
17. 送申屠正字往湖南迎親兼謁趙和州因呈上侍郎使君幷戲簡前歷陽李明府	五律	신정자 송별
18. 送李尙書郎君昆季侍從歸覲滑州	七律	이상서 송별
19. 送張調參軍侍從歸覲荊南因寄長林司空十四曙	五律	장참조 송별
20. 送馬尙書郎君侍從歸覲太原	五律	마상서 송별
21. 送張成季往江上賦得垂楊	五律	장성계 송별
22. 送陝府王司法	五律	왕사법 송별
23. 送太常李主簿歸覲省	五律	이주부 송별
24. 送從叔程歸西川幕	五律	종숙 전송

25. 送萬巨		五律	만거 전송
26. 途中遇雨馬上口號留別張劉二端公		七律	두 친구 이별
27. 送夔州班使君		五律	반사군 송별
28. 送從舅成都丞廣歸蜀		五律	귀촉 전송
29. 無題		七律(第7句缺)	회고
30. 題念濟寺		七絶	은거
31. 河口逢江州朱道士因聽琴		七絶	영회
32. 送夏侯校書歸華陰別墅		五律	송별
33. 送絳州郭參君		五律	송별
34. 中書舍人李座上送潁陽徐少附		七絶	송별
35. 與從弟瑾同下第後出關言別(4首)		七絶	이별
36. 赴虢州留別故人		七絶	이별
37. 冬夜贈別友人		五律	증별
38. 送顧秘書獻書後歸岳州		五律	전송
39. 送衛司法河中覲省		五律	송별
40. 送從叔牧永州		七古	송별
41. 送趙眞長歸夏縣舊山依陽徵君讀書		五律	송별
42. 留別耿湋侯釗馮 著		五律	이별
43. 送渾鍊歸觀卻赴闕庭		五排	송별
44. 送崔邠拾遺		七律	송별
45. 送渾別駕赴舒州		五律	송별
46. 送從叔士準赴任潤州司士		五律	송별
47. 送尹樞令狐楚及第後歸覲		五律	송별
48. 東潭宴餞河南趙少府		五排	전송
49. 賦得館娃宮送王山人游江東		五律	송별
50. 送暢當還舊山		七絶	송별
51. 斅顔魯公送挺贇歸翠微寺		七律	송별
52. 送契玄法師赴內道場		五律	송별
53. 送暢當赴山南幕		五律	송별

54. 顔侍御廳叢篁詠送薛存誠	五古	송별
55. 秋晚河西縣樓送渾中允赴朝闕	五律	송별
56. 達奚中丞東齋壁畵山水各賦一物 得樹杪懸泉送長安趙元陽少府	五律	송별
57. 送信州姚使君	七律	송별
58. 送暢當	五絶	송별
59. 送史兵曹判官赴樓煩	七律	송별
60. 送曇延法師講罷赴上都	七絶	송별
61. 送道士郄彝素歸內道場	五律	송별
62. 賦得彭祖樓送楊德宗歸徐州幕	五律	송별
63. 送錢從叔辭豊州幕歸嵩陽舊居	五古	송별
64. 送靜居法師	七律	송별
65. 送劉判官赴豊州	五律	송별
66. 將赴京留獻令公	七絶	송별
67. 落第後歸山下舊居留別劉起居 昆季	五古	송별
68. 將赴閬鄕灞上留別錢起員外	五律	송별
69. 虢州逢侯釗同尋南觀因贈別	五古	송별
70. 赴池州拜覲舅氏留上考功郎中舅	五律	송별
71. 送從姪滁州觀省	五律	송별
72. 奉和聖製麟德殿宴百僚	五古	봉화
73. 和考功王員外杪秋憶終南舊居	五古	회고
74. 酬暢當尋嵩岳麻道士見寄	七律	증수
75. 酬李端長安寓居偶詠見寄	五排	증수
76. 和常舍人晚秋集賢院卽事十二韻 寄贈江南徐薛二侍郎	五排	기증
77. 酬苗員外仲夏歸郊居遇雨見寄	五律	증수
78. 和太常王卿立秋日卽事	五排(以上 卷276)	기증
79. 和李使君三郎早秋城北亭樓宴崔 司士因寄關中弟張評事時遇	五古	기증
80. 和趙端公九日登石亭上和州家兄	五律	증수

81. 酬趙少尹戱示諸姪元陽等因以見贈	七律	증수
82. 奉和戶曹叔夏夜寓直寄呈同曹諸公幷見示	五古	봉화
83. 和金吾裴將軍使往河北宣慰因訪張氏昆季舊居兼寄趙侍郎趙卿拜陵未迴	五律	증수
84. 和太常李主簿秋中山下別墅卽事	五律	증수
85. 酬韋渚秋夜有懷見寄	五律	증수
86. 同吉中孚夢桃源(2首)	五絶	우정
87. 同柳侍郎題侯釧侍郎新昌里	五律	우정
88. 酬孫侍御春日見寄	五律	증수
89. 和王員外冬夜寓直	七律	우정
90. 酬金部王郎中省中春日見寄	七律	증수
91. 奉和陝州十四翁中丞寄雷州二十翁司戶	五律	봉화
92. 化李中丞酬萬年房署少府過汾州景雲觀因以寄上房與李早年同居此觀	五古	증수
93. 酬陳翃郎中冬至攜柳郎寶郎歸河中舊居見寄	五律	증수
94. 酬李益端公夜宴見贈	五絶	증수
95. 和陳翃郎中拜本府少尹兼侍御史獻上侍中因呈同院諸公	七律	봉화
96. 和王倉少尹暇日言懷	五律	우정
97. 和崔侍郎遊萬固寺	七律	우정
98. 和裴延齡尙書寄題果州謝舍人仙居	七律	우정
99. 酬崔侍御早秋臥病書情見寄時君亦抱疾在假中	七律	증수
100. 酬靈澈上人	七絶	증수
101. 敬酬大府二十四舅覽詩卷因以見示	七律	증수
102. 雨中酬友人	七絶	증수

103. 酬人失題	五絶	증수
104. 哭司農苗主簿	七絶	애도
105. 得耿湋司法書因敍長安故友 (이하 생략)	七律	애도
106. 同兵部李紓侍郎刑部包佶侍郎哭皇甫侍御曾	五律	애도
107. 綸與吉侍郎中孚司空郎中曙 (이하 생략)	五古	증수
108. 酬李叔度秋夜喜相遇因傷關東僚友喪逝見贈	五古	증수
109. 同李益傷秋	五絶	애수
110. 白髮歎	五絶	영회
111. 逢病軍人	七絶	영회
112. 村南逢病叟	七絶	영회
113. 七夕詩	五律	회고
114. 七夕詩	五律	영회
115. 長門怨	五絶	영회
116. 妾薄命	五絶	영회
117. 綸開府席上賦得詠美人名解愁	五律	애수
118. 王評事駙馬花燭詩(4首)	七絶	봉화
119. 和趙給事白蠅拂歌	雜言古	우정
120. 蕭常侍瘿柏亭歌	七古	우정
121. 慈恩寺石磬歌	七古	회고
122. 送張郎中還蜀歌	七古	송별
123. 宴席賦得姚美人拍箏歌	七古	영회
124. 陳翃郎中北亭送侯釗侍御賦得帶氷流歌	七古	송별
125. 樓嚴寺隋文帝馬腦盞歌	七古	회고
126. 難綰刀子歌	七古	회고
127. 臘日觀咸寧王部曲婆勒擒豹歌	七古	영회
128. 賦得白鷗歌送李伯康歸使	七古	송별

129. 皇帝感詞(4首)	五律(以上 卷277)	봉화
130. 天長久詞(5首)	五絶	봉화
131. 和張僕射塞下曲(6首)	五絶	종군
132. 古豔詩(2首)	七絶	영회
133. 孤松吟酬渾贊善	五古	증수
134. 從軍行	五古	종군
135. 和馬郞中畵鶴贊	四言古	영물
136. 送朝長史赴荊南舊幕	五律(末2句缺)	송별
137. 送渭南崔少府歸徐郎中幕	五律(7句缺)	송별
138. 寄鄭七綱	七律	기증
139. 逢南中使因寄嶺外故人	五古	기증
140. 代員將軍罷戰後歸舊里贈朔北 故人	五古	증수
141. 江北憶崔汶	五古	우정
142. 早春歸鰲屋舊居卻寄耿拾遺湋 李校書端	七律	기증
143. 春日山中憶崔峒吉中孚	五律	우정
144. 客舍喜崔補闕司空拾遺訪宿	五律	우정
145. 苦雨聞包諫議欲見訪戲贈	七絶	증수
146. 客舍苦雨卽事寄錢起郎士元 二員外	五古	기증
147. 郊居對雨寄趙涓給事包佶郎中	五古	기증
148. 藍溪期蕭道士採藥不至	五律	은거
149. 雪謗後書事上皇甫大夫	五古	우정
150. 春日憶司空文明	七絶	우정
151. 臥病寓居龍興觀枉馮十七著作 (이하 생략)	五排	우정
152. 秋夜寄馮著作	五律	증수
153. 洛陽早春憶吉中孚校書司空曙 主簿因寄淸江上人	七律	기증
154. 偶逢姚校書憑附書達河南鄭推官		

因以戱贈	七絶	기증
155. 夜中得循州趙司馬侍郞書因寄回使	五律	기증
156. 晚次新豊北野老家書事呈贈韓質明府	七律	기증
157. 書情上大尹十兄	五古	우정
158. 春思貽李方陵	五律	우정
159. 驛中望山戱贈渭南陸贄主簿	七絶	기증
160. 太白西峯偶宿車祝二尊師 (이하 생략)	五古	은거
161. 贈韓山人	七絶	기증
162. 贈李果毅	五絶	기증
163. 春日書情贈別司空曙	五律	기증
164. 冬曉呈鄰里	五律	산수
165. 首冬寄河東昭德里書事貽鄭損倉曹	五律	기증
166. 渾贊善東齋戱贈陳歸	七絶	증수
167. 春日臥病示趙季黃	七律	우정
168. 秋幕中夜獨坐遲明因陪陳翃郞中(이하 생략)	五古	우정
169. 寄贈庫部王郞中	五古	기증
170. 寄贈暢當山居	五律	기증
171. 偶宿山中憶暢當	五律	영회
172. 秋中野望寄舍弟綬兼令呈上西川尙書舅	五古	기증
173. 行藥前軒呈董山人	五律	기증
174. 翫春因寄馮衛二補闕戱呈李益	七絶	기증
175. 新移北廳因貽同院諸公兼呈暢博士	五律	우정
176. 與張擢對酌	五古	우정
177. 喜從弟激初至	五律	우정

184 제1장 中唐代의 詩人과 그 詩

178. 尋賈尊師	五律	산수
179. 秋中過獨孤郊居	七律	은거
180. 同耿拾遺春中題第四郎新修書院	五律	영회
181. 春日題杜叟山下別業	七律	산수
182. 過終南柳處士	五律	은거
183. 宿澄上人院	五律	산수
184. 題李沆林園	五律(以上 卷278)	산수
185. 過司空曙村居	五律	영회
186. 題念濟寺暈上人院	五古	산수
187. 題楊虢縣竹亭	五律	산수
188. 過樓觀李尊師	五古	산수
189. 雪謗後逢李叔度	五律	우정
190. 春日過李侍御	五律	우정
191. 出山逢耿湋	七絶	우정
192. 題賈山人園林	七律	산수
193. 秋夜同暢當宿藏公院	五律	영회
194. 重同暢當奬公院聞琴	七絶	영회
195. 同耿湋宿陸澧旅舍	五律	영회
196. 題苗員外竹間亭	五律	영물
197. 奉陪侍中登白樓	五律	산수
198. 九日奉陪侍郎登白樓	七律	산수
199. 春日喜雨奉和馬侍中宴白樓	七律	봉화
200. 奉陪侍中遊石筍溪十二韻	五排	봉화
201. 九日奉陪侍中宴白樓	五律	봉화
202. 九日奉陪侍中宴後亭	五律	봉화
203. 九日奉陪令公登白樓同詠菊	五律	봉화
204. 奉陪渾侍中上巳日泛渭河	五律	봉화
205. 奉陪侍中春日過武安君廟	五律	봉화
206. 過玉眞公主影殿	七絶	영물
207. 題嘉祥殿南溪印禪師壁畫影堂	七絶	영물

盧綸과 그 시의 寫實的 표현　185

208.	題伯夷廟	七絶	회고
209.	早春遊樊川野居卻寄李端校書 　　　(이하 생략)	五古	기증
210.	同錢郞中晚春過慈恩寺	五絶	산수
211.	曲江春望(3首)	七絶	산수
212.	春日陪李庶子遵善寺東院曉望	五律	산수
213.	華淸宮	七絶	영회
214.	題興善寺後池	五律	산수
215.	陪中書李紓舍人夜泛東池	五律	은거
216.	宴趙氏昆季書院因與會文幷率爾 投贈	五古	증수
217.	題天華觀	七律	산사
218.	宿石甕寺	七律	산사
219.	題悟眞寺	七絶	산사
220.	題雲際寺上方	五律	산사
221.	九日同司直九叔崔侍御登寶雞 南樓	五律	영회
222.	同王員外雨後登開元寺南樓 因寄西巖警上人	七律	기증
223.	同趙進馬元陽春日登長春宮 　　　(이하 생략)	七律	영회
224.	同崔峒補闕慈恩寺避署	五律	산수
225.	春日登樓有懷	七絶	영회
226.	長安春望	七律	영회
227.	冬日登城樓有懷因贈程騰	雜言古	증수
228.	過仙遊寺	七絶	은거
229.	同路郞中韓侍御春日題野寺	七絶	산사
230.	奉和李益遊棲巖寺	五古	봉화
231.	秋夜同暢當宿潭上西亭	五律	영회
232.	山中一絶	七絶	산수
233.	與暢當夜泛秋潭	五絶	산수

186 제1장 中唐代의 詩人과 그 詩

234. 秋夜宴集陳翃郎中圖亭美校書郎
　　　張正元歸鄕　　　　　　五律　　　　　우정
235. 春遊東潭　　　　　　　　五絶　　　　　산수
236. 同薛存誠登棲巖寺　　　　五律　　　　　산사
237. 河中府崇福寺看花　　　　七絶　　　　　영물
238. 冬日宴郭監林亭　　　　　五律　　　　　영물
239. 奉和李舍人昆季詠玫瑰花寄贈徐
　　　侍郎　　　　　　　　　五古　　　　　영물
240. 同耿湋司空曙二拾遺題韋員外
　　　東齋花樹　　　　　　　五律　　　　　영물
241. 觀袁修侍郎漲新池　　　　五律　　　　　산수
242. 和徐法曹贈崔洛陽斑竹杖以詩
　　　見答　　　　　　　　　五律　　　　　증수
243. 早秋望華淸宮中樹因以成詠　五古　　　　영물
244. 小魚詠寄涇州楊侍郎　　　七絶　　　　　기증
245. 賊中與嚴越卿曲江看花　　七絶　　　　　영물
246. 同暢當詠蒲團　　　　　　五古　　　　　영물
247. 焦籬店醉題　　　　　　　七絶　　　　　영물
248. 陳翃中丞東齋賦白玉簪　　七律　　　　　영물
249. 新茶詠寄上西川相公二十三舅
　　　大夫二十舅　　　　　　七絶　　　　　기증
250. 泊揚子江岸　　　　　　　五律　　　　　산수
251. 晚次鄂州　　　　　　　　七律　　　　　영회
252. 夜投豊德寺謁海上人　　　七律　　　　　은거
253. 江行次武昌縣　　　　　　五律　　　　　영회
254. 夜泊金陵　　　　　　　　五律　　　　　영회
255. 渡浙江　　　　　　　　　七絶(以上 卷279)　영회
256. 李端公　　　　　　　　　五律　　　　　송별
257. 秋晚山中別業　　　　　　五律　　　　　산수
258. 關口逢徐邁　　　　　　　五律　　　　　우정
259. 山中詠古木　　　　　　　五律　　　　　영물

260. 酬李端公野寺病居見寄	七律	증수
261. 送少微上人遊蜀	五律	송별
262. 送寧國夏侯丞	五律	송별
263. 送袁偁	五律	송별
264. 贈別李紛	七絶	송별
265. 罪所送苗員外上都	五律	송별
266. 送李校書赴東川幕	五律	송별
267. 至德中贈內兄劉贊	五律	기증
268. 春日瀍亭同苗員外寄皇甫侍御	五律	기증
269. 送顏推官遊銀夏謁韓大夫	五律	송별
270. 咸陽送房濟侍御歸太原幕	五律	송별
271. 寶泉寺送李益端公歸邠寧幕	五古	송별
272. 送何召下第後歸蜀	五律	송별
273. 宿定陵寺	七律	산사
274. 送彭開府往雲中觀使君兄	五古	송별
275. 送李緗	五律	송별
276. 送內弟韋宗仁歸信州覲省	七律	송별
277. 長安疾後首秋夜卽事	七律	영회
278. 送崔琦赴宣州幕	七律	송별
279. 送楊皡東歸	七律	송별
280. 至德中途中書事卻寄李僩	七律	기증
281. 奉和太常王卿酬中書李舍人中書寓直春夜對月見寄	七律	봉화
282. 酬包佶郎中覽拙卷後見寄	七律	증수
283. 送史宷滑州謁賈僕射	七絶	송별
284. 送鮑中丞赴太原	五律	송별
285. 送耿拾遺湋充括圖書使往江淮	五律	송별
286. 送郭判官赴振武	五律	송별
287. 春江夕望	五律	산수
288. 送元昱尉義興	五律	송별
289. 送黎兵曹往陝府結親	五律	송별

290. 送樂平苗明府	五律		송별
291. 晚到益侄耆老家	五古		영회
292. 臥病書懷	五律		영회
293. 落第後歸終南別業	五律		은거
294. 送朝邑張明府	五律		송별
295. 送李方東歸	五律		송별
296. 秋晚霽後野望憶夏侯審	五律		우정
297. 送王尊師	五律		송별
298. 送撫州周使君	五律		송별
299. 贈別司空曙	五絶		송별
300. 送王錄事赴任蘇州	五律		송별
301. 太梵山寺院奉呈趣上人趙中丞	五律		우정
302. 送恆操上人歸江外觀省	五律		송별
303. 上巳日陪齊相公花樓宴	五古		우정
304. 寒食	七律		계절
305. 舟中寒食	五律		계절
306. 元日早朝呈故省諸公	五律		증수
307. 元日朝迴中夜書情寄南宮二故人	五律		기증
308. 裴給事宅白牡丹	七絶		영물
309. 送韋判官得雨中山	七絶		송별
310. 送宛丘任少府	七律		송별
311. 送永陽崔明府	五律		송별
312. 割飛二刀子歌	七古		영회
313. 送郎士元使君赴郢州	五律		송별
314. 春詞	五絶		영회
315. 淸如玉壺冰	五古		영회
316. 山居	七絶(以上 卷280)		은거

이상의 세찰에서 노륜의 시 중 송별류가 가장 많으며, 酬贈類·奉

和類, 그리고 詠懷와 山水(山寺 포함)가 주류를 이루고 있음을 알 수 있으며, 기타의 영물이나 종군류는 의외로 많지 않음을 보게 된다. 상기의 編號別 주제분류한 것을 근거로 하여 편수를 도표화하면 다음과 같다.

主題	送別	寄贈	詠物	懷古	詠懷	山寺	山水	從軍	奉和	哀悼
篇數	108	75	16	13	40	15	27	14	24	7

2. 대인관계 생활체험

노륜시에는 山水風景이 적은 반면, 人事 묘사가 매우 많으니 이것은 노륜의 원만한 성격과 사회성이 풍부함을 확인케 한다. 送別, 寄贈, 詠懷, 奉和 등에 관한 시가 전체 2/3가 넘는 250여 수인 것만 보아도 그 비중이 큼을 알 수 있다. 특히 송별과 증수는 주된 인간관계를 묘사한 작품 등이니 시의 사실성을 강조하는 데 중요한 요건이 된다. 따라서 본고에서는 그의 시에서 송별과 기증에 관한 부분으로부터 그 특성을 찾아보고자 한다.

(1) 送別의 諷刺

노륜의 送別詩는 108수에 달하는데, 그 내용을 예시를 통해 살펴보고자 한다. 송별시에서 먼저 지적할 것은 우정과 함께 사회혼란에 대한 悲傷心理의 묘사를 들 수 있는데, 「李端公」(≪全唐詩≫

卷280)을 보면,

> 故關衰草遍, 離別自堪悲.
> 路出寒雲外, 人歸暮雪時.
> 少孤爲客早, 多難識君遲.
> 掩淚空相向, 風塵何處期.

> 옛 함곡관은 낡아서 풀만 무성한데,
> 이별이라니 정말 슬픔 어이 견디랴.
> 길에 나서니 찬 구름 저 밖에 떠가고,
> 사람 돌아가니 저녁 눈이 내릴 때로다.
> 어려서 외로이 나그네 되어서,
> 많은 고난 겪으며 그대를 늦게야 알았도다.
> 눈물 닦으며 멍하니 서로 대하니,
> 어지러운 세상에 어디에서 만날 건가.

여기서 노륜은 李端에 대한 深厚한 우의를 표현하면서 동시에 離亂의 사회현실을 그려내었다. 시인의 心意는 이별의 비애가 감돌고 있으니, 焦文彬은 이 시의 注에서5),

> "路出寒雲外, 人歸暮雪時", 以濃冬密雲, 狀離別景, 苦增十培. 離人遠去, "路出寒雲外", 送者久立才 "人歸暮雪", 寫依戀之情, 餘味無窮.

> "길에 나서니 찬 구름 저 밖에 떠가고, 사람 돌아가니 저녁 눈이 내릴 때로다." 구는 짙은 겨울의 구름으로 이별의 정경을 묘사하였으니 괴로움이 열 배나 더한다. 떠나는 사람 멀리 가니 "길에 나서니 찬 구름 저 밖에 떠가고"라 하였고, 보내는 자 오래 서 있으니, "사람이 돌아가니 저녁 눈이 내릴 때로다."라 하니 그리운 정을 묘사함에

---

5) 焦文彬 等, 《大歷十才子詩選》(陝西人民出版社), p.330.

그 여운이 그지없다.

라고 하여 景中有情의 극치를 보여준다. 이 시가 주는 묘미는 ≪後村詩話≫에서 "盧綸, 李益善爲五言絶句, 意在言外."라고 한 의취의 여운과 어울려 있다고 하겠다. 한편, 「送韓都護還邊」(上同 卷276)은 용맹한 병사가 변경에 원정 가서 늙도록 투지가 쇠하지 않는 영웅의 형상을 묘사하고 있다. 송별시를 통한 승전의 면려를 강렬하게 제시한다.

    好勇知名早, 爭雄上將間.
    戰多春入塞, 獵慣夜登山.
    陣合龍蛇動, 軍移草木間.
    今來部曲盡, 白首過蕭關.

    훌륭한 용기로 일찍 명성이 알려져,
    장군간에 자웅을 다투었다네.
    전쟁이 많아 봄에 변새에 들어서,
    사냥하면서 밤에 산에 오르네.
    군대 진영이 합하니 용뱀이 움직이는 듯하고,
    군대가 이동하니 초목이 한산한 듯하네.
    지금 부하는 다 흩어지고,
    백발로 소관을 지나는구나.

韓都護는 미상이지만, 그의 노년의 기상과 용맹성에 감탄하고 있다. 蕭關은 지금의 寧夏回族自治區로서 ≪平凉府志≫에 "蕭關襟帶西涼, 咽喉靈武, 北面之險也."(소관은 서량에 있고 신령한 무사가 울부짖는 북쪽의 매우 험한 지역이다.)라 할 만큼 궁벽한 변방인데도 제3연의 軍隊指揮法까지 시에 句化시키면서 구체적인 전의를 묘사해

놓았다. 그러면서 인생의 허무함과 작자 자신의 동참 불능한 처지를 의식하였으니 말 2구의 고독감 표출은 ≪瀛奎律髓滙評≫에서,

    意注末二句, 前六句反面烘托, 便回身一掉, 倍爲凄婉耳.

    뜻이 末 2구에 있으니 앞의 6구는 홍탁법을 써서 획 한 번에 쓸어내니, 쓸쓸함이 더할 뿐이다.

라 한 촌평과 상통한다. 아울러 「送劉判官赴豊州」(上同 卷276)는 친구가 부임하는 것을 전송하면서 제6구 "虜在莫言家"와 같은 투철한 애국사상을 표현해 준다.

    銜杯吹急管, 滿眼起風砂.
    大漠山沈雪, 長成草發花.
    策行須恥戰, 虜在莫言家.
    余亦祈勳者, 如何別左軍.

    술잔 머금고 피리를 급히 부니,
    눈 가득히 모래바람이 일도다.
    대막산에 눈이 깊이 쌓이고,
    장성의 풀은 꽃이 피네.
    군사 전략에 모름지기 용맹히 전투하리니,
    포로가 막언가에 있도다.
    나는 또한 공훈을 기원하는 자이니,
    어찌 漢代의 李左車와 다르겠는가.

    제1구는 음악 속에 祝酒와 相別을 담았고, 제3구의 大漠은 지금의 興安嶺에 天山으로 이어지는 長成 밖 지구이니 任地인 豊州(지금의

內蒙古 河套西部) 都督府로 가는 중도이니 그 험난함이 대단하지만 강인한 憂國愛族의 마음에서 능히 극복할 수 있다는 것이다. 그래서 焦文彬은 注本에서6),

"大漠山沈雪, 長成草發花", 寫塞外風光, 意境雄闊, 旣點明友人此去處所, 又以此点染送友參軍的氣氛, 情調十分協和.

"대막산에 눈이 깊이 쌓이고 장성의 풀은 꽃이 피네." 구는 변방의 경치와 의경이 웅장하고 광활함을 묘사한 것이니 이미 벗이 여기 처소를 떠남을 밝혀주면서 벗을 보내는 기분을 담아서 정조가 대단히 화합하고 있다.

라고 분석한 것은 매우 적절하고 분명하다고 본다. 말구의 左車는 漢初의 李左車로서 韓信이 師事한 장군이니, 劉判官의 공적이 左車와 같기를 기원한 것이다. 그리고 「送元贊府重任龍門縣」(上同書 卷 276)을 보면,

　　二職亞陶公, 歸程與夢同.
　　柳垂平澤雨, 魚躍大河風.
　　混跡威長在, 孤淸志自雄.
　　應嗤向隅者, 空寄路塵輝.

　　두 번이나 부임하여 도잠에 버금가니,
　　돌아가는 여정 꿈과 같도다.
　　버들 드리운 평평한 연못에 비 내리고,
　　물고기 뛰노는 강에는 바람이 부네.
　　혼잡한 자취 속에 빼어난 위업 오래 남고,

---

6) 焦文彬 等, 上同書, p.329.

고고하고 청빈한 의지 절로 우뚝하네.
응당 웃으며 외로이 모퉁이길 가는 자가,
공허히 먼지 낀 속세 길에서 부치노라.

이 시는 우인 元贊府(찬부는 縣丞의 존칭)이 龍門縣(지금 山西 河津縣)에 重任해 가는 것을 전송하였다. 시 속에서 우인이 혼잡한 사회풍토 속에서도 孤淸한 품덕을 지킬 것을 면려하면서 시인 자신의 득지하지 못하는 哀傷을 기탁하고 있다. 제2연은 시경이 광대하면서 웅건하여서 우인의 호방한 기상을 높였으며, 제3연은 우인의 孤高함과 淸貧함을 숭앙하고 있다. 말연은 우인에 비교해 볼 때 시인 자신의 고독하고 절망 어린 신세를 조소하지 않을 수 없음을 고백하였다.

송별시에서 이와 같이 비유나 기탁, 그리고 풍자를 담은 경우들을 거론하였는데, 노륜에게서 순수한 우정의 성정을 白描한 예를 배제할 수 없을 것이다. 「送寧國夏侯丞」(上同書 卷280)을 보면,

楚國靑蕪上, 秋雲似白波.
五湖長路少, 九派亂山多.
謝守通詩宴, 陶公許醉過.
憮然餞離阻, 年鬢兩蹉跎.

초 땅에 푸른 잡초 무성한데,
가을 구름이 흰 물결 같구나.
오호의 긴 길은 적고,
구파 일대는 가파른 산 많도다.
사조 같은 벗과 시회를 베풀고,
도잠 같은 벗과 맘껏 취하도다.
쓸쓸히 이별하여 헤어지니,

귀밑 털 흰 이 몸 안타깝도다.

夏侯는 夏侯審7)으로서 寧國은 지금의 安徽省 宣城縣 동남지방이다. 이 시는 단순한 송시가 아니라, 夏侯審의 문학세계를 높이 추숭한 '論詩詩'의 성격을 지닌다고 하겠다. 우인이 임지에서 산수와 함께 평안하겠지만, 단지 그에 그치지 않고 시문의 경지도 謝朓와 陶潛에 이르기를 격려하는 심후한 우정을 담았다. 하우심은 단지 「詠被中繡鵁鶄」(上同書 卷295) 1수만이 전해지는 바, 그 七絶을 보겠다.

雲裏蟾鉤落鳳窩, 玉郞沈醉也摩挲.
陳王當日風流域, 只向波間見襪羅.

구름 속에 달무리 봉황 둥지에 지는데,
옥랑이 깊이 취하고도 어루만지도다.
진사왕이 그때에 놀던 곳인데,
단지 물결 사이로 비단 버선만 보이네.

하후심의 시에 대해서 ≪唐才子傳≫ 卷4에,

今稍零落, 時見一二, 皆錦製也.

지금 점차 사라지고 가끔 하나둘 보이는데, 모두 아름다운 작품이다.

---

7) 周勛初編, ≪唐詩大辭典≫, p.371 : "夏侯審, 生卒年不詳. 德宗建中元年(780)中軍謀越衆科, 授校書郞. 累任參軍, 寧國縣丞, 侍御史, 祠部郞中等職. 事迹見 ≪新唐書·盧綸傳≫, ≪唐會要≫ 卷67, ≪唐才子傳≫ 卷4, ≪郞官石柱題名考≫ 卷21. 李嘉祐稱其袖中多麗句(<送夏侯審參軍游江東>), 其詩多佚, ≪全唐詩≫ 存詩 1首."

라고 하였는데, 지금은 상기의 시 외에 더 이상 발견되지 않고 있다. 明代 楊愼이 "夏侯審……, 詩集不傳, 惟此一絶(卽「詠被中繡鞋」) 及 「織錦圖」君承皇詔安邊戌一歌而已."(하우심은……시집이 전하지 않고 오직 절구 한 수와 「직금도」 가락 하나만이 있다.)라고 하였지만 「직금도」는 그 어디에도 찾아볼 수 없다.8)

(2) 贈酬의 二重性

기증류의 시는 75수로 헤아려지는데, 그 내용에 따라서 과거에 不第하여 출사하지 못하고 실의한 심정을 묘사한 것과 빈곤생활 중에도 지조를 지키는 淸白, 그리고 우정의 표시 속에 傷亂의 수심을 토로하는 것 등으로 나누어 볼 수 있다. 먼저 不第의 실의 심정을 토로한 경우로 고시 「冬日登城樓有懷因贈程騰」(上同書 卷279)을 들겠다.

    生涯何事多覊束, 賴此登臨暢心目.
    郭南郭北無數山, 萬井透迤流水間.
    彈琴對酒不知暮, 岸幘題詩身自閒.
    風聲肅肅雁飛絶, 雲色茫茫欲成雪.
    遙思海客天外歸, 坐想征人兩頭別.
    世情多以風塵隔, 泣盡無因畫籌策.
    誰知白首窓下人, 不接朱門坐中客.
    賤亦不足歎, 貴亦不足陳.
    長卿未遇楊朱泣, 蔡澤無媒原憲貧.
    如今萬乘方用武, 國命天威借貔虎.

---

8) ≪唐才子傳校箋≫ 卷4, p.177, 陳尙君云: "……織錦圖, 除楊愼此處所引, 別無可考, 全唐詩亦未收."

窮達皆爲身外名, 公侯可廢刀頭取.
君不見漢家邊將在邊庭, 白羽三千出井陘.

생애는 무슨 일로 얽매는 것 많은가,
여기에 올라 마음을 밝히리라.
성 남북에 무수한 산이 있고,
온갖 우물은 굽이져 흐르는 물 사이에 있도다.
거문고 타며 술을 대하니 해지는 것 모르고,
언덕에 기댄 이 몸 시를 지으며 한가롭다.
바람소리 쉭쉭 기러기도 끊기고,
구름빛 아득하여 눈이 내릴 듯 하도다.
멀리 나그네 신세 생각하니 돌아갈 속은 하늘 저 끝,
앉아서 원정 가는 사람 그리워하니 헤어져 있음이라.
세상의 인정이 전쟁으로 막혀 있으니,
흐느끼며 까닭 없이 치국의 계획 그리도다.
창가의 백발 선비를 뉘 알리요,
붉은 대문 권세가에 가까이 못한 나그네로다.
천하다고 한탄할 것이 아니고,
귀하다고 뻐길 것이 아니라네.
사마상여는 이기주의자인 양주의 읍소를 배우지 않았으니,
채택같이 올곧고 원헌같이 청빈을 따르리라.
지금 만승의 왕이 무기를 쓰는데,
하늘의 위용이 비호같은 용맹을 빌리도다.
빈궁과 부귀는 모두 이 몸과 무관한 명칭이니,
공후는 칼머리를 들기를 그만하기를.
그대는 모르는가, 한나라의 변방 장수가
변정에서 흰 깃발 삼천을 날리며 정경관을 나선 것을.

이 시는 시인이 大歷初에 진사 不第時에 쓴 것이다. 시에서 제5연은 사회의 離亂 정황을 반영하면서 치국의 대열에 참여 못 하는 悲

傷을 토로하였으며, 제10연의 "萬乘方用武"는 出征해야 할 현실에 자신의 棄文就武의 意趣를 제시하면서 현실세파에 대한 지대한 관심도를 보여준다. 그래서 제9연에서 司馬相如에 비유하여 楊朱처럼 이기주의적인 심정을 배격하려 하였고, 魯나라의 공자 제자인 原憲처럼 淸貧한 중에 樂道를 추구하는 정치풍토를 희구하고 燕나라의 蔡澤처럼 배경이나 추천에 의해 정당치 못한 출사를 모멸하는 정당한 인사정책을 제시하고자 하였다. 비록 낙방한 야인이지만 정치부패상을 직시하면서 강렬한 사회정화를 외친 것이다. 따라서 관리 중에 탁월한 치적이 있는 자에겐 아낌없는 찬사와 安居의 心思를 전달하는 데 주저하지 않았으니, 「晚次新豊北野老家韋事贈韓質明府」(上同書 卷278)를 보면,

機鳴春響日暾暾, 雞犬相和漢古村.
數泖淸泉黃菊盛, 一村寒露紫梨繁.
衰翁正席矜新社, 稚子齊襟讀古論.
共說年來但無事, 不知何者是君恩.

베틀 소리 절구질 소리에 해는 빛나는데,
닭과 개소리 한나라 옛 마을에 어울리네.
몇 가닥의 맑은 샘물에 황국화가 피어 있고,
온 숲의 찬이슬에 배는 익었도다.
노쇠한 노인이 자리를 바로 하고 새 사당에 경배하고,
아이들은 옷깃 여미고 고서를 읽는도다.
일 년 동안 단지 별탈 없기를 서로 인사하는데,
무엇이 임금의 은혜인지를 알지 못하네.

이 시는 韓質縣令의 치정을 찬양한 기증시이다. 제2연의 菊盛과 梨繁은 계절에 맞는 농촌의 평화로운 정경을 의미하는 것이다. 과장

적인 면이 있지만 농촌의 古朴한 생활을 묘사하여 향토의 기미가 흘러 넘친다.

3. 傷亂의 直說과 平和의 희구

노륜이 생존하던 시기는 安史亂, 吐蕃의 침입(763), 朱泚의 亂9) 등이 연발하면서 민심이 이산되고 사회가 극히 혼란한 혼란기였기 때문에 이 시기의 문인들은 연속되는 질고를 민생과 같이하게 되었고, 非戰 의식과 현실도피 등의 謀生을 위한 소극적인 처세가 팽배하면서 錢起·劉長卿 같은 낭만추구자가 출현하기도 하였지만, 盧綸·耿湋 같은 현실 상황을 직시하는 시인이 나타나기도 하였다. 특히, 노륜은 이 점을 직설하고 아울러 憂國愛民의 심정을 평화와 안정이라는 소망 의식으로 승화시키려 하였다. 본고에서는 그의 시에서 전쟁으로 인한 상심과 재난, 그리고 민생의 질고와 피난, 나아가서 戰爭厭惡의 평화 희구의 순서로 살펴보고자 한다.

(1) 軍事題材와 그 疾苦

비록 많지 않지만 노륜 시의 寫實描寫에 있어서 제외될 수 없는 중요한 요소이다. 「送韓都護還邊」(上同書 卷276)의 제3연을 보면,

　　　陣合龍蛇動, 軍移草木閑.

여기서 앞 구는 군대 陣法의 奇와 뒤 구는 軍紀의 嚴을 암시하는 병법으로서 시인이 군 전략에 상당한 지식을 지니고 있음을 알 수

---

9) 朱泚의 亂은 《新唐書》 卷225 列傳第150 「朱泚」 부분 참조.

있다. 그리고 그 자신이 10년 간 軍幕 생활을 통해 군생활을 체험했기 때문에 군생활의 실상을 인식하고 있었으니 「送顔推官游銀夏謁韓大夫」(上同書 卷280)에서 군생활의 잔혹함을 확인할 수 있다.

叢篁叫寒笛, 滿眼塞山青.
才子尊前畵, 將軍石上銘.
獵聲雲外響, 戰血雨中腥
苦樂從來事, 因君一涕零.

대밭에서 찬 피리 소리 울리는데,
눈 가득히 변새의 산이 푸르도다.
재능있는 자는 존전에서 그림 그리고,
장군은 돌 위에다 글을 새기네.
수렵하는 소리 구름 저 밖에 울리고
전쟁의 피는 빗속에 비린내나네.
삶의 고락이란 예부터 있는 일이거늘
그대로 인해 또 한 번 눈물 흘리네.

이 시는 貞元年間에 안추관이 韓潭(貞元三年)의 夏綏銀節度使幕으로 부임해 가는 것을 전송한 작품인데, 그 제6구의 "戰血雨中腥"은 처참한 전쟁의 잔혹상을 묘사하고 있다. 直觀에 의한 자극적인 어조로 공적의 배후에 맺힌 피의 색채와 기미를 사실대로 고발해 놓았다. 이어서 「逢病軍人」을 보면,

行多有病住無糧, 萬里還鄉未到鄉.
蓬鬢哀吟古城下, 不堪秋氣入金瘡.

가는 길에 병이 많고 곡식도 없는데
만리 타향에서 돌아가려도 고향에 못 가네.

성근 귀밑 털 그 몸이 옛 성 아래에서 슬피 읊조리니
가을 기운이 병든 상처에 여미어옴을 어이 견디리오.

전쟁을 친히 겪고 軍旅 생활을 체험하지 않고서도 제4구와 같은 고통을 사실대로 묘사할 수 있겠는가? 퇴역 군인의 回鄕하는 참상을 白描하였으니, 宋代 范晞文은 이미 다음과 같이 이 시의 정황을 기술하고 있다.10)

    盧綸「逢病軍人」詩云, "行多有病住無糧." 駕雖未及前, 而悽苦之意, 殆無以過.

    노륜의「병든 군인을 만남」시에서 이르기를, "가는 길에 병이 많고 곡식이 없도다." 구는 말달리는데 앞을 따라가지 못해도 슬프고 괴로운 마음이 아마도 이보다 더하진 못하리라.

그리고 《唐人絶句精華》에서도,

    凡戰陣傷殘兵士, 理應有撫恤. 詩所寫傷兵之苦如此, 則其時軍政之窳敗自在言外.

    무릇 전장에서 부상당한 병사들을 도리상 응당히 어루만지고 불쌍히 여겨야 할 것이다. 이 시에서 부상한 병사의 고통을 묘사한 바가 이와 같으니 그 당시의 군대행정의 부패상이 은연중에 표현되어 있다.

라고 하여 노륜만이 가능한 작품 성향을 보여 준다. 노륜의 시기에는 성당 같은 開朗하고 豪邁한 흉금이라든가, 慷慨報國의 願望도 없

---

10) 范晞文, 《對床夜語》 卷5.

이 현실에서의 실상을 묘사할 수 있었다는 점이 대력시인 등의 중당 시인의 장점이기도 한 것이다. 이어서 「從軍行」(上同書 卷278)을 또 보면,

二十在邊城, 軍中得勇名.
卷旗收敗馬, 占磧擁殘兵.
覆陣烏鳶起, 燒山草木明.
塞閒思遠獵, 師老厭分營.
雪嶺無人跡, 冰河足雁聲.
李陵甘此沒, 惆悵漢公卿.

20세에 변방에 지내며
군대에서 용맹한 명성을 얻었다네.
깃발을 거두고 지친 말을 모으고,
자갈돌 더듬으며 패잔병을 어루네.
엎어진 진지에는 검은 솔개가 날아오르고,
불탄 산에는 초목들이 드러나네.
요새가 한가하니 사냥을 생각하고,
병사가 쇠하니 군영이 싫어지네.
눈 덮인 산에는 인적이 없고,
얼어붙은 강에는 기러기 소리 요란하네.
이릉이 여기서 죽었거늘,
한나라의 공경을 마음 아파하노라.

냉정한 위치에서 그 당시의 군사 생활의 비극적인 因素를 통찰하여 시속의 주인공에 대한 상찬과 동정을 토로하였다. 제2연은 戰事의 참상을 그렸고, 제4연은 곤비한 병사의 사기가 떨어진 정신 상태를 부각시켰으며, 제5연은 생존 상황의 寒苦함을 기술하였다.[11] 唐

---
11) 蔣寅, ≪大歷詩人研究≫, pp.274~275.

汝詢은 ≪唐詩解≫에서,

> 唐人賦從軍, 不述思家, 必稱許國. 此獨爲叛將之辭, 語譏藩鎭, 非泛然作也.

> 당대 시인들이 종군시를 지으면서 고향집을 그리워함을 기술하지 않고 반드시 나에 헌신함을 밝히고 있다.

라고 한 것은 대개의 종군시가 지닌 思鄕之心이, 노륜에게는 변방의 실상만이 시의 주제가 되었다는 뜻이며, 그 가치와 위상이 독특하다는 것이다. 더구나 ≪唐詩選脈會通評林≫에서 周珽의 말을 인용하기를,

> 德宗之世, 內多奸小, 邊臣解體, 藩鎭之禍日盛. 此篇疑時有覆軍之將, 收其殘兵嘯取邊地, 故允言, 述其意以爲詞.

> 덕종 시대에는 궁내에 간사한 소인배가 많고 변방의 신하들은 해이하여서 변진의 침입재난이 날로 심하였다. 이 시는 그 당시 패군의 장수가 패잔병을 모아서 변방에서 반란하니 따라서 노륜이 그 뜻을 시로써 묘사한 것이다.

라고 한 것은 노륜이 邊將의 비극적 운명이나 조정의 猜忌가 국가의 안녕을 위협함을 풍자했다고 할 것이다.[12]

(2) 戰亂의 피해와 평화 渴求

장기간의 전쟁으로 인해 재난 피해는 피치 못하는 상황이다. 연이

---

12) 蔣寅, 上同書, p.274 : "如果周氏此解不誤的話, 盧綸是抓住了當時邊將(如卜固懷恩, 李懷光之類)的一種悲劇運命."

은 내란과 외침으로 國基가 어지러워지니, 민생의 이산과 재산상의 파괴가 많아졌는데, 노륜의 시에서는 그 점을 절실하게 토로하였다. 먼저「華淸宮」(二首)(上同書 卷279)을 보겠다.

漢家天子好經過, 百日靑山宮殿多.
見說只今生草處, 禁泉荒石已相和. (其一)

한나라의 천자가 나라를 잘 다스려서,
밝은 해의 푸른 산에 궁전도 많았지만.
지금은 보이는 건 풀만 무성한 곳,
끊어진 샘터와 황폐한 돌만이 어울려 있도다.

水氣朦朧滿畵梁, 一廻開殿滿山香.
宮娃幾許經歌舞, 白首翻令憶建章. (其二)

물안개 아롱져서 무늬만 기둥에 가득했고,
궁전을 한 번 열면 산의 향기가 가득했다네.
궁녀는 그 얼마나 가무를 즐겼겠는가마는,
백발로 선 이 몸 오히려 옛 건장전을 기억나게 하는구나.

이 시는 太宗 貞觀18年(644)에 건축한 온천 궁전의 자태가 安史亂으로 훼손된 모습을 그려놓았다. 앞의 시에서는 아무도 출입하지 못하는 훼손된 화청궁에 잡초가 나고 거친 흔적만이 남아있는 景象을 묘사하였으며, 뒤의 시는 온천물의 온화한 기운이 넘치고 山香이 넘치는 驪山을 배경으로 삼은 궁이 지금은 하나의 회고적인 장소로 변하였음을 표현하여 戰傷의 흔적을 처연하게 노래하고 있다.[13]

---

13) 焦文彬 等, 上同書, p.342 : "天寶末, 因安史之亂毁於兵火. 詩寫只今華淸宮的破敗景象, 也是對安史戰亂的一個側面反映."

전쟁의 여파는 농촌 사회의 빈곤과 직결되니 賦稅인 '社錢'에 공포증이 걸린 민심을 읽을 수 있다. 그 예로 「村南逢病叟」(上同書 卷 277)를 들기로 한다.

雙膝過頤頂在肩, 四鄰知姓不知年.
臥驅鳥雀惜禾黍, 猶恐諸孫無社錢.

두 무릎은 뺨에 있고 이마는 어깨에 붙었는데,
이웃에선 성품은 아는데 나이는 못 알아보네.
누워서 가는 새들(병들고 고생하는 백성들)이 벼와 수수를 아까워하며,
또한 바칠 부역세 없음을 두려워하네.

이 시는 병든 노인이 겪는 고달픈 생활상을 농촌의 빈곤에 맞추어서 묘사하였으니 ≪唐詩選脈會通評林≫에서 "大歷詩格, 壯麗悲感."(대력의 시 풍격이 장려하면서 비감이 서려 있다.)라는 평과 상통한다. 첫 구가 병든 노인의 肖像이라면, 말구는 병든 노인의 實心이라고 하겠다.

한편, 전쟁의 와중에서 평화를 추구하는 소망을 담은 시도 노륜에게서 찾아볼 수 있다. 먼저, 「晚次鄂州」(上同書 卷279)를 보면,

雲開遠見漢陽城, 猶是孤帆一日程.
估客晝眠知浪靜, 舟人夜語覺潮生.
三湘衰鬢逢秋色, 萬里歸心對明月.
舊業已隨征戰盡, 更堪江上鼓鼙聲.

구름 개이니 멀리 한양성이 보이나니,
외로운 돛배 하루의 여정을 여기서 쉬리라.

지친 나그네 낮에 잠들고 물결 잔잔하니,
배에 탄 나그네 밀물인 줄 아노라.
상수의 늙은 이 몸 가을빛을 대하니,
만리 타향에서 가고픈 마음 밝은 달을 맞고 있네.
옛 일 벌써 원정 따라 가버리고,
강가의 북소리만 들려오누나.

이 시는 객지에서 피난 생활을 하면서 세태가 안정되는 대로 고향으로 돌아가고픈 심정(歸心)을 애절하게 토로하였다. 전란에 대한 혐오와 평화 정착이 間說的으로 표현되어 있다. 후세의 많은 평 중에서, 그 몇 가지 句를 열거하여 내용을 집약하고자 한다.

① ≪艇齋詩話≫ : "估客一聯, 曲盡江行之景, 眞善寫物也."
(「估客」편은 강가의 경물을 간절히 그려 놓았으니, 진실하게 사물을 묘사한 것이다.)

② ≪批選唐詩≫ : "淸通熟爽, 是近體佳篇."
(맑고 매우 상쾌하니 이것이 근체시의 걸작품이다.)

③ ≪五朝詩善鳴集≫ : "詩有高靜之氣, 故白描而絶遠千里."
(시에는 높고 고요한 기품이 있으니 따라서 사실대로 묘사하여서, 천리 멀리 떠나온 심정을 드러내었다.)

④ ≪唐詩別裁≫ : "讀三四語, 如身在江舟間矣, 詩不貴景象耶."
(제3·4구를 읽으면 몸이 강가의 배에 있는 듯 하니, 시에서 경물의 형상을 중하게 여기지 않은 것이겠는가?)

⑤ ≪大歷詩略≫ : "有情景, 有聲調, 氣勢亦足, 大歷名篇."
(정경이 있고, 성조가 있으며, 기세 또한 충족하니 대력년간의 명작이다.)

위의 5항 평구에서 ①은 시의 묘사가 진실하게 사실을 표현한 점을, ②는 시의 내용의 순수성과 형식의 숙달, ③은 시의 의취가 높음과 白描手法의 활용, ④는 '詩有人'의 景中有情을 조화시킨 情景交融의 묘미, ⑤는 시가 갖춰야 할 3요소를 구비함 등을 지적하고 있다. 이것은 시인의 심신이 虛心의 상태에서 속세의 전쟁과 부패를 초탈하려는 초원적 의식으로 승화됨을 의미하는 동시에, 현실적으로는 화평과 안정을 추구하는 非戰 의식의 발로이기도 하다.

그리고, 「長安春望」(上同書 卷279)은 노륜의 대표작으로서 杜甫의 「春望」과 비교되는 것으로서, 苦難中에 봄을 그리듯 태평시대를 희구함을 토로하였다.

    東風吹雨過靑山, 卻望千門草色閒.
    家在夢中何日到, 春來江上幾人還.
    川原繚繞浮雲外, 宮闕參差落照間.
    誰念爲儒逢世亂, 獨將衰鬢客秦關.

    동풍에 비바람이 푸른 산을 스쳐가니,
    풀빛 사이로 천문이 보이도다.
    집이 꿈속에서 보이니 언제나 돌아가리오?
    봄이 와도 강가에 몇이나 돌아갈 건가?
    저 뜬구름 밖에 산천이 감돌아들고,
    지는 해 사이로 궁궐이 우뻿쭈뻿 서 있네.
    누가 선비되어 어려운 세상 만날 줄 생각했으랴?
    홀로 늙은 이 몸 진관에 나그네 되었구나.

첫 두 구에서 東風과 靑山은 春望이며 千門과 草色은 長安을 의미한다. 소망 중의 靑山은 고향 생각의 의취이다. 제2연은 무료한 듯

하지만 몽매간에 그리운 집 생각뿐 실현되지 못하고, 제3연에서 진정한 春望(平和到來)의 활기를 부각시킨다. 그러면서 현실을 직시하는 자신의 모습을 묘사하고 있다.14) 이 시도 후인의 평가가 수다한 바, 그 중요한 평어를 다음에 열거하여 정리하고자 한다.

① ≪唐詩訓解≫ : "傷亂之意, 溢於言外."
(전란의 상심을 담은 뜻이 표현된 어구 이상으로 흘러 넘친다.)

② ≪唐詩選脈會通評林≫ : "周珽曰, 無意求工, 自能追雅, 盛唐人不過此."
(주정이 말하기를, 기교를 부릴 뜻이 없이 절로 고아함을 다 드러낼 수 있었음은 성당 시인들도 이에 미치지 못한다고 하였다.)

③ ≪唐詩摘鈔≫ : "起調和緩, 接聯警亮, 五六悲壯, 結處點明情事, 終今凄怨之聲."
(첫 구절은 온화하고 완만하며, 다음 연은 짜임새 있고 밝으며, 5·6구는 비장하고, 결구는 성정이 밝히 드러나서 처원한 성조를 머금고 있다.)

④ ≪唐詩成法≫ : "句雖熟滑, 情眞摯可耐."
(시구가 비록 숙달되어 있지만, 담긴 성정이 진지하며 가다듬어져 있다.)

⑤ ≪歷代詩發≫ : "不以纖巧取勝, 傷亂之意溢於言外."
(섬세하고 공교함이 부족하지만, 전란의 상심을 담은 뜻이 표현된 어구 이상으로 흘러 넘친다.)

---

14) ≪唐詩選評釋≫ 卷5에서 森大來는 評하기를, "此七字中有無數之鄕愁, 在下句是近望之所見. 此七字中僅有夕陽一人之影."이라 했다.

⑥ ≪瀛奎律髓滙評≫ : "紀昀 : 詩之大歷十才, 渾厚之氣漸盡, 惟風調勝後人耳. 此詩格雖不高, 而情韻特佳."
 (기윤 : 시가 대력십재자에 이르러 온후한 기품이 점차 쇠하였는데, 그 풍격은 후인을 능가한다. 이 시의 격조가 높지 않으나 정감있는 운율이 특히 곱다.)
⑦ ≪唐詩選勝直解≫ : "末句情見春望感懷之意."
 (말구에 정말 봄을 기다리는 감회의 뜻이 돋보인다.)

⑧ ≪北江詩話≫ : "至大歷十數子, 對偶始參以活句, 盡變化錯綜之妙, 如盧綸家在夢中何日到."
 (대력간의 10여 재자에 이르러서 대우에 활구를 이용하게 되고 변화 착종의 묘미를 다 드러내었으니, 예를 들면 노륜의 "집이 꿈속에 보이니 언제나 돌아가리오?" 같은 것이다.)

 위의 8개 항목의 인용문을 종합해 보면, ①은 "意在言外" 또는 "言有盡而意無盡"의 승화된 명시의 妙悟를 평가하는 최상의 수준에 도달했음을 강조하였고, ②는 기교를 의식하지 않고 高雅美를 발휘하여 盛唐詩의 경지에 뒤지지 않음을, ③은 매연의 장처가 시의와 부합함을, ④는 시정의 眞摯性(즉, 事實性)을, ⑤는 형식상의 華靡보다는 내용상의 言外之味, ⑥은 시의 격조보다는 시의 성정에 대한 우의, ⑦은 전쟁의 혐오와 평화추구의 기대감을 杜甫의「春望」에 비유함, ⑧은 시의 묘사상의 기법이 특출함 등으로 집약 설명할 수 있다. 이 모든 것이 시인의 詩趣가 번민 중에서 정화되어 토로된 '平和渴求'라는 지상목표와 조화되어 있다는 점으로 귀결시킬 수 있다.
 노륜의 시는 중당시의 성격을 대표하는 작풍을 지니고 있다. 따라서 그의 사실주의적인 성향에 초점을 맞추어서 부분적인 면만 다루었다고 해도 可할 것이다. 그의 시가 사회현실에 중점을 둔 풍격이 중당대의 시단에 여하한 영향을 주었는가에 대해서 蔣寅은 "元輕白

俗的先聲"(元稹의 경박과 白居易의 世俗의 길잡이)이라고 전대미문의 주장까지 하였다.15) 이것은 노륜시에 대해 明代 許學夷가 "盧詩品滙入錄, 大是可笑."(노륜시가 당시품휘에 실린 것은 매우 가소롭다.)(≪詩源辨體≫ 卷3)라고 평한 것과, 王漁洋이 노륜의 「送道士」 시를 "頗涉俗格"(자못 세속적인 격조를 지니고 있다.)(≪唐人萬首絶句選≫ 凡例)라고 혹평한 것을 蔣寅이 오히려 역설적인 해석과 평가를 가해서 결론지은 것이 아닌가 하지만, 노륜 시를 객관적으로 평가하기에는 다양한 논시 관점 등이 상존하기 때문이다. 왜냐하면 ≪唐詩選脈會通評林≫에서 여러 평들이 정제하지 않고 편차가 심한데, 예컨대 "奇悍之中, 自饒雅致."(기이하고 냉엄한 가운데에 절로 우아한 운치가 넘친다.)(陳繼儒), "寬徐"(너그러우면서 느슨하다.)(顧璘), "奇俊"(기이하면서 빼어나다.)(何新之) 등이 그 예인 것이다. 이와 같은 노륜 시에 대한 다양한 평가는 호평이기도 하며 혹평일 수도 있다. 그러나 臺閣風이 팽배한 풍토에서 '御覽詩'도 불가피하지만, 나름의 "淺白淸綺"(옅고 희면서 밝고 고움)류를 시에서 추구할 수 있었음이 본고를 시도하는 데 필요조건으로 작용하였음을 밝혀둔다.

---

15) 蔣寅, 上同書, p.281 : "四庫提要謂是綸 "蓋不甚避俚俗者, 故此集所錄如盧綸送道士詩, 駙馬花燭詩(中略)皆頗涉俗格." 由此可見, 盧綸作爲前輩名家, 其詩中淺俗的一面恰與時人的趣味(起碼是宮廷)相符, 是以爲世人所接受, 而御覽詩的欽定性質反過來又使這淺俗之風更加熾盛. 在這交相作用中, 我們可以看到夙來爲人忽視的盧綸與 "元輕白俗" 的關係, 看到盧綸與顧況類似的承前啓後的橋樑作用."

李益과 그의 從軍詩, 그리고 樂府詩

중당 대력 연간에 시명을 취득한 자는 수다할 것이지만 李益은 宋代 嚴羽가 ≪滄浪詩話≫ 「詩評」에서,

    大歷以後我所深取者, 李長吉·柳子厚·權德輿·李涉·李益耳.

    대력년간 이후로 내가 깊이 본받을 분은 이장길·유종원·권덕여·이섭·이익뿐이다.

라고 하였고, 明 王世貞의 ≪藝苑巵言≫ 卷4에는,

    絶句, 李益爲勝, 韓翊次之.

    절구는 이익이 으뜸이고 한굉은 그 다음이다.

그리고, 明代 楊愼의 ≪升菴詩話≫ 卷11에서,

馬戴·李益, 不墜盛唐風格.

마대와 이익은 성당 풍격에 뒤지지 않는다.

라고 평한 바와 같이 당시에는 李賀와 더불어 齊名하여, 대력시대의 명인이었다. 그러나 중요 詩史나 개설서에[1] 이익에 관한 설명이 매우 희소한데, 그 이유는 이익 자체의 비중보다는 고증할 만한 자료의 미흡에 더 큰 문제가 있는 것이라고 보아, 이익에 대한 가능한 연구 범위 내에서 고찰하려는 것이다. 이 글은 王夢鷗 교수의 《唐詩人李益生平及其作品》(藝文印書館)에서 이익의 早·中·晩期의 작품 분류의 난점이 보비됨으로써 작성이 가능하게 되었다.

본고에서는 이익(749~827)에 관한 생평은 별장를 설정하여 상세히 서술하겠으며, 현존하는 총 168수[2]의 작품 한도 내에서 이익의 邊塞詩를 필두로, 從軍詩의 특성과 樂府詩의 풍격을 본문의 주제로 다루려 한다. 이익의 현존하는 시집은 단독시집으로 발간된 것은 淸代 張澍의 《李尙書詩集》 157수, 그리고 康熙 年間에 洞庭 葉氏 手鈔本의 《李君虞詩集》 133수 등 2종 집만이며, 실상 그나마도 내용상 불확실한 작품이 불소하다. 南宋 이전까지는 이익 작품이 유전되어 왔을 뿐이니, 즉 응당 있을 법한 《新唐書》「藝文志」, 《崇文總目》에 그의 작품이 수록되어 있지 않고, 오직 令狐楚에 의해 《元和御覽詩集》에 36수가 선입되어 있고, 韋莊의 《又玄集》에 3수, 《文苑英華》에 40수, 그리고 計有功의 《唐詩紀事》에 선입되어 있

---

1) 陸侃如等 《中國詩史》, 胡雲翼 《唐詩硏究》, 蘇雪林 《唐詩槪論》 等에는 李益에 관한 기록이 없음.
2) 淸初 錢謙益·季振宜編인 《全唐詩》에는 聯句·斷句까지 合한 數이고(第五函三冊 2卷), 張澍의 《李尙書詩集》에는 157首, 明代 陳警의 《唐百家詩選》에는 128首, 康熙洞庭葉氏手鈔本 《李君虞詩集》에는 133首가 收錄.

다. 그 후 이익 시라는 독립된 권수로 출현되기는 晁公武의 ≪郡齋讀書志≫ 卷4가 있고, 또 陳振孫의 ≪直齋書錄解題≫ 卷19가 있었다. 南京 이후, 明代 嘉靖 23年(1544) 陳警이 王安石의 編인 ≪唐百家詩選≫을 확대하여 ≪唐百家詩集≫ 속에 卷上・下 및 拾遺 등 3부분으로 분류・수록하였다(총 128수). 이것이 현금까지 전수된 작품의 중심이 되었다.

  이상의 시집 중에서 王夢鷗는 ≪全唐詩≫本[3]에 의거하여 張澍本, 葉氏鈔本, 百名家本 등과 시의 편차를 비교하여 배열하였는데, 각 책의 체제가 난산하여 編號(≪全唐詩≫本에 근거함)가 상호 다르고, 詩數도 다소 차이가 있어, 예컨대, ≪全唐詩≫本의 「賦得早燕送別」의 목차호수가 5인 것이, 張澍本에는 113으로, 葉氏鈔本은 3으로 되어 있고, 또 72의 「送賈校書東歸」는 張澍本에 110, 葉氏鈔本에 87, 百名家本에 83으로 배열되어 있다. 이러한 목차의 불일치와 시수의 차이에서, 먼저 이익의 작품이 일찍이 산일되어 宋 이후에야 하나둘씩 수집하여 형성되었다는 점과, 다음은 明人의 편집 방법이 오칠언 및 고시, 혹은 律絶에 의해 분류되어 체례의 통일성이 결여되었다는 점을 파악할 수 있다. 본문에 예거되는 시는 필자가 신빙성을 두는 張澍의 ≪李尚書詩集≫(臺灣商務)과 全唐詩稿本을 考證本으로 하고, 편호는 ≪全唐詩≫에 의해 인용하려 한다. 陳尚君의 ≪全唐詩續拾≫ 卷25에는 「遊棲巖寺」 一首(≪古今圖書集成・山川典≫ 卷25에서 추출)가 새로이 추가되어 있다.

---

[3] 주 2) 參照.

I. 生平과 詩作 年繫

1. 생평

 이익의 사적에 관한 믿을 만한 자료는 우선 ≪新唐書≫「本傳」과 ≪舊唐書≫「李益傳」, ≪唐才子傳≫ 卷4, ≪唐詩紀事≫ 卷34, ≪霍小玉傳≫ 등을 들 수 있겠는데, 이 또한 기록 자체에 대한 사실 여부를 논할 때 방증의 확실성이 문제되고 있다. 따라서 본문에서는 가능한 수집자료에 의거하여 진술할 수 있을 뿐이다.

 이익의 출생연대는 그의 20세시를 대력 4년(769)으로 하여 이때 河中府에 추천되고 東都의 진사에 급제한 기록에 의거하면[4], 즉 749(玄宗 天寶 八年)으로 추단된다. 이익은 字를 君虞, 排行第十으로 하여 부친 李虯에서 태어나[5], 8세에 安祿山亂을 만나 도난생활을 겪었다.[6] 20세 이전에 그의 시명은 大歷十才子의 일인이 되었다.[7]

 20세에 등제 후, 鄭縣尉(종구품하), 그 이듬해 主文諷諫科에 급제하여 다시 鄭縣主簿(종구품상)를 제수받는데[8], 이는 이익의 盧綸妹와의 결혼문제와 상관되는 시기이다. 이익의 노씨와의 관계는 이익

---

4) ≪霍小玉傳≫ 云:"生年二十擢第進士. 登科記考 卷十:大歷四年. 知貢擧者, 上都爲禮部侍郎薛邕, 東都爲權知留守張延賞. 李益與齊映同榜."
5) ≪新唐書≫「宰相世系表」및 ≪舊唐書≫「李益傳」참조.
6) 李益의「從軍詩序」:"君虞生八年, 燕戎亂華"라 하고, 張南史의「寄李舍人詩」:"戎馬生郊日, 賢人避地初."
7) 李益의 十才子列入에는 多少 資料에 따라 달리하는데, ≪唐詩紀事≫ 卷30과 ≪詩話總龜≫後集 卷10 引葛立方言에는 열입되어 있고, ≪舊唐書≫「盧綸傳」에는 詩題中에 李益만이 缺해 있음.
8) ≪登科記考≫ 卷十에는 大歷 六年에 李益을 主文諷諫科, 建中 四年(德宗 年間 783 A.D.)에 拔華科에 각각 列入함.

의 시「贈內兄盧綸」(≪李尙書詩集≫ p.20)과 소설 ≪霍小玉傳≫에도 (상동집, p.4 李氏事蹟에 기재) 노씨와의 결혼을 묘사한 부분이 나오고[9], 또 노씨의 품행부정으로[10] 이익이 현실생활을 염악하고 출세적 도사생활을 시작하여 檢校司空 崔寧이 安北大都護로의 충임으로 역사적인 종군행로를 열게 되었다.[11] 때문에 노씨와의 결혼 실패는 이익의 인생에 큰 전환점이 된 것이다. 그는 일차 종군시기(780~785)에 韓游瓌·渾瑊의 幕府에서 侍御史(종육품하)에 이르고, 豊州·靈州·鹽州·邠·寧 등지를 편력하면서, 이른바 종군시를 남겼다.[12] 일차 종군 시기 중의 시인「再赴渭北使府留別」(편호78)은 建中 4년 10월 京畿 渭北에서 渾瑊을 수행하며 지은 것이다.(≪資治通鑑≫ 卷 228)

　　　　結髮逐鳴鼙, 連兵追谷蠡.
　　　　山川搜伏虜, 鎧甲被重犀.
　　　　故府旌旗在, 新軍羽校齊.
　　　　報恩心未死, 識路馬還嘶.
　　　　列嶂高烽擧, 當營太白低.
　　　　平戎七尺劍, 封檢一丸泥.
　　　　截海取蒲類, 跑泉飮鸒鵜.

---

9) ≪霍小玉傳≫:"太夫人已與商量表妹盧氏, 言約已定. 太夫人素嚴毅. 生逡巡不敢辭讓, 逐就禮謝, 便有近期, 盧亦甲族也."
10) 또 傳에 "夏五月, 與盧氏偕行, 歸於鄭縣, 至縣旬日, 生方與盧氏寢, 忽帳外外吒之聲, 生驚視之, 則見一男子, 年可三十餘, 姿狀溫美, 隱身映幔, 連招盧氏, 生惶遽走起, 繞幔數匝, 倏然不見, 生自此心懷疑惡, 猜忌萬端, 夫婦之間, 無聊生矣."
11) 崔寧과의 관계는 李益의「從軍詩序」:"建中初, 司空巡行朔野"와 ≪舊唐書≫「崔寧傳」, 그리고 ≪資治通鑑≫ 卷228을 參照.
12) 李益의 從軍詩에는「鹽州發胡兒飲馬泉」·「再赴渭北使府留別」·「赴邠寧留別」·「登夏州城觀送行人賦得六州胡兒歌」 등이 있음.

216 제1장 中唐代의 詩人과 그 詩

漢庭中選重, 更事五原西.

머리 매고 나가 전고 울리니
병사가 이어 곡려 '匈奴藩王의 封號'를 쫓는도다.
선천에 숨은 포로 잡고
병갑엔 무거운 뿔 입혔도다.
옛 부중엔 군기 섰고
새 군사에 우교가 고르도다.
보은의 마음 죽지 않으니
길을 알아 말도 울도다.
험한 산봉마다 높은 봉화 선데
군영에 이르니 태백산도 아래로다.
오랑캐 평정한 칠 척 장검을
봉하여 터니 한 덩이 흙이로다.
바다 끊어 물풀을 얻고
샘을 넘어 벽제를 마시도다.
한 조정에 중히 뽑혀
다시 오원의 서방을 지키게 되었도다.

    이익이 그 후 劉濟의 간청에 의해 營田副使로서 幽州로 2차 종군하는 시기는 貞元 원년(785)에서 동 20년(804)까지, 즉 이익 36세에서 55세까지 20년 간에 이른다.13) 기간에 幽州 생활의 초기에는 韋應物과14) 그 말기에는 韓愈와15) 교분을 지내며 幽州에 幕府를 두고서도 河中·淮南·楊州 등을 두루 다녔다.16) 이익이 幽州에서 回京한 것은 永貞(805) 8월 順宗이 정사를 주지하지 못하매, 李純이 接位하여 召

---

13) ≪新舊唐書≫ 「德宗本紀」·「劉濟傳」, ≪通鑑≫ 卷228 參照.
14) ≪韋蘇州集≫ 卷四에 「送李益侍御赴幽州幕」이 있음.
15) ≪韓昌黎文集≫卷二十의 「送幽州李端公序」 參照.
16) ≪新唐書≫ 「盧綸傳」, ≪唐方鎭年表考≫, 王夢鷗의 「李益詩及佚文補輯」, p.115 參照.

還된 57세시이다. 그해는 元和 원년이기도 하니, 그 소환의 곡절은
다음과 같다.

> 憲宗雅聞其名, 自河北召還, 用爲秘書少監, 集賢學士, 自負才地, 多
> 所凌忽, 爲衆不容. 謙官擧其幽州詩句, 降居散秩. (≪舊唐書≫ 卷一三
> 七,「李益傳」)

여기서 이익은 秘書少監(종사품상)으로 승진된 것을 알 수 있다.
이 승진 내막에 관하여 王夢鷗 교수는 唐書「百官志」구를 인용하면
서17) 이익의 幽州 시에 공훈을 발견할 수 없는데, 그 이유를 밝힐
수 없다 하고, 단지 승진시기를 回京한 후 2·3년 지난 809년경으로
보고 있다. 그 점을 타당하게 봄은 바로 鮑溶의「竊覽都官李郞中和
李舍人益酬張舍人弘靖夜寓直思聞雅琴見寄」1수(≪全唐詩≫ 8函1冊,
≪鮑溶詩集≫ 卷4)에서 이익과 張弘靖을 '舍人'이라 호칭한 점에서
먼저 舍人(정오품)을 거쳐서 少監에 오른 것으로 추정된다. 그와 아
울러 元和 3년(808) 制科에 참여하여 考策官이 된다. 그러나 幽州 있
을 시에 지은「獻劉濟」(편호 128)의 말 2구,

> 感恩知有地, 不上望京樓.

가 중앙의 혐의를 원망한 것이라 하여 탄핵을 받게 됨에 파관되어
洛陽 노가로 회향하였다가 다시 幽州로 떠날 준비까지 하였다. 그러
나 族人 李逢吉, 교우 武元衡에 의해 면죄되어 元和 3년 右庶子(정사
품하)에 임용되었다.18) 이어서 元和 13년(818) 左散騎常侍(종삼품)가

---

17) ≪唐詩人李益生平及其作品≫, p.60 參照.
18) ≪資治通鑑≫ 卷二三七 參照.

되었고, 太和 원년(827) 禮部尙書가 된 직후 병고하였다.[19] 이익의
후사는 李當이 있어 觀察使·刑部尙書를 지냈고, 손 李藻는 昭宗 시
에 尙書左丞, 李極은 僖宗 시에 考功郞中知制誥를 지냈다.[20] 이익의
인품은 종군시의 풍격과 상관되고 있다. 즉 「從軍詩序」에,

> 凡所作邊塞諸文及書奏餘事, 同時幕府選辟, 多出詞人, 或因軍中酒,
> 酣或時塞上岳寢, 相與拔劍秉筆, 頗懷於斯文, 率皆出於慷慨意氣, 武毅
> 獷厲, 本其涼國, 則世將之後, 乃西州之遺韓歟, 亦其坎壈當世, 發憤之
> 所致也.

여기에서 이익의 粗豪하면서 非曠達한 성격이 파악되며 直尋의
시적 표현을 본다. 따라서 그의 시어는 상징성이나 意象 중첩의 典
故가 적으며 감성이 치밀하기보다는 진실하다.[21]

2. 시작 연계

이익 시 총 168수(錢謙益·季振宜 所編의 ≪全唐詩≫) 중 대략적
인 시대 구분이 가능한 편수를 그의 초년부터 만년까지 5기로 분류
하여 열거해 보고자 한다. 이 분류의 근거는 역시 王夢鷗 교수의 자
료(이미 소개)와 ≪新·舊唐書≫ 및 ≪資治通鑑≫(卷222~240)에 두
었고, 작품의 출처편호는 ≪全唐詩≫의 순차를 기본으로 하였다. 단,
매 작품의 정확한 시기와 배경을 분석할 수 없음을 숙제로 남긴다.

---

19) 818年 이후 散騎常侍의 職位를 오래 지킨 引句를 보면, "長慶初, 趙宗儒爲太
   常卿, 贊郊廟之禮, 時罷相二十餘年, 年七十六, 衆論伏其精健, 右常侍李益 笑
   曰: 是僕東府所選進士也."(李肇, ≪國史補≫ 卷中)
20) ≪新唐書≫ 「宰相世系表」, ≪八瓊室金石補正≫ 卷六十, ≪舊唐書≫ 「文苑傳」
   參照.
21) ≪唐詩人李益生平及作品≫, pp.118~119.

(1) 766~772(大歷 元年~6年)

이 시기는 장안 慈恩寺의 法振和尙과의 교왕, 대력 5년 進士榜한 후 시우 裵佶과 王達과의 관계, 동년 鄭縣主簿 재직시 華山을 유람한 내용을 주제로 했다.22)

「晚春臥病喜振上人見訪」(54), 「賦應門照綠苔」(168), 「賦得垣衣」(47), 「賦得早燕送別」(5), 「春晚賦得餘花落」(8), 「城西竹園送裵佶王達」(16), 「罷秩時入華山採茯苓逢道者」(26), 「入華山訪隱者經石壇」(19), 「華山南廟」(14)

(2) 780~787(建中 元年~貞元 3年)

혼인 실패하고 종군생활의 초기에 해당한다.

「大禮畢皇帝御丹鳳門改元建中大赦」(40, 780A.D.), 「送常曾侍御使西番寄題西川」(51), 「中橋北送穆質兄弟應制戲贈蕭二策」(109, 785A.D.), 「華陰東泉同張處士詣藏律師兼簡縣內同官因寄齊中書」(21, 785), 「校書郎楊疑往年以古鏡贶別今追贈以詩」(10, 784), 「送人流貶」(48, 787), 「與王楚同登靑龍寺上方」(36, 785), 「上汝州城樓」(139), 「同崔邠登鸛雀樓」(70, 785 前後), 「惜春傷同幕孟郎中兼呈去年看花友」(87, 785)

(3) 788~799(貞元 4年~貞元 15年)

종군시 연대(788~789집증년대)와 중년기의 동시기에 연대고증이 가능한 부분을 포함시키고 있다. 「從軍詩序」에는 盧景亮에 집증한 것이 50수라 하지만 현재 46수에 이르고, 최초의 선록은 元和 10년

---

22) 《新唐書》 卷一二七, 《舊唐書》 卷九八, 「裴耀傳」 參照.

(815) 令狐楚가 ≪御覽詩集≫에 포함하였다.(≪四庫提要≫ 卷186) 종군시의 작시연대는 다르지만(조기작품이 있음) 집중년대에 해당하므로 일괄하여 그 제를 적는다.

「將赴朔方早發漢武泉」(30, 780), 「從軍有苦樂行」(1), 「從軍北征」(112), 「聽曉角」(123), 「觀騎射」(95), 「暖川」(114), 「邊思」(118), 「登夏州城觀送行人賦得六州胡兒歌」(37, 799), 「暮過回樂烽」(125), 「夜上受降城聞笛」(142), 「統漢烽下」(134), 「度破訥沙二首」(107), 「夜上西城聽梁州曲二首」(113), 「拂雲堆」(18), 「塞下曲四首」(113), 「登長城」(2), 「城傍少年」(31), 「效古促促曲爲何上思婦作」(44), 「石樓山見月」(86), 「回軍行」(128), 「賦得路傍一株柳送邢校書赴延州使府」(80), 「夜宴觀石將軍舞」(131), 「鹽州過胡兒飮馬泉」(74), 「從軍夜次六胡北飮馬泉磨劍石爲祝殤」(38), 「飮馬歌」(33), 「來從竇車騎行」(28), 「赴邠寧留別」(67), 「立春日寧州行營因賦朔風吹飛雪」(64), 「邠寧春日」(129), 「送柳判官赴振武」(60), 「送客歸振武」(148), 「春日晋祠同聲會集得疎字韻」(77), 「北至太原」(18), 「五城道中」(35), 「軍次陽城烽舍北流泉」(97), 「夜發軍中」(29), 「赴渭北宿石泉驛南望南堆烽」(143, 786), 「觀廻軍」(13), 「再赴渭北使府留別」(78, 783), 「上黃堆烽」(159), 「獻劉濟」(65), 「臨潭沱見蕃使列名」(140), 「宿石邑山中」(153), 「幽州賦詩見意時佐劉幕」(96), 「送韓將軍還邊」(53, 787), 「送邊陽使還軍」(4)

以上의 從軍詩 外에 「和丘員外題湛長史舊居」(147, 790), 「溪中月下寄揚子尉封亮」(7, 790), 「九月十日雨中過張伯佳期柳鎭未至以詩招之」(110, 793).

(4) 800~804(貞元 16年~同 20年)

이익이 揚州에 여유하던 시기이다.

「揚州懷古」(103), 「蓮塘驛」(34), 「行舟」(136), 「隋宮怨」(137), 「送人歸岳陽」(138), 「柳楊送客」(121), 「逢歸信偶寄」(144), 「楊州送客」(133), 「楊州早雁」(105), 「永宿聞雁」(104), 「奉酬崔員外副使携琴宿使院見示」(71),

「游子吟」(32)

(5) 805~827(永貞 元年~太和 元年)

「奉和武相公春曉聞鶯」(119, 807),「書院無日曆以詩代書問路侍御六月大小」(83),「送客還幽州」(120, 809),「答許五端公馬上口號」(116, 806),「奉和武相公郊居寓目」(126, 813),「送襄陽李尙書」(76, 815),「牧丹」(117, 807),「答竇二曹長留酒還櫬」(92, 807),「登白樓見白鳥席上命鸂鶒辭」(85, 817),「述懷寄衡州令狐相公」(61, 820),「贈宣大師」(150),「喜入蘭陵望紫閣峰呈宣上人」(62),「答廣宣供奉問蘭陵居」(93),「蘭陵僻居聯句」(165),「重陽夜集蘭陵居與宣上人聯句」(163),「乞寬禪師瘦山罌呈宣供奉」(94),「與宣奉携瘦罇杏溪園聯句」(164),「詣紅樓院尋廣宣不遇留題」(127),「八月十五日夜宣上獨游安國寺山亭院步月李舍人十兄遲明將至因話昨宵乘興聯句」(167),「紅樓下聯句」(167),「天津橋南山中各題一句」(166, 821)

Ⅱ. 종군시의 慷慨 의기

이익의 종군시는 이익 자신의 意表이다. 20년 종군생활에서 표현한 작품은 이익 시를 대표하는 것이 되었고, 그러기에 그의 종군시는 그의 성격을 대변하는 것이다. 불우한 결혼생활과 그 결과로 인한 종군, 즉 현실도피의식의 행위인 때문에 종군시의 내용과 형식은 더욱 이익을 대신하는 것이겠다. 비록 성격이 벽질하고 시기한 면이 있었다 해도[23] 이는 그의 粗豪하고 가식없는 의식의 소치라고 생각

---

23) ≪唐才子傳≫ 卷四, p.8,「李益傳」: "益少有僻疾, 多猜忌, 防閑妻妾, 過爲苛酷, 有散灰扃戶之談, 時稱爲妬癡尙書李十郞."

한다면, 그의 종군시를 이해하는 데 도움이 되리라고 본다. 그는 慷慨와 發憤 외에는 작시의 다른 목적이 없었다. 따라서 그는 王粲이나 謝靈運에 못지 않은 차원 높은 평가를 받지 않나 본다. 즉,

> 然跡漢以來, 仲宣賦從軍, 祗貢頌諛, 靈運送秀才, 徒述懷思, 惟君虞以爽颯之氣, 寫征戌之情, 覽關塞之勝, 極辛苦之狀, 當朔風驅雁, 莬月拜狐, 抗聲讀之, 恍見士卒踏氷而皺瘃, 介馬停秣而悲鳴, 詎非才之所獨至耶.(≪李尙書詩集≫ 序)

이제 그의 종군시를 개관함에 있어 시의 표현법, 시어의 상징성, 意象의 중첩, 그리고 내용상의 성실성, 征戌之情, 關塞에의 승람, 신고의 정황을 여하히 묘출하고 있는지를 시술하려 한다. 본문의 서술은 이익 시론에 관한 객관적 자료의 부족 때문에 주관적 해석이 불가피함을 밝히지 않을 수 없겠다.(羅聯添의 ≪唐代文學參考目錄≫)

먼저 시의 표현 면에서 보면, 이미 從軍詩序에서 밝힌 대로 발분의 소치에 의한 直尋的 방법을 쓰고 있다는 것이다.

(가)
關城楡葉早疎黃, 日暮沙雲古戰場.
表請回軍掩塵骨, 莫敎士卒哭龍荒. (「回軍行」)

관성의 느릅 잎 일찍 성글어 누런데
해 저무는 고전장은 구름 자욱하오.
바라노라. 회군이 먼지 낀 뼈를 덮어
병사들 용황을 통곡케 마오.

(나)
身承漢飛將, 束髮卽言兵.

俠少何相問, 從來事不平.
黃雲斷朔吹, 白雪擁沙城.
幸應邊書募, 橫戈會取名. (「赴邠寧留別」)

몸은 한의 비장을 이어받아
머리 맨 즉 병사를 일컫네.
의협이 적으니 뭘 물으리!
종래엔 불평만 일삼았네.
황운이 삭방을 끊어 날고
백설이 변성을 감싸도다.
다행히 변방 응모하여
칼 가로차고 명성이나 얻어 볼까!

   이상의 (가) 시를 보면, 우선 변새의 정취 묘사에 있어 당시인에 상용된 변새지명이나 外國器用 및 인물이 등장 않고, 시인의 이상이나 심각성이 없이 직설적으로 마치 무감각한 표현미를 보이고 있다. 그리고 (나) 시는 제4구와 제7구로 보아 崔寧이 해를 당한 후[24] 이익이 邠寧節度使韓游瓌에 應召하며 지었는데, 시어에서의 변새적 성격 외에는 전혀 감정의 우회적 표현을 강구하지 않고 있음을 볼 수 있다. 따라서 어사에 있어 比興의 수법을 홀시하여 상징성이나 意象 표현의 典故 인용을 극소하게 차용하고 있을 뿐이니, 이는 즉 종군시의 풍격이 그의 인격과 일치상통하게 유출하고 있는 예증이 된다. 이런 경우는 종군시에만 국한하지 않아서, 예컨대, 「贈內兄盧綸」의 (편호 91)

    世故中年別, 餘生此會同.

---

24) ≪舊唐書≫ 「崔寧傳」, ≪資治通鑑≫ 卷二二八 參照.

郤將悲與病, 獨對朗陵翁.

세상 일로 중년에 헤어져
여생 이에 한데 하자 하였더니
도리어 슬픔과 병이 들어
홀로 낭능옹 대하도다.

를 보면 제4구의 "朗陵翁"를 借代詞로 사용하였는데, 이는 바로 '內兄'의 의미일 뿐 개념적으로는 아무런 상상성이 개재되어 있지 않다. 이와 같이 종군시에서의 예시로써, 「塞下曲四首」(편호 112)를 보면,

(1)
蕃州部落能結束, 朝暮馳獵黃河曲.
燕歌未斷塞鴻飛, 牧馬群嘶邊草綠.

번주 부락 잘 뭉치어서
조석으로 황하 터에서 사냥하네.
연가 끊이잖는데 기러기 날고
목마 무리져 우니 변방초목 푸르도다.

(2)
秦築長城城已摧, 漢武北上單于臺.
古來征戰虜不盡, 今日還復天兵來.

진의 장성 이미 헐었는데
한무는 북으로 선우대 올랐도다.
예부터 싸우러 나가 오랑캐 다 물리치지 못하니
오늘도 또 천병이 오누나.

(3)
黃河東流流九折, 沙場埋恨何時絶.
蔡琰沒去造胡笳, 蘇武歸來持漢節.

황하 굽이져 동으로 흐르는데
전장에 묻힌 원한 언제나 끊일런가!
채염은 잡혀가 호가를 지었으며
소무는 돌아와 한의 절개 지켰네.

(4)
爲報如今都護雄, 匈奴且莫下雲中.
請書塞北陰山石, 願比燕然車騎功.

보답하러 오늘도 도호의 사나이 되니
흉노도 감히 운중에 못 오도다.
청컨대, 새북의 음산 돌에 기록하여
연연 거기의 공에 비교하기 원하네.

이상에서 (1)의 黃河曲과 燕歌는 지리적 장소와 가창의 意象 이상의 것은 없으며, (2)의 漢武와 單于臺 또한 고사의 나열이고, (3)의 蔡琰과 胡笳, 蘇武와 漢節 또한 절조의 개념 이상의 상징이 없고, (4)의 燕然車騎功은 이익이 東漢時의 燕然山의 車騎將軍 竇憲을 崔寧에 비의한 것일 뿐이다. 이처럼 성격보다는 가식없는 심적 성실감이 표현되어 있으나, 문학적 가치로 볼 때,

　　詩人詠物形容之妙, 近世爲最.[25]

---

25) 《詩人玉屑》卷六九「托物以寓意」

시인이 사물을 대상으로 하여 읊을 때, 그 묘사의 묘미가 근세에 가장 뛰어나다.

그리고, 또,

聖兪 ≪金針詩格≫云, 詩有內外意, 內意欲盡其理, 外意欲盡其象, 內外意含蓄, 方入詩格.[26]

매성유의 ≪금침시격≫에 이르기를, 시는 내외적 의취가 있으니, 내적 의취는 그 시의 이치를 다 포함하고, 외적 의취는 그 시의 모양을 그려내는 것이니, 내외의 의취가 함축되어 있어야 시격에 들 수 있다.

라 한 바 같이 托物의 工巧와 시적 妙奧面에서 볼 때, 아마도 시는 평상 문제 외적 대상이 될 것이다. 그러나 이익이 갖는 가치는 본성과 창작의 완전한 일치라는 점을 재차 밝힐 필요가 있다. 그런 고로 이익은 유모어가 결여되어 있어 독자로 하여금 機智로써 歡羨를 받는 것이 아니라 率直淡白하고 高尙하며 성실한 感懷 표현에서 본받을 만하다고 본다. 따라서 構辭가 세밀하지 못하여서 가요에 가까운 시체라 볼 수 있다.[27] 이런 시어의 托物과 引古, 상징의 결여 때문에 그의 종군시에서는 연상의 轉深을 찾을 수 없음도 당연하다. 단지 소박과 진실 그것을 생명으로 내세워야 할 것이다.

내용적 면에서 본다면, ≪李尙書詩集≫ 序에서 기인용한 바대로, 征戍의 정과 關塞의 경물, 그리고 노역의 辛苦狀況을 묘사하고 있음은 일반 종군 작품과 상통하는 것이다. 이익을 특수한 위치에 놓고

---

26) 上同「托物」.
27) 王夢鷗, ≪唐詩人李益生平及作品≫, p.118.

관찰할 필요는 없다. 오직 정확한 고찰의 의미에서 벗어나지는 말아야 할 것이다. 이것은 이익이라는 한적한 연구대상을 논함에 있어 더욱 절실하다. 이제 征戍의 정을 담은 다음의 시를 보겠다.

> 微月東南上戍樓, 琵琶起舞錦纏頭.
> 更聞橫笛關山遠, 白草胡沙西塞秋. (「夜宴觀石將軍舞」)

> 초승달 동남으로 수루에 떴는데
> 비파에 비단 머리끈 흔들며 춤추도다.
> 관산 멀리 피리 더욱 들려오니
> 서리 낀 풀
> 변방 사막은 바야흐로 가을이로네.

이 시는 朔方一夜의 정경을 묘사하였고,

> 何地可潸然, 陽城烽樹邊.
> 今朝望鄕客, 不飮北流泉. (「軍次陽城烽舍北流泉」)

> 어디서 눈물 흘리리까!
> 양성 봉화 올린 樹邊이로네.
> 오늘 아침 망향객이 되니
> 북류천 못 마시겠네.

이 시는 종군의 악관과 豪氣가 부족하지만 倦旅와 懷鄕의 의념이 있는 점에서 군중복역이 장구함을 표현하였고,

> 邊馬櫪上驚, 雄劍匣中鳴.
> 半夜軍書至, 匈奴寇六城.

中堅分暗陣, 太乙起神兵.
出沒風雲合, 蒼黃豹虎爭.
今日邊庭戰, 緣賞不緣名.(「夜發軍中」)

변마는 외양간에서 놀라고
웅검은 갑에서 우노라.
한밤에 軍書 이르니
흉노가 육성에 들었다 하네.
중견으로 비밀대 짜고
태을에서 신병을 일구도다.
출몰 속에 풍운이 합하고
창황 속에 시호(豹虎)가 다투도다.
오늘 변경 전쟁은
보은에 인연함이지, 공명 때문이 아니로다.

 이 시에서 말 2구는 순수하게 보은과 충심을 표현한 것이지 적개심에 의한 흥분은 없다.[28]
 한편, 변새의 勝景을 소재로 한 作으로는, 비교적 초년의 작품에서 다소 볼 수 있는데, 이것은 행군의 辛苦와 困難, 그리고 望鄕之心을 적은 시기이기에 삭방의 경광을 신선하게 묘사하였다. 즉「觀騎射」를 보면,

邊頭射鵰將, 走馬出中軍.
遠見平原上, 翻身入暮雲.

변방에 독수리 잡는 장수
말 달려 군영을 나서다.

---

28) ≪唐詩紀事≫ 卷三十 參照.

멀리 平原을 바라보고
몸을 돌려 저녁 구름 속에 들다.

여기는 한 騎射의 출중한 역량을 그렸으며,「從軍北征」(편호 122)의29)

      天山雪後海風寒, 橫笛偏吹行路難.
      磧裏征人三十萬, 一時回首月明看.

      천산에 눈 온 후 해풍이 찬데
      피리 비스듬 꺾어 부니 갈 길이 어렵구나.
      사막에 원정군 삼십만이
      일시에 머리 돌려 명월을 바라보네.

여기는 戰塵의 와중에서 자연 야경을 묘사하였다. 그리고 종군시에서 지적할 점은 평소의 불만의 발로에 있어서 그 주원인이 생활의 고통과 回京하지 못하는 자신의 신세 한탄에 있기 때문에, 이익에게도 그 意表가 산견된다. 즉「獻劉濟」(편호 65)를 보면,

      草綠古燕州, 鶯聲引獨游.
      雁歸天北畔, 春盡海西頭.
      向日花偏落, 馳年水自流.
      感恩知有地, 不上望京樓.

      풀 파란 옛 연주
      꾀꼬리만 홀로 노누나.
      기러긴 천북가로 돌아가고

---

29) ≪文苑英華≫ 卷二九九 參照.

> 봄은 바다 서쪽에 지누나.
> 해바라기 기울어 떨어지고
> 세월 따라 물은 절로 흐르누나.
> 성은에 감사한 줄 알지만
> 망경루엔 오르지 않으리라.

에서 특히 말 2구 "感恩知有地, 不上望京樓."는 「生平」에서 이미 개술하였지만, 항명적 죄상으로 취급되어 파직을 당해 심신의 고통을 받는 결과를 낳았는데, ≪新唐書≫(卷203) 本傳의 "鬱鬱去游燕, 劉濟 辟置幕府, 進爲營田副使, 嘗與濟詩, 語怨望."에서 "語怨望"은 바로 이 두 말구를 두고 한 말이다.

Ⅲ. 악부시의 淸奇와 雅正

이익의 악부시는 그 체재로 보아 고악부에 속한다. 그의 악부시를 논할 때 흔히 李賀와 동격에 놓으려는 진의를 간과할 수 없다.30) 악부시의 특성을 한 마디로 어떻다고 평할 것인가는 먼저 唐 張爲의 ≪詩人主客圖≫ 卷1에서 그를 "淸奇雅正主"로 추정하고 李賀를 "高古奧逸主"로 지칭하고 있는 점으로 보아 악부시는 종군시 이상의 淸新高潔을 더하고 있다고 하겠다. 明代 陸時雍 ≪詩鏡總論≫에 보면,

> 李益五古, 得太白之深, 所不能者澹蕩耳, 太白力有餘閒, 故游衍自得 : 益將矻矻以爲之. 蓮塘驛·游子吟, 自出身手, 能以意勝, 謂之善學太白可.

---

30) ≪李尚書詩集≫序:「其他章句, 亦淸麗絶倫, 宜與長吉齊名…」≪李氏事蹟晁公武讀書志≫:「益少負詞藻長於歌詩, 與宗人賀齊名」

라고 하였는데, 이백 시를 浪漫·淸新·雄偉·自然·樸質 등으로 특색짓는 것과[31] 비교할 때 이익은 이백에서 淸新과 樸質을 터득함이 컸었으니, 王建이 이익을 "上界詩仙"("上李益庶子詩")이라 하고 楊巨源이 "淸詞擧世皆藏篋"[32]한 것으로 뒷받침할 수 있겠다. 위 인용문에서 예거된 「遊子吟」(편호 32)은 ≪唐文粹≫(卷13)와 ≪樂府詩集≫(卷67)에 올라 있는 작으로, 정확한 연대는 미상이나 貞元 중기에서 元和 초년 사이에 幽州로 돌아와 지은 것으로 본다. 특히 "莫以衣上塵, 不謂心如練." 구는 심적 청백을 말하고 있다.

      女羞夫壻薄, 客恥主人賤.
      遭遇同衆流, 低徊愧相見.
      君非靑銅鏡, 何事空照面.
      莫以衣上塵, 不謂心如練.
      人生當榮盛, 待士句言倦.
      君看白日馳, 何異弦上箭.

    여인은 지아비의 박덕을
    객은 주인의 천대를 부끄러워하오.
    만나 같이 어울리련만
    머뭇거리며 만나기를 부끄러워한단 말가!
    그대 청동거울 아니려니
    어인 일로 공연이 얼굴만 비추오?
    옷 위 티끌만으로
    마음 고움에 비기지 마오.
    인생 영화로니, 님 모시기 힘들도다.

---

31) 劉維崇, ≪李白評傳≫, pp.26~273.
32) 註 27)과 同.

그대 대낮 말달림 보면
어찌 弦上의 화살과 다르다 하리요.

특히, 이익의 「長干行」(편호 146)은 이백과 너무 근사하다 하여
≪李太白詩集≫(卷4)와 ≪樂府詩集≫(卷72)에 이백의 「長干行」 제2편
으로 열입하고 있는데[33], ≪苕溪漁隱叢話≫前集卷五에,

> 黃山谷曰, 太白集中長干行二篇, 妾髮初覆覆額, 眞太白作也. 憶昔深
> 閨裏, 李益尙書作也, 所謂妬痴尙書李十郞者也. 詞意亦淸新可喜, 亂之
> 太白詩中, 亦不甚遠.

라 한 점으로 보아, 이백과 식별 못 할 만큼 악부시의 가치를 인
정하고 있는 것이다. 이 또한 이백으로부터의 영향을 입증하는 예
라 하겠다. 「長干行」을 본다.

> 憶妾深閨裏, 煙塵不曾識.
> 嫁與長干人, 沙頭候風色.
> 五月南風興, 思君下巴陵.
> 八月西風起, 想君發揚子.
> 去來悲如何, 見少別離多.
> 湘潭幾日到, 妾夢越風波.
> 昨夜狂風度, 吹折江頭樹.
> 渺渺暗無邊, 行人在何處.
> 好乘浮雲驄, 佳期蘭渚東.
> 鴛鴦緣浦上, 翡翠錦屛中.
> 自憐十五餘, 顏色桃花紅.

---

33) ≪樂府詩集≫에는 李白作으로 하여,「行人在何處」句下에 "北客眞王公, 朱衣
滿江中, 日暮來投宿, 數日不肯東." 四句가 있음.

那作商人婦, 愁人復愁風.

첩 규방에서 생각하노니
전쟁일랑 일찍이 몰랐다오.
장간인에 시집가서
사막 가에서 그 님을 기다리고 있으니.
오월에 남풍이 이니
그대 파릉 가신 일 생각나고,
팔월에 서풍이 이니
그대 양자 떠난 일 생각나오.
오가는 슬픔 어떠하오?
상면은 잠깐이요, 이별은 길도다.
상담엔 언제 가리요.
첩의 꿈은 풍파를 넘으오.
어젯밤 광풍이 지나며
강가의 나무 한 그루 꺾었다오.
아득히 어두워 끝이 없으니
행인은 어디 계시오?
조히 뜬구름에 준마를 타고
난초 물가 동쪽에서 기약하자오.
원앙은 푸른 물가에 놀고
비취는 비단 병풍에 깃들이오.
스스로 십 오세 청춘을 아끼니
안색 복사꽃마냥 붉으오.
어이하여 상인의 처 되어서
이 내 마음을 수심에 차게 하오.

  이익의 악부시에서 다른 독특한 특성을 발견할 수 있는데, 즉 둔탁한 평범이 新奇性의 意境을 산출하고 있는 점이다. 신기성의 의경을 창출하려면, '無理以生妙意'・'翻疊以見巧思'・'推陣以出新義' 등

삼종의 기교가 필요한데, 이 중에서 이익은 '無理以生妙意'[34], 즉 이 치를 따짐이 없이 묘의를 꾸며내는 경우에 그 한 예가 되겠다. 이런 경우는 이성과 사물이 감정의 전염을 입어 불가능한 것이 가능으로, 불합리한 것이 합리화하므로 신기한 경계를 조성하는 意境이다. 이익의 악부「江南詞」(편호 90)를 예로 들어본다.

　　　嫁得瞿塘賈, 朝朝誤妾期.
　　　早知潮有信, 嫁與弄潮兒.

　　구당 상인에 시집가서
　　아침마다 첩과 약속 어기도다.
　　내 일찍 조수가 신의 있단 말 알았다면
　　潮水에 시집갔을 것을.

이상 4구를 賀裳이 "無理而妙"라는 평가에서 이미 거론된 바를 더 분석함으로써 상기 의경에 대한 설명으로 삼을 수 있다. 瞿塘에 사는 商人에게 시집간 후 瞿塘이 험준하기 때문에 약속을 어길 수밖에 없는 현실에서 제3·4구의 결미에서 奇想을 안출해 낸 것이다. 그것은 '弄潮兒'에게 차라리 시집갔다면 약속을 어기지 않아 행복할 텐데라는 절망의 호소요, 확실한 의지의 희망을 표출하여 현실적으로 불가능한 사실의 가정을 설정한 것이다. '弄潮兒'는 한 추상적 潮汐현상이며, 이를 擬人化하여 정확한 시간에 의해 일어나는 조수현상을 부러워한 것이니, "嫁與弄潮兒" 구라는 불합리한, 불가능한, 즉 무리한 의추로부터 妙意를 산생시킨 시적 기법이다. 이것이 이익에서 표현된 점은 가식없는 감정의 발로에서 승화된 상태인 것이다.

---

34) 黃永武, ≪中國詩學鑑賞篇≫, p.225.

이익은 대력시대에서 太和까지 수를 누리면서 당시 사회적 현실을 문학 위에 종군생활을 통해서 절실히 표현하였다. 그것은 그의 直尋的 성격과 粗豪한 태도의 특징을 동시에, 그리고 동일하게 표현하고 있는 데에 일대 장점이 있고, 유미의식이 만연되어가는 경향에 대한 이질적 문학성을 지향한 것이다. 물론 그의 악부에는 다소의 수식이 가미되지만, 오히려 白居易에 비해도 유머어의 의취가 결핍되어 있다고 王夢鷗 교수는 이미 논평하고 있다.35) 이익은 시의 형식이나 내용 면에서 양자가 일관된 요소를 지니면서 악부시에서 기술한 바와 같이 둔탁한 속에 奇妙의 意境을 살린 점은 독특한 것이다. 이익 시풍 자체의 분석이 아직 부족한 현시점에서 가정과 편식으로 본문을 전개해 나간 점이 적지 않다고 생각된다.

---

35) 《唐詩人李益生平及其作品》, p.118 參照.

제 2 장

晚唐代 詩人과 그 詩

張祜와 그의 詩

 만당 시단을 맥류하는 풍조는 이른바 李賀派와 孟·賈派로 대별할 수 있으니, 전자는 李商隱·杜牧·溫庭筠 등을 흔히 들 수 있고, 후자는 三羅·顧雲·鄭谷 등 芳林十哲 들을 예거할 수 있겠다. 이 경우는 대개 만당대 大中 연간을 전후한 흐름이고, 그 이후는, 즉 咸通 연간에는 元·白과 王建을 추숭하는 만당 초기의 부수적인 조류를 타고 시인의 부심이 있었다. 大中 年間의 전자를 詞華派, 후자를 格律派라 하는 구분도 시풍에 의한 것으로 간주할 수도 있다. 후자는 작시상 張籍·賈島를 본받아 격률을 강구하는 데 주력하고 전자와는 다른 면을 보이기도 하지만, 정치적으로 불우한 계층에 속하기도 하다. 문제는 張祜(?~853 전후)를 이 格律派에 넣을 수 있느냐의 여부인 것이다.[1] 필자는 여기서 다소의 이견을 제기하지 않을 수 없다.

---

1) ≪唐代詩學≫(正中書局)「伍晚唐」(pp.301~307) 참조. 즉 "格律派此派大都爲李懷民所列主客圖中人. 自其作詩之藏術言, 固多效張籍賈島, 講格律, 而無創. 然而功利之心甚切, 幾於無人不以作詩爲達到政治地位, 或沽取名擧之手段. 如項斯李頻劉得仁張祜(案: 張祜의 誤記. 이에 대해선 後說함) 等是也. 故此等詩人亦

장호의 格律派 여부는 곧 그의 시풍과 교유에서 해답을 구해야 할 일이므로, 결론적으로 말하자면 장호의 시는 오히려 格律과 詞華 兩派의 중간맥파를 따르고 있다고 본다. 이는 장호의 시를 특징짓는 중요한 문제인 만큼 보다 폭넓게 그의 시 자체를 나름대로 정리하고자 한다. 이런 문제가 어찌하여 제기될 수 있느냐 하는 데는 우선 그에 관한 기술 및 연구논저가 극소하다는 것이다.[2] 따라서 시의 특성 구명에는 기간의 각종 시화류에서의 평어를 중심으로 작품 분석의 객관적인 자료로 인용하고자 하며, 혹시 주관에 흐르기 쉬운 오류를 극소화하는 데 유의하고자 한다.

Ⅰ. 生平

장호의 생애에 관해서는 ≪新·舊唐書≫에 별무하니[3] 이제 몇 가

可稱功利派, 誠以當時風氣, 以得進士爲無上榮譽. 而未登第策者復喜求各人以揚."(p.301)
2) 張祜에 관한 既出의 硏究資料는 ≪杜牧與張祜≫(繆鉞, 四川文學, 1962)과 「張祜行年考」(譚優學, 1980)일 뿐이며, 그리고 文學史나 詩史에 記述된 것도 極히 微少하여 胡雲翼은 "張祜詩以 故國三千里, 深宮二十年, 一聲河滿子, 雙淚落君前, 最負盛名. 祜的好詩很多, 如金殿樂·戎渾·莫愁樂·蘇小小等都是."(≪唐詩硏究≫, p.105)라 하고, 張敬文은 "張祜, 字承吉, 清河人, 而僑居丹陽. 他的詩, 極爲杜牧所稱讚."(≪中國詩歌史≫, p.165)라 하고, 許世旭은 張祜를 譚優學의 ≪唐詩人行年考≫(四川人民出版社, 1981)에 의거하여 李·杜를 추숭하고 平易하면서 狂蕩한 데가 있다고 敍述하고 있다.(≪中國古代文學史≫, p.351) 以上의 槪說書記述外에는 張祜에 관한 특별한 것이 없는 데서 일반적으로 忽視되어 온 詩人이었다고 斷定할 수 있다. 그러나 어쩌면 晩唐으로의 過渡期의 詩人으로서 作品의 量과 質的인 面에 深考되어야 할 對象이라고 본다.
3) 張祜의 이름을 祐로 쓰는 경향도 있는데(例: 辛文房의 ≪唐才子傳≫, 計有功의 ≪唐詩紀事≫, 沈德潛의 ≪唐詩別裁≫ 등), 이것은 誤記로 보아야 한다. 馮翊子의 ≪桂苑叢談≫의 崔張自稱俠條에 "冬瓜合出祜子"라 하고, 胡應麟의

지 자료를 통해 살펴보기로 한다. 먼저 ≪唐才子傳≫(卷6)에 보면,

　　字承吉, 南陽人, 來寓姑蘇, 樂高尙, 稱處士, 騷情雅思, 凡知已者悉當時英傑, 然不業程文. 元和長慶間, 深爲令狐文公器許, 鎭天平日, 自草表薦, 以詩三百首獻於朝, 辭略曰, 凡制五言, 苞含六義, 近多放誕, 靡有宗師, 祜久在江湖, 早工篇什, 硏幾甚苦, 搜象頗深, 輩流所推, 風格罕及, 謹令繕錄, 詣光順門進獻, 望宜付中書門下, 祜至京師, 屬元稹, 號有城府, 偃仰內庭, 上因召問祜之詞藻上下, 稹曰：張祜雕蟲小技, 壯夫不爲, 若獎激太過, 恐變陛下風敎. 上頷之, 由是寂寞而歸, 爲詩自悼云, 賀知章口徒勞說, 孟浩然身更不疑, 遂客進南. 杜牧時爲度支使, 極相善待, 有贈云, 何人得似張公子, 千首詩輕萬戶侯. 祜苦吟, 妻孥每喚之皆不應, 曰, 吾方口吻生花, 豈恤汝輩乎. 性愛山水多遊名寺, 如杭之靈隱, 天竺, 蘇之靈巖. 楞伽, 常之惠山. 善權, 潤之甘露. 招隱, 往往題詠唱絶, 同時崔涯亦工詩, 與祜齊名, 頗自放年樂, 或乘興北里, 每題詩倡肆, 譽之則聲價頓增, 毀之則車馬掃迹, 涯尙義有俠. 詩云：太行嶺上三尺雪. 崔涯袖中三尺鐵, 一朝若遇有心人. 出門便與妻兒別, 嘗共謁淮南李相, 祜稱釣鼇客, 李怪之曰, 釣鼇以何爲竿, 曰, 以虹, 以何爲鉤, 曰, 新月, 以何爲餌, 以短李相公也. 紳壯之, 厚贈而去. 晩與白樂天日相聚譴謔, 樂天譏以足下新作憶柘枝云, 鴛鴦鈿帶抛何處, 孔雀羅衫付阿誰. 乃一問頭詩耳. 祜曰, 鄙薄之誚是也. 明公長恨歌曰, 上窮碧落下黃泉, 兩處茫茫都不見. 又非目連尋母邪. 一座大笑. 初過廣陵, 題曰, 十里長街市井連, 月明橋上看神仙. 人生只合揚州死, 禪智山光好墓田. 大中中, 果卒於丹陽隱居, 人以爲讖云, 詩一卷, 今傳.

　　장호는 字가 承吉, 南陽 사람으로 姑蘇에서 우거하였다. 고상한 것 좋아했고, 處士라 불리었다. 운치있는 풍정에다 사고가 우아하였으며 무릇 知己는 모두 당시의 영걸들이었다. 그러나 과거에 쓰이는 일정

≪詩藪≫ 內編卷4엔 "張祜字承吉, 刻本大半作祐. 覽者莫辨, 緣承吉字祐祜俱通耳. 一日偶閱雜說, 張子小名冬瓜, 戒以譏之, 答云冬瓜合出瓠子, 則張之名祜審矣."라 하니 張祜가 正名이다.

한 법식의 문장은 일삼지 않았다. 元和·長慶 연간에 令狐楚로부터 재능을 크게 인정받았고, 天平軍 節度使로 갈 때 손수 추천장을 써서 시 300수를 조정에 올리게 하였는데, 추천장의 개요는 이러하였다 : 무릇 오언시를 제작할 때는 六義를 담아야 하는데, 근자에는 放誕한 시가 많아, 본받을 데가 없습니다. 장호는 오랫동안 江湖에서 지내고 있는데, 일찍부터 시문에 뛰어나고 각고연마하여 물상에 조예가 깊으며, 동료들로부터 추숭되고 풍격은 타의 추종을 불허합니다. 삼가 시를 엮어 光順門에 가서 進獻케 하나니, 中書門下에 王命을 베풀어주시길 바라나이다. 장호가 서울에 이르러 원진의 부서에 속하였는데 성부에서 내정을 이리저리 둘러보니, 임금이 원진을 불러 장호 시가 어떠냐고 물으니, 원진이 말하길 "장호의 시는 雕蟲小技이니 장부가 할 짓이 아닙니다. 만약 지나치게 격려하신다면 폐하의 風敎를 그르칠까 두렵습니다."라고 하자, 임금은 이에 고개를 끄덕였다. 이리하여 쓸쓸히 돌아와서는 시 지어 스스로를 슬퍼하며 "하지장이 입으로 한 말은 헛수고가 되었고, 맹호연 자신은 더 이상 의심하지 않았네." 하고는 마침내 淮南을 떠돌았다. 두목이 그때 度支使가 되어 서로가 극진히 환대하였는데, 그에게 준 시에서 "누가 장공자만 하리요, 千首詩는 萬戶侯를 가벼이 여기는데"라 하였다. 장호는 苦吟하였으며, 처가가 그를 부를 때마다 대꾸하지 않고 "내 바야흐로 입과 입술로 꽃을 만들고 있는데, 어찌 너희들은 궁휼히 여기겠는가?"라고 하였다. 본디 산수를 좋아하여 유명 사찰을 두루 유람했는데, 항주의 영은사와 천축사, 소주의 영암사와 능가사, 상주의 혜산사와 선권사, 윤주의 감로사와 초은사에 가서 왕왕 시 지어 노래하였다. 같은 시기의 崔涯 역시 시에 뛰어나 장호와 齊名하였다. 매우 자유분방하고 유랑하기를 좋아했으며 간혹 色鄕을 찾아 그때마다 倡家에 題詩하였는데, 그곳을 기리면 성가가 금방 높아졌고 그곳을 헐뜯으면 거마의 자취가 끊겼다. 최애는 의협을 숭상했는데, 「俠士詩」에 이르길 "太行山의 고개에는 세 척의 눈이 쌓여 있고, 내 옷소매 속에는 세 척의 쇠가 있도다. 어느 아침에 志士를 만나면, 문을 나서 처자와 헤어지리라." 하였다. 장호는 일찍이 그와 함께 淮南의 李相을 알현한 적이 있었는데, 장호가 "자라 낚는 나그네"라 하자, 李는 이상하게 여겨 "자라 낚는 데

낚싯대는 무얼로 하오?" "무지개로요." "낚시 고리는 무얼로 하오?" "초승달로요." "낚시밥은 무얼로 하오?" "땅딸한 李相公으로요." 하자 李紳은 그를 장하게 여기며 후하게 물건을 주어 보냈다. 만년에 백거이와 함께 어느 날 술 마시며 농담을 주고받았는데, 백거이가 그대는 최근에 지은 「憶柘枝」에서 "원앙의 비녀와 옷 띠는 어디에 버렸고, 공작의 비단 적삼은 누구한테 보냈는가?" 하였는데 하나의 問頭詩에 지나지 않을세 하고 놀려대자, 장호는 "야박하게 꾸짖습니다. 공의 「長恨歌」에서는 "위로는 하늘 끝까지 아래로는 황천까지 찾고 찾았으나, 어디나 망망할 뿐 혼을 찾을 수가 없었다네," 하셨는데, 이 또한 目連이 어머니를 찾는 것이 아닙니까?"라고 되받자 자리를 같이 한 사람들이 크게 웃었다. 처음 廣陵을 지나며 시를 지었는데, 거기에 이르길, "십리 긴 거리엔 저자가 이어지고, 달 밝으니 다리 위에 신선이 바라보이네. 이 몸은 양주에 묻힐 것이리, 禪智山의 풍광에 묘지가 아름다워라." 大中 연간에 정말 丹陽에서 은거하다 죽으니, 사람들은 앞일을 예언한 것이라고 생각하였다. 시 한 권이 지금 전한다.

라 하여 비교적 그 숨은 일화를 상세히 기술하고 있다. 여기서 우선 생졸시기가 불명하다. 생년은 더욱 불명하여 元和 長慶 연간(806~824)에 令狐楚에 애중을 받았고, 이미 시 300여 수를 바칠 연령이라면 令狐楚가 憲宗 元和 14년(819)에 相이 되고 이때 시를 왕에게 올려 추천하는 일이 있었던 만큼 그의 생년을 적어도 德宗 元貞 연간(785~804)으로 추정하는 것이 가하리라 본다. 元稹과의 불화의 사건은 元稹으로서는 穆宗 長慶 2年(822)에 相이 되는 관계로 볼 때 "雕蟲小技, 壯夫不爲."란 모욕을 당한 시기가 憲宗 말년에 해당한다고 보는 것이 타당하다. 한편, 白居易(772~846)와의 교유관계를 볼 때, 늘 譏謔하여 시교한 것과 일좌대소할 만큼의 교우연대에서 오히려 貞元 이전으로 소급할 수 있다. 그리고 졸년도 불명하지만, 宣宗 大中이라고 할 때, 847년에서 859년의 중간시기로 계산할 수 있다. 생존기간을 최소한 60세에서 최대 80세까지 볼 수 있는 것이다. 장호의 성품은 산수를 즐기고 호방하며 유머가 있었음을 알 수 있다. 후설하겠지만 교우관계가 고관서부터 승려에까지 다양하고 賀知章이나 孟浩然의 신세를 이해하고, 또 동일한 처지로 본 것은 내심으로는 출사의 의욕이 있으나 기회가 없었다는 면을, "上問之, 積曰 : 祜雕蟲小技, 壯夫不爲. 或獎激太過, 恐變陛下風敎. 上頷之, 由是失意東歸, 有孟浩然身更不疑之句."(≪全唐詩話≫ 卷4)에서의 실의라는 데서 명지하게 된다. 그의 생애에서 元積에게서의 소외는 가장 충격적이었을 것이며, 그의 시풍의 簡遠味가 바로 王維와 상사하다는 평어가 (≪唐詩選評釋≫, 李攀龍選, 森大來評釋, p.212) 나올 수 있는 소지가 여기서부터 나왔다고 추측하게 된다.4)

장호문집의 版本은 ≪新唐書≫의「藝文志」에 기록된 바로는 "張祜詩 一卷이 있다."고 하고 注에 "字承吉, 爲處士, 大中中卒."이라 하였고, ≪郡齋讀書志≫에도 같은 기록이 있다. 단지 陳振孫의 ≪直齋書錄解題≫에는 "張祜集十卷"이라고 기록되어 있다. 이러한 기록으로는 또 吳壽暘의 ≪拜經樓藏書題跋記≫ 5에는 "首題張處士詩集凡六卷, 無序目."이라 하였고, ≪北京圖書館善本書目≫에는 "唐張處士詩集六卷, 唐張祜撰. 明末葉奕抄本, 葉奕校, 吳壽暘跋, 二冊."이라 하니, 이 본도 상기본과 동일하다. 그리고 錢唐 丁丙의 ≪善本書室藏書志≫ 25에 "唐張處士詩五卷. 明正德依宋刊本. 劉蓉峰藏書."라 하고, 이어서,

---

4) ≪唐詩選評釋≫ 卷三에 張祜의「題松汀驛」詩를 引用하여 評하기를, "祜此作風味簡遠, 彷彿王摩詰, 于鱗所以不忍割愛歟. 遠含空三字起得有滄茫之意. 二聯皆從此中出, 亦王孟一流之章法也. 一結悠然, 大抵以野多遺賢之意, 而悲自家之況遇, 妙在不迫."라 한 데를 注意하게 된다. 參考로 그 시를 보면 "山色遠含空, 蒼茫澤國東. 海明先見日, 江白逈聞風. 鳥道高原去, 人煙小徑通. 那知舊遺逸, 不在五湖中."이다.

宋臨安棚北陳氏書肆刊唐人小集, 大率半葉十行, 行十八字, 此爲明正德間所刊, 行疑悉同, 當出書棚本, 且有彭城伯子, 空翠閣藏書印兩記, 可寶也.

송대 임안 붕북의 진씨 서점에서 당인의 小集을 간행하였는데, 대체로 半葉 10행, 1행 18자이다. 이것은 명대 正德 연간에 간행된 것으로 행과 글자 새김이 모두 같으니 당연히 서붕본에서 나온 것이며, 또 彭城伯子·空翠閣藏書印의 두 기록이 있으니, 귀중하다 하겠다.

라고 기술한 바, 장호문집의 현행본으로 ≪全唐詩≫(8函5冊)에 수록된 자료는 明刊本(宋本에 의거)인 ≪張處士詩集≫ 5卷에다 두었음을 알 수 있다. 이상의 내용은 萬曼의 ≪唐集敍錄≫의 기술을 기초로 추론한 것임을 밝힌다.

Ⅱ. 詩交 관계

장호의 교유는 만당의 유미시인에서 보다 많이 찾아볼 수 있다. 이의 자료는 부득불 그의 시작을 중심으로 해서 얻어지고 또 정리할 수밖에 없다. 따라서 그의 교우는 그의 시풍을 유추할 수 있는 근거가 되기도 한 만큼 이의 가치는 적지 않다고 보아야 할 것이다. 장호의 시작에서 送別이나 贈酬, 또는 詠懷에 속하는 작품에서 聞名한 자도, 성명부지의 자도 등장하고 있으니, 그것을 거명하자면 다음과 같다. 즉 杜牧, 令狐楚, 崔涯, 沈亞之, 徐彦夫, 許玫, 盧載, 李道實, 許渾, 李涉, 王昌涉, 溫飛卿, 鄭模, 蘇紹之, 曾黯, 李修源 등 문인과 契

衡上人, 貞固上人, 志凝上人, 靈澈上人, 僧雲栖, 道光山人, 惠昌上人, 高閑上人 등 僧侶를 상대로 한 경우들인데, 이 중에서 상호간에 시를 통한 교우를 놓고 본다면, 장호에 있어서는 역시 杜牧, 令狐楚, 崔涯, 沈亞之, 許渾, 李涉, 溫庭筠 등 문인들과의 교류에서 장호의 시세계를 개관함이 타당하리라 본다.

먼저 令狐楚(766~837)와의 관계를 보자면5), 楚 자신은 호에게 남긴 작이 없으나, 장호는 1수를 남기고 있다. 그를 보면, 「奉和令狐相公送陳肱侍御」(七句缺一字)의,

> 高館動離瑟, 親賓聊歎稀.
> 笑歌情不盡, 歎待禮無遠.
> 淸露府蓮結, 碧雲皐鶴飛.
> 還家與□惠, 雨露豈殊歸.

고아한 관사에 이별의 거문고 소리 울려도,
탄식만 하는 빈객은 드무네.
웃음과 노래의 정은 끝이 없고,
환대의 예절은 어긋남이 없네.
이슬 내린 관부엔 연이 맺히고,
구름 걸린 언덕엔 학이 나네.
(제7구는 결구)
雨露 같은 은혜에 어찌 달리 돌아가리요?

---

5) 令狐楚, 字殼士, 義州華原人. 生於唐代宗大歷元年, 卒於唐文宗開成二年, 年七十二歲.(≪舊唐書≫ 本傳에 依據) 河陽節度使, 中書侍郞同平章事, 그리고 衡州刺史, 山南亞道節度使를 지냄. ≪漆匳集≫ 一百三十卷, ≪梁苑文集≫ 三卷, ≪表奏集≫ 十卷(≪新唐書≫ 志에 의거). 今傳詩數는(≪全唐詩≫ 5函9冊) 59首에, 句 4首가 있다. ≪唐才子傳≫ 卷五 : "楚工詩, 當時與白居易元稹劉禹錫唱和甚多."

에서 장호가 영호초에 대해 극진한 禮節과 敬意를 지니고 있음을 알 수 있다. 생평에서도 일언한 바이지만, 영호초는 장호의 시에 매료되어 손수 300수를 왕에게 올려 추천한 사실만으로도 영호초의 총애는 적지 않았다고 볼 것인데, 각별한 이러한 관심은 長慶 연간 이후에 맺은 지우 외에도 시의 풍미가 白·元과 상통한 면에서 자신의 노선과 일맥하고 있다는 의식이 깃들여 있다고 본다.6) 즉 영호초 문하에서 李商隱 등이 나왔다고 하지만 "其詩長于絶句."(≪升菴詩話≫ 卷3)나 "亦可見其有去國慘傷之情."(≪全唐詩話續編≫ 卷上)에서와 같이 성당의 王維 등과 같은 시풍 또한 지니고 있어서 장호의 시에 있어서 王·孟的 풍미와 상이하지 않은 점에서 또한 상칭할 수 있겠다. 예컨대, 令狐楚의 「思君恩」을 보면,

小苑鶯歌歇, 長門蝶舞多.
眼看春又去, 翠輦不曾過.

작은 뜰엔 꾀꼬리 노래 그쳤는데,
장문궁엔 나비들 모여 춤추네.
눈으로 보니 봄은 또 가는데,
翠輦은 지나간 적이 없네.

에서는 王維의 「門外度金輿」 구와 같이 失寵者의 愁恨을 담은 간설적 묘법이다. 그리고 장호의 「題松汀驛」 같은 것과 소재는 다르지만, 표현상의 공교는 근사하니 보건대,

山色遠含空, 蒼茫澤國東.

---

6) 劉禹錫은 「重酬前寄」에서 "新成麗句開織後, 便入清歌滿坐聽."이라 한 데서 令狐楚의 樂府詩가 時人의 注意를 받은 것을 알 수 있다.

海明先見日, 江白廻聞風.
鳥道高原去, 人燈小徑通.
那知舊遺逸, 不在五湖中.

산색은 아련히 하늘 머금어,
아득히 송정역은 동쪽에 있도다.
밝아지는 바다에 해가 먼저 보이고,
맑은 강에 바람소리 아련히 들려오네.
좁고 험한 길은 고원을 달리고,
인가엔 오솔길이 나 있네.
어찌 알았으랴 옛날의 은사가,
오호에 있지 않았다는 걸.

　이 시를 놓고 ≪唐詩選釋評≫ 卷8에 "祜此作風味簡遠, 彷佛王摩詰于鱗所以不忍割愛歟."라 촌평한 것은 상근하는 적당한 평어라 할 것이니, 2연은 王孟一流의 章法을 다한 묘사로 봄이 타당하다. 영호초와 시류가 맥통하는 점을 알 수 있다.
　杜牧과의 관계에 있어선 相交의 작시를 각기 3수·4수씩 남긴 바, 양인의 빈번한 교유를 보게 된다. 장호가 杜牧을 두고 쓴 시로서는, 「和杜牧之齊山登高」·「和杜使君九華樓見寄」·「華淸宮和杜舍人」 등이 있고, 두목이 장호에게 준 시로는 「酬張祜處士見寄長句四韻」·「題張處士山莊一絶」·「贈張祜」·「殘春獨來南亭因寄張祜」 등이 있는데, 이들은 모두 양인의 깊은 우의를 담고 있어서, ≪唐才子傳≫(卷6) 張祜篇에 보듯이 "杜牧時爲度支使, 極相善待."라 한 것과 ≪韻語陽秋≫(卷4)에서의 "張祜詩云 : 故國三千里, 深宮二十年. 杜牧賞之, 作詩云 : 可憐故國三千里, 虛唱歌詞滿六宮."라 한 부분에서 그 편면을 확인할 수 있다. 그 중에서 장호의 「和杜牧之齊山登高」와 두목의 「贈張祜」를 예거하고자 한다.

秋溪南岸菊霏霏, 急管煩弦對落暉.
紅葉樹深山徑斷, 碧雲江靜浦帆稀.
不堪孫盛嘲時笑, 願送王弘醉夜歸.
流落正憐芳意在, 砧聲徒促授寒衣.

추계의 남쪽 언덕에 국화꽃 만발할 제,
젓대 급히 불고 거문고 번거롭게 뜯으며 낙조를 마주하네.
붉은 잎 달린 나무는 깊어져 산길이 끊기고,
구름 낀 강 고요해지자 포구배가 뜸하네.
孫盛이 때를 조롱하며 웃는 것 견딜 수 없으니,
王弘 보내주며 술에 취한 채 밤에 돌아가고 싶네.
떠돌이 신세는 친절한 임 계신 곳 그리워지는데,
다듬이 소리는 한갓 겨울 옷 전하라 재촉만 하네.

詩韻一逢君, 平生稱所聞.
粉毫唯畵月, 瓊尺只裁雲.
黥陳人人憚, 秋星(一作霜)歷歷分.
數篇留別我, 羞殺李將軍.(杜牧)

詩韻으로 그대를 한 번 만났지만,
평소에 들은 바 말할까 하네.
畵筆 들어 꽃만 그리고,
옥자 쥐어 구름만 재단하네.
경포가 짠 陣容은 사람마다 두려워하고,
가을 별은 또렷또렷 분명하네.
시 몇 수 내게 놔두고 떠났는데,
그 시 李陵 장군에 못지 않도다.

두목의 시가 詩書子史百家語에서부터 屈・宋과, 가까이는 李・杜

및 韓·柳 등에서 연원하였으면서도,7) 현존 265수(≪樊川詩集≫) 중에서 상당수가 艷情類와 憂國憂民類로 형성되어 있는 것을 볼 때, 장호시의 유미하면서도 소탈한 면을 상찬했으리라 본다. 앞에서 장호의 시는 1·2연이 寫景的 의미를 지니면서 3·4연에서 시태를 吟誦한 것과, 두목의 시에서 1연은 장호의 문재를 높이는 의미이지만 말련은 장호 시의 냉혹한 현실비판을 기리는 것이니 양인의 의기상합이 가능하였다고 하겠다.8)

그리고 許渾과의 관계는 양인이 각 한 수의 시를 남기고 있다.9) 허혼은 모두 531수(≪全唐詩≫ 8函8冊)를 지었는데, 그 풍격상 別離·友誼·虛無·豪麗·幽玄 등의 시미를 갖고 있으니, 장호와의 시교는 그의 허무와 幽玄의 의취가 상합된 교류의 맛을 느낄 수 있다. ≪升菴詩話≫ 卷9에서는 허혼을 두고 "唐詩至許渾, 淺陋極矣, 而俗喜傳之, 至今不廢."라고 하였지만 사실은 豪麗하면서도 율격이 세밀하여 ≪唐才子傳≫ 卷7에는 "其格調豪麗, 猶强弩初張, 平淺弦急."이라든가, 田雯의 "詩律之熟, 無如渾者……七言拗句亦自挺拔, 兼饒風致."(≪古歡堂集≫ 卷3)와 "許渾絶句亦佳, 但句法與律詩相似."(≪對牀

---

7) 杜牧詩의 「冬至日寄小姪阿宜詩」를 보면 "經書括根本, 史書閱興亡, 高摘屈宋體, 濃薰班馬香, 李杜乏浩浩, 韓柳摩蒼蒼. 近者四君子, 與古爭强梁."라 한 데서 그의 詩의 뿌리를 端的이나마 알 수 있다.
8) 張祜가 杜牧에 준 시를 더 든다면, 「和杜使君九華樓見寄」: "孤城高柳曉鳴鴉, 風簾半鉤清露華, 九峰聚翠宿危檻, 一夜孤光懸冷沙, 出岸遠暉帆欲落, 入谿寒影差斜. 杜陵歸去春應早. 莫厭青山謝朓士見寄長句四韻", "七子論詩誰似公, 曹劉須在指揮中, 薦衡昔日知文學, 乞火無人作劚通. 北極樓臺長挂夢, 西江波浪遠吞空. 可憐故國三千里, 虛唱歌詞滿六宮." 「題張處士山莊一絶」: "好鳥疑敲磬, 風蟬認軋箏, 修篁與嘉樹, 偏倚半巖生.", "殘春獨來南亭因寄張祜", "暖雲如粉草如茵, 獨步長堤不見人. 一嶺桃花紅錦黦, 半溪山水碧羅新. 高枝百舌猶欺鳥, 帶葉梨花獨送春. 仲蔚欲知何處在, 苦吟林下拂詩塵." 등이 있다.
9) 許渾의 詩에 대해서는 拙文 「許渾詩試攷」(≪葛雲文璇奎博士華甲紀念論文集≫) 參考.

夜語≫ 卷3)에서의 평어는 그 적절한 점이 있다고 할 것이다. 그런데 장호와의 시교는 隱居와 脫俗의 경계에서 보는 것이 더욱 타당하다고 보니, 장호의 「訪許用晦」를 보면,

遠郭日曛曛, 停橈一訪君.
小橋通野水, 高樹入江雲.
酒興曾無敵, 詩情舊逸群.
怪來音信少, 五十我無聞.

먼 성곽에 땅거미 질 제,
노 세워 그대를 방문했네.
작은 다리는 들 시내를 관통하고,
높은 나무는 강 구름 속으로 들어갔네.
주흥은 일찍이 적수 없었고,
시정은 옛날에 출중했었네.
이상하게 그대 소식 적으니,
오십 되도록 나는 들은 일 없도다.

라 하니, 이것이 소탈한 의식 속에서 표출된 淸眞한 의취인 동시에 劉熙가 말한 바, "詩一往作遺世自樂語, 以爲仙意."(≪詩槪≫)이러니, 장호에 대한 許渾의 마음은 더욱 묘미가 짙게 풍긴다. 즉 「與張道士同訪李隱君不遇」(一作張處無同題李隱居林亭)를 보면,

千巖萬壑獨携琴, 知在陵陽不可尋.
去轍已平秋草遍, 空齋長掩暮雲深.
霜寒橡栗留山鼠, 月冷菰蒲散水禽.
唯有西隣張仲蔚, 坐來同愴別離心.

깊은 산중으로 홀로 거문고 이끌고 왔는데,

陵陽에 있는 줄 알았더니 찾을 수 없네.
지나간 수레바퀴 자국은 이미 평평해져 가을 풀만 깔려 있고,
텅 빈 재실은 언제나 닫혀 저녁 구름이 깊어 있네.
서리 차가운 상수리와 밤은 산쥐를 머물게 하고,
달빛 차가운 들풀과 부들풀은 물새를 흐트러뜨리네.
오직 서쪽 이웃 張仲蔚이 있어,
자리에 앉아 함께 이별의 마음 슬퍼하네.

라 하여 자연에 동화된 경계를 느끼게 하고 경물 일점이라도 세찰한 白描는 양인의 시의를 일치시킨 것이라 하겠다.

沈亞之(781~831)와의 시교는 다소 미묘한 면이 있다. 즉 장호는 심아지를 통해서 두목과 이상은과의 교류가 깊었음을 추리하게 된다. 이 양인의 시교는 장호의 한 수만 있고 심아지에겐 없다 해도 杜牧이나 李義山의 심아지에게 준 시를 보면 이들의 의기상통점을 이해할 수 있는 것이다.[10] 장호의 「送沈下賢謫尉南康」을 보고자 한다.

秋風江上草, 先是客心摧.
萬里故人去, 一行新雁來.
山高雲緒斷, 浦逈日波頹.
莫怪南康遠, 相思不可裁.

가을 바람이 강가의 풀에 부니,
먼저 나그네 마음이 갈라지네.
만리 머나먼 친구 떠나는데,
한 줄의 새 기러기가 날아오네.
산 높아 구름 끝이 끊기고,

---

10) 李商隱의 「擬沈下賢」: "千二百輕鸞, 春衫瘦著寬, 倚風行稍急, 含雪語應寒, 帶火遺金斗, 兼珠碎玉盤. 河陽看花過, 曾不問藩安."과 杜牧의 "斯人淸唱何人和, 草徑苔蕪不可尋. 一夕小數山下夢, 水如環珮月如襟." 등은 그 예이다.

포구 멀어 해 물결이 무너지네.
남강이 멀다 언짢아하지 마오,
그리움은 끊을 수 있는 것 아니러니.

심아지의 불우한 처경을 비애 어린 客心으로 헤아려서 인심을 초목에 비의하여 토로하고자 하였다. 여기서 심아지 자신에 대한 이렇다 할 논구가 별무하여 시풍과 교우관계를 가지고 장호와 비교하기에 부족하지만, 필자의 아지에 대한 다음 일고의 내용에서 상호조명하고자 한다.

우선, 심아지는 吳興人으로 장안에서 처음 李賀와 왕교한 후 낙제 등 불우한 초년을 보내면서, 元和 14年(815)에야 진사에 급제하여 그의 인재를 발휘하고 벼슬은 秘書省正字, 殿中丞御史內供奉을 거쳐 太和 3年(829) 德州行營使인 栢耆의 判官을 지내다가 郢州椽으로 마친다.11) 그의 문집은 기록상 ≪沈下賢集≫ 卷12까지(≪直齋書錄解題≫ 卷16, ≪四庫全書總目題要≫ 卷29 등) 있었던 것으로 보이나 현재는 그의 시 24수(≪全唐詩≫ 8函2冊)와 4편의 傳奇가 전하여 지고 있다. 아지의 시풍은 그의 시작만으로 분별하기가 객관적이지 못하나 장호의 시를 이해하기 위하여 참고할 만하다. 즉 ≪四庫全書總目提要≫에 "務爲險崛, 在孫樵. 劉蛻之間. 此當爲遊韓愈之門十餘年所得之影響而其詩, 今存者少, 莫見其全. 然李賀許其工爲情語, 有窈窕之思……"(卷150)라고 하여 그의 시를 韓愈를 닮아서 奇險하다고 하며

---

11) 沈亞之의 傳은 兩唐書에 不立하고 단지 ≪舊唐書≫ 「栢耆傳」에 "耆以李同捷事邀功, 坐貶, 亞之亦貶虔州南康尉."라 하고, ≪新唐書≫ 卷201 「文藝傳」에 "若韋應物, 沈亞之……等, 其類尙多, 皆班班有文在人間史家逸其行事, 故弗得述."이라고만 記錄이 있을 뿐이다. 그러나 ≪郡齋讀書志≫ 卷4, ≪唐才子傳≫ 卷6, ≪唐詩紀事≫ 卷51, ≪直齋書錄解題≫ 卷16, ≪四庫全書總目題要≫ 29集部 등의 記錄을 통하여 그의 生平을 槪觀하게 된다. 近來 張恭甫의 「唐文人 沈亞之生平」(≪文學≫ 2卷 6期)도 可參.

정어가 있는 공교로움이 있다고도 평어를 달고 있는 것이 현재 나타난 그의 시에 대한 전부의 평가이다. 그러나 직접 그의 작을 통하여 몇 가지 특성을 찾을 수 있다. 곧, 먼저 형식면에서 24수에서[12] 17수가 오율체를 택하고, 칠절이 4수, 잡언체(騷體 포함)가 3수로 구성되어 있는데, 이것은 그의 시가 劉雅農이 校注한 바 "沈氏嘗游昌黎之門, 文本晦澁, 鑄辭用字, 不落蹊徑……."(≪唐人傳奇小說≫, 世界書局)에서의 「鑄辭用字」의 공이 깃들인 면을 인정할 수 있지만, 풍격 면에서 볼 때, 寫景이 탈속하면서 담아하며, 皇帝에의 祝壽詩는 충심이 있으며, 感懷詩에 있어선 현실도피의식이 표출되어 있어서 逼盛唐的인 시정을 낳고 있다. 특히 작법상 비유적으로 '如, 欲, 猶, 似' 등의 허자의 다용은 풍자의 심리가 유출된 예라 하겠다. 그「曲江亭望慈恩杏花發」을 보면,

    曲臺晴好望, 近接梵王家.
    十畝開金地, 千株發杏花.
    帶雲猶誤雪, 映日欲斯霞.
    紫陌傳香遠, 紅泉落影斜.
    園中春尙早, 亭上路非賒.
    芳景偏堪賞, 其如積歲華.

    曲臺에 비 개이니 전망 좋고,
    가까이엔 불사가 접해 있네.

---

12) 沈亞之의 全作目錄을 參列하고자 한다.「虎丘山眞娘墓」,「苔殷堯藩贈罷涇原記室」,「五月六日發石頭城步望前船示舍弟兼寄候郎」,「別龐子肅」,「春色滿皇州」,「宿白馬津寄寇立」,「汴州船行賦岸傍所見」,「送文穎上人遊天臺」,「宿後自華陽行次昭應寄王直方」,「題海榴樹呈人叔大人」,「西蕃請謁廟」,「勸政樓下觀百官獻壽」,「山出雲」,「曲江亭望慈恩杏花發」,「村居」,「春詞酬元微之」,「題候山亭」,「送龐子肅」,「夢秦弄玉」,「夢別秦穆公」,「湘中怨」,「夢遊秦宮」,「文祝延閱」 等.

황금 밭 열 이랑이 펼쳐지고,
살구꽃 천 그루가 만발하네.
띠구름은 눈으로 오인케 하고,
비쳐드는 햇빛은 노을인 줄 속겠네.
紫陌에서 전해지는 향기 아득한데,
붉은 샘에는 석양이 비껴 있네.
뜰 안의 봄은 아직 이른데,
정자 위의 길은 멀지 않도다.
아름다운 경치 홀로 감상할 만한데,
어찌하여 나이는 쌓여 가는가?

여기에서 仙境을 추구하면서 3연과 4연에서 자연과 동화한 심태를 그렸으며, 數對比(十·千)와 色感(紫·紅), 그리고 "猶·欲"과 같은 비유적 착상을 구사하여 극미를 느끼게 한다. 말련에서 인생의 무상을 떨칠 수 없게 함은 아지의 시를 만당의 주류라 할 李賀一派의 유미적인 것과는 상반해서 평해야 할 것이며, 奇崛하다기보다는 평이하여 만당중의 성당시라고 해도 가할 것이다. 그의 시의 情語어린 평이성은 그의 傳奇小說에 대한 취향과 상통하다고도 할 것이다.[13]

한편, 아지의 교우는 많은 교유관계를 지녔다는 면에서 장호의 문학적인 평가를 위해서 도움이 되는 인물이라고 볼 수 있다. 아지는 상호간 시작을 매개로 한 교우에 있어, 장호를 위시하여, 李賀·杜牧·李商隱 등 당대의 대가와 각별한 친분을 가졌으며, 韓愈·元稹에게 출입하고, 姚合·殷堯藩·劉禹錫·獨孤鉉·徐凝에 이르기까지 넓은 교왕이 있었음을 알 수 있다.[14] 장호와 아지와의 친분은 장호

---
13) 沈亞之의 傳奇는 4篇으로,「湘中怨解」·「異夢錄」·「秦夢記」·「馮燕傳」 등이다.
14) 亞之의 交友는 李賀의 送詩 "吳興才人怨春風, 桃花滿陌千里紅, 紫絲竹斷駿馬小, 家住錢塘東復東."이 있으며, 杜牧의 贈詩(旣引)와 李商隱의 詩, 殷堯藩의

의 사교폭을 넓히게 하고 그의 시명을 격상시키는 데 보탬이 되었으리라 보는 것이다.

다음으로 李涉과 崔涯와의 교우인데, 전자의 경우, ≪韻語陽秋≫에 "張祜喜遊山而多苦吟, 凡歷僧寺, 往往題詠,……李涉在岳陽嘗贈其詩曰 : 岳陽西南湖上寺, 水閣松房遍文字. 親釘張生一首詩, 自餘吟著皆無味."(卷4)라고 하여 別興을 주는 품평을 하진 않았으나, 상호교류의 기미가 있었고, 李涉 자신도 遊山을 좋아한 만큼, 그의「題鶴林寺僧室」의

終日昏昏醉夢間, 忽聞春盡强登山.
因過竹院逢僧話, 又得浮生半日閑.

종일 혼몽하게 술에 취해 있다가,
홀연 봄이 다 간다는 소리 듣고 부지런히 산에 올랐네.
竹院 지나다 불승 만나 이야기 나누니,
허튼 인생이 한가롭기만 하도다.

라 한 구는 바로 장호의 시와 상통하는 점이겠다.15) 그리고, 崔涯와는 ≪唐才子傳≫에 인술한 바,

同時崔涯亦工詩, 與祜齊名, 頗自行樂, 或乘興北里, 每題詩唱肆, 譽之則聲價頓增, 毁之則車馬掃迹, 涯尙義有俠, 詩云 : "太行巖上三尺雪, 崔涯袖中三尺鐵, 一朝若遇有心人, 出門便興妻兒別." 嘗共謁淮南李相,

---

「送沈亞之慰南康」(亞之도 殷에게 준 시가 있음), 徐凝의「送亞之赴郢州掾詩」등이 있고, 亞之의 傳奇「異夢錄」에서 隴西公에게 故事를 듣는 자리에 함께 한 者 중에 姚合・獨孤鉉(≪全唐詩≫ 八函 二冊에 詩 있음) 등이 있었음을 통해 本文의 交友에 대한 引證에 代할 수 있다.
15) 李涉의 이 詩는 ≪全唐詩話≫ 卷三에 旣引되어 있음.

祜稱鉤鼈客, 李怪之曰 : 鉤鼈以何爲竿, 曰, 以虹, 以何爲鉤, 曰, 新月, 以何爲餌, 曰, 以短李相公也. 紳壯之厚贈而去. (卷六)(앞에 인용)

이와 같이 崔涯와는 의기상합하고 유랑을 즐겨하니, 그의 「別妻」시도 이런 맥으로 이해할 수 있게 한다. 즉 멋대로 처신하는 崔涯로 해서 丈人에 의해 처가 尼僧이 되므로 이에 지은 別詩인 것이다. 이만큼 양인의 흥취가 어울린 교우는 통쾌하기까지 하다.16)

Ⅲ. 장호 시의 性格

장호의 시(≪全唐詩≫ 8函5冊)는 총 353수에 달하고 있다. 그의 시를 주제별로 세분하면 다음과 같다.

主題	僧寺	道觀	送別	贈酬	詠物	行旅	輓歌	詠古	感興	邊塞	寫景	交友	其他	
詩數	44	4	25	30	30	28	5	45	55	4	39	18	26	353

이상과 같은 분류에서 장호 시의 특징을 대강 몇 가지로 추출해 볼 수 있는데, 우선 그의 시가 隱逸脫俗的인 면이 적지 않으니 이 점은 佛道와 경물에 관한 내용에서 짙게 표출되어 있고, 이것이 또한 성당풍에 근접하는 풍미이니, 李攀龍은 장호의 「松汀驛」 시를

---

16) 「別妻」 詩의 故事를 計有功은 "崔涯, 吳楚人, 與張祜齊名, 其妻雍氏, 乃雍秘校之女, 夫婦相歡, 而涯不禮其妻父, 妻父不平之, 奪其女爲尼, 涯不得已, 爲詩留別曰(以下別妻詩)".(≪唐詩紀事≫ 卷五十二)라고 記錄되어 있음. 崔涯와의 관계를 記述한 다른 자료로서 唐 范攄의 ≪雲溪友議≫(頁三)를 들겠으니, 그 末句에 "祜涯久在維揚, 天下晏淸, 篇詞縱逸, 貴達欽憚, 呼吸風生."이라 함.

놓고,

> 此詩 "遠含空" 三字, 起得有蒼茫之意..
> 一聯皆從此中出, 亦王孟一流之章法也. (≪唐詩選≫ 卷八)

이 시의 "遠含空" 세 자는 창망한 뜻을 불러일으키고 있다. 한 연은 모두 이 가운데서 나오고 있으니, 역시 王孟 일파의 章法이다.

라고 말한 부분은 결코 우연이 아닌 것 같다. 그리고 그의 시에 있어 送別·寄贈 및 輓歌詩에서 비애를 크게 그리고 있으며, 다음으로 詠物·感興·景物에 대한 시에서 만당류의 艶美風이 보이니, 이것은 그의 시에 있어 古談과 詠懷的인 맛과 함께 가장 극치 어린 특성이라 하겠다. 그러기에 ≪石洲詩話≫에서,

> 張祜絶句每如鮮葩颭灩, 燄水泊浮, 不特「故國三千里」一章見稱於小杜也. (卷三)

장호의 절구는 매양 꽃봉오리가 바람과 물결에 살랑대고, 불타는 물결이 그치고 흘러가는 것 같다. 「故國三千里」한 편만이 두목에게 칭찬 받은 것은 아니다.

라 하고, 위의 같은 책에서 또,

> 陸魯望謂張祜元和中作宮體小詩, 辭曲艶發. (卷二)

육구몽은 장호가 원화 중에 지은 궁체 소시는 사곡이 아름답게 펼쳐져 있다고 하였다.

라 한 평은 적절하다 하겠다. 이러한 관점에서 장호 시를 특성별로 대개 사분하여 다음과 같이 고찰하고자 한다.

1. 山寺와 隱逸脫俗

장호의 시에 寺僧의 주제가 많다 함은 기설한 바이다. 宋代 阮一閱은 이 점을 葛常之의 말을 빌려 다음과 같이 말한다.

> 張祜喜遊山而多苦吟, 凡所歷僧寺往往題詠如題僧壁云 : 客地多逢酒, 僧房卻厭花, 信知僧房佛寺賴其詩標榜者多矣. (《詩話總龜》卷之二十一)

장호는 산행을 즐겼고 苦吟이 많다. 무릇 그가 다닌 불사에서 왕왕 시 지어 노래하였는데, 「題僧壁」같은 데서는 "客地多逢酒, 僧房却厭花"라 하였다. 실로 승방과 불사가 그의 시를 통해 표방되는 경우가 많음을 알겠다.

그리고 宋代 蔡正孫은 《詩林廣記》卷9에서 孤山寺, 金山寺 등을 싣고 평하였는데, 특히 金山寺를 두고 한 평을 보면,

> 南唐書云 : 金山寺號爲勝景, 張祜吟詩有 "僧歸夜船用, 龍出曉堂雲" 之句自後詩人閣筆. 孫魴乃復吟一詩, 特號絶唱.

南唐書는 금산사를 승경이라 하였다. 장호가 읊은 시에는 "僧歸夜船月, 龍出曉堂雲貴"의 구절이 있는데, 그 후로 시인들은 붓을 놓았다. 손방이 다시 읊은 한 수의 시가 절창이라 불리었을 뿐이다.

이라 하니 후세학자가 장호 시의 소재에 있어 寺僧의 중요성을 강조

한 증거라 할 것이다. 장호가 山寺를 시제로 한 시가 총 38수인 것만 봐도 그의 소재의 중점이 되는 대상으로서의 사원이 지닌 의미가 적지 않다.17) 이는 시정이 천속을 면하는 근거가 되기도 하지만, 장호의 시 전체가 지닌 避俗의 특징이라는 데까지 확대하여 말할 수 있는 것이다. 시가 경계해야 할 즉, "詩一戒滯累塵腐, 一戒輕浮放浪, 凡出辭氣, 當遠鄙倍, 詩可知矣."(≪詩槪≫)란 표현과 대조해 볼 때 더욱 장호의 시에서의 소재 선택의 신선함을 먼저 강조하지 않을 수 없다. 그의 이런 시를 단순한 자연경물에의 심취라는 데서 보고, 또 信心이 깃들인 의식상의 탈속미라는 면으로 살펴보고자 한다.

王國維가 말한 바와 같이 "有有我之境, 有無我之境"(≪人間詞話≫)라는 의미는 我로써 사물을 보는 것을 전자의 것이라면 物로써 物을 보는 것을 후자의 것이 되겠으니, 장호의 경물을 描繪하는 시정에서부터 은일과 속탈을 추구한 면을 전자의 경우로 볼 수 있다. 이는 我의 情을 위주로 하고 物의 景을 從으로 했다고 보기 때문이다. 후자에 대해서는 沒入度가 덜한 지경이라 하기보다는 관조의 精緻를 표현해 주는 詩界라고 본다. 境 속에 반드시 '我'가 있으며, 그 주체는 '我'이므로 '我相'이 澹遠의(虛無가 아닌) 의식흐름인 것이니, 소위 "景寄於情"(張德瀛의 ≪詞徵≫)이라 하겠다.18) 장호의 「涓川寺路」를

---

17) 張祜의 寺院을 詩題로 한 것만을 列擧한다 해도 다음과 같다. 「涓川寺路」, 「題僧壁」, 「題贈仲儀上人院」, 「題造微禪師院」, 「題萬道人禪房」, 「石頭城寺」, 「題潤州金山寺」, 「題潤州甘露寺」, 「題杭州孤山寺」, 「題餘杭縣龍泉觀」, 「題徑山大覺禪師影堂」, 「題濠州鍾離寺」, 「題蘇州靈巖寺」, 「題蘇州楞伽寺」, 「題蘇州思益寺」, 「題重居寺」, 「題善權寺」, 「題南陵隱靜寺」, 「題丘山寺」, 「題道光上人山院」, 「題惠山寺」, 「題虎丘寺」, 「題普賢寺」, 「題虎丘東寺」, 「題虎丘西寺」, 「題招隱寺」, 「禪智寺」, 「登金山寺」, 「題杭州天竺寺」, 「題杭州靈隱寺」, 「東山寺」, 「峰頂寺」, 「題潤州鶴林寺」, 「題勝上人山房」, 「題靑龍寺」, 「題靈徹上人舊房」, 「題僧影堂」, 「題秀師影堂」 등 以上 38首.
18) 情景主從關係를 謝榛의 다음 句에서 參考할 수 있다.

보면,

    日沈西澗陰, 遠驅愁突兀.
    煙苔濕凝地, 露竹光滴月.
    時見一僧來, 脚邊雲勃勃.

    해가 져 서쪽 시내가 으슥하니,
    먼 데서 쫓겨 온 이 몸 시름이 솟구친다.
    연기는 이끼에 끼어 축축이 땅에 엉겨 있고,
    이슬은 대나무에 내려 달빛에 반짝반짝 떨어진다.
    이따금 불승이 오는 걸 보면,
    그 걷는 다리 곁에서 구름이 둥실 떠간다.

이 시에서 전체구가 경물의 자태와 작자 자신의 그 속에서의 위치를 直率하게 그려 놓았다. 3·4구의 細致함, 5·6구의 경계묘사는 서경에서 그대로 초탈의 妙奧로 轉化시킨 것이다. "沈·陰·遠·突兀·煙·凝·滴·僧" 등의 자는 말구의 5자로 귀결시키는 動中靜의 묘법이라 하겠다. 그리고 「峰頂寺」 시를 보면,

    月明如水山頭寺, 仰面看天石上行.
    夜牛深廊人語定, 一枝松動鶴來聲.

    달빛이 물처럼 맑은 산꼭대기 절에서,
    얼굴 들어 바라보니 천계 위를 거니는 것 같네.
    행랑에 밤 깊어져 사람 소리 그쳤는데,
    한 가지의 솔잎이 움직이니 학이 오는 소리인가 하네.

  "韋蘇州曰 : 窓裏人將老, 門前樹已秋 ; 白樂天曰 : 樹初黃葉日, 人欲白頭寺 ; 司空曙曰 : 雨中黃葉樹, 燈下白頭人 ; 三詩同一機杼, 司空爲優. 善狀目前之景, 無限凄感, 見乎言表."(《四溟詩話》)

이 시도 한밤중에 감흥되는 시정과 경물이 조화되는 담백한 표현이다. 깊고 높은 山寺를 찾아서 읊은 七絶이지만, 제1연의 표현은 마치 天界를 거니는 심회를 그려 놓은 듯 하고, 제2연은 시에 있어 ≪詩槪≫에서 말했듯이 기상이 있는 곳에 정신이 있다는 한 증거가 되는 표현이다.19) 이러한 경지는 避俗의 의미이니 정적이 깃들인 속에 한 가지의 솔잎 스치며 학이 오는 소리로 묘사한 경물의 精緻함은 단순한 시심의 발로 이상의 묘취가 승화되어 나타나고 있다. 이것은 바로 시의 다음과 같은 단계에 들어선 장호의 작품수준이라 하겠다. 즉,

詩境貴幽, 意貴閒冷, 辭貴刻削. 閒冷便雋永, 刻削便古峭. 若此者皆善於避俗, 善於避熟者也. 且不但避俗與熟而已, 卽登峰造極, 豈有加於此乎. (≪說詩管蒯≫)

시의 경계는 幽玄을 귀히 여기고, 뜻은 閒冷을 귀히 여기며, 말은 조탁을 귀히 여긴다. 한냉하면 준영해지고, 조탁하면 고초해진다. 이와 같은 것은 모두 속된 것을 잘 피하고 진부한 것을 잘 피하는 것들이다. 또한 속되고 진부한 것을 피하는 것뿐만이 아니니, 최고의 경지에 이른다 하여도 어찌 여기에 덧보탤 것이 있겠는가?

그리고 또, 보다 시의 탈속을 강조하여 같은 글에서 이르기를,

至於詩, 洗滌俗腸, 而後可以作. 向謂詩自詩, 而人自人者, 固別有說, 不得以荊公藉口也. 夫詩可以醫俗, 而所以醫詩之俗者, 亦必有道. 蓋其

---

19) ≪詩槪≫云 : "山之精神寫不出, 以煙霞寫之 ; 春之精神寫不出, 以草樹寫之, 故詩無氣象, 則精神亦無所寓矣."

俗在心, 末有不俗於詩者. 故欲治其詩, 先治其心, 心最難於不俗. 無已,
則於山水間求之. (≪說詩管蒯≫)

　　시의 경우는 俗腸을 씻어낸 뒤에야 지을 수 있다. 옛날에 이야기
된 "시는 시 그 자체이고 사람은 사람 그 자체"라 함은 전혀 다른 말
로서 荊公을 구실 삼을 수 없다. 대저 시는 속된 것을 고쳐야 하는데,
시의 속됨을 고치는 데에도 반드시 도가 있다. 대저 그 속됨이 마음
에 있으면, 시에 속되지 아니함이 없었다. 그러므로 그 시를 고치고
자 하면 먼저 그 마음을 고쳐야 하는데, 마음이 속되지 않게 하기가
가장 어렵다. 부득이 하다면 산수 사이에서 그것을 찾아야 한다.

　이런 기준에서 滄浪이 말한 第一義的인 以禪入詩의 장처에 장호
를 동참시킬 수 있을 것이다.[20] 장호의 제2연은 곧 貴幽와 醫俗을
표출하고 있기 때문이다.
　한편, 이상과 같은 단순한 경물에의 심취에서 우러나온 심신의 종
교적 의미의 탈속에 경도된 성향을 장호의 시에서 찾아볼 수 있으
니,「題徑山大覺禪師影堂」을 예거하자면,

　　　　超然彼岸人, 一徑謝微塵.
　　　　見相卽非相, 觀身豈是身.
　　　　空門性未滅, 舊里化猶新.
　　　　謾指堂中影, 誰言影似眞.

　　　　초연히 저 언덕의 사람은,
　　　　곧장 속세를 떠났네.
　　　　형상을 보면 곧 형상이 아니거늘,
　　　　몸을 본들 몸이 어찌 몸이겠는가?

---

20) 嚴羽,《滄浪詩話》,「詩辨」參照.

불교의 성정은 사라지지 않고,
옛 마을은 변하여 새롭도다.
천천히 불당 안의 그림자를 가리키며,
그림자가 진짜 같다 누가 말할 수 있겠는가?

이 시는 첫 구부터 인간계를 벗어나 있으니, 이른바 袁枚의 "心爲人籟, 誠中形外."(≪續詩品≫,「齋心」)와 상통하는 작자의 심태를 묘회하여 제2연에 들어서는 忘我에의 의취를 보여서 이 시가 주는 초탈의식은 神悟에 든 세계에까지 보여준다. 이제 다시 한 수를 더 보기로 한다.「題丘山寺」를 보면,

幾代儒家業, 何年佛寺碑.
地平邊海處, 江出上山時.
故國人長往, 空門事可知.
凄凉問禪客, 身外卽無爲.

몇 대를 儒者로 업 삼아 왔거늘,
어느 해에 불사에 마음 두었던가.
땅이 평평하고 주위가 바다인 곳에서,
이따금 강에서 나와 산에 올랐다네.
고국의 사람은 영원히 떠나가고,
공문의 일은 알 수 있도다.
처량히 선객에게 물으니,
몸밖이 곧 無爲라네.

이 시에서 말련은 과연 무엇인가? 解脫이요 涅槃이 아닐 수 없다. 王漁洋이 謝康樂, 王維, 孟浩然 등을 추숭하면서 이 같은 시계를 達性의 경지, 곧 淸遠의 味를 지닌 神韻 두 자로 비유한 것은 적절한

평이다.21) 장호의 시상은 이에서 더 바랄 것이 없다. 그의 시는 무리 없이 純眞하다. 그러나 奧義가 있다. 禪理는 없으나 禪趣가 넘친다. 후자가 시에서 지닌 가치로 보아 더 높은 것은 기히 논증한 바이 다.22) 장호 시의 山寺를 주제로 한 면은 자연을 인성의 極妙한 데로 移化한 기교를 발휘하지 않았나 보여진다. 장호의 시가 성당의 만당 풍이란 평가가 주어진다면 그의 山寺類에서 택하여져야 할 것이다.

2. 교우와 悲哀

장호의 시에는 교유를 다룬 작품이 79수로 집계되고, 그 중에 送別類가 23수인데, 그 상대도 문인·관원·혈족·도인 등 다양하다. 그리고 輓哭類가 3수, 寄贈類가 35수, 相逢類가 15수 등이 교류관계에 속한다.23) 기증류의 경우에서도 道士와 官人에 준 시가 주류를

---

21) 王漁洋, 《漁洋詩話》 : 汾陽孔文谷云 ; 詩以達性, 然須淸遠爲上. 薛西原論詩, 獨取謝康樂王摩詰孟浩然韋應物. 言"白雲抱幽石, 綠篠媚淸漣.", 淸也 ; 表靈物莫賞, 蘊眞誰與傳, 遠也 ; 何必絲與竹, 山水有淸音, 景則鳴禽集, 水木湛「淸華」, 淸遠兼之也. 總其妙在神韻矣. 神韻二字, 向者論詩, 首爲學人拈出, 不知已見於此.
22) 拙著 《王維與申緯詩之比較硏究》 第四章 參照.
23) 送別詩題 :「送蜀客」,「送蘇紹之歸嶺南」,「送沈下賢謫尉南康」,「送盧弘本浙東覲省」,「送徐往夔州」,「富陽道中送王正夫」,「送瓊貞發述懷」,「送魏尙書赴鎭州行營」,「奉和令狐相公送陳肱侍御」,「送客歸湖楚」,「送周尙書赴滑臺」,「送人歸蜀」,「送王昌涉侍御」,「汴上送客」,「送走馬使」,「別玉華仙侶」, 輓哭類詩題 :「哭京兆龐尹」,「哭汴州陸大夫」,「憲宗皇帝挽歌詞」, 寄贈類 :「酬鄭模司直見寄」,「晚次荊溪館呈崔明府」,「寄郞州徐員外」,「贈薛鼎臣侍御」,「贈契衡上人」,「走筆贈許玖赴桂州命」,「寄盧載」,「贈貞固上人」,「題贈志凝上人」,「寄靈澈上人」,「溪行寄京師故人道侶」,「贈僧雲栖」,「寄遷客」,「答僧贈桂杖」,「酬武蘊之乙丑之歲始見華髮余自悲遂成繼和」,「贈廬山僧」,「夏日梅溪館寄龐舍人」,「贈進南將」,「題惠昌上人」,「憶遊天台寄道流」,「寄王尊師」,「寄獻蕭相公」,「酬答柳宗言秀才見贈」,「高閑上人」,「題靈隱寺師一上人十韻」,「投贈常州從兄中丞」,「將離岳州留獻徐員外」,「贈禪師」,「贈李修源」,「贈處士」,「贈內人」,

이루어 각각 12, 16수씩 되고 있다. 이들 교우시가 대부분 현실을 기반하고 있는 경향에 비하여 장호의 시는 淸淡한 無欲의 교류를 나눈 것과 삶의 憂愁를 노래한 것 등이 두드러져 있다. 그것은 단순한 심적 갈등이나 번뇌가 아니라 현실로부터의 超然性을 그리고 있는 淸化된 시심이기도 하다. 이것은 司空圖의 "浩然彌遠"의 경지라 할 것이다.24) 장호의 교우시에서 먼저 送別類는 누구나 갖고 있는 시류이지만25), 그에게는 思鄕心과 恨別이 잠긴 성격을 보이고 있어, 전자의 예시로서「汴山送客」을 보면,

河流西下雁南飛, 楚客相逢淚濕衣.
張翰思歸何太切, 扁舟不住又東歸.

하수가 서쪽으로 흐르고 기러기가 남쪽으로 날아갈 제,
초 땅의 나그네가 서로 만나니 눈물이 옷을 적시네.
張翰은 고향 생각이 얼마나 간절하길래,
조각배 세우지 않고 또 동쪽으로 돌아가려는 건가?

이 칠절은 ≪唐詩別裁≫의 "七言絶句, 貴言微旨遠, 語淺淸深."라 한 바 같이 언어가 平淺하지만, 담긴 涵意가 深遠한 시이다. 1구의 雁南飛, 2구의 淚濕衣, 그리고 3구의 東歸는 모두 妙用으로서 先寬

「贈寶家小兒」, 「江上旅泊呈杜員外」, 「酬凌秀才惠枕」. 相逢類詩題:「途中逢李道實遊蔡州」,「訪許用晦」,「觀宋州田大夫打毬」,「病後訪山客」,「和杜牧之齊山登高」,「和杜使君九華樓見寄」,「華淸宮和杜舍人」,「夜宿溢浦逢崔昇」,「邊相逢歌者」,「聽簡上人吹蘆管三首」,「聽岳州徐員外彈琴」등. (이 分類는 交友詩인 때문에 全體詩分類數와 方法上 差異가 있을 수 있음.)
24) 司空圖, ≪二十四詩品≫의 悲慨條에 "壯士拂劍, 浩然彌哀."
25) 贈送의 詩는 普遍化되어 있으니, ≪野鴻詩的≫에 "凡題贈送別賀慶哀輓之題, 無一非詩, 人皆目爲酬應, 不過攘撼套語以塞責. 試問有唐各家集中, 此等題十有七八……"라 한 데서 알 수 있다.

後緊의 작법을 강구한 것이니, ≪詩槪≫에서,

> 絶句意法, 無論先寬後緊, 總須首尾相銜, 開闔盡變. 至其妙用, 惟在借端託寓而已.
>
> 절구의 意法은 先寬後緊, 先緊後寬을 막론하고 모두가 首尾가 서로 연결되고, 開闔이 변화를 다 하도록 해야 한다. 그 묘법은 단서를 빌어 기탁하는 데 있을 따름이다.

라 한 말과 상통한다. 거기에 제3구의 用意는 思鄕의 조급한 뜻을 何太切이라고 표현한 것은 이 시의 神韻自出하는 부분이 된다.[26] 이 묘취가 만당이 성당을 극복할 수 있는 점이라고 한다면 중만당이 主氣(盛唐)보다는 主意에 둔 섬세한 묘사에 있는 것이라 할 수 있어서[27], 장호의 이 송시가 그 眞心을 절실히 표출할 수도 있을 것이다. 그리고,「送楊秀才游蜀」을 보면,

> 鄂渚逢遊客, 瞿塘上去船.
> 峽深明月夜, 江靜碧雲天.
> 舊俗巴渝舞, 新聲蜀國弦.
> 不堪揮慘恨, 一涕自潸然.
>
> 악저에서 만난 나그네,
> 구당가에서 배로 떠나네.
> 계곡 깊고 달 밝은 밤,

---

26) ≪峴傭說詩≫ : "七絶用意, 宜在第三句, 第四句只作推宕, 或作指點, 則神韻自出."
27) ≪藝圃擷餘≫ : "晚唐詩萎爾無足言, 獨七言絶句膾炙人口, 其妙至欲勝盛唐."
≪詩鏡總論≫ : "七言絶句, 盛唐主氣, 氣完而意不盡工. 中晚唐主意, 意工而氣不甚完. 然各有至者, 未加以時代優劣也."

강 고요하고 구름 걸린 하늘.
옛 풍속으로 파유무 추고,
촉국 현으로 새 노래 연주하네.
서글픔 떨치지 못해,
한 줄기 눈물이 절로 쏟아지네.

여기서 제3연의 用事는 이 시의 본의를 대언하여서 이른바, "詩之用事, 不可牽强, 必至於不得不用, 而後用之."(≪石林詩話≫)에 부합하는 묘법을 쓰고 있으며, 그 용사가 절실하여[28] 말련의 別情에 대한 애수의 시구로 이어지고 있다. 말구의 눈물에 잠길 듯한 이별에 대한 표현은 극대화된 심회의 진의가 되리라 본다.

한편, 贈酬詩에서는 크게 道人과 官人을 대상으로 한 것이 주류인데, 道人의 경우, 「溪行寄京師故人道侶」를 보면,

白日長多事, 清溪偶獨尋.
雲歸秋水闊, 月出夜山深.
坐想天涯去, 行悲澤畔吟.
東郊故人在, 應笑未抽簪.

한낮이면 언제나 일 많은데,
맑은 시내 우연히 홀로 찾았네.
구름 돌아가니 가을 물이 드넓고,
달이 나오니 밤 산이 깊어지네.
앉으면 하늘 저편으로 돌아갈 일 떠오르고,
거닐면 쫓겨 온 신세 슬퍼지네.
동쪽 근교에 친우 있으면,
응당 아직 비녀 뽑지 못한 것 비웃겠지.

---

28) ≪紀批瀛奎律髓≫ : "凡用事不切, 不如不用, 切而不雅, 亦不如不用."

이 시는 淸淡하다. 장호의 증수시의 한 면인 것이다. 우인의 품성을 그리고 있는 이 작은 바로 장호의 마음이기도 하다. 이것은 "性情面目, 人人各具. 讀太白詩, 如見其脫屣千乘……"(≪說詩晬語≫)과 상통하는 意表이며, 시의가 神采한 것과 연결된다.29) 道人에게 준 장호 시의 또 하나의 특성은 인사의 至難함을 노래한 것인데, 이도 俗事를 떨치는 심사의 일단으로 대변할 수 있다. 그 예로써 「贈處士」를 보면,

小徑上山山甚小, 每憐僧院笑僧禪.
人間莫道無難事, 二十年來已是玄.

오솔길 따라 오른 산, 산은 매우 작지만,
매양 선원에서 웃음 짓던 선승 그리워지네.
인간 세상에 어려운 일 없다 마오,
20년 세월이 어느 새 아득해졌도다.

이 얼마나 直率한 심태인가. "禪·玄"의 押韻이 먼저 이 시의 풍격을 말해준다. 이는 곧 起하긴 쉬우나 氣를 갖긴 어렵고, 結하긴 쉬우나 入神하긴 어려운 경지이며, 韻勝과 格高를 겸전한 이성의 시경이고 장호 자신의 희구를 부가하고 있다.30) 장호의 증수시는 자신의 개성을 道人을 통해 표현하였지만, 관인에게서는 우인이라도 훈계하

---

29) ≪談龍錄≫: "淸新俊逸, 杜老所重. 要是氣味神采, 非可塗飾而至."
30) ≪野鴻詩的≫: 詩不難乎起, 而難乎氣, 不難乎結, 而難乎神.
    陳善의 ≪捫蝨新語≫: 余每論詩, 以陶淵明. 韓, 杜諸公, 皆爲韻勝. 一日, 見林倅於徑山, 夜話及此. 林倅曰 "詩有格有韻, 故自不同. 如淵明詩, 是其格高, 謝靈運池塘春草之句, 及其韻勝也. 格高似梅花, 韻勝似海棠花." 予聽之, 瞿然似有悟.

는 자세를 견지하니 더욱 장호의 문풍을 확실케 한다. 예컨대, 「江上 旅泊呈杜員外」에서,

> 牛渚南來沙岸長, 遠吟佳句望池陽.
> 野人未必非毛遂, 太守還須是孟嘗.
>
> 우저 남쪽으로 오니 모래 언덕이 길고,
> 멀리서 고운 시 읊으며 연못 저 끝을 바라보네.
> 야인이라면 모수가 되지 말라 할 필요가 없지만,
> 태수라면 그래도 맹상이 되어야 할세.

2연에서 전국시대 秦나라 왕을 위협하여 合從을 맺게 한 毛遂 같은 야인이 되든지, 孟嘗君 같은 태수이어야 한다는 말은 교훈적이다. 이것은 한 편의 警策인 것이다.[31]

3. 詠物과 艷美

장호의 詠物詩는 그 소재가 음악에 치중되어 있음을 알 수 있다.[32] 이것은 "詠物不取形而取神, 不用事而用意."(王阮亭, ≪花草蒙拾≫)라는 표현과 비교해 볼 때 장호의 詩趣를 형이상학적인 데 두고 있다고 하겠다. 시의 음악성, 예술미를 담고 있는 것이다. 그리고 다루어진

---

31) ≪呂氏童蒙訓≫ : 陸士衡文賦云 "立片言以居要, 乃一篇之警策", 此要論也. 文章無警策則不足以傳世, 蓋不能竦動世人. 如老杜及唐人諸詩, 無不如此, 但晉宋人專致力於此, 故失於綺靡, 而無高古氣味. 老杜詩云 "語不驚人死不休", 所謂驚人語, 卽警策也.
32) 장호의 樂舞에 관한 詠物詩로는 「箏」,「歌」,「笙」,「五弦」,「笛」,「舞」,「箜篌」,「簫」,「李謨笛」,「邠王小管」,「邠娘羯鼓」,「悖拏兒舞」,「王家琵琶」,「楚州韋中丞箜篌」,「王家五弦」,「箴篥」 등이 있다.

소재로는 動植物・藝品・鑛物・自然現象 등을 들 수 있으니33), 그 모든 것이 묘사가 진지하고 미화되어 있으며,

  詠物詩須詩中有人, 尤須詩中有我. 或將我跳出題之旁, 或將倂入題之內. 詠物之妙, 只此二種. (≪茶餘客話≫)

  영물시는 모름지기 시중에 사람이 있어야 하며, 특히 시중에 自我가 있어야 한다. 혹은 自我를 제목 곁으로 뛰쳐나오게 하기도 하고, 혹은 自我를 제목 속에 병입시키기도 한다. 영물의 묘처는 이 두 가지일 뿐이다.

라고 한 바대로 장호는 자신이 시 속에 잠재되어 袁枚의 "詠物詩無寄託, 便是兒童猜謎"(≪隨園詩話≫)와 같이 사물에 기탁하여 장호 자신의 情意를 다양하게 묘출해냈다. 이제 그 면모를 살펴보고자 한다.
 먼저 「櫻桃」를 보면,

  石榴未拆梅猶小, 愛此山花四五株.
  斜日庭前風裊裊, 碧油千片漏紅珠.

  석류는 아직 터지지 않았고 매실은 오히려 작아,
  이 산의 꽃 너덧 그루를 사랑하네.
  석양녘 뜰 앞으로 바람이 솔솔 불어오니,
  푸르른 수많은 나뭇잎 새로 빨간 구슬이 새어 나오네.

---

33) 植物로는 「題小松」・「牆頭花」・「樹中草」・「玉樹後庭花」・「首陽竹」・「郵亭殘花」・「李家柘枝」・「黃蜀葵花」・「楊花」・「薔薇花」・「櫻桃」 등이 있고, 動物로는 「鸚鵡」・「再吟鸚鵡」・「洞房燕」・「鷺鷥」 등이 있으며, 鑛物로는 「硫黃」, 自然物로는 「詠風」・「中秋月」・「秋霽」 등과, 藝品으로는 「題王右丞山水障 2首」・「太眞香囊子」・「題山水障子」・「容兒鉢頭」 등이 있다.

여기서 말구의 묘사가 얼마나 윤택한가. 이른바,

  詠物徒比擬形似, 如剪綵爲花, 毫髮逼肖, 而生氣無有. (≪茶餘客話≫)

  사물을 노래함에 한갓 모양이 닮게 비교하여 헤아린다면, 마치 오색 비단을 잘라 꽃을 만드는 것과 같아서 모양은 아주 흡사할지 모르나, 생기는 있을 수 없다.

와는 차등있는 생기 넘치는 입체물이다. 이 섬세함은 작자의 정신적인 정묘한 관조의 결실이며, 靑紅의 조화에서 자연의 계절을 그리고, 한 영물에 대한 무구한 동화를 느끼게 한다. 이것이 시가의 點染法이 강구된 경지가 아닐까.[34]
 그리고 영물시에 있어 생물일수록 찬미에 넘치는 미려한 의식이 색감과 함께 유로되곤 하는데, 「鸚鵡」를 보면,

  栖栖南越鳥, 色麗思沈浮.
  暮隔碧雲海, 春衣紅樹林.
  雕籠悲斂翅, 畵閣豈關心.
  無事能言語, 人聞怨恨深.

  허둥대는 남월의 새,
  고운 자태로 물놀이 치며 놀았다네.
  저녁이면 구름 뜬 바다 건너로 날아갔고,
  봄이면 붉은 숲에 의지하였네.
  아롱진 새장에서 슬피 날개 거두니,
  화각인들 어찌 관심이 있으랴?
  무사하다 종알거려도,

---

[34] ≪師友詩傳錄≫ : "詩家點染法, 有以物色襯地名者……有以地名襯物色者……"

사람들은 네 소리에 원한만 깊어지네.

　이 시의 3연까지 색채가 빛나며 그 시어와 내용도 華靡하다. 그러나 단순한 화려가 아닌 갇힌 한 마리 새이어서 작자의 인생관을 보게 한다. 말련에서 처연한 비감이 드러나고 내심의 이성이 戒言的이다. '南越', '色麗', '沈浮', '碧雲', '洪水', '雕籠', '畵閣' 등 豊艶한 味覺을 주는데, 오로지 '悲', '怨恨' 등 두 語의 고리로 연결 또 재연결되어 이 시 전체의 의취가 華中悲의 결구로 낙필되어졌다. ≪詩人玉屑≫에서,

　　俗喜綺麗, 知文者能輕之, 後生好風花, 老大卽厭之, 然文章論當理與不當理耳. 苟當於理, 則綺麗風花, 同入於妙, 苟不當理, 則一切皆爲長語. (卷十)

　　세상 사람들은 綺麗함을 좋아하나 문을 아는 사람은 이를 매우 경시하고, 젊은이는 풍화를 좋아하나 나이가 지긋한 사람은 이를 싫어하지만, 문장에서는 이치에 맞고 맞지 않는가를 따질 뿐이다. 만약 이치에 맞다면 기려함와 풍화가 함께 묘처에 들 것이나, 이치에 맞지 않다면 일체 모든 것은 장황한 말이 될 것이다.

라고 한 평어는 장호에 있어 곧 當理의 入妙한 경지가 아니라고 부인할 수 없을 것이다. 필자는 장호의 영물시가 시 중의 백미 부분이라고 보게 됨도 이에 근거한다.
　한편, 「邠王小管」과 「樹中草」를 보면, 여기서는 역사와 자연의 榮枯에서 삶의 엄연한 부정할 수 없는 眞實을 재조명한 것을 알게 된다. 보건대,

青青樹中草, 託根非不危.
草生樹却死, 榮枯君可知. (「樹中草」)
푸릇푸릇한 나무에 난 풀,
위태롭게 뿌리 내렸네.
풀이 살면 나무는 도리어 죽거늘,
흥쇠의 이치를 그대는 아는가?

여기서 치열한 생존경쟁의 산 현장을 보듯 3, 4구에서 서술하고 있다. 그의 시는 거의 모두 詠物에서 계시적인 餘韻을 주고 있는 것이다. 그리고,

虢國潛行韓國隨, 宜春深院映花枝.
金輿遠幸無人見, 偸把邠王小管吹. (「邠王小管」)

괵국 부인이 잠행하고 한국 부인이 뒤따라갈 제,
봄날의 깊은 궁원에는 꽃가지가 비쳤네.
멀리서 행차 온 금수레에 보이는 사람이 없자,
몰래 빈왕의 작은 젓대를 쥐고서 불었네.

이것은 唐玄宗의 三寵姬(楊貴妃의 三姐)인 韓·虢·秦國夫人의 고사를 회고하면서 이에 관련된 小管을 통해 영화의 水泡 같음을 비의하였다. 이러한 장호의 자세는 袁枚가 말한 바,

李義山詠柳云 : "堤遠意相隨" 是寫柳之魂魄. 與唐人 "山遠始爲容", "江奔地欲隨" 之句, 皆是嘔心鏤骨而成, 粗才每輕輕讀過. (≪隨園詩話≫)

이의산의 「詠柳」에서 말한 "제방이 멀리 치달으니 마음이 따라가네."는 버들의 혼백을 묘사한 것이다. 唐人의 "산이 멀어지니 비로소 모습을 이루네", "강이 치달으니 땅이 따라가고자 하네."의 구절과 함

께 모두가 마음을 쏟고 뼈를 깎아 이루어낸 것으로 재주가 변변치 못한 사람은 건성으로 읽는다.
와 같이 物象의 영혼을 흩트리지 않고 살려서 묘사하였다고 하겠다.

4. 懷古와 古淡

古淡이란 高古와 平淡의 合語인 것이다. ≪詩人玉屑≫에,

    古人作詩, 正以風調高古爲主, 雖意遠語疏, 皆爲佳作. (卷十)

    옛 사람이 지은 시는 바로 風調가 高古함을 주로 하고 있는데, 비록 뜻이 멀고 말이 성글지라도 모두가 아름다운 작품이다.

라 하고, 또 이르기를,

    欲造平淡, 當自組麗中來, 落其紛華, 然後可造平淡之境. (卷十)

    평담함에 이르고자 하면, 순수와 아름다움 가운데서 나와 그 분잡하고 화려한 것을 떨쳐내야 평담한 경지에 이를 수 있다.

라고 하여 시작의 풍격으로 그 의미를 밝히고 있다. 장호의 懷古詩에서 이러한 성격을 추출할 수 있다는 결론이라기보다는 삶의 역경을 돌아보는 심사의 像으로서의 가치를 인정할 수 있다는 데 더 큰 문학적인 의미가 있다. 그러면 장호의 회고시는 어떠한가? 이제 그 일단을 보고자 한다.
  먼저, 「鄴中懷古」를 보면,

鄴中城下漳河水, 日夜東流莫記春.
腸斷宮中望陵處, 不堪臺上也無人.
업중성 아래로 흐르는 장하의 물,
밤낮 동쪽으로 흐르니 봄을 기억할 리 없도다.
궁중의 능 바라보던 곳에서 애간장 태우는데,
누대에도 사람 없으니 견딜 수 없구나.

이 시는 작자 자신의 역사적 고사를 가지고 당시의 그 인물은 무상하다는 허무를 읊고 있다. 너나 나나 모두 겪을 수밖에 없는 자연의 조화를 따라야 하는 운명을 담담하게 노래하였으니, "詠史以不著議論爲工"(《一瓢詩話》)이라 함과 일맥하고 있는 것이다. 또 「松江懷古」를 보면,

碧樹吳洲遠, 靑山震澤深.
無人蹤范蠡, 煙水暮沈沈.

푸른 숲은 오의 물가에 아련하고,
푸른 산은 太湖에 깊어 있네.
범려 찾는 이 아무도 없는데,
안개 낀 강물에는 땅거미가 어둑어둑.

여기서 옛 거인의 자취는 현실에서 사실 그대로 받아들여야 하고 그것이 바로 자연의 循環이요, 필수적인 노정인 것을 작자는 기탄없이 묘사하였다. 이것은 諷刺도 아니요, 假飾도 더욱 아닌 삶의 엄연한 역사인 점을 인식케 한다. 범려의 고사를 애탄하지도 않고 말구에서처럼 淡泊하게 수용하고 있는 것이다. 무정해 보이지만 사실은 감추어져 있어 깊어서 현시되지 않는다.35)

만당으로 들어가는 길목에서 살다간 장호의 시는 그 이유로 성중

당시의 풍격도 드러내 보이고 있다. 그 중에도 王維와 孟浩然의 모습을 사모하는 기미가 엿보이는 면은 장호시의 한 단면인 것을 기설한 바이다. 그의 「題王右丞山水障」의 "右丞今已歿, 遺畵世間稀"는 시라기보다는 하나의 事實 그 자체이며, 「寓懷寄蘇劉郎中」와 「感歸」의 말구 "還似襄陽孟浩然"은 우인과 자신을 孟浩然에 比擬한 상사의 인술이다. 장호는 전술한 僧寺와의 긴밀 이외에도 老莊에 심취하였음을 부기하고자 하니, 「讀老莊」을 보면,

　　等閑緝綴閑言語, 誇向時人喚作詩.
　　昨日偶拈莊老讀, 萬尋山上一毫釐.

　　부담없이 글 쓰고 한가로이 말하며,
　　당시 사람에게 시 지으라 외쳤네.
　　어제 우연히 노장서 꺼내 읽고 나니,
　　내가 아는 것은 만심이나 높은 산의 한 가락 터럭일 뿐.

라고 하여 老莊書와 그 사상을 친근하며 玉華仙侶라는 자와 교류하여 塵機를 떨치고자 하는 의지를 보이기도 하였음을 알 수 있다.36)
　　한편, 장호는 적지 않은 樂府詩를 남기고 있으니37), 그것들이 "幽

---

35) 傅庚生, ≪中國文學欣賞擧隅≫ : "澹泊, 非無情也, 其情隱而不顯, 溫而不厲, 輒未易辨也."(勢度與韻味)
36) 「別玉華仙侶」: "塵機物盡住不得, 珍重玉山山上人."(第二聯)
37) 張祜의 樂府詩題를 列擧하면, 「西江行」, 「拔蒲歌」, 「車遙遙」, 「捉搦歌」, 「雁門太守行」, 「思歸引」, 「司馬相如琴歌」, 「雉朝飛操」, 「吳宮曲」, 「公子行」(一), 「烏夜啼」, 「塞下曲」, 「塞上曲」, 「折揚柳」, 「從軍行」, 「公子行」(二), 「思歸樂二首」, 「金殿樂」, 「宮詞二首」, 「昭君怨二首」, 「蘇小小歌三首」, 「讀曲歌五首」, 「王樹顯庭花」, 「莫愁樂」, 「襄陽樂」, 「自君之出矣」, 「夢江南」, 「上巳樂」, 「千秋樂」, 「春鶯囀」, 「泰蒲樂二首」, 「寧哥來」, 「要娘歌」, 「折揚柳枝二首」, 「長門怨」, 「雨霖鈴」, 「胡渭州」, 「破陣樂」 등이 있다.

惋悽麗"(≪唐詩選評釋≫ 卷8)하다 하니「雨淋鈴」을 보면,

> 雨淋鈴夜却歸秦, 猶是張徽一曲新.
> 長說上皇垂淚敎, 月明南內更無人.

> 장마 비 내리고 방울 소리가 들려오던 밤이 가고 장안에 돌아와서,
> 장휘로「雨淋鈴」한 가락을 또 부르게 하였네.
> 길이 황제의 눈물 어린 교훈을 말하는데,
> 달 밝은 南內에는 밤드리 사람 없네.

이 시제는 玄宗이 幸蜀하다가 斜谷에서 장마를 만나 棧道에서 雨聲과 鈴聲이 상응하는 소리를 들으며 楊貴妃를 애도하여 곡으로 採聲한 樂曲에서 작자가 詩化하였는데, 歸秦은 還幸이요, 張徽는 피리 잘 부는 梨園의 樂工이며, 南內는 玄宗이 還京한 후의 거처인 興慶宮을 지칭하므로 이러한 本事를 주제로 한 이 악부는 悽愴의 극을 다하도록 含蓄美를 다 발휘하였다. 이 회고적인 악부 외에「胡渭州」같은 旅程詩도 恨別의 정이 넘치는 작풍을 보인다.[38] 일찍이 陸魯望이 "辭曲艷發"(≪石洲詩話≫ 卷2)라 한 평이 범상하지 않음을 인지할 수 있다.

---

38)「胡渭州」: "亭亭孤月照行舟, 寂寂長江萬里流. 鄕國不知何處是, 雲山漫漫使人愁."

皮日休와 그의 詩交, 그리고 詩風의 兩面性

Ⅰ. 思想과 版本

　중당에서 만당으로 넘어가는 과정에 있어서 시풍도 과도기적인 풍격을 지니고 있었으니, 만당시의 특성인 유미풍이 정착되기 전에, 중당의 元·白이나 孟·賈風의 古淡하면서 寫實的인 풍격이 만당시단에 면면히 흐르고 있었다. 만당시가 갖는 특징은 이 두 가지 면을 상정하지 않으면 편파적인 결론이 나올 수 있다. 淸代 葉燮이 말한 바,

　　晩唐之詩, 秋花也, 江上之芙蓉, 籬邊之叢菊, 極幽艷晩香之韻, 可不爲美乎? (≪原詩≫)

　　만당의 시는 가을꽃이요 강 위의 연꽃이며, 울타리 옆의 국화이니 그윽하고 아름다운 늦향기의 여운이 정말 아름답지 않은가?

라 한 말은 만당시의 기교와 工麗를 높이 평가한 부분인데, 이것을

유미주의적이라 한다면, 三羅와 芳林十哲을 중심으로 형성된 솔직하고 사실적이며, 淡白한 시풍은 만당시의 다른 한 특성이 된다. 피일휴 시는 상기한 만당시의 두 가지 측면을 공유하고 있다는 것이다. 피일휴는 만당에 살면서, 특히 사회와 정치의 부패상에 대해 남달리 반항의식이 강하여, "帝身且不德, 能帝天下乎? 能主國家乎?"(六箴序, ≪文藪≫ 卷6)라 하고, 또「原謗」(≪文藪≫ 卷3)에서는,

  堯舜, 大聖也, 民且謗之, 後之王天下有不爲堯舜之行者, 則民扼其吭, 捽其首, 辱而逐之.

  요순은 대성인인데, 백성이 또 그를 비방하면, 후에 왕 된 자로 요순의 언행을 행하지 않는 자가 있게 되면 백성이 그 목을 조이고 머리를 쳐서, 욕하여 쫓아낸다.

라고 하여 강렬한 부도덕에 대한 반감과 개혁의식을 지니고 있었기에, 아마도 그의 말년에 黃巢亂에 참여하는 계기가 되었을 것이다. (생평에서 상술함) 그의 이런 의식의 근원이라면 아무래도 그의 儒家思想에서 찾아야 할 것이니, 그는「請孟子爲學科書」(≪文藪≫ 卷9)에서,

  夫孟子之文粲若經傳, 天惜其道, 不燼於秦, 自漢氏得之, 常置博士以專其學, 故其文繼乎, 六藝光乎.

  무릇 맹자의 글은 찬연하여 경전 같으니 하늘이 그 도를 아껴서 진대에 다 태우지 아니하고 한대에 거두어 박사를 두어 그 학문을 전공하니 그 글이 이어지고 육예가 빛나다.

라 하고, 이어 같은 글에서, 老莊을 배척하고 맹자를 추숭하기 위한 방법까지 구체적으로 제시하고 있다.1) 더욱이 韓愈까지 높여야 하는 이유를 밝힌 「請韓文公配饗太學書」(≪文藪≫ 卷9)에서는

> 唯昌黎文公之文, 蹴楊墨於不毛之地, 蹂釋老於無人之境, 故得孔道巍然而自正矣.
>
> 오직 한유의 글만이 양자·묵자를 불모지에서 몰아내고 불가와 도가를 무인지경에서 밟고서 孔子의 도를 우뚝 세워 바르게 할 수 있다.

라고 하여 유학을 추숭한 정도가 어떠한지를 알 수 있다. 이러한 전통적인 유가관에 입각한 도덕의식이 현실에 대한 비판을 가하게 되고, 그것이 문학정신의 근저가 될 수 있었다. 그의 시에 대해 유미적이라기보다는 사실적인 데에 가치를 부여할 수 있다면, 오직 儒家를 존중한 피일휴의 사상적 근간에서 연유했다고 해도 可할 것이다. 釋老的인 시풍이 불소한 것을 보면 시작태도는 三敎를 포괄하면서 音樂的 재예를 겸유하고 있다. 그의 시를 주제와 풍격이라는 분류에 의해 분석하면서, ≪全唐詩≫에 재록된 420수(卷608~616)와 ≪全唐詩補編≫(中華書局, 1992)의 ≪全唐詩續遺補≫ 卷9에 실린 「題惠山泉二首」·「泰伯廟」·「望虞亭」, 그리고 ≪全唐詩補逸≫ 卷之十三에 실린 「題包山」·≪全唐詩續拾≫ 卷33에 실린 「望故汅城」·「天門夕照」·「道院迎仙」·「靑城暮雨」 등 최근 수집된 9수를 포함시키고, ≪文藪≫10卷(≪欽定四庫全書≫ 集部二) 本을 본고의 底本으로 삼고자 한다. ≪文

---

1) 「請孟子爲學科書」에 또 이르기를 "伏請命有司, 去莊列之書, 以孟子爲主, 有能精通其義者, 其科選視明經, 苟若是也."라 하였다.

藪》 序에 보면,

> 咸通丙戌中, 日休射策不上第, 退歸州東別墅, 編次其文, 復將貢
> 於有司, 發篋叢萃, 繁如藪澤, 因名其書曰文藪焉.

함통 병술년간에 일휴가 과거에 낙제하고 귀주의 동쪽 집에 낙
향하여 글을 정리하였는데, 다시 유사로 봉직하게 되어 상자를
열어 모아보니 번다하기 수택 같거늘 그 이름을 문수라 한다.

라고 하여 피일휴는 자신이 '文藪'라 한 이유를 설명하고, 200편을 십
권으로 꾸몄음을 밝히고 있어, 그의 확실한 문집은 《文藪》 10卷뿐
이며, 기타 시와 산문(《全唐文》 卷799에 七篇有)이 남아 있다. 따라
서 《文藪》의 판본을 간개함이 가당한 줄 안다.[2] 《文藪》는 宋元
本에서 보이지 않고 明刊本에서 몇 종이 보이는데, 孫星衍의 「廉石居
藏書記內編」에,

> 唐人之文, 子爲編次者不多見, 此本末爲後人改竄卷次, 十一行, 二十
> 字, 刻印亦精, 前有宋柳開敍, 疑是明人重刊.

당인의 글은 스스로 편차를 맞추어 놓은 것이 많지 않으니 이 간
본은 후인이 개편할 것이 아니라 하지만 11행 20자이며 각인이 정밀
하고 앞에 유개의 시가 있어 명대의 중간본인가 한다.

라 한 바와 같이 宋元을 거치면서 유전되다가 명대에 소장본으로 재
정리했으리라 본다. 그 판본을 보건대, 《四部叢刊》에는 湘潭袁氏

---

2) 《文藪》의 版本傳來는 萬曼의 《唐集敍錄》(明文書局)과 日本 本田濟의 「請
皮子文藪」(《中國哲學史の展望と摸索》) 자료를 參見하였음을 附記한다.

藏明本影印을 수록하였는데 그 서록에 正德 연간에 나온 것으로 되어 있다.3) 그런데 每葉이 十八行, 十九行이어서 손성연이 본 판본이 아니고 浙江遺書目에서 말하는 弘治間刻本으로 추정하게 된다.4) 이 판본은 袁表, 袁褧의 兩識이 正德 庚辰(1520)年으로 기술되어 있고 피일휴의 自序와 柳開序가 수록되어 있다. 그리고 皕宋樓의 正德刊本 ≪文藪≫ 10卷도 自序와 柳開, 그리고 袁表의 題後가 있는데, 이것은 貝鏞의 소장본으로서 행수와 자수가 손성연이 본 판본과 같다. 貝氏가 수기에서,

> 嘉慶丁巳購於蘇州, 面籤書甚佳, 不敢重裝, 恐損之也.
>
> 가경 정사년에 소주에서 구득하였는데, 책의 지면이 매우 훌륭하여 감히 중장하지 않고는 손상할까 두려웠다.

라고 한 데서 貝氏가 이 판본을 仁宗 가경 2년(1795)에 완정한 간본을 구입한 것을 알 수 있으며, 그리고 「鐵琴銅劍靖藏書目錄」에 嘉靖 年間에 나온 宋本重刊本이 있다. 이외에 李松壽仿宋刊本이 光緖 21년(1895)에 나온 바 있다.5) ≪文藪≫ 外에 순수시집으로 明代 許自昌 校本인 ≪皮從事唱酬詩≫ 8卷은 ≪松陵集≫에서 피일휴의 시만을 뽑아서 單行本化한 것이다.6)

---

3) 書錄에는 "皮集以正統中袁氏佳趣本爲舊."이라 하니, 正統年間이란 正德年間이 옳다. 明代 武宗 正德은 1506년에서 1521년間에 해당되니 正統은 誤記이다.
4) 萬曼은 "正德本, 天祿琳琅後編著錄云：書十卷, 計文九十首, 詩五十一首, 前有日休自序, 又柳開序, 後有正德庚辰袁表, 袁褧兩識, 蓋其兄弟所鑴, 末刻吳趨陸潮刊字."(≪唐集敍錄≫, p.319)라 함.
5) 萬曼, ≪唐集敍錄≫, p.320 참조.
6) ≪松陵集≫은 初刊이 北宋京都舊本인데, 蔡景繁藏本으로 陸游에 寄遺되어 육유의 跋三則이 그의 문집인 ≪渭南文集≫ 卷二十七에 보인다. 그리고 弘治本

Ⅱ. 生平과 詩交

 피일휴는 흔히 만당시 속에서도 현실주의 시인이라 할 수 있어서 백성의 질고를 동정하고 당시의 정치부패를 탄핵하였을 뿐 아니라, 직접 黃巢의 亂에 가담하는 義氣를 그의 생평에서 중요시하지 않을 수 없다. 2차의 歸吳에서 피일휴의 현실부조리에 대한 불만과 黃巢農民紛亂에의 긍정적 의식이 그의 문학에 있어 근간임을 조명하여야 하며, 또 그의 생평에서의 시교 관계의 이해는 피일휴의 시풍의 방향, 그리고 그 당시의 피일휴에 대한 동연배 문인들이 갖는 정치적·인품적, 나아가서 문학적인 비중을 가늠할 수 있는 척도가 될 수 있기에 소홀히 볼 수 없는 것이다. 이의 구명이 주는 의미는 만당의 反唯美派에 대한 정립에도 일조가 가능하리라 보아진다. 여하튼 피일휴의 생평에서 生卒과 黃巢亂에의 참여를 고찰함으로써 피일휴 시 자체에 대한 평가를 정확히 가할 수 있으리라고 본다.

1. 生平

 피일휴의 생애는 시기적으로 삼분하여 고찰할 수 있으니, 그의 登第時(懿宗 咸通 八年·867년)와 등제 후 黃巢의 亂이 일어나기까지

과 汲古閣本, 崇楨丙寅刊本, 清初因樹樓重修汲古閣本, 湖北先正遺書本 등이 있다.(萬曼, ≪唐集敍錄≫, pp.320~321 참조) 그리고 今佚되었지만, ≪新唐書≫「藝文志」別集類에 著名만 수록되어 있는 것으로 "≪胥台集≫ 七卷, ≪皮日休集≫ 十卷"(≪唐音癸籤≫ 卷三十에는 "集十七卷·詩一卷"이라 부기), "≪皮氏鹿門家≫ 鈔九十卷", 그리고 "≪皮子≫ 三卷"(≪北夢瑣言≫ 卷二 : "皮日休著 ≪文藪≫ 十卷, ≪皮子≫ 三卷")이 있었다 함.

(875년) 유력했던 시기, 그리고 黃巢亂 후 피살될 때까지로 세분하고자 한다.

(1) 등제 이전 시기(文宗 大和 八年・834~懿宗 咸通 八年・867)

피일휴의 傳은 ≪新・舊唐書≫에 立傳되어 있지 않으나, 다음 몇 종의 유관자료에서 그의 사적을 개관할 수 있다.[7] 그 중에서 그의 생평을 비교적 상세히 적고 있는 것으로서 ≪郡齋讀書志≫ 卷4「皮日休文藪」十卷條를 보면,

> 唐皮日休, 字襲美, 一字逸少, 襄陽人. 隱鹿門山, 自號醉吟先生. 以文章自負, 尤善箴銘. 咸通八年登進士第, 僞著作佐郎, 太常博士. 乾符喪亂, 東出關, 爲毗陵副使, 陷巢賊中. 賊遣爲識文, 疑其譏己, 遂害之. 集乃咸通丙戌年居州里所編, 自序云, 發篋次類, 文藁繁如藪澤, 因以名之, 凡二百篇.

당의 피일휴는 자가 습미이고 일소라고도 하며 양양인이다. 녹문산에 은거하였고, 자호를 취음선생이라 하였다. 문장에 뛰어나니 잠명에 더욱 뛰어났다. 함통 8년 진사에 급제하여 저작좌랑과 태상박사가 되었다. 건부의 난리에 동으로 출관하여 비능부사가 되었다가 황소도적에 빠져들었다. 참문을 짓도록 한 데 황소가 자기를 조롱한다고 하여 해를 당하였다. 문집은 함통 병술년에 향리에 거하며 편한 것이다. 자서에 상자를 열어 편차를 하니 글이 번다하기가 숲과 연못 같거늘 이름지으니, 무릇 200편이다.

---

7) 五代兩宋人의 著作으로 ≪玉泉子≫・≪北夢瑣言≫・≪吳越備史≫・≪南部新書≫・≪江南餘載≫・≪唐詩紀事≫・≪唐語林≫・≪老學菴筆記≫・≪郡齋讀書志≫・≪直齋書錄解題≫ 등 諸書에서 皮日休에 관한 部分的인 記載를 볼 수 있다.

라 하고, 후에 辛文房의 ≪唐才子傳≫에서는 피일휴의 字가 逸少이
며 후에 襲美로 改字하였으며, 號는 醉吟先生·醉民·間氣布衣·鹿
門子 등이며, 襄陽人(今湖北襄陽人)이라는 점을 분명히 하고 있다.8)

피일휴의 출생연대는 불확실하지만, ≪文藪≫ 卷4의 「文中子碑」
에, "後先生二百五十餘生, 曰皮日休"라 한 데에 의거하여 피일휴의
生年을 추정한다면, 文中子 王通이 隋文帝 開皇 4年(584)에 출생하였
기 때문에,9) 그 후 250년을 가산하면 834년(唐 文宗 太和 八年)이후
에 해당한다고 볼 수 있다. 이 근거는 피일휴 자신의 기술에 따른
추정이기 때문에 본고에서도 조년에 두어도 834년 이전으로는 소급
할 수 없는 것으로 단정한다.10) 그리고 그의 가문은 그 자신이 「皮
子世錄」에서 언급한 대로,

　　日休之世, 以遠祖襄陽太守, 子孫因家襄陽之陵, 世世爲襄陽人. 自有
　　唐已來, 或農竟陵, 或隱鹿門, 皆不抱冠冕, 以至皮子. (≪文藪≫ 卷十)

　　일휴의 가세는 원조가 양양태수를 지냈으므로 자손이 양양의 경릉
　　에 적을 두어 대대로 양양인이 되었다. 당대 이래로 경릉에서 농사짓
　　거나 녹문에 은거하면서 벼슬에 마음두지 않고 나의 대에까지 이르
　　렀다.

라고 한 自敍에서 고문세족이 아닌 은거한 선비의 가정임을 알 수
있다. 즉 그는 소년기에 襄陽의 鹿門山에서 보내고 懿宗 咸通 4年

---

8) ≪唐才子傳≫ 卷八 參照.
9) 繆鉞은 "按文中子王通生于隋文帝開皇四年, 卽陳后主至德二年, 當公元五八四年
　　(梁廷, 歷代名人生卒年表)"(「皮日休的事迹思想及其作品」)이라 함.
10) 生年에 대해서 異說이 紛紛하여 확정되어 있지 않지만, 몇 가지를 參考한다
　　면 蕭滌非는 "我以爲皮日休當生于八三四至八三八的幾年間."(「論有關皮日休諸
　　問題」)라 하고, 聞一多는 "公元八三三年"(≪唐詩大系≫ 全集第四冊)이라고
　　한 점들을 들 수 있다.

(863)에 나이 30세에 고향을 떠나서 출유를 시작한다. 출유연대는 그의 「郢州孟亭記」(≪文藪≫ 卷7) 말미에, "咸通四年四月三日記"라 하고, 문중에 "四年滎陽鄭公誠刺是州, 余將抵江南, 艤舟而詣之, 果以文見貴, 則先生之貌縱覩矣."라 한 데서 이 해에 피일휴는 출유를 郢州(今湖北鍾祥)로부터 시작했음을 알 수 있다.

다시 말하면, 피일휴가 襄陽에서 郢州로 먼저 나아간 경로를 밟았다는 논점인데, 繆鉞도 확고한 주장을 다음과 같이 펴고 있어서 긍정이 간다.

> 按唐代郢州治所在今湖北鍾祥, 沿漢水東岸, 在襄陽南約三百里, 由襄陽出遊, 乘舟循漢水南下, 正經過郢州, 因此, 我推測咸通四年可能卽是皮日休離襄陽出游之年. (皮日休的事迹思想及其作品)

> 당대 영주치소가 지금 호북의 종상에 있었는데, 한수의 동안을 따라서 양양남방 약 300리에 위치한다. 양양에서 유력하여 배타고 한수 남방을 따라 영주를 경과하였으니, 따라서 내 추측으로는 함통 4년이 피일휴가 양양을 떠난 때로 볼 수 있다.

이로부터 3년 간의 遊行이 진행되는 생활이 전개되는 襄陽에서 湖北東部와 湖南北部·江西北部, 그리고 安徽·河南·南陽을 거쳐 西安에 도착하는 여정을 밟았다.[11] 처음 1년 간은 자신이 "咸通癸未

---

11) 遊行過移에 대해서는 「太湖詩序」에 다음과 같이 記述하고 있다. 「太湖詩序」末尾에 "十一年夏六月會大司諫淸河公憂霖雨之爲患, 乃擇日休, 將公命禱於震澤, 祀事旣畢……"라 하여 이 글은 870년에 쓴 것이다. "余頃在江漢, 當耦鹿門 洞湖, 然而未能放形者, 抑志於道也, 爾後以文事造請, 於是南浮至二別深洞庭, 廻觀敷淺源, 登廬阜, 濟九江, 由天柱抵霍嶽, 又自箕潁轉樊鄧, 陟商顔, 入藍關. 凡自江漢至於京, 干者十數侯, 繞者二萬里, 道之不行者, 有困辱воре危殆, 志之可適者, 有山水遊玩, 則休戚不孤矣." 여기서 舊地名이지만, 皮日休가 襄陽鹿門에서 시작하여 洞庭→敷淺源→廬阜→九江→天柱→雪嶽→箕潁→樊鄧

中, 南浮至沅湘"(「悼賈幷序」, ≪文藪≫ 卷2)라 하여 癸未(863)年에 沅湘에 이르고, 이어서 白門(今南京)에는 "四年秋進士皮日休之白門道, 逢徐民之耆者."(「白門表」, ≪文藪≫ 卷7)라 하여, 그해 가을에 거쳐서 이듬해인 咸通 5년(864) 봄에 溳陵(今安徽壽縣)·英六(今安徽六安)까지 간다.12) 그리고 同年 5월 彭澤의 우인 李中白의 栖賓亭에서(「通玄子栖賓亭記」, ≪文藪≫ 卷7), 咸通 6年(865)엔 安徽 霍山縣을 지나서(「霍山賦序」, ≪文藪≫ 卷1), 同年 藍田關을 거쳐 장안에 입성하는 과정은 의심의 여지가 없다.13) 이러한 遊行의 목적은 무엇이었던가에 대해서 기인용한 「太湖詩序」의 "以文事造請"과 「藍田關銘」의 "副諸候貢士之薦" 등 양구와 같이 문재로써 入仕의 길로 삼고자 했음을 자술하고 있어 그 목적을 분명히 알 수 있다. 장안에 도착한 시기가 10월로 본다면14) 咸通 7年(866)春에 進士擧에 응시한 것이 타당하다. 그러나 이 해에는 등제하지 못한다. 이에 대해서 ≪文藪≫ 原序에 보면(기인용) 丙戌은 咸通 7年이니 그가 이 해에 응시했으나 낙방한 것이 틀림없다.15) 한 해를 대비하여 咸通 8年에(867) 마침내 科試에

→商顔→藍關→江漢→京(長安) 등의 旅路를 3年間 거치면서 수다한 詩心을 吐露했다.
12) 그의 「答繇碑」(≪文藪≫ 卷四)에 "五年春, 日休自溳陵之江左, 道出英六城下." 라 함.
13) 「藍田關銘」(≪文藪≫ 卷四)에 "六年皮子副諸侯貢士之薦, 入京. 程至藍田關, 覩山形關勢, 廻抱于天, 秀欲染眸, 危將驚魄, 噫, 將造物者心, 是而加力邪. 不然者, 何壯觀若斯之盛也."라 한 데서 藍田關을 지나면서 곧 長安에 들어간 것을 알 수 있다.
14) ≪唐摭言≫ 卷一統序科第條 參照.
15) 咸通七年에 不登第한 사실은 「三羞詩序」(≪文藪≫ 卷十)에서도 확인할 수 있다. 其一幷序에 "丙戌歲, 日休射策不上, 東退於肥陵." 其三幷序에는 "丙戌歲, 淮右蝗旱, 日休寓小墅于州東, 下第後歸之."라 한데, 여기서 肥陵은 壽州이며 이 곳에서 ≪文藪≫를 編했음을 알 수 있다. ≪郡齋讀書志≫에서 "集乃咸通丙戌年, 居州里所編."이라 한 것은 거처가 襄陽이란 뜻인데, 이는 不合理하다. 이 점에 대해서 繆鉞은 "殆未細考"라고 기술하고 있음도 留意할

등제한다.16)

(2) 등제 후 歸吳 시기(懿宗 咸通 八年·867~僖宗 乾符 四年·877)

피일휴는 2차의 응시에서 咸通 8年(867)에 진사에 등제한다. 등제한 그 해에 관직에 오르지는 못한다. ≪郡齋讀書志≫ 卷4에 진사에 등제한 후의 사적을 두고서, "爲著作佐郞, 太常博士. 乾符喪亂, 東出關, 爲毗陵副使, 陷巢賊中, 賊遣爲讖文, 疑其譏己, 遂害之."라고 한 내용으로는 그의 관직의 연대를 파악할 수 없다. 또한, ≪南部新書 癸≫에 "皮日休歷太常博士, 後從巢寇遇禍. 子光業, 爲吳越丞相."라 하고, 또 ≪唐詩紀事≫ 卷64에는, "咸通中爲太常博士, 遭亂歸吳中. 黃巢寇江浙, 劫以從軍, 至京師, 以爲翰林學士."라고 한 기록으로는 피일휴가 등제 후에 著作佐郞·太常博士, 그리고 黃巢에게서는 翰林學士를 역임한 것을 확인할 수 있을 뿐이다. 그런데, ≪北夢瑣言≫에는 "(日休) 官至國子博士, 寓蘇州, 與陸龜蒙爲文友."라는 기록으로 보아서 國子博士도 역임한 것으로 되어 있으나, 다른 자료는 이 관직에 대해서 언급되어 있지 않아서 확인이 불가하다.

그러면 시기적으로 언제 이런 관직을 거쳤는지가 구명되어야 한다. 먼저 著作佐郞의 직분시기인데, 繆鉞은 등제 후에 작관을 못 하고서 蘇州(吳)에 遊行하고 다시 돌아와서 咸通 13年 후에 太常博士가 되는 것으로 추정하는데,17) 이것은 劉揚忠이 논한 바, "咸通末或

만하다.(出處旣紹介)
16) 登第時期는 ≪唐才子傳≫ 卷八에 "咸通八年, 禮部侍郞鄭愚下及第, 爲著作郞, 遷太常博士……", ≪郡齋讀書志≫ 卷四中에 "咸通八年登進士第, 爲著作佐郞, 太常博士." 그리고 ≪直齋書錄解題≫ 卷十六에는 "日休咸通八年進士."라고 명기하고 있음.
17) 繆鉞의 註2) 論文에서 "他在咸通八年中進士後幷未作官, 九年東游至蘇州, 十年爲蘇州從事, 至十三年春仍在蘇州. 其後又到京, 爲太常博士."라 함.

僖宗乾符初, 皮日休再到長安, 任太常博士."[18]라 한 이들 기록만으로는 著作佐郎의 시기가 나와 있지 않다. 단지 등제 당년에 잠시 역임하였으리라 유추될 뿐이다.

이어서 각종 자료에 나오는 「太常博士」의 시기 문제인데, 이 관직을 맡기까지 다른 관직과 遊歷의 시기가 중간에 들어 있음을 상정할 수 있으니, 피일휴가 등제한 다음해에(868) 出京하여 東遊, 즉 蘇州에 가는데, 그 길에 華山·嵩山에 오르고, 汴梁에서 揚州를 거쳐 長江·鎭江을 건너서 姑蘇, 즉 蘇州에 도달하는 것으로 되어 있다.[19] 피일휴가 이같이 유력한 이유는 불명하지만, 그의 부득의한 현실에 대한 불만이 크게 작용한 것으로 본다.[20] 咸通 十年(869)에 崔璞이 諫議大夫로서 蘇州刺史로 부임하면서, 피일휴는 蘇州從事가 되니, 그의 《松陵集》 序에 보면,

> 十年, 大司諫淸河公出牧于吳, 日休爲郡從事, 居一月, 有進士陸龜蒙者以其業見造, 凡數編. (《全唐文》 卷七九六)
>
> 10년에 대사간 청하공이 오에 목사로 나가니 일휴는 군종사로서 한 달을 거하면서 진사 육구몽이란 자가 있어 이 일을 꾸미니 수 편이 된다.

에서 소위 "大司諫淸河公"은 바로 崔璞을 두고 말함이니, 이로부터

---

18) 劉揚忠,「皮日休簡論」(《中國古典文學論叢》, 1984, 北京)에 기술된 것임.
19) 「太湖詩序」에 "咸通九年, 自京東游, 復得宿太華, 樂荊山, 賞文几, 度轘轅, 窮嵩高, 入京索, 浮汴渠, 至揚州, 又航天塹, 從北固至姑蘇."라 한 데서 피일휴가 여행한 지역을 파악할 수 있다.
20) 劉揚忠은 "咸通八年皮日休再度入長安進士試, 以榜末及第. 但他幷波有因此獲得一官半職. 他在 《春闈內宴于曲江, 醉寢別榻》(王讜 《唐語林》 卷七)的暫時歡樂之後, 便被當道者遺忘, 施展才幹和實現抱負的夙願無從實現."라고 東遊의 이유를 밝히고 있다.

蘇州生活이 咸通 13年까지 4年 간 지속된다. 그의 在蘇期間에 대해서는 피일휴가 「破山優堂記」(≪全唐文≫ 卷797)를 지은 시기가 咸通 13年 2月 19日이며, 常熟令 周君을 위해 지은 것인 만큼(常熟은 蘇州 屬縣) 피일휴가 최소한 이 해(872) 봄까지는 吳地에 거주했음을 확인할 수 있다. 그러니까, 太常博士는 그 후 장안에 돌아와서 받은 직책이 분명하게 된다. ≪唐詩紀事≫에 "咸通中, 爲太常博士"(卷64)라고 기재한 바에 의하면, 太常博士가 된 시기는 빨라도 함통 13년(872)에서 함통 14년(873) 사이가 될 것이며, 늦으면 僖宗 乾符初(874년이 乾符 元年)가 될 것이다.21)

乾符 2年(875)에 王仙芝가 義擧하면서 피일휴는 제2차의 歸吳를 하게 된다. 이 해에 黃巢가 王仙芝에 가담하여 난을 일으키니, 피일휴 운명과 불가분의 관계를 갖게 되는 것이다. ≪郡齋讀書志≫(卷4)에, "乾符喪亂, 東出關."이라 한 부분은 바로 피일휴의 제2차 낙향을 말함인데, 건부 2년 이후이니까, 건부 5년 黃巢軍이 渡淮하기까지 3년 간 吳地에 머물면서 ≪郡齋讀書志≫(卷4)에 이른 바, "爲毗陵副使, 陷巢賊中."라 한 것처럼 피일휴는 비릉부사(常州)를 지내다가 마침내 황소군에 매인 바 된 것으로 본다. ≪新唐書≫ 卷9의 僖宗紀에 "乾符五年渡淮, 渡江, 攻宣州, 入浙西, 八月, 攻下杭州, 九月, 攻下越州."라 한 것과 ≪唐詩紀事≫(卷64)에, "黃巢寇江浙, 劫以從軍."이란 사실이 피일휴의 행적을 설명한 것이다.

---

21) ≪資治通鑑≫ 卷二百五十二 唐紀六十八 懿宗咸通十四年; 「秋, 七月, 戊寅, 上疾大漸, 左軍中尉劉行深, 右軍中尉韓文約立少子普王儼. 戊辰, 制; ≪立儼爲皇太子, 權句當軍國政事.≫ 辛巳, 上崩于咸寧殿. 遺詔以韋保衡攝冢宰. 僖宗卽位.」

(3) 黃巢亂에 참여와 卒年

乾符 5年(878)에 피일휴는 黃巢軍에 참여하게 된다. 사대부로서 황소의 농민 起義에 가담한 것은 이상한 바 있지만, 당시의 사회현상과 피일휴의 평소사상을 본다면 충분히 이해할 수도 있다. 피일휴가 참여케 된 배경을 여기서 살펴볼 필요가 있다. 당시 만당의 의종과 희종시에 정치는 부패가 극에 달하고 계급상의 모순이 노정되면서 사회의 혼란이 오기 시작한다. 875년에 黃巢는 叛亂을 일으킨다. ≪舊唐書≫의 黃巢傳에 보면,

僖宗以幼主臨朝, 號令出干臣下, 南衙北司, 迭相矛盾, 以至九流濁亂, 時多朋黨, 小人讒胜, 君子道消, 賢豪忌憤, 退之草澤, 既一朝有變, 天下離心, 巢之起也, 人士從而附之, 或巢馳檄四方, 章奏論列, 皆指目朝政之弊. (卷二百下)

희종이 어린 임금으로 조정의 일에 임하여 신하에 호령하였지만 남북의 관아가 서로 맞지 않아 혼탁한 지경에 이르니 붕당을 이루어 소인배들이 참소하고 군자는 도가 식으며 현사들은 강개하기 꺼려하여 초야에 물러나 일조에 변란이 있어 천하민심이 떠나매 황소가 일어났다. 인사들이 추종하자 황소는 사방에 격문을 발하니 장주가 올라와 조정의 피폐를 지적하였다.

라 하여 당시에 농민뿐만 아니라 유식자들도 다수 참여하였음을 알 수 있다. 피일휴의 의식에도 백성의 疾苦·정치부패에 동정하여 황소군에 가담한 것이 아닌가하고 상정하게 된다. 그 배경을 피일휴의 다음과 같은 몇 가지 글에서 확인하게 된다.

즉, 피일휴는 첫째 지주출신이 아니다. 그의 생활은 유족하지 않

아서, 「食箴序」(≪文藪≫ 卷6)에 "皮子少且賤, 至于食, 自甘粢糲而已."라 하고, 「貧居秋日詩」에는,

  亭午頭未冠, 端坐獨愁子.
  貧家烟爨稀, 灶底陰虫語.
  門小愧車馬, 廩空慙省鼠.
  盡室未寒衣, 機聲羨邪女.

  정오에 머리에 관도 안 쓰고
  곱게 앉아 홀로 수심에 잠기네.
  빈가에 연기불 드무니
  부엌 밑에 벌레 소리나네.
  문이 작아 거마에 부끄럽고
  창고 비어 참새와 쥐에 부끄럽네.
  온 방엔 겨울옷 없으니
  베틀 소리는 산처녀 부러워하네.

라고 한 것만으로도 피일휴의 소시의 생활이 윤택하지 않았음을 알 수 있다.

 그리고 둘째로는, 피일휴의 爲民 의식이다. 그의 글에는 민중의 고통을 발하는 내용을 흔히 볼 수 있다. 그의 「七愛詩元魯山」(≪文藪≫ 卷10)에서는,

  吾愛元紫芝, 淸介如伯夷.
  聾母遠之官, 宰邑無玷疵.
  三年魯山民, 豊稔不暫飢.
  三年魯山吏, 淸愼各自持.
  只飮魯山泉, 只采魯山薇.

내 원자지를 사랑하니
청렴하기 백이와 같네.
어머니를 수레에 태워 멀리 관직에 나가니
읍을 다스림에 흠이 없도다.
삼 년에 노산의 백성은
농사 잘 지어 잠시도 굶주리지 않고
삼 년에 노산의 관리는 청렴과 근신을 각자 지켰다네.
오직 노산의 샘만 마시고
오직 노산의 고사리만 캐네.

피일휴는 이상적인 관리는 玄宗時의 廉吏 元德秀 같아야 한다며 당시의 농민이 수탈 당하는 참상을 괴로워하였는데, 그의「三羞詩」의 其三序(≪文藪≫ 卷10)에 보면,

 丙戌歲, 淮右蝗旱, 日休寓小墅干州東, 下第後歸之, 見穎民轉徙者盈塗塞陌. 至有父舍其子, 夫損其妻, 行哭立丐, 朝去夕死. 嗚乎, 天地誠不仁耶?

 병술년, 회지에 누리의 재해와 한발이 있었으니, 일휴는 귀주동쪽의 작은 거처에 지내다가 낙방 후에 거기로 돌아 가다가, 영천의 백성을 보니 집 떠난 사람이 길에 차고 밭이랑을 메우니 아비가 자식을 버리고 지아비가 처를 버리는 일도 있어서 가면서 울고 서서 구걸하니 아침에 떠나서 저녁에 죽는다. 아아! 하늘이 진실로 어질지 않으신가?

여기서 피일휴는 穎川의 백성들이 겪는 삶의 역경을 痛恨하고 있다. 이러한 의식이 士大夫이지만 농민의거에 참여할 수 있는 내재적인 이유로 삼을 수 있을 것이다. 그러나 피일휴의 황소군에의 가담을 근본적으로 부인하는 설도 무시할 수 없다. 이의 증거는 피일휴

의 曾孫인 皮子良의 墓誌銘을 쓴 北宋의 尹洙의 글을 보면,

> 公諱子良, 字漢公, 其先襄陽人. 曾祖日休, 避廣明之難, 徙籍會稽, 及錢氏王其地, 遂依之, 官太常博士, 贈禮部尙書. 祖光業, 佐吳越國爲其丞相. (≪河南先生文集≫ 卷十五)
>
> 공의 휘는 자량이며 자는 한공이니 그 선조는 양양인이다. 증조부 일휴가 광명년간의 난리를 피하여 회계로 적을 옮겼다가 전씨가 그 땅에 왕이 되자 그에 의거하여 태상박사직을 받고 예부상서로 증수되었다. 조부 광업은 오월국에서 승상을 지냈다.

라고 하여 피일휴가 廣明(僖宗의 年號)의 난에 錢氏 밑에서 太常博士를 지냈다고 하였고, 그 아들 光業이 吳地에서 벼슬한 것까지 밝혀서 피일휴의 불가담을 확증하려 했다. 이 점에 대해서 陸游는 믿는 기록을 남기고 있어 피일휴의 황소와의 행적에 의문을 제기해 놓았던 것이다. 육유의 ≪老學菴筆記≫(卷10)에서 보면,

> 該聞錄言皮日休陷黃巢爲翰林學士, 巢敗, 被誅. 今唐書取其事. 按尹師魯作大理寺丞皮子良墓誌稱 : "曾祖日休, 避廣明之難,…… 父璨, 爲元帥府判官. 三世皆以文雄江東." 據此, 則日休未嘗陷黃巢爲其翰林學士被誅也. 小說謬妄, 無所不有. 師魯文章傳世, 且剛正有守, 非欺後世者.
>
> 해문록에는 피일휴가 황소에 들어가 한림학사가 되었다가 황소가 패하자 주살되었다고 기술하였다. 지금 당서에는 그 사실을 취하고 있다. 내 생각으로는 윤사로가 지은 대리사승피자량묘지에 이르기를 "증조일휴가 광명란을 피하였다.…… 부친 찬이 원수부 판관이 되었다. 삼대 모두 강동의 문호였다." 이것에 의하면 일휴

가 황소에 들어가 한림학사를 지내다 죽은 일이 없는 것이다. 그
릇되고 헛된 말이 아닐 수 없다. 사로의 글이 전해짐이 정당하거
늘 후세에 기만함이 아니리라.

라고 하여 육유는 피일휴의 가담을 근본적으로 부인하였다. 그리고 ≪資治通鑑≫ 卷254,「唐紀」70에도 피일휴 부분에서 胡三省의 注에 이 글을 참고로 소개한 사실을 볼 수 있다. 이 기록이 틀렸다고 단언할 수는 없으나, 繆鉞과 蕭滌非는 陸游가 기록을 믿지 않고 피일휴의 가담을 기정화하고 있다.22) 그러나 필자는 상기 두 학자의 주장을 따르고자 한다. 피일휴가 황소군에 가담하고 나서, 翰林學士가 된다.(886년) 그의 한림학사 임명을 ≪資治通鑑≫에,

---

22) 繆鉞은「皮日休的事跡思想及其作品」에서 陸游의 說에 대해서 "可見陸游的意見對後世還發生相當的影響. 按五代兩宋人的著作, 無論正史或雜史筆記, 如≪新唐書≫·≪資治通鑑≫·≪北夢瑣言≫·≪南部新書≫·≪唐語林≫·≪唐詩紀事≫·≪郡齋讀書志≫·≪直齋書錄解題≫ 等, 都記載皮日休曾從黃巢, 幷于黃巢稱帝後爲翰林學士, 可見此事是極確實的. 尹洙作皮子良墓誌, 爲甚麽有不同的說法呢? 我們要知道, 皮日休參加農民起義這件事, 在封建社會士大夫, 對于他們祖先這件不體面的事情, 當然要設法隱諱, 而作墓誌銘照例是根據死者孫供給的材料, 雖然明知其中有不實之處, 也只好根據它去寫, 這是封建社會人情之常, 所以自來墓誌銘多溢美隱惡之辭, 最以善作碑文墓誌著稱者, 莫過於東漢蔡邕與唐代韓愈, 而蔡邕自稱有慙德, 韓愈被譏爲諛墓, 就是這個緣故. 我想, 北宋時皮氏子孫因爲要隱諱他們的祖先日休參加黃巢起義, 所以僞造事實, 說日休避廣明之難, 徙籍會稽, 及錢氏王其地, 遂依之, 而將皮日休在唐朝所作的官太常博士轉移于錢氏政權之下."라 하여 극히 냉혹한 평을 하였고, 蕭滌非는「論有關皮日休諸問題」에서 "≪舊唐書≫ 外, 歐陽修的 ≪新唐書≫「黃巢傳」和司馬光的≪資治通鑑≫(卷二五四)也都有記載. 根據這些最早的和比較早的記載, 皮日休黃巢翰林學士原可肯定, 不成問題. 但是也有人不相信, 大詩人陸游就曾一再爲皮日休辯護……他攻擊≪新唐書≫喜取小說, 不知已早見于≪舊唐書≫, 而且≪新唐書≫成書比≪舊唐書≫要晚出一百一十五年, 要駁, 也得先駁≪舊唐書≫, 才是正理. 所以他這番辯護是不能成立的……値得注意的是, 歐陽修還是尹洙的好友, 而≪新唐書≫成書又在墓誌之後, 更足證這是千眞萬確的事實."하고 하여 비교적 논리성이 있다.

壬辰, 巢卽皇帝位于含元殿, 國號大齊改元金統. 唐官三品以上悉停任, 四品以下位如故……費傳古爲樞密使. 以太常博士皮日休爲翰林學士. (卷二百五十四,「唐紀」七十僖宗廣明元年)

임진년, 황소가 함원전에서 황제에 즉위하매……국호를 대제라 하고 연호를 금통이라 한다.……당의 관직 삼품 이상은 모두 정직되고 사품 이하의 직은 전과 같이 하다.…… 비전고가 추밀사 되고 태상박사 피일휴가 한림학사 되다.

라고 명기하고 있는데, 이 직책은 피일휴의 마지막 관직으로서, 이일로 해서 그의 말년의 운명을 비극으로 장식케 한다.[23] 피일휴의 졸년은 언제인지, 이 점을 蕭滌非의 주장에서 참고할 필요가 있다고 본다.[24] 소씨는 被誅說을 합리적인 설로 보고 있다. 883년 5월 黃巢가 장안에서 퇴각하고 僖宗은 황소와 관련된 자를 모두 처벌하도록 한다.[25] 이 처벌에는 姬妾까지도 용서받지 못하였던 것으로 보아 한림학사인 피일휴는 말할 나위 없었을 것이다. 黃巢의 사망은 888년 6월이지만, 장안에서의 퇴각이 883년 4월이므로, 피일휴의 被誅도 883년으로 추론함이 타당할 것이다.

---

23) 蕭滌非의 「論有關皮日休諸問題」에 "關于皮日休爲黃巢翰林學士的記載, 最早見于≪舊唐書≫'僖宗紀': 廣明元年十二月, 甲申, 賊入京城. 壬辰, 黃巢據大內, 僭號大齊, 稱年號金統,……以太常博士皮日休, 進士沈雲翔爲學士, 爲僞赦書云, ≪舊唐書≫作者劉煦時代相當早, 生于八八二年, 所記必有充分根據."라고 하여 피일휴의 한림학사직을 분명한 사실로 입증하고 있다.
24) 蕭滌非는 「論有關皮日休諸問題」에서 피일휴의 死를 病死·遇害·被誅 등 三傳說이 있음을 상세히 서술하고, 피일휴의 死는 '被誅'된 것으로 단정하였다. 필자도 이에 同意하는 것이다. 上記 論文 p.406~411 부분 參考要.(≪文史哲≫. 1953年 第1期)
25) ≪資治通鑑≫ 卷二五六 僖宗 中和 五年條 참조.

2. 詩交

 피일휴의 가장 친근한 시우는 말할 나위 없이 陸龜蒙(?~881)이지만, 후장의 「倡和詩」 부분에서 양인의 시교를 상술하므로 본절에서는 기타의 시우만을 약개하고자 한다.

 피일휴가 육구몽을 만난 곳이 蘇州인데, 중만당 이후의 文敎의 중심이 關中에서 江南으로 옮겨 간 현상과[26] 安史亂 이후의 진사급제한 자가 장안 출신보다 蘇州 출신이 더 많은 것을 보아도[27] 피일휴가 만년에 蘇州를 중심으로 한 교우는 매우 의미가 있다고 본다.

 피일휴의 시에서 贈酬된 詩友는 崔璐・張賁・魏朴・羊昭業・李穀・崔璞 등의 官友들과, 淸遠道士・李鍊師・寂上人・鏡巖周尊師・支山南峰僧 등의 宗敎人, 그리고 新羅의 弘惠上人, 日本의 圓載上人 등을 들 수 있는데, 官友들과의 교류는 吳地에서 하나의 문학단체를 형성한 듯 우의가 심대하였음을 엿볼 수 있다. 이제 그 관계를 살펴보고자 한다.

(1) 張賁(867年前後在世)

 ≪唐詩紀事≫에 "字潤卿・南陽人, 登大中進士第. 唐末爲廣文博士, 寓吳中, 與皮陸二生遊. 其詩多覇旅感激."(卷64)[28]라고 하여 피일휴가 吳地에서 만난 육구몽 다음으로 詩交를 나눈 자취를 보인다.[29] 피일

---

26) 錢穆, ≪國史大綱≫ 第七編 「南北經濟文化之轉移」 참고.
27) 陳正祥, ≪中國地理≫에 長安人은 41人, 蘇州人은 44人. 韋應物이 蘇州刺史 時의 作인 「郡齋雨中與文士宴集」에 "吳中盛文史, 群彦今汪洋."라 한 데서 소주의 文興을 알 수 있음.
28) 張賁에 관해 ≪全唐詩≫ 十函一冊에는 "嘗隱于茅山, 後寓吳中, 與皮陸游, 詩十六首."라 함.

휴의「醉中卽席贈潤南博士」시에서 "謝安四十餘方起, 猶自高閑得數年"이라 한 것에서 장분이 피일휴보다 연장자로 보이며, 茅山에 은거하며 도교를 받들어 皮·陸 양인에 영향을 준 것으로 보인다.30) 皮·張 양인은 소주에서의 시교가 각별한 듯 속탈적 의취가 고결한 우정을 보여 준다. 피일휴의 시「懷華陽潤卿博士三首」중 其一을 보면,

> 先生一向事虛皇, 天市壇西與世忘.
> 環堵養龜看氣訣, 刀圭餌犬試仙方.
> 靜探石腦衣裾潤, 閑鍊松脂院落香.
> 聞道徵賢須有詔, 不知何日到良常.

> 선생은 줄곧 허황만을 일삼아
> 천시단 서쪽에서 속세를 잊고
> 환도에서 거북 기르며 기의 비결을 찾고
> 도규로 개 먹이며 신선 길 찾네.
> 고이 석뇌 찾아 옷자락 느슨하고
> 고이 송진 다듬으니 뜰 낙엽 향기 나네.

---

29) 皮日休의 張賁에 관한 시를 보면,「江南道中懷茅山廣文南陽博士三首」·「魯望示廣文先生吳門二章」·「懷華陽潤卿博士三首」·「南陽潤卿將歸雷平因而有贈」·「南陽廣文欲於荊襄卜居因而有贈」·「初冬偶作寄南陽潤卿」·「寄潤卿博士還華陽」·「奉和魯望寄南陽廣文次韻」·「寄懷南陽潤卿」·「寄潤卿博士」·「醉中卽席贈潤卿博士」·「潤卿遺靑飯兼之一絶聊用答謝」·「奉和魯望招潤卿博士辭以道侶將至作」·「潤卿魯望寒夜見訪各惜其志遂成一絶」·「寒夜文讌潤卿有期不至」등이 있으며, 張賁의 皮日休에 관한 시로는「酬襲美先見寄倒來韻」·「奉和襲美醉中卽席見贈次韻」·「奉和襲美題褚家林亭」·「奉和襲美傷開元觀顧道士」·「奉和襲美先輩悼鶴」·「和襲美寒夜見訪」·「和襲美醉中先起次韻」·「和皮陸酒病偶作」·「以淸飯分送襲美魯望因成一絶」·「悼鶴和襲美」·「偶約道流終乖文會答皮陸」등 16首中에서 11首나 된다.

30) 陸龜蒙의「和襲美寄廣文先生」에 "忽辭明主事眞君."이라 하고, 또「送潤卿博士還華陽」에서 "共是虐皇簡上仙, 淸詞如羽欲飄然"이라 한 데서 장분의 신세를 알 수 있다.

현인 찾아 부른단 말 들었거늘
어느 날이나 좋은 때 올지.

이 시에서 장분의 道家에 심취한 평소의 생활을 적절히 묘사하며 경의를 표현하고 있음을 알 수 있다. 한편, 장분의 「悼鶴和襲美」에 서는,

渥頂鮮毛品格馴, 莎庭閑暇重難群.
無端日暮東風起, 飄散春空一片雲.

멋진 머리 붉은 털 품위 어울고
들녘에 한가로이 홀로 섰는데
아련히 해 저무는데 동풍이 일어나니
표연히 봄 하늘에 흩날리는 한 조각 구름.

라고 하여 피일휴에 대한 淡雅한 정회를 학을 애도하며 진솔하게 표출하고 있어, 양인의 仙的 교분을 긍정하게 된다.

(2) 崔璐

《唐詩紀事》에 "登咸通七年進士第"라 하고, 시로는 「覽皮光輩盛製因作十韻以寄用伸欸仰」(《全唐詩》10函1冊)이 있는데, 피일휴에 대한 敬畏가 넘친다. 그 일단을 보면,

襄陽得奇士, 俊邁直龍駒.
勇果魯仲由, 文賦蜀相如.
渾浩江海廣, 葩華桃李敷.
小言入無間, 大言塞空虛.

(中略)
　既有曾參行,　仍兼君子儒.
　吾知上帝意,　將使居黃樞.
　好保千金體,　須爲萬姓謨.

　양양의 뛰어난 선비
　준일하기 용 같은 말이요
　용감하기 노중유이며
　문장은 사마상여로다.
　웅혼하여 강하같이 넓으며
　우아하기 도리꽃을 더한 듯
　소언에 빈틈이 없고
　대언은 공허함 막았도다.
　　(중략)
　이미 증삼의 언행 지닌데
　군자다운 선비를 겸하였도다.
　내 하늘의 뜻 아노니
　문하성에 거하시어
　천금 같은 몸을 잘 보중하여
　만백성의 모범이 되어야 하오.

이같이 피일휴의 기상과 인품, 그리고 평소의 존경심을 진솔하게 묘사하여 그 우의를 표현하였고, 피일휴도 「奉酬崔璐進士見寄次韻」에서 양인의 격의 없는 우정을 토로하여 후배의 장래를 격려해 주고 있는데, 그 일단을 보면,

　伊余幼且賤,　所稟自以殊.
　弱歲謬知道,　有心匡皇符.
　意超海上鷹,　運踞轅下駒.
　縱性作古文,　所爲皆自如.

(中略)
文章鄴下秀, 氣貌淹中儒.
展我此志業, 期君持中樞.
蒼生眼穿望, 勿作磻谿謨.

그대와 나 어리고 가난하나
품성은 스스로 남달랐지.
어려서 도리 잘못된 줄 알고
임금의 부명 바로 하려 마음 두었지.
뜻은 바다 위의 매를 넘고
행실은 수레 아래 말도 굽히네.
마음대로 옛글 짓고
하는 일 모두 득의하네.
　　(중략)
문장은 업하의 수재요
기상은 엄중의 선비라네.
나의 이 뜻을 펴서
그대 중추부 지키기 바라네.
창생의 눈이 주시하나니
반계의 길일랑은 걷지를 마오.

여기서 말 6구는 최로의 재모를 높이고 전도를 기대하는 진실한 면려의 의취가 담겨 있음을 알 수 있다.

(3) 魏朴

字는 不琢. 피일휴의 「五貺詩序」에 "毗陵處士魏君不琢, 氣直而志放, 居毗陵凡二紀, 閉門窮學."이라 하여 위박에 대한 친분을 보여 준다. 피일휴의 「寄毗陵魏處士朴」 시에 보면,

醉少最因吟月冷, 瘦多偏爲臥雲寒.
兎皮衾暖蓬舟穩, 欲共淮遊七里灘. (末四句)

술 좀 취해 기껏 찬 달을 노래하고
많이 여윈 몸 비스듬히 찬 구름에 누운 듯
토끼 가죽 이불 따스하고 조각배 안온한데
뉘와 회수의 칠리탄에서 뱃놀이할까?

여기에서 은거 중에 寒氣 서린 절이지만 더불어 놀 수 있는 친구가 있음을 그리워하는 심회를 엿볼 수 있으며, 위박도「和皮日休悼鶴」(其二)에서,

經秋宋玉已悲傷, 況報胎禽昨夜亡.
霜曉起來無問處, 伴僧彈指遶荷塘.

가을 지나니 송옥이 슬퍼한 듯 쓸쓸한데
더구나 학 새끼가 어젯밤 죽었다고 하네.
서리 낀 새벽에 일어나 물을 곳 없어
옆의 스님 가리키며 연못가만 맴도누나.

라고 하여 죽은 학에 대한 애절한 심경을 그리면서 우정의 純白함을 보여 준다.

(4) 羊昭業

字는 振文이며, 咸通 9年에 진사에 급제하고 함통 11년에 蘇州에서 皮陸 양인과 교유하며, 이 해 말에 昭業이 省親하러 桂陽에 간다. 여기서,31) 소업의「皮襲美見留小讌次韻」(≪全唐詩≫ 10函10冊)은 피일휴가 안질에 걸려 음주할 수 없는 상태에서 酒宴이지만32) 우정의

溫和함을 말 4구에서 볼 수 있다.

>芳景漸濃偏屬酒, 煖風初暢欲調鶯.
>知君不肯然官燭, 爭得華筵徹夜明.

>아름다운 경물 짙은 속에 마냥 취하건만
>따스한 바람 상쾌한데 꾀꼬리 소리 어울도다.
>이 몸 못났으나 관청의 촛불 밝히고
>멋진 주연 밤새도록 벌여나 보세.

한편, 피일휴는 桂陽으로 떠나는 羊先輩에 대한 안위의 정을 담은 송시의 일단에서 양인의 교분이 두터움을 알 수 있다.[33]

>竹人臨水迎符節, 風母穿雲避信旗.
>無限湘中悼騷恨, 憑君此去謝江蘺. (「送羊振文先輩往桂陽歸觀」)

>악사는 물가에서 부절을 맞고
>풍모신은 구름 뚫고 신기를 피하네.
>끝없는 상수에서 이소의 한을 달래며
>그대 여기 떠나니 궁궁이풀로 인사하네.

(5) 李縠

字는 德師. 浙東觀察推官 및 殿中侍御史를 지내면서[34] 皮‧陸 양

---

31) 《登科記考》 卷二十三에 昭業이 "咸通九年進士第"라 하고, 甫里文集八「二遺詩序」에 "咸通十一年在蘇州與皮陸遊宴唱酬"라 함.
32) 羊昭業의 上記詩 끝에(《全唐詩》) "時襲美眼疾未平不飮酒故云"이라 附記되어 있음.
33) 피일휴가 羊昭業을 소재로 한 시는 上記詩 이외에 「偶留羊振文先輩及一二文友小飮日休以眼病初平不敢飮酒遺侍密還因成四韻」시가 있음.

인과 교유하면서 피일휴는 2수의 시를, 이곡은 4수를 서로를 위해 남기고 있다.35) 피일휴는 「奉送浙東德師侍御羅府西歸」에서 別情의 傷心을 그리며 우정을 토로하고 있다. 그 말 4구를 보면,

空將海月爲京信, 尙使樵風送酒船.
從此受恩知有處, 免爲傖鬼恨吳天.

바다의 달로 서울소식 삼고
따스한 바람으로 주선을 보내리라.
여기 은혜 입은 곳 기억하리니
시골뜨기 오 땅의 하늘 원망하지 말게 해주오.

그리고 이곡의 「浙東羅府西歸酬別張廣文皮先輩陸秀才」에서는(말 4구),

照曜文星吳分野, 留連花月晉名賢.
相逢只恨相知晚, 一曲驪欲又幾年.

빛나는 문재는 오땅에 떨치고
떠도는 화월 같은 자태 진대의 명현 닮네.
서로 만나서 너무 늦게 안 것 한하노니
이별가 한 곡이 또 어인 말인가.

---

34) 《唐詩紀事》卷六十四云 : 字德師, 咸通進士也. 唐末爲浙東觀察推官兼殿中侍御史. 日休松陵集序云 "南陽廣文潤卿・隴西侍御德師, 咸旅泊之際, 善其所爲, 皆以詞致師, 詞之不多, 去之速也."
35) 皮日休가 준 시로는 「奉送浙東德師侍御罷府西歸」・「醉中先起李穀戲贈走筆奉酬」 등이 있고, 이곡이 준 시로는(《全唐詩》 十函一冊)「浙東罷府西歸酬別張廣文皮先輩陸秀才」・「和皮日休悼鶴二首」・「醉中襲美先月中歸」 등이 있음.

라고 하여 양인의 상봉이 너무 늦은 아쉬움을 토로하고 있다. 이상의 교우 외에 피일휴에게 준 작품을 남긴 시인으로 吳融·崔璞·鄭壁 등이 있다.36)

Ⅲ. 시의 兩面的인 성격

  만당의 시를 놓고 好不好를 논하는 평가를 볼 때마다, 그 기준을 선정한 자체가 모순점을 내포할 수 있다고 본다. 嚴羽는 오직 漢魏盛唐詩만이 第一義이고 大曆 이후 만당시는 第二義라고 주창한 것은 주지의 사실이었고37), 비근한 예로서 宋代 阮一閱도,

  晚唐人詩多少巧, 無風騷氣味. (≪詩話總龜≫ 卷之五)

  만당인의 시는 좀 공교로워서 풍소의 맛이 없다.

라든가, 또 이르기를,

  唐之晚年詩人無復李杜豪放之格, 然亦務以精意相高.」(上同卷之五)

  당대 만년의 시인은 이백·두보 같은 호방한 격조가 없으나, 정밀

---

36) 吳融은 「和皮博士赴上京觀中修靈寶齋贈威儀尊師兼見寄」·「高侍御話及皮博士池中白蓮因成一章寄博士兼奉呈」(≪全唐詩≫ 十函六冊)이 있고, 崔璞은 「奉酬皮先輩霜菊見贈」이 있으며, 鄭壁은 「和襲美索友人酒」(上同) 등이 있음.
37) ≪滄浪詩話≫ 「詩辨」: "漢魏晉與盛唐之詩, 則第一義也. 大曆以還之詩, 則小乘禪也, 已落第二義矣. 晚唐之詩, 則聲聞辟支果也."이에 대한 해석은 拙文 「滄浪詩話詩辨攷」(≪外大論文集≫ 16輯) 참고.

한 의취를 높이는 데 힘썼다.

라고 한 것은 모두 중국 시론의 보편적 의식의 표현이라 하겠다. 그러기에 錢鍾書는 陸游의 시가 宋代의 것이지만, 어찌 이 시를 宋詩라 할 수 있을까 하면서 시대적·풍격적 제한에 의해서 시를 일괄적으로 품평하는 것을 중국문학비평의 문제점으로 지적한 바 있다.38) 피일휴가 비록 만당인이지만, 그 시 자체를 놓고 볼 때 만당시의 범주에 국한시켜서 평가해선 안 되는 소이도 여기에서 예외가 될 수 없다. 피일휴가 盛·中·晚唐의 시풍을 광범위하게 포용하고 있다는 데 그 평가의 범주로 삼아야 할 것이며, 본고도 그런 맥락에서 조명하려 한다.

피일휴의 시수는 序에서 기술한 바 420수(≪全唐詩≫에 의거)와 수집 보충된 9수 등 429수인데, 孟瑤가 白居易을 숭배하고 시풍이 "樸素剛健, 不同凡響"39)라고 한 것은 피일휴시의 寫實性을 인정함이며, 翁方綱이 "韓孟太儉, 皮陸一種, 固是韓孟後所不可少."(≪石洲詩話≫ 卷二)라 함도 맹요가 말한 바「樸素」와 한 줄기인데, 이는 단지 시의 일단만을 본 것이니, 피일휴 자신은 그의 문학이 이론상으로도 깊은 경지에 들었음을 간과해서는 안 될 것이다. 그는 ≪文藪≫ 原序에서,

文貴窮理, 理貴原情.

문장은 이치를 다하는 것을 귀히 여기고, 이치는 마음을 바탕에 둠을 귀히 여긴다.

---

38) 錢鍾書, ≪談藝錄≫ 卷一 참고.
39) 孟瑤, ≪中國文學史≫, p.292 참고.

라고 하였고, 鹿門隱書(≪文藪≫ 卷9)에는,

> 文學之於人也, 譬乎藥善服有濟, 不善服反爲害.
>
> 문학이 사람에 있어, 비유컨대 약을 잘 쓰면 고쳐지나, 잘못 쓰면 오히려 해가 됨과 같다.

라고 한 데서 그의 시관이 심오한 시정과 인품의 수양에 주안점을 두었음을 알 수 있다. 그의 성격이 반항적이며 "名無求知"(명분 때문에 지기를 구하지 않음)(「動箴」, ≪文藪≫ 卷6)라 하듯 비타협적인 潔癖이 그의 시에 주된 조류로 작용되는 것을 보게 된다.

피일휴시는 咸通 8年(867)에 進士第에 오르는 시기를 분계로 하여 그 이전을 전기시, 그 이후를 후기시로 대분할 수 있다. 이는 전기의 시에 현실주의시론이 형성되어 사실주의적인 시를 구사함에 따라 白居易를 이어서 만당의 신악부를 재현하였고[40], 후기의 시는 주로 吳中 時의 작으로서 韓愈風의 奇險과 예술적인 幽艶한 기풍, 그리고 민가풍의 시를 남기고 있기 때문이다. 한편, 본론에 들기 전에 참고하여 소재별로 피일휴를 분류하면 다음 표와 같다.

---

40) 피일휴의 전기시는 후기시에 비해 極小하여 대개 35首를 열거할 수 있다. 그러나 劉揚忠은 "就作品數量言, 前期少而後期多 : 就作品的思想藝術成就而言, 却是前期遠遠高過後期."(「皮日休簡編」 p.197, ≪中國古典文學論叢≫ 第一輯), 「三羞詩三首」, 「七愛詩(「房杜二相國」·「李太尉」·「徵君」·「元魯山」·「李翰林」·「白太傅」七首)」, 「正樂府(「卒妻怨」·「橡媼歎」·「貪官怨」·「農父謠」·「路臣恨」·「賤貢士」·「頌夷臣」·「惜義鳥」·「誚虛器」·「哀隴民」등 10수)」·「奉獻致政裴秘監」·「秋夜有懷」·「喜鵲」·「蚊子」·「鹿門夏日」·「偶書」·「讀書」·「貧居秋日」·「閑夜酒醒」·「秋江曉望」·「旅舍除夜」·「過雲居院玄福上人舊居」·「陪江西裴公游襄州延慶寺」·「西塞山泊漁家」·「襄州春遊」·「送從弟歸復州」(≪文藪≫ 卷十의 시를 재록한 것임)

素材	敍情	旅情	友誼	奉和	道僧・佛寺	寄贈	詠物
詩數	35	13	37	32	21	74	84
素材	敍景	品人	詠史	送別	諷刺	哀悼	奏樂
詩數	37	8	32	13	14	5	24

상기 도표에 부연하여, 陸龜蒙과의 倡和詩는 이 중에 141수에 달하여 특히 詠物과 敍景에서 그 특색을 보이고 있다.41)

1. 主題別 詩 내용

상기한 바, 피일휴의 倡和詩가 절대 다수를 차지하고 있다. 이것은 陸龜蒙과의 관계된 시를 중심으로 한 것인데, 본고에서는 이 倡和와 詠懷, 敍景 그리고 送別과 詠物을 주제로 한 시를 들 수 있는데, 영회와 영물은 내용상 풍격부분에서 살피기로 하고 본문에서는 倡和과 送別, 그리고 敍景만을 일견하고자 한다.

(1) 倡和 - 陸龜蒙과의 관계

피일휴와 육구몽간에 행해진 和答詩들이 이에 속한다. 피일휴는 기술하였고, 육구몽이 피일휴에 준 和詩도 173제에 달하니, (≪全唐詩≫9函10冊)≪四庫提要≫에 "松陵集十卷, 皮陸之作三百四十二首, 餘

---

41) 육구몽의「漁具詩」에「奉和魯望漁具十五詠」,「樵人十詠」에「奉和魯望樵人十詠」,「添酒中六詠」에「奉和添酒中六詠」,「四明山詩」에「奉和魯望四明山九題」,「夏日閑居作四聲詩寄襲美」에「奉酬魯望夏日四聲四首」등을 例擧할 수 있다.

人三十一首."라 한 기술과 숫자의 출입이 있으나 상근한다고 하겠다.42) 양인의 상봉시기는 咸通 10年 피일휴가 등제하고도 작관되지 못한 데서 오는 吳地(蘇州포함)에로의 낙향시에 만난 것으로 추정한다.43) 피일휴의 倡和詩는 閑情逸致하다고 평가하여,44) ≪唐音癸籤≫ 卷8에,

> 皮襲美未第前詩尙朴澁無采. 第後遊松陵, 如太湖諸篇, 才筆開橫, 富有奇艶句矣.

피일휴가 급제하기 전에는 시가 소박난삽하여 무미한데, 급제 후 송릉에서 교유하던 「태호제편」 같은 것은 시제가 트이고 기염한 구가 풍부하다.

라고 기술한 것과 유관하니, 이는 山川을 유람하며 和唱한 데에 그 기풍을 드러낸 경우라 할 것이다. 「太湖詩」(870년작)를 보기로 하자. 이 시의 序에 黃老術을 배워 당시의 소주자사 崔璞의 命에 의해 太湖에서 제사 드리고 유람하면서 지은 시라고 자술하고 있는데, "其中有靈異, 學黃老徒樂之, 多不返"이라 하듯이 시 자체가 신

---

42) ≪唐音癸籤≫ 卷三十同 「一倡和」條에는 "松陵集, 皮日休在吳郡幕府與陸龜蒙酬倡詩, 六百五十八首, 十卷."이라 기재됨. 그리하여 姚珪의 「皮日休陸龜蒙唱和詩硏究」(臺大碩士論文, p.89~90)에는 ≪松陵集≫(明崇禎九年顧氏詩瘦閣刻本)의 수록내용을 도식화하여 열거하고 있다.

43) 繆鉞은 "皮日休于咸通十年在蘇州認識陸龜蒙, 很欣賞他的詩才, 以爲其才之變, 眞天地之氣, (「松陵集序」) 此後數年中,他們二人時常唱和, 共作三百餘首,再附以其他友人相隨酬唱之作, 編爲松陵集十卷."(≪皮日休的事跡思想及其作品≫)이라 하고, 劉揚忠은 "咸通十年(869), 崔璞以諫議大夫出爲蘇州刺史, 聘他爲州軍事判官. 日休就任之後一個月, 適逢吳地大名士陸龜蒙以所幷謁崔璞, 于是 皮·陸二人得以結識."(「皮日休簡論」)이라 한 데서 그 상봉시기를 引述함.

44) 繆鉞은 "松陵集中皮日休詩內容多寫閑情逸致……"(前揭書)라 함.

비하고 怪誕한 幻想世界를 그리듯 묘사되어 있다. 피일휴의 태호시 중에 「桃花塢」를 보면,

   贪綠度南嶺, 盡日穿林樾.
   窮深到玆塢, 逸興轉超忽.
   名塢雖然在, 不見桃花發.
   恐是武陵溪, 自閉仙日月.
   倚峰小精舍, 當嶺殘耕垡.
   將洞任廻環, 把雲恣披拂.
   閑禽啼叫篠, 險狄眠碑矻.
   微風吹重嵐, 碧埃輕勃勃.
   淸陰減鶴睡, 秀色治人渴.
   敲竹鬪錚鏦, 弄泉爭咽溫.
   空齋蒸柏葉, 野飮調石髮.
   空羡塢中人, 終身無履襪.

무성한 숲새로 남령을 넘어
종일토록 숲 그늘 꿰뚫었네.
아주 깊은 곳 이 언덕에 오르니
흥이 나서 초탈하여지네.
언덕 이름 있다 하나
도화꽃은 보이지 않네
아마도 무릉의 시내런가!
스스로 문을 닫고 일월의 선계드니
산봉우리 작은 정사에 의지코
산고개 버려진 밭데기 대하고 있네.
굴을 따라 멋대로 돌아들고
구름을 잡아서 느긋이 풀어놓네.
한가론 새 아득히 울어 대고
험상궂은 검은 원숭이 돌비탈에 잠자네.

312 제2장 晩唐代 詩人과 그 詩

> 산들바람 짙게 깔린 산안개에 불어대고
> 푸른 먼지 가벼이 흩날리네.
> 맑은 그늘 학의 잠 덜고
> 빼난 경색은 이내 갈증 달랜다.
> 대 두드려 쟁그렁 소리나고
> 샘을 희롱하여 다투어 울어댄다.
> 텅 빈 재실엔 솔잎 끓이고
> 밥으로는 이끼를 조리하네.
> 공연히 도화오의 그이가 부러우니
> 종신토록 버선을랑 안 신으시니!

이 시의 제4구에서 제8구까지는 탈속의 무릉도원경을 그렸고, 말 2구는 幽玄한 出世隱遁의 의식이 깊게 새겨 있으니 20수에서 더 추출하자면,

> 願風興良便, 吹入神仙宅. (「初入太湖」)
> 欲問包山神, 來賖小巖壑. (「曉次神景宮」)
> 對彼神仙窟, 自厭濁俗形. (「入林屋洞」)
> 我願與之遊, 玆焉託靈質. (「投龍潭」)

이들은 속세를 초탈한 피일휴의 창화시의 특성을 보여주는 것이다. 그리고 그의 창화시의 다른 하나의 특색으로는 口語를 다용하고 있다는 점이다. 예컨대,

> 貧養山禽能箇瘦. (「夏首病癒因魯望」)

에서 '能箇瘦'는 '如此瘦'라는 뜻으로 能은 '如此'로 풀이되니 唐代의 口語이다. 變文 「佛說阿彌陀經講經文」의 "紅嘴能深練尾長"에서

能도 같은 의미이며「維摩詰經講經文」의 "朱旖旎旎, 能赤能紅. 雪齒齊平, 能白能淨"에서 '能'자 역시 같은 의미로 쓰임을 보면 명확하다. 또,

> 以前雖被愁將去, 向後須敎醉領來. (「奉酬魯望惜春見宿」)

에서 '將'자는 帶領의 뜻으로 또한 唐代口語이며, '敎'의 용례도,

> 居然自是幽人事, 輒莫敎他孫壽聞. (「臨頓宅將有于歸之日魯望以詩見貺因抒懷酬之」)

에서와 같이 사역형의 허자로 쓰이는 것을 알 수 있으니, 더 예거해 보면,

> 不知入夜能來否, 紅蠟先敎刻五分. (「奉和再招」)
> 應是天敎開汴水, 一千餘里地無山. (「汴河懷古」)

등을 들 수 있다. 그리고 현대어의 '是'와 '好'의 용례가 그 당시에 창화시에 이미 同意語로 사용되고 있었으니,

> 厭煙栽藥爲身計, 負水澆花是世功. (「魯望以花翁之什見招因次韻酬之」)
> 彫胡飯熟 餬軟, 不是高人不合嘗. (「魯望以躬掇野蔬兼示雅什用以酬謝」)
> 石墨一研爲鳳尾, 寒泉半勺是龍睛. (「以紫石硯寄魯望兼酬見贈」)
> 兩地有期皆好用, 不須空把洗溪聲. (「以紫石硯宿魯望兼酬見贈」)
> 族類分明連璜, 形容好箇似蟛蜞. (「病中有人惠海蟹轉寄魯望」)
> 無事有杯持永日, 共君惟好隱牆東. (「奉和魯望曉起廻文」)

등을 들 수 있다. 피일휴의 수다한 口語 사용은 특히 근체시에서, 그리고 唱和詩에서 상용되고 있는데, 이것은 상호간 친분이 두터운 지기에게 격의 없이 절친감을 느끼며 쓰여진 데에 그 이유를 부여할 수 있다.45)

(2) 送別

어느 시인이든 送詩는 인간의 순수한 '相者定離'의 심정을 토론하고 있다. 그 대상이 누구이든 哀傷이 깃든 送詩이므로 그 속에는 憂愁・悲哀・戀慕 등이 스며들어 있다. 그런데 피일휴의 송시는 슬프지 않다.46) 出仕하는 우인에 대한 祝意가 넘치고 온화한 격려의 우정이 있는가 하면, 한편 仙氣가 서려 있기도 하다.

   殷懃莫笑襄陽住, 爲愛南溪縮項鯿. (「送從弟皮崇歸復州」)
   不奈此時貧且病, 乘桴直欲伴師遊. (「重送」)

등은 우정이 넘치는 심회의 표현이며,

   文如日月氣如虹, 擧國重生正始風. (「送令狐補闕歸朝」)
   朝衣正在天香裏, 諫草應焚禁漏中. (上同)
   五羊城在蜃樓邊, 墨綬垂腰正少年. (「送李明府之任海南」)

---
45) 姚珪의 ≪皮日休陸龜蒙唱和詩硏究≫ p.120에 "詩人唱和詩, 心目中已有一熟稔的特定讀者, 因此傾向於使用較不正式的語彙."
46) 피일휴의 송시로는 「送從弟皮崇歸復州」・「送令狐補闕歸朝」・「送李明府之任海南」・「庚寅歲十一月新羅弘惠上人與本國同書請日休靈鷲山周禪師碑將還以詩送之」・「送潤卿博士還華陽」・「臘後送內大德從遊天台」・「送董少卿游茅山」・「奉送浙東德師侍御罷府西歸」・「送羊振文先輩往桂陽歸覲」・「送圓載上人歸日本國」:「重送」 등이 있음.(≪全唐詩≫에 의거)

등은 우인의 任官을 축하함이며,

  名卿風度足枸斜, 一舸閑尋二許家. (「送董少卿游茅山」)

구는 仙氣가 넘치고,

  二千餘字終天別, 東望辰韓淚灑襟. (「庚寅歲十一月」)

구는 送詩의 본령인 애상이 담긴 표현이다. 피일휴의 송시에는 시어가 정연하고 묘사가 근엄한 것이 독특하며, 특히 송시에서 道人에 대한 송시는 별미의 경지를 보인다. 이제 「臘後送內大德從勗遊天台」를 보건대,

  講散重雲下九天, 大君恩賜許隨緣.
  霜中一鉢無辭乞, 湖上孤舟不廢禪.
  夢入瓊樓寒有月, 行過石樹凍無煙.
  他時瓜鏡知何用, 吳越風光滿御筵.

  흩어져 겹친 구름 하늘에 드리운데
  대군의 은사 이어져 있네.
  서리 속의 탁발 하나면 바랄 말 없고
  호숫가의 외로운 쪽배 참선을 그치지 않네.
  꿈에 경루에 드니 차거이 달이 있고
  가다가 석수를 지나니 추워서 안개 없구나.
  그 때 거울일랑 무엇에 쓰는가?
  오월의 풍치가 주연자리에 가득하도다.

이 시의 어느 면에도 송시의 우수가 없지만, 2연의 "無辭乞"이나 "孤舟"라든가, 3연의 寒자 凍자, 그리고 有자와 無자의 의취와 4연의 홀로 보는 경치 묘사에서 고독을 표출하는 작법은 세련미를 읽을 수 있게 한다.

(3) 敍景

시의 景物描寫는 景中有情의 특성을 중시하는데,47) 피일휴시에 있어서도 예외가 아니다. 이것은 景과 情이 따로 묘사된 듯 하면서 사실은 서로 다른 것이 아닌 情景分寫의 경우와, 景中에 정을 담고 情中에 景을 싣고 있는 情景交融의 경우로 세분하여 볼 수 있다.48) 먼저 전자의 예로서「秋江曉望」을 보면,

　　　萬頃湖天碧, 一星飛鷺白.
　　　此時放懷望, 不厭爲浮客.

　　　만경의 넓은 호수 하늘까지 푸르고
　　　별 하나같이 날아가는 백로 희기도 하네.
　　　이때 마음놓고 바라보노니
　　　뜬 나그네 신세 싫지가 않구나.

여기서 제1연은 주위의 경물을 사실대로 묘사하였으며, 제2연은 현실에 처한 신세를 노래하며 나그네 된 심정의 초연함을 그려 놓았

---

47) 李重華云 : "詩有情有景, 且以律詩淺言之, 四句兩聯, 必須情景互換, 方不復沓, 更要識景中情, 情中景, 二者循環相生, 卽變化無窮."(《貞一齋詩說》), 施補華 云 : "景中有情, 如柳塘春水漫, 花塢夕陽遲. 情中有景如勳業頻看鏡, 行藏獨倚樓."(《峴傭說詩》)
48) 拙著 《王維詩硏究》, p.81~84 참조.

다. 이것이 景中有情의 경물 속의 敍情이다. 그리고 「春夕酒醒」을 보면,

> 四弦才罷醉蠻奴,49) 鄙醁50)餘香在翠爐.
> 夜半醒來紅蠟短, 一枝寒淚作珊瑚.
>
> 음악이 끊어진데 술 취한 이 촌놈
> 영록주 술 내음 화로에 감돌도다.
> 한밤에 깨어나니 붉은 촛불 짧은데
> 한 가닥 찬 눈물이 산호가 되었도다.

이 시는 술에서 깨어난 직후 春夕의 정경을 찰나적으로 묘사한 것이다. 음악이 그치고 연회의 사람들도 모두 흩어지고 시인은 취한 중에 향기로운 술은 마음을 끄는 가운데 한밤의 봄 정경을 情中有景 的 감회로 묘사하고 있다. 한 가닥의 촛불에서 흘러내리는 촛물은 春夜의 풍광과 조화하여 산호의 자태로 영상되었다. 제1연에서 醉字 의 묘법은 매우 오묘하다. 醉字 속에 제2구로 이어지는 감흥이 '餘 香'으로 표현되기 때문에 醉中에도 술이 깨어 있고 또 더욱 酒興을 그리는 심회가 표출된다. 이는 작자의 내심의 憂愁를 암시하는 曲折 의 描法이다. 제2연에서는 '短'자로서 촛물이 다해 가는 아쉬운 정경 을 그리면서 촛불을 산호같이 붉고 맑은 한 방울의 영롱한 대상으로 승화시킨 것은 春夕의 정경과 그에 따르는 심경을 조화한 수법으로 볼 수 있다. 이것은 단순한 정경의 심회가 아니라, 자신의 득의치 못

---

49) 蠻奴는 歌舞伎를 지칭. 羅鄴의 「自遣」;「江上吹笛蠻奴」. 피일휴의 시에서는 自稱임. 通典: "襄陽, 春秋以來楚地也." 日休는 襄陽人이므로 楚地를 荊蠻이 라 칭한 데서 自稱한 것으로 봄.
50) 영록은 酒名 ≪北堂書鈔≫ 引吳錄: "湘東酃縣有酃水, 能釀美酒, 因以水爲酒 名."

한 신세를 物我一體이며, 情景交融의 경지에서 이루어진 시적인 영상이다. 이는 등제전의 작인「閑夜酒醒」(襄陽鹿門山에 은거시의 작)과 비교하면 그 시의 예술성을 감지할 수 있다.「閑夜酒醒」을 보건대,

    醒來山月高, 孤枕群書裏.
    酒渴謾思茶, 山童呼不起.

    술에서 깨어나니 산달은 높이 선데
    외론 베개머리 책 속에 묻혔어라.
    주갈에 목이 타서 자못 차 마시고 싶어
    동자를 불러도 일어나질 않누나.

라 한 데서 시어가 淸新하고 의경이 幽潤하게 표현하면서 고독감을 토로한 반면,[51]「春夕酒醒」은 四弦의 樂聲, 酃醁酒의 餘香, 翠爐와 紅蠟의 色彩, 그리고 珊瑚의 美態등이 조화를 이루어 문사가 奇艶한 세계를 창조한다. 피일휴시의 서경은 소재가 단순한 경물에서 끊이지 않고 서정이 근간이 된 엄격한 의미에서의 서정시라 하겠다.

2. 風格別 詩 내용

피일휴의 전기시는 등제전이기도 하거니와 서민적 생활에서 오는 진실되고 순박한 성향을 띠고 있다. 따라서 寫實에 충실한 작품을 보였으며, 후기시의 幽麗하면서 民歌的인 예술미를 지닌 정통적인

---

51) ≪唐詩大觀≫云 : "閑夜酒醒大槪是隱居于襄陽鹿門山時所作, 詩寫道 ; 醒來山月高…… 也是寫酒後醒來孤獨之感. 詩雖朴澁無采, 但語言淸新, 風格俊爽, 意境幽潤, 自不失爲情韻飛揚的好詩, 春夕酒醒却完全是另一種風格."(p.1288)

만당시풍은 대조적인 시풍을 보이고 있는 것이다. 이제 이런 시의 전후기적인 풍격의 특성을 본절에서 일고하고자 한다.

(1) 寫實主義的 詩風

피일휴시에서 사회현실을 솔직하게 묘사한 점에 대해서 杜甫·元稹·白居易 등의 영향을 크게 받아서, 만당시의 逆風을 불어넣은 경향을 보인 것으로 평가하기도 한다.52) 피일휴 자신도 「正樂府十篇」序에서,

> 樂府蓋古聖王采天下之詩, 欲以知國之利病, 民之休戚者也. 聞之足以勸乎功, 詩之刺也. 今之所謂樂府者, 唯以魏晋之侈麗, 陳梁之浮艷, 謂之樂府詩, 眞不然矣.」(≪文藪≫ 卷十)

> 악부는 대개 옛 성왕이 천하에서 채집한 시로서 나라의 손익과 백성의 哀樂을 알고자 함이라. 들어서 족히 공에 힘쓴다면, 시의 요긴한 지침이 된다. 지금 이른바 악부라는 것은 단지 위진의 미려나 진양의 부염을 가지고 악부시라 하니, 사실은 그렇지 않다.

라고 하여 당시의 만당시의 頹靡한 면을 비판한 것으로 풀이하기도 하며53), 근년에 와서는 피일휴를 新樂府의 계승자로까지 부각시키는 관점을 볼 수 있다.54) 피일휴 자신도 「七愛詩」序에서, "爲名臣者,

---

52) 劉揚忠의 「皮日休簡論」: "皮日休的詩論, 受杜甫·元結·元稹·白居易的影響很大, 竭力强調詩歌反映社會現實和警戒人心的作用."라 하고, 목월의 글(前揭書)에는 "所以皮日休那時作時, 很容易接受白居易的影響, 而與他走同一的道路."라 하였으며, 그 외에 鄭振鐸은 백거이 영향으로 「正樂府」 10편을 完了하였다고 하였으며(≪揷圖本中國文學史≫ 2, p.401), 孟瑤는 백거이를 숭배하였다고 하였다.(≪中國文學史≫, p.292)
53) 劉揚忠, 前揭書, p.196.
54) 孟瑤의 ≪中國文學史≫(p.292)에는 元白 新樂府精神 계승이라 하고, 邱燮友

必有眞才, 以白太傅爲眞才焉."이라고 白居易를 추숭하고,「白太傅」시에서,

> 吾愛白樂天, 逸才生自然.
> 誰謂辭翰器, 乃是經綸賢.
> 欸從浮艷詩, 作得典誥篇.
> 立身百行足, 爲文六藝全.
> 淸望逸內署, 直聲驚諫垣.
> 所刺必有思, 所臨必可傳.
> 忘形任詩酒, 奇傲徧林泉.
> 所望標文柄, 所希持化權.
> 何期遇訕毀, 中道多左遷.
> 天下皆汲汲, 樂天獨怡然.
> 天下皆悶悶, 樂天獨舍旃.
> 高吟辭兩掖, 淸嘯罷三川.
> 處世似孤鶴, 遺榮同脫蟬.
> 仕若不得志, 可爲龜鏡焉.

> 나는 백낙천을 사랑하니
> 뛰어난 재주 천생이로다.
> 누군 문장의 그릇이라고 말하나
> 경륜의 현인이기도 하네.
> 부염한 시를 따르지 않고
> 전고시를 지어냈도다.
> 입신에 온갖 행실 훌륭하고
> 문물에 육예가 갖추어 졌네.
> 청렴한 명망은 관서에 빼어나고
> 직언의 소리는 간언의 담 (사간원)을 놀라게 했네.

의 ≪中國文學史初稿≫(p.546)에는 聶夷中・司空圖 등과 함께 晩唐新樂府詩人으로 분류하고 있음.

풍자에는 필히 사념이 있고
임하는 데에는 필히 전할 만한 게 있도다.
몸을 잊고 시와 술에 맡겨서
마음 느긋이 숲과 샘을 두루 다녔네.
바라는 바 학문상의 권리요
원하는 바 교화의 힘이었도다.
어찌 헐뜯음 당할 줄이야.
도중에 좌천도 많으셨다오.
천하가 모두 급급할 때
낙천은 홀로 기뻐 사셨고,
천하가 모두 근심할 때
낙천은 홀로 근심 풀어놓으셨네.
고고히 시 읊으며 문하성과 중서성을 떠나셨고
청일하게 휘파람 속에 경수 위수 낙수를 다니셨네.
처세는 외로운 학처럼
영화 버리기는 껍질 벗은 매미 같았네.
벼슬하여 뜻대로 안 되면
그 분을 귀감 삼아야 하리라.

라고 하여 백낙천의 '孤鶴' 같은 삶의 자세는 '龜鏡'이 될 수 있다는 절대적인 추종의 변을 아끼지 않고 있으니, 이러한 피일휴의 성향을 가지고 볼 때, 그의 현실묘사의 주요대상은 민생의 疾苦, 정치의 부패상, 그리고 賢士에 대한 찬양 등이 될 것이다.

가. 民生의 疾苦

인민의 생활상을 솔직하게 묘사하는 데 있어서 피일휴를 거명하면서 만당대에 이 같은 사실주의자를 찾기란 용이하지 않다. 이 민생의 질고 내용을 먼저 인민의 비참한 의식생활상을 묘사한 데서 찾을 수 있으니, 「正樂府」에서 「農父謠」를 보면,

農父寃辛苦, 向我述其情.
難將一人農, 可備十人征.
如何江淮粟, 輓漕輸咸京.
黃河水如電, 一半沈與傾.
均輸利其事, 職司安敢評.
三川豈不農, 三輔豈不耕.
奚不車其粟, 用以供天兵.
美哉農父言, 何計達王程.

농부가 고생을 원망하여
나에게 그 마음 털어놓는다.
"한 사람이 농사하기 어려워도
열 사람의 원정은 하여야 하네.
어째서 강회의 곡식을
배와 수레로 서울로 실어 나르나?
황하의 물은 번개 같아
태반은 물에 잠겨 기우뚱하니
옮기는 일에 능사난
양반님네들 어찌 감히 투덜할 건가.
삼천에선 어찌 농사 안 짓고
서울 땅엔 어찌 밭갈이 안 하는가.
그 곡식 수레에 실어 임금의 병사에게 주려 함이 아니런가!"
멋지도다! 농부의 말씀.
왕도를 어떻게 꾸려가려 하는지!

여기에서 첫 구부터 농부의 고통을 거침없이 서술하고 있다. 그리고 말구에서 농부를 찬미하면서 王道의 첩경은 곧 농민을 위한 것이라는 점을 호소한다. 또 「三羞詩」의 제3수는 침통한 필촉으로 함통 7년(866)에 있었던 淮右 지방의 蝗旱으로 수다한 이민자의 참상을

皮日休와 그의 詩交, 그리고 詩風의 兩面性　323

적나라하게 묘사한다. 그 序에 "丙戌歲淮右蝗旱, 日休寓小墅於州東, 下第後, 歸之. 見潁民轉徙者盈途塞陌, 至有父捨其子, 夫損其妻, 行哭立匂, 朝去夕死. 嗚呼. 天地誠不仁耶."(旣引譯)라 하니, 그 얼마나 비참한 광경인가. 이제 그 처참한 백성의 기근을 절실하게 그려 놓은 시를 보도록 한다.

　　　天子丙戌年, 淮右民多飢.
　　　就中潁之汭, 轉徙何纍纍.
　　　夫婦相顧亡, 棄却抱中兒.
　　　兄弟各自散, 出門如大癡.
　　　一金易蘆蔔, 一縑換鳧茈.
　　　荒村墓鳥樹, 空屋野花籬.
　　　兒童齕草根, 倚桑空羸羸.
　　　班白死路傍, 枕土皆離離.
　　　方知聖人敎, 於民良在斯.
　　　厲能去人愛, 荒能奪人慈.
　　　如何司牧者, 有術皆在茲.
　　　粵吾何爲人, 數畝清溪湄.
　　　一寫落第文, 一家歡復嬉.
　　　朝數有麥饘, 晨起有布衣.
　　　一身旣飽暖, 一家無怨咨.
　　　家雖有畎畝, 手不秉鎡基.
　　　歲雖有札瘥, 庖不廢晨炊.
　　　何道以致是, 我有明公知.
　　　食之以侯食, 衣之以侯衣.
　　　歸時岬金帛, 使我奉庭闈.
　　　撫己媿潁民, 奚不進德爲.
　　　因茲感知己, 盡日空涕洟.

　　　천자 병술년에

회동지방의 백성 기근이 드니
영수의 물 속에서
옮겨 다니느라 참으로 지쳤도다.
부부가 서로 잃으며
버려져도 아이는 껴안고 있네.
형제가 각자 흩어져서
문을 나서니 바보 같도다.
금 한 덩이 갈대와 치자 바꾸고
비단 한 필로 물오리 풀 바꾸네.
황폐한 마을의 묘엔 새가 나무에 날고
텅 빈 집엔 들꽃이 울타리쳤네.
아이는 풀뿌리 씹으며
뽕에 기대어 매우 연약하고녀.
반백의 노인 길가에 죽어 있어
흙을 베개 삼아 얽혀져 있네.
이제 알리라 성인의 교화가
백성을 다스림에 바로 이곳에 두어야함을.
사나와서 사랑을 거둬가고
황폐하여 자애를 뺏어가네.
어찌하여 목자된 자
나라 다스리는 술수가 이 모양인가.
아아! 나는 뭐 하는 사람인가.
땅 몇 이랑을 맑은 냇가에 일구고서
낙제글을 쓰자마자
집안에선 기뻐 좋아하고녀.
아침에는 보리죽 먹고
새벽에는 일어나서 무명옷 입노라.
이 한 몸 배부르고 따스하며
집안에는 원한과 탄식이 없도다
집에 밭이 있어도
손에 호미를 잡지 못하네.

세월 아픔이 있어도
부엌엔 아침 불 끊이지 않네.
어느 길로 여기에 이르렀나
나는 공평을 밝히 알도다.
먹고서도 먹을 것 기다리고
입고서도 입을 것 기다리니
돌아 갈 때 금비단을 재단하여
나로 대궐문에 바치라 하네.
스스로 어루며 영수의 백성에 부끄러우니
어이 덕행을 아니하리오.
이에 지기를 생각하면서
종일토록 공연히 한없이 울었도다.

이 시는 구구절절이 재민의 流離相을 直描한 것으로 제1·2연은 재민의 이거를, 3·4·5연은 가족의 이산, 제6·7·8연은 황폐한 마을과 기아의 현상, 제9·10·11연은 통치자의 정신자세, 그리고 12연부터 말련까지는 자기 자신의 안위에 대한 수치와 인민에 대한 깊은 연민을 절실하게 묘사하고 있다. 「詩歸序」에,

眞詩者, 精神所爲也. 察其幽情單緖, 孤行靜寄於喧雜之中.

참된 시는 정신에 있다. 혼잡 속에서 그윽하고 단순한 정서, 고독하면서 정숙한 흥기를 구하는 것이다.

라 한 것은, 피일휴의 이 시에서 작자의 심정을 직설적으로 담백하게, 깊은 진실을 표출시키고 있음을 대변해 주는 말이 되겠다. 이 시의 진실성은 피일휴의 의식을 의미하기도 하는 것이니, 그의 「動箴」의 일단이 더욱 분명히 해 준다. 즉,

季世有爵必危勿居, 亂國有祿必尸, 住無市怨, 去無取嗤, 迹無顯露.
(≪文藪≫ 卷六)

말세에 벼슬은 위태하니 처하지 말고, 난국에 작록은 죽음이니 처하되 저자의 원망이 없고 떠나되 웃음거리가 되지 말며 자취는 드러나지 말지라.

피일휴는「酒箴序」(≪文藪≫ 卷6)에서 "皮子性嗜酒"라고 하여 맑은 정신으로는 세상에 처신하기 어려울 만큼 현실에 대한 비판의식이 강렬한 것이 이 시에서 표현되어 나왔다고 할 수 있다.55)

한편, 서민의 가난을 읊으면서 피일휴 자신도 빈한을 면키 어려운 조년의 시절에 지은「貧居秋日」(생평절에 기인)은 인생의 근본이 무엇인지 생각케 하는 비정이 깃들여 있다. 이어서 민생의 질고는 단순한 가난에서만이 아니라, 끊이지 않는 전쟁에의 희생물로 이용당했기 때문이기도 하다. 내우외환 속에 인민의 분노는 고금을 통해 通時的으로 나타나지만, 피일휴에게 있어서는 참을 수 없는 모습들이었다. 이제「三羞詩」의 其二詩를 보자.

南荒不擇吏, 致我交阯覆.
緜聯三四年, 流爲中夏辱.
儒者鬪卽退, 武者兵則黷.
軍庸滿天下, 戰將多金玉.

---

55) 이 시에 대해서 목월은 "三羞詩其三描寫咸通七年淮右旱蝗, 人民流離餓死, 而政府幷不救濟."(前揭書)라 하고, 劉揚忠은 "眞是一幅慘不忍睹的災民流離圖. 詩的後半部分, 作者沈痛地指出 ; 厲能去人愛, 荒能奪人慈, 幷對比自己 "一身旣飽暖, 一家無怨咨."的小康日子, 感到深深的慙愧和不安."(前揭書)라 하여 詩史의인 가치를 부여하고 있다.

刮則齊民癰, 分爲猛士祿.
雄健許昌師, 忠武冠其族.
去爲萬騎風。住作一川肉.
昨朝殘卒回, 千門萬戶哭.
哀聲動閭里, 怨氣成山谷.
誰能聽畫鼙, 不忍看金鏃.
吾有制勝術, 不奈賤碌碌.
貯之胸臆間, 慙見許師屬.
自嗟胡爲者, 得蹋前修躅.
家不出軍租, 身不識部曲.
亦衣許師衣, 亦食許師粟.
方知古人道, 蔭我己爲足.
念此向誰羞, 悠悠潁川綠.

남방에 관리를 뽑지 않아
우리 교지지방이 엎어지게 되니
삼사 년 지내면서
중국에 누만 되었네.
게으른 자 싸운 즉 퇴패하고
무용한 자 싸우면 더럽히네.
군사는 천하에 가득한데
장사는 금옥이 많기도 하다.
갈라서 백성의 혹 다스려 주고
나누어서 용맹한 무사의 녹으로 해야지.
웅건한 허창군사
충성과 무용은 그 족속의 으뜸이라.
떠나가면 만기의 바람 일고
머물면 한 내의 몸이 되네.
어제 아침 잔졸이 돌아오니
집집마다 온통 우짖는 소리.
슬픈 소리 마을을 진동하고

원한의 기운 산골짝 이루었네.
뉘 대낮의 북소리 들을 수 있으리
쇠활촉일랑 차마 보지 못하겠네.
내 승리의 술수 있지만
천하고 쓸모없는 몸 어쩔 수 없네.
가슴에 간직하고서는
허창군사 보기가 부끄럽다네.
뭐 하는 자냐고 자탄하면서도
앞 자취를 밟고 있으니.
집에서는 군세가 아니 나오고
스스로는 부대를 모른 체 하면서
또 허창군사의 옷 입고
또 허창군사의 양식을 먹는다네.
이제 알겠나니 옛사람의 도가
나 자신을 덮기에 족하도다.
이 일 생각하니 뉘에게도 부끄러워라.
유유히 영수는 푸르게 흘러간다.

　이 시의 서에서 "日休旅次於許傳舍, 聞叫咷之聲動於城郭, 問於道民, 民曰蠻圍我交阯, 奉詔徵許兵二千征之, 其征且再, 有戰皆沒, 其哭者許兵之屬. 嗚呼……. 皮子爲之內過曰, 吾之道不足以濟時, 不可以備位, 又手不提桴鼓, 身不被兵械, 恬然自順, 恬然自樂, 吾亦爲許師之罪人耳, 作詩以弔之."라고 하여 징병에서 오는 민심의 비애, 그리고 피일휴 자신이 직접 동참하지 못하는 죄의식을 가지고 이 시를 썼음을 밝히고 있다. 전 5연은 나약한 관리와 전쟁의 허비를, 중반 5연은 패전하여 애곡하는 民聲을, 그리고 후 7연은 자신의 능력에 대한 아쉬움과 수치심을 각각 표출하고 있다. 그리고「正樂府」의「卒妻怨」은 하황에 수자리 간 병사의 가정이 애통해하는 내용을 묘사하고 있으니,

河湟戍卒去, 一半多不廻.
家有牛菽食, 身爲一囊灰.
官吏按其籍, 伍中斥其妻.
處處魯人髽, 家家杞婦哀.
少者任所歸, 老者無所携.
况當札瘥年, 米粒如瓊瑰.
纍纍作餓殍, 見之心若摧.
其夫死鋒刃, 其室委塵埃.
其命卽用矣, 其賞安在哉.
豈無黔敖恩, 救此窮餓
誰知白屋士, 念此鱻欤欤.

하황으로 수졸이 떠나가서
태반이 돌아오지 않누나.
집에는 먹을 콩 좀 있고
몸은 한 주머니 재가 되었네.
관리가 그 명부에 따라서
대오에서 그 처를 빼버리네.
곳곳에 노인이 상투를 매고
집집마다 기부가 슬퍼하네.
젊은 자 돌아올 데 있으나
늙은 자 의지할 데 없도다.
더욱이 젊어서 죽고 병든 자 있어서랴.
쌀알이 귀하기 옥구슬 같아서
연약하여 굶주린 무리.
볼수록 가슴이 찢어지는 듯 하네.
그 지아비 창칼에 죽고
그 집은 먼지 속에 묻혔구나.
그 생명 쓰여졌건만
그 보상은 어디에 있는가?

어찌 그 잘난 이의 은혜로
이 가난하여 주린 몸을 건져 주지 못하는가?
뉘 알리오 가난한 선비가
이 생각에 한숨쉬고 있음을.

이 시에서 전반부는 戍卒과 그 가정의 파탄을, 중반부는 그로 인한 기아와 사망과 비애를, 후반부는 작자의 가련한 탄식을 각각 노래하고 있는 것이다. 한편, 민생의 질고를 소재한 다른 시「橡媼歎」을 보기로 한다.

秋深橡子熟, 散落榛蕪岡.
傴僂黃髮媼, 拾之踐晨霜.
移時始盈掬, 盡日方滿筐.
幾曝復幾蒸, 用作三冬糧.
山前有熟稻, 紫穗襲人香.
細穫又精舂, 粒粒如玉璫.
持之納於官, 私室無倉箱.
如何一石餘, 只作五斗量.
狡吏不畏刑, 貪官不避贓.
農時作私債, 農畢歸官倉.
自冬及於春, 橡實誑飢腸.
吾聞田成子, 詐仁猶自王.
吁嗟逢橡媼, 不覺淚霑裳.

가을 깊어가고 도토리 익어서
초목 우거진 언덕에 떨어지니
꼬부라진 백발의 노파가
주어 담느라고 새벽 서리 밟는다.
서둘러 주어 담아서
종일토록 해서야 광주리 채우네.

몇 번은 말리고 또 몇 번을 삶아서
한 겨울 양식으로 삼을 것이네.
산 앞에 익은 벼 있는데
푸른 이삭 향내 스며 오네.
한 톨이라도 거두어 정성껏 빻으니
알알이 옥구슬 같구나.
가져다가 관청에 바치고 나니
집에는 담을 상자 필요 없구나.
어찌하여 한 석 남짓이
닷 말밖에 안 된단 말인가.
교활한 아전은 형벌 두려 않고
탐관도 장물하기를 마다 않누나.
농사 때에 빚 얻어서
농사 마치니 관청창고로 돌아가거늘
겨울부터 봄까지
도토리로 주린 창자 채워야 하네.
나는 아노니, 전성자가
거짓된 인으로 외려 왕을 칭한 것을.
아아! 도토리 줍는 노파 만나니
어느 새에 눈물이 옷을 적신다.

이 시는 피일휴의 시 세계를 대표하는 작품이다. 시인은 여기서 당말의 농민의 사회현실을 심각하게 묘사하고 있다. 질박하여 자연적인 감동을 일으킨다. 먼저 노부가 도토리(橡子)를 주워 먹는 어려운 생활을 묘사하는 것으로 시작된다. 즉 첫 4구에서 노부가 심산에서 도토리 줍는 한 폭의 그림을 보여 준다. 깊은 가을 도토리가 익을 때, 黃髮의 노인이 숲에 우거진 언덕에서 아침 서리를 밟고 있다. 도토리 줍는 정경을 세심하게 묘사한다. 주워 담아서 광주리에 채우기까지 하루를 보내야 한다. 그 묘사의 사실성은 元·白에 뒤지지 않는다. 도토리가 아니면 기근을 면할 수 없음은 토지가 척박하고 재앙이 따르기 때문이다. 시인은 이것을 직설하지 않고 오히려 美景化하여 "襲人香" 세 자로 표현하면서 땀의 결실을 추구하는 농부의 본분을 그리어 희망이 있는 농민의 생활상을 희원하는 것이다. 위의 처절한 기근상과 농촌의 喜樂相을 대조화시킨 것은 원래는 전원의 낭만이 정상인데도 사실은 그러하지 못한 현실을 강조하기 위한 묘사상의 대법을 강구하기 때문이다. 여기서 도토리 줍는 노파가 받는 삼종의 압박을 그리고 있음을 확인한다. 즉, 租稅의 과중이 그 하나다. 그들의 수확은 '納於官' 하고 나면 남는 것이 없다. 제8연은 바로 그것을 노래하고 있다. 다음으로는, 탐관오리의 탐색이다. 제9연의 "如何"는 농민의 기가 막힌 수탈의 변이다. 그리고 셋째는 사채의 剝削이다. 만당의 탐관들은 官糧으로 사채를 놓아 착취를 일삼으니 제9연에서 표출되었고 제11연에서 농민의 유일한 생명유지의 길로서 '도토리'의 등장으로 귀착되어진 것이다. 시인은 비통한 현실에 말구로서 대신할 수밖에 없다. 春秋 시대의 齊簡公相인 田成子(田常)의 假仁假義的인 수법에 비유하면서 현실의 민생참상을 적나라하게 그릴 수 있는 피일휴의 시 세계는 결코 만당대의 유약성이라고 할 수 없는 별개의 풍격을 보여준다.

나. 정치의 부패

피일휴가 평소에 동경하는 淸白吏像은 그의 七愛詩 중에 「元魯山」시의 일단을 보면 알 수 있으니,(이 시의 해석은 이미 인용)

吾愛元紫芝, 淸介如伯夷.
輦母遠之官, 宰邑無玷疵.
三民魯山民, 豊稔不暫饑.

三年魯山吏, 淸愼各自持.

이 시에서 노래한 元德秀는 성당대 淸吏로서 그 언행의 고결함이 알려진 자인데56), 시인은 모름지기 伯夷와 같은 관리를 이상적인 것으로 추숭하였고, 唐太宗 시의 두 名臣인 房玄齡과 杜如晦를 또한 모범적인 신하로 존숭한「房杜二相國」시는 피일휴의 관리의식의 표본을 제시한 예라 하겠다.57)

吾愛房與杜, 貧賤共聯步.
脫身拋亂世, 策杖歸眞主.
縱橫握中算, 左右天下務.
骯髒無敵才, 磊落不世遇.
美矣名公卿, 魁然眞宰輔.
黃閣三十年, 淸風一萬古.
巨業照國史, 大勳鎭王府.

나는 방현령과 두여회를 사랑하노니
빈천의 길 같이 걸었네.
떨치어 난세를 버리고
지팡이 짚고 참 주인으로 돌아갔다네.

---

56) "元德秀, 唐河南人, 字紫芝, 少孤, 事母孝, 擧進士, 不忍去左右, 自負母入京師. 旣擢第, 母亡, 廬墓側, 食不鹽酪, 藉無茵席, 家貧, 求爲魯山令, 歲滿去職, 愛陸渾佳山水, 乃居之. 陶然彈琴以自娛, 房琯每見歎息曰, 見紫芝眉宇, 使人名利之心都盡, 天寶中卒, 天下高其行, 稱曰元魯山."(≪中國人名大辭典≫, p.31).
57) ≪新·舊唐書≫ 列傳에 모두 載錄되어 있으니, "房玄齡, 臨淄人, 彥謙子, 字喬, 幼警敏, 博綜典籍, 善屬文……宗卽位, 累進左僕射, 徙梁國公, 居相位十五年, 進司空, 累表固辭, 玄齡與杜敏共管朝政, 世稱房謀杜斷. 在職時夙夜勤强, 聞人善, 若己有之, 明達吏治, 而務爲寬平, 不以己長望人, 雖卑賤皆得盡所能." "杜如敏, 杜陵人, 字克明, 少英爽, 以風流自命, 內負大節, 太宗卽位, 爲尙書右僕射, 封萊國公."

종횡으로 마음에 헤아려 했고
좌우로 천하일을 힘써 왔다네.
잘나기는 재주를 대적할 수 없고
빼어나기 일세에 만나기 어렵다네.
아름답다. 이름난 공경이여
우뚝하다 참된 재상이로다.
황각(의정부의 별칭)에서 삼십 년
청렴한 기풍 만고에 하나러라
큰 업적 청사에 빛나리니
큰 공훈 왕성을 굳게 다졌네.

두 상공의 빈천을 공유, 난세를 떨친 것, 淸風의 인품을 가지고 충성을 다한 표상을 찬미하였다. 피일휴의 발언은 항상 강렬하다. 의기가 강하고 표현이 직선적인 면이 현실묘사의 기법에 다용되었다. 그의「正俗」文에서 관리의 자세를 확고히 하는 일단을 볼 수 있기 때문이니, 곧

　　吾欲以明喆之性辨君臣之分兮, 定文物之數, 吾欲以正訐之道兮, 進忠賢. 而退姦竪. (≪文藪≫ 卷二)

　　나는 명철한 성품으로 군신의 분수를 가려내고 문물의 술수를 정하려 한다. 나는 바르게 드러내는 도리로써 충현을 천거하고 간신을 물리치리라.

라고 신하의 正道를 밝히고 있다. 이러한 피일휴의 눈에 비치는 당시의 사회상, 특히 정치의 부패상은 시속에 농축되어 고발되지 않을 수 없었다.
　먼저, 狡吏와 貪官을 기탄 없이 매도하는 필치를 발휘한「貪官怨」

을 보기로 한다.

> 國家省闥吏, 賞之皆與位.
> 素來不知書, 豈能精吏理.
> 大者或宰邑, 小者皆尉吏.
> 愚者若混沌, 毒者如雄虺.
> 傷哉堯舜民, 肉袒受鞭箠.
> 吾聞古聖王, 天下無遺士.
> 朝廷及下邑, 治者皆仁義.
> 國家選賢良, 定制兼拘忌.
> 所以用此徒, 令之充祿仕.
> 何不廣取人, 何不廣歷試.
> 下位旣賢哉, 上位何如矣.
> 胥徒賞以財, 俊造悉爲吏.
> 天下若不平, 吾當甘棄市.

> 나라의 관리들은
> 그걸 누리며 지위도 함께 하네.
> 본래 글도 모르면서
> 어찌 관리의 도리를 정성되게 할 수 있으리.
> 큰 놈은 재읍이요,
> 작은 놈은 모두 위리인데
> 어리석은 놈은 뒤범벅 같고
> 독한 놈은 숫이무기 같네.
> 아프도다! 요순의 백성이여
> 맨 몸에 채찍을 맞는도다.
> 내 듣건대, 옛 성왕께서
> 천하에 버린 선비 없으며
> 조정에서 하읍까지
> 다스리는 자 모두 인의롭다고

나라에 현량을 뽑아
제도를 정하고 삼가케 하고서
그래서 이들을 등용하여
그들로 벼슬을 채워야 하리.
어찌 널리 인재를 구하지 않고
어찌 널리 과시를 보지 않는가.
아랫사람은 어진데
윗사람은 어떠한가.
하급관리 재물을 누리며
준재들 모두 관리되려하니
천하가 공평치 않다면
나는 달게 저자를 버리리라.

이 시는 당시 탐욕하는 지방관리를 탄핵한 작품으로, 제1·2연에서는 관리의 기본자질 부족을, 제3·4연에서는 탐관에 대한 비유와 선량한 백성의 고통을, 제5연에서부터는 관리의 仁義와 관리등용의 공평성을 강조하고 있다. 특히 "愚者若混沌, 毒者如雄虺. 傷哉堯舜民, 肉袒受鞭箠." 부분은 탐관의 형상과 양민의 피폐를 사실적으로 묘사한 것이다. 그리고 「哀隴民」은 통치자를 위하여 산에 올라 앵무새를 잡는 고초를 묘사하고 있다.

隴山千萬仞, 鸚鵡巢其巓.
窮危又極嶮, 其山猶不全.
蚩蚩隴之民, 懸度如登天.
空中覘其巢, 墮者爭紛然.
百禽不得一, 十人九死焉.
隴川有戍卒, 戍卒亦不閑.
將命提雕籠, 直到金臺前.
彼毛不自珍, 彼舌不自言.

胡爲輕人命, 奉此玩好端.
吾聞古聖王, 珍禽皆舍旃.
今此隴民屬, 每歲啼漣漣.

농산은 천만길인데
앵무새는 그 꼭대기에 깃들였네.
위태롭고 험준하기 그지없으니
그 산은 안전하지 아니하네.
어리석은 농천의 백성은
산길 오름이 하늘에 오름 같으니
공중에서 그 둥지 찾다가
떨어지는 자 어지러이 많구나.
백 마리에 하나도 잡지 못하고
열 명에 아홉은 죽는도다.
농천에 수졸이 있거늘
수졸 또한 한가롭지 않도다.
명령대로 교묘한 글 내걸고
줄곧 금대 앞에 서있네.
저 털은 그리 진귀하지 않고
저 혀는 제발로 말하지 않는데도
어찌하여 인명을 경시하여
이것을 받들어 좋은 놀이로 하는지.
나는 듣건대 옛 성왕께서는
진귀한 새는 모두 놓아준다오.
이제 이 농천의 백성들은
해마다 울고 운다네.

이 시에서 전반부에서 登天하는 것처럼 험준한 농산에서 앵무새를 잡기도 어렵지만 희생자가 십중팔구러니 그 가혹한 학대를 가히 알 수 있으며, 후반부에서는 인명을 경시하는 통치자의 자세를 비판

하는데 역점을 두고 있다. 특히 제3·4연에서는 가련한 인민의 고초
와 희생을, 5·6연에서는 그 같이 어렵게 잡은 새의 상납을 실감 있
게 사실대로 묘사하고 있어 시의 묘법을 제고시켰고, "彼毛不自珍,
彼舌不自言. 胡爲輕人命, 奉此玩好端."구는 荒淫取樂하여 인민의 사
활을 돌보지 않는 권세가에게 질문하는 白描法을 강구하고 있어 사
실감을 더해 준다.
　다음으로 피일휴는 財王의 罪行을 고발하는 데 주저하지 않았다.
소위 경제적인 비리와 축재를 사실대로 묘사한 것이다. 그 예로「偶
書」를 보자.

　　　　女媧掉繩索, 絚泥成下人.
　　　　至今頑愚者, 生如土偶身.
　　　　雲物養吾道, 天爵高我貧.
　　　　大笑猗氏輩, 爲富皆不仁.

　　　　여와는 밧줄(예법)을 버리고
　　　　진흙을 빚어서 하인을 만들었네.
　　　　지금의 어리석은 자여
　　　　살아도 흙 인형의 신세러니.
　　　　자연은 나의 도를 기르고
　　　　천작은 나의 가난을 드높이네.
　　　　우습도다! 춘추시대 거부 의돈의 무리여
　　　　부자 되는 것 모두 어질지 못하도다.

　현실의 부조리는 피일휴에겐 可笑로운 존재일 뿐 "爲富皆不仁"이
라는 섬광 같은 날카로운 비판의 결론을 내리고 있는 것이다. 피일
휴의 현실고발은 직설적이면서 도전적이기까지 하다. 활용된 시어로
'餓殍'(卒妻怨), '狡吏·貪官·飢腸'(橡媼歎), '愚者·毒者·混沌·雄

尴'(貪官怨), '頑愚者・土偶身'(偶書), '大癡・懦者'(三羞詩) 등은 모두 常語로서 고발적이며, 매도적인 저주의 표현어로 볼 수 있다. 시어의 자극성은 그 시의 진실을 솔직히 표출할 수 있지만, 한편으로는 시정의 俗化를 우려하게 된다. 그러나 피일휴에게는 常語의 사용이 이 현실상의 묘사에 있어 더욱 眞迫感을 자아내고 강렬한 감동을 유발시키고 있는 것이 특기할 만하다.

다. 懷古의 憂國

회고시는 고사를 필요로 한다. 청대 顧嗣立의 ≪寒廳詩話≫에 "作詩用故事, 以不露痕跡爲高, 昔人所謂使事如不使也."라고 하여 用事는 필수적이지만 비유적이어야 하고, 紀昀은 "凡用事不切, 不如不用, 切而不雅, 亦不如不用."(무릇 고사 사용이 절실하지 않으면 쓰지 않음만 못하고 절실해도 고아하지 않으면 또한 쓰지 않음만 못하다.)(≪紀批瀛奎律髓≫)라 하여 用事의 절실성을 강조하였는데, 이처럼 회고 및 詠史의 시는 고사의 眞說보다는 감추어져서 진미를 은연하게 표출시키는 데에 그 貴處가 있다.58) 피일휴의 시는 이러한 요체를 적절히 강구하고 있는 것이다. 직접 내세우기보다는 살며시 가려져 있는 상태에서 意表를 드러내고 反語的인 묘사법으로 詩意를 더욱 극명해 주며, 警策과 立論을 줄기로 하여 현재와 미래를 영위하는 삶의 슬기를 암시하여 주는 적극적인 비판의식이 담긴 부류인 것이다.

피일휴의 詠史懷古의 短章은 자기 자신의 정치견해를 표현하면서 현실주의 시가정신과 상통한다. 「汴河懷古」(其二)를 보건대,

---

58) ≪隨園詩話≫ : "用典如水中着鹽, 但知鹽味, 不知鹽質."

盡道隋亡爲此河, 至今千里賴通波.
若無水殿龍舟事, 共禹論功不較多.

수가 망하고도 이 운하 만들어
오늘도 천리에 물길이 통하도다.
수궁의 용주 같은 일 없었다면
우 임금과 논공해도 별차 없었을걸.

汴河는 通濟渠로서 隋煬帝時에 만든 대운하이다. 이 운하건설에 백성의 고혈이 맺힌 바, 이 시도 그러한 맥락에서 이해할 수 있다. 이 시의 제1구는 隋의 멸망이 운하에 있다고 하며, 제2구에서는 운하의 개척이 南北交通을 개선하고 경제개발과 정치통일에 기여한 바 크다는 의미로 푼다. "至今" 두 字는 造福이 후세에 길게 이어졌음을 표현한 것이며, "千里"는 그로 인한 이익을 보는 지역이 넓다는 의미이다. '賴'자는 國利民福을 위해 불가결하고 찬양할만하다는 긍정적 의미를 지닌다. 제2구의 뉘앙스는 운하의 유익을 밝게 표현해 주고 있어서 飜案法을 구사하고 있다.59) 대운하는 후세에 유익했으나 수양제의 폭정은 역시 매도의 대상이 되니, 이 야만적인 각도에서 피일휴는 시적 劇化하고 있다. 제3구에서 시인은 浮華한 수양제의 사치를 이상은의 시구처럼 묘사하면서 수양제에 대한 憎惡를 간설적으로 표현하였다.60) 제4구에 이르러서 대중의 치적과 역설적으로 대조시키면서 反結句式으로 수양제의 폭정을 토로한다. 당시의 정치부패는 隋亡의 길과 같아서 시인은 역사를 조감하여 교훈적인

---

59) 周嘯天은 "這就是唐人詠史懷古詩常用的飜案法. 飜案法可以使議論新奇, 發人所未發, 但要作到不悖情理, 却是不容易的."(≪唐詩大觀≫, p.1288)
60) 李商隱의 「隋宮」 詩句 : "春風擧國裁宮錦, 半作障泥半作帆."(≪玉谿生詩集箋注≫)

우국의 정을 그린 시이므로, 議論爲主로 形象思維와 情韻 등을 묘사한 만당 영사시의 佳品이다. 立意의 신선, 의논의 정밀, 그리고 번안법의 妙用은 피일휴 회고시의 장처이며, 등제 이후의 시에서 보이는 시의 미적 구성과 상통하는 것이다. 그리고 「館娃宮懷古」(其一) 시의 意趣를 보기로 한다.

    綺閣飄香下太湖, 亂兵侵曉上姑蘇.
    越王大有堪羞處, 只把西施賺得吳.

    기려한 누각 표연히 태호가 아래 있는데
    난병이 새벽을 깨고 고소성에 올랐네.
    월왕이 수치를 감내하던 곳
    오직 서시를 오왕에게 바치었다네.

館娃宮은 춘추시대 吳王 夫差가 건조한 西施의 궁전으로 지금 蘇州 西南露岩山上에 있다. 시인은 소주에 거할 때 이 궁전의 遺跡을 찾은 것이다. 전 2구는 吳越의 다른 입장을 제시해 주어 한쪽은 밤새 향락에 빠진 상황이라면, 다른 한쪽은 한밤에 行軍을 강행하고, 한쪽이 樂舞에 심취해 있다면, 다른 한쪽은 短兵과 長戟에 묻혀 있음을 대비시키면서 吳王 夫差의 荒淫에 대한 불만을 풍유하고 있다. 그러나 시인은 吳王을 책하지 않고 월왕에게 화살을 돌린다. 3·4구에서 구천이 오왕을 멸망시킨 고사를 묘사하면서 "堪羞處"란 함의와 서시의 관와궁을 연관시켜 夫差의 패망과 간접적으로 연결하고 있다. 이 표현은 매우 의미가 깊은 妙文이며 시인의 장처이다.[61] 吳越이 흥망이 어찌 서시 하나에 의한 것이리오마는 이 시는 '忌直貴

---

61) 《唐詩大觀》에 "三·四句就勾踐亡吳一事, 批評勾踐只送去一個美女, 便賺來一個吳國, 大有堪羞之處, 這是很有意思的妙文."

曲'의 묘법을 발휘하여 시의 構思와 語氣의 意造를 갖추어 놓았다.

피일휴는 역사적인 사실에서 회고와 반성·경계를 제시하면서, 자신에 대해서도 인생의 榮辱을 詩化하니, 「秋夜有懷」를 보면,

   夢裏憂身泣, 覺來衣尙濕.
   骨肉煎我心, 不得謀生急.
   如何欲佐主, 功名未成立.
   處世旣孤特, 傳家無承襲.
   明朝走梁楚, 步步出門澁.
   如何一寸心, 千愁萬愁入.

  꿈에도 근심어린 몸 눈물 지니
  깨어서도 저고리 아직 젖었어라.
  혈육의 정이 내 마음 태우니
  살기 급해서 아니로세.
  어찌하면 주인을 보좌할 거나.
  공명을 세울 길 없구나.
  처세에 외롭고
  가문에도 이을 만한 것 없도다.
  내일 아침 나루에 나아가려도
  걸음마다 나갈 문이 막혔어라.
  어찌하여 한 치의 작은 가슴에
  온갖 수심 스며드는지?

여기서 자신의 불우와 충성, 그리고 공명을 이루지 못한 愁心 등이 토로되어 있다.

3. 唯美超脫的 詩風

 만당시가 유미적이라는 평어는 더 이상 췌언을 요치 않는다. 그리고 속설적이라는 데는 道仙의 의취를 상기하지 않을 수 없다. 피일휴에 있어서의 유미는 幽艷한 諷諭와 편벽한 描法에 초점을 맞추고, 탈속의 의미에는 道佛의 詩趣에서 찾고자 한다. 이들 성격은 대부분이 피일휴의 후기작에 해당한다.

(1) 幽艷의 諷諭 — 太湖詩와 詠物詩 —

 胡震亨은 "太湖諸篇, 才篇開橫, 富有奇艷句."(≪唐音癸籤≫ 卷8)라 하여 피일휴의 「太湖詩」 20首를 奇艷한 묘사의 장처를 지닌 것으로 평가하였듯이 피일휴의 후기작 300여 수가 일반적으로 平庸하다는 평을 듣지만,[62] 만당의 풍류에 맞춰, 詠物詩에서는 상당한 경지의 幽美한 작품을 찾아 볼 수 있다. 그의 영물시는 전래의 특성을 지닌 자연물을 빌려서 자신의 심회를 기탁하는 하나의 은유적인 詩意를 내포한다. 이것은 王夫之의 「徵故實」에 맞으며, 李重華의 「站立在旁邊」과 같이 단순한 정물의 묘사에서 끝나지 않고 자신의 정신과 감정을 대변시키고 있다.[63] 이제 본고에서는 「太湖詩」의 묘법 특성과 영물수상의 풍유를 추출하고자 한다.

---

[62] 劉揚忠云 : "但是總的說來, 在皮日休多達三百多首的後期詩中, 佳作較少, 大多數是平庸, 可有可無的應酬之作, 甚而有不少專門掉書袋和玩弄文字游戲的敗作, 不但無眞情實感, 風格也很卑下."(≪皮日休簡論≫)

[63] 王夫之의 ≪薑齋詩話≫ 卷下云 : "詠物詩, 齊梁始多有之. 其標格高下猶畵之有匠作, 有士氣. 徵故實, 寫色澤, 廣比譬, 雖極鏤繪之工, 皆匠氣也. 又其卑者. 餖湊成篇, 謎也, 非詩也." 李重華의 ≪貞一齋詩說≫云 : "詠物詩有兩法, 一是將自身放頓在裏面, 一是將自身站立在旁邊."

詩境은 幽玄을 소중히 해야 하며 詩意는 閒冷을 소중히 해야 하는데, 이것은 시의 高雅를 강조할 수 있는 의미가 된다.64) 더욱이 濃俗하지 않고 枯淡하지 않는 시취를 견지하여야 시의 幽艷함을 표출하게 된다.65) 그리고 그 속에 氣魄, 곧 美中有情의 개성이 담겨져야 한다.66) 피일휴의「太湖詩」20수는 그 대표적인 작품으로서, 자구가 精細하면서 洗鍊되어 太湖의 풍광을 淸麗하고 深美하게 묘사하고 있다.67) 이 시를 지으면서 피일휴 자신도 경물에 찬탄한 것을 보면 작자의 시심을 읽을 수 있다. 즉 詩序에서,

噫, 江山幽絶, 見貴於地誌者, 余之所倒, 不翅於半, 則煙霞魚鳥, 林壑雲月.

아! 강산이 깊고 빼어나 지리지에 귀히 여기는 곳인데 내가 이르러 반도 오르지 않은데 안개 속에 어조가 놀고 숲 속에 구름 달 떴네.

라 하여 太湖에 대한 감흥이 절정에 달했음을 알 수 있다.「明月灣」을 보건대,

曉景澹無際, 孤舟恣廻環.
試問最幽處, 號爲明月灣.
半巖翡翠巢, 望見不可攀.
柳弱下絲網, 藤深垂花鬘.

---

64) 《說詩菅蒯》云 : "詩境貴幽, 意貴閒冷, 辭貴刻削."
65) 《拜經樓詩話》云 : "宏麗詩不落濃俗, 幽靜詩不落枯淡."
66) 《一瓢詩話》云 : "詩重蘊藉, 然要有氣魄, 無氣魄, 決非眞蘊藉."
67) 「太湖詩二十題」:「初入太湖」・「曉次神景宮」・「入林屋洞」・「雨中遊包山精舍」・「遊毛公壇」・「三宿神景宮」・「以毛公泉一餠獻上諫議因寄」・「縹緲峰」・「桃花塢」・「明月灣」・「練瀆」・「投龍潭」・「孤園寺」・「上眞觀」・「銷下灣」・「包山祠」・「聖姑廟」・「太湖石」・「崦裏」・「石板」 등.

皮日休와 그의 詩交, 그리고 詩風의 兩面性 345

松癭忽似狖, 石文或如戔.
釣壇兩三處, 苔老腥　班.
沙雨幾處霽, 水禽相向閑.
野人波濤上, 白屋幽深間.
曉培橘栽去, 暮作魚梁還.
淸泉出石砌, 好樹臨柴關.
對比老且死, 不知憂與患.
好鏡無處住, 好處無鏡刪.
根然不自適, 脈脈當湖山.

새벽경치 맑기 그지없고
외론 쪽배 느긋이 돌아드누나.
가장 그윽한 곳 물어 보니
이름하여 명월만이라 하네.
산바위 중턱에 비취새 둥지 쳐서
쳐다만 볼 뿐 오를 수 없네.
버들은 하늘거려 실그물 드리우고
등나무는 무성하게 꽃수염 드리웠네.
솔옹이 검은 원숭이 같고
돌무늬 몽근털 같은데
낚시터 두세 곳에
이끼는 시들고 비린내 물씬 난다.
물가의 비 곳에 따라 날 개이니
물새는 더욱 한가롭도다.
야인은 파도 위 떠 있고
초가는 깊고 그윽하도다.
새벽에 귤 가꾸러 가고
저녁에 통발하고 돌아오네.
맑은 샘 섬돌에서 나오고
좋은 나무 울타리에 서있네.
이 속에서 늙어 죽으리니

근심과 걱정일랑 모르겠노라.
좋은 경계에는 머물 곳이 없고
좋은 곳에는 버릴 경계 없으니
부끄러이 자적하지 못하지만
의연히 호수와 산에 살리라.

이 고시의 1·2구는 원근을 살린 點描法을 써서 5언의 字對를 강구하여 명월만의 정경을 함축미로 승화시킨다. 이것은 '隱'의 의미와 통한다. 「文外之重旨」와 「義生文外」(≪文心雕龍≫, 「隱秀」)의 뜻과 이어진다. 피일휴의 제1연은 영롱하면서 잡히지 않는 「鏡中之相」(司空圖 ≪二十四詩品≫)으로 나타난다. 이어서 3~6구에서는 정경에 대한 사실 그대로의 묘사를 逼眞하게 한다. 7·8구는 비유법을 통하여 한 자연물에 대한 정밀한 관찰력을 보여준다. 11·12구는 明暗法을, 13·14구는 波濤와 幽深의 動靜對比를, 19~22구는 老·死와 憂·患을 對比하고, 好境·好處와 無處·無境을 대비시켜 묘사상의 妙奧를 강구하고 있다. 이 시의 함축미는 用筆法과 유관하다. 용필은 '曲'을 귀히 여기는데, 시인의 정감을 충분히 표현하는 데 있어 寄言의 효용성을 강조하는 데 이 '曲'의 妙法을 강구하니, 이 시에서는 5~10구의 작풍이 기언의 의취를 고양시키고 있는 것이다. 다음으로 「聖姑廟」를 보기로 한다.

洛神有靈逸, 古廟臨空渚
暴雨駁丹青, 荒蘿繞梁梠.
野風旋芝蓋, 飢烏銜椒糈
寂寂落楓花, 時時鬪鼯鼠.
常云三五夕, 盡會姸神侶.
月下留紫姑, 霜中召青女.

俄然響環珮, 倏爾鳴機杼.
樂至有聞時, 香來無定處.
目瞪如有待, 魂斷空無語.
雲雨竟不生, 留情在何處.

낙신은 영준하신데
옛 묘당은 조용한 물가에 서있네.
폭우는 단청을 치고
거친 담장이 기둥을 감싸도네.
들바람 지붕을 돌아들고
주린 까마귀 제맵쌀을 물고 있네.
고요히 풍화 떨어지고
때때로 날다람쥐 다투네.
늘상 말하기를 보름밤에
어여쁜 신령님을 다 모은다네.
달 아래 축신이 머무르시고
서리 속에 청녀서리신을 모신다네.
문득 옥패 울리고
갑자기 베틀 울리네.
음악이 울려오는 때에 향내는 정처없이 오가는데
눈을 뜨고 기다리는 듯
혼은 끊어져서 말이 없도다.
운우가 끝내 일지 않으니
정을 두고서 어디에 계신가.

 이 시는 太姑山에서 晋의 王彪의 二子가 죽자 세운 廟堂을 노래한 것인데, 묘사가 사실적이면서도 섬세하여 綺麗의 극치를 이루고 있다. 제2연과 제5연은 색채대비로 조화를 이뤘고, 제6연은 시의 회화적 기법의 하나인 '聲'的 시취를 조성하고 있다. "俄然響環珮, 倏爾鳴機杼"가 바로 그것이다. 그리고 초목에 대한 표현이며(제3연),

疊語의 활용은(제4연) 모두 시인의 작시능력을 돋보이게 하며 '有無
對比'도 7·8연에서 강구하여 인생의 무상과 허무를 강렬히 표출시
키고 있다. 피일휴가 「太湖詩」에 쓴 기법은 韓愈의 僻澁한 작법을
후기에 받은 데도 있지만, 시인 자신의 經學과 老莊, 그리고 불교사
상에 대한 지식이 해박하여 嚴滄浪이 말한 바 "非多讀書, 多窮理,
則不能極其至."(「詩辨」)에 적합한 능력을 배양한 결실이라 할 수 있
다.

한편, 피일휴의 영물시는 그 소재가 漁·茶·酒·樵 등에 집중되
어 있다.68) 이들 영물시는 四韻五古이며, 頷聯·頸聯에 對仗을 다용
하고 있다. 그리고「添魚具詩序」에서,

> 天隨子爲魚具詩十五首以遺予. 凡有漁已來, 術之與器, 莫不盡於是也.
>
> 천수자 육구몽이 어구시 15수를 지어 나에게 주었다. 고기잡이 이
> 래로 기술과 기구 등 여기에 다루지 않은 게 없다.

라 하고,「酒中十詠序」에서는,

> 若余者, 於物無所斥, 於性有所適, 眞全於酒者也. 於是徵其具, 悉僞
> 之詠.
>
> 나 같은 사람은 사물에 꺼린 바 없고 성품에 어울린 바가 있어서
> 진실로 술에 전심하는지라, 이에 그 기구를 모아서 다 읊은 것이다.

라 하였고 ,「茶中雜詠序」에서,

---

68) 피일휴의 시 중에서「奉和魯望漁具十五詠」·「添魚具詩」·「奉和魯望樵人十
詠」·「酒中十詠」·「奉和添酒中六詠」·「茶中雜詠」 등이 그 詠物의 소재이다.

茶之事, 由周至於今, 竟無纖遺矣.

차에 관한 일은 주대부터 지금까지 빼놓은 적이 없다.

라고 한 데서, 피일휴의 영물시가 사물의 묘사가 진지할 뿐 아니라, 제재 선택에 있어서도 섬세하고 다양하면서 우아한 妙를 지니고 있음을 알 수 있다. 먼저 「種魚」를 보건대,

移土湖岸邊, 一半和魚子.
池中得春雨, 點點活如蟻.
一月便翠鱗, 終年必頳尾.
借問兩綬人, 誰知種魚利.

호숫가로 옮겨서
늘상 물고기 새끼와 어울려 논다.
연못에 봄비 내리니
점점이 활기차기 개미 같구나.
한 달 뒤에 푸른 비늘 돋고
한 해 가면 붉은 꼬리 나리라.
두 벼슬하는 이께 묻노니
뉘 새끼치기의 맛을 알리오.

여기에서 물고기 새끼의 생태를 섬세하게 묘사하면서 인간의 삶에 대한 가치와 愚直을 강조하였으며, 「樵家」를 보면,

空山最深處, 太古兩三家.
雲蘿共夙世, 猿鳥同生涯.
衣服濯春泉, 盤餐烹野花.

居玆老復老, 不解歎年華.

빈 산의 가장 깊은 곳에
옛부터 두세 집 있다.
구름과 담장이 숙세를 함께 하고
원숭이와 새는 삶을 같이 하네.
옷일랑 봄샘에 빨고
접시의 반찬은 들꽃을 삶은 것이라.
여기에 살며 늙고 또 늙으리니
젊은 날일랑 아쉬워하지 않으리.

　여기에서는 深山의 생활을 통하여 세월의 흐름을 한탄하는 속인들의 의식을 풍자하고 있다. 제3연은 자연과 하나로 어울린 심태를 표현하고, 제4연에서 자연에 묻힌 마음에는 속세의 연륜을 의식할 필요가 없으며 오히려 속인의 속정을 나무라고 있다. 이것은 王阮亭이 말한 바, "詠物不取形而取神, 不用事而用意."(≪花草蒙拾≫)와 상합하는 妙法이라 하겠다. 한편「酒旗」를 보면,

青幟闊數尺, 懸於往來道.
多爲風所颺, 時見酒名號.
拂拂野橋幽, 颭颭江市好.
雙眸復何事, 終竟望君老.

푸른 깃발 넓기가 몇 자
오가는 길에 걸려 있네.
바람에 나부낄 때면, 때때로
주막이름 보이기도 하네.
살랑살랑 들다리 아늑하고
펄럭펄럭 강저자 좋기도 하네.

두 눈뜨고 또 뭘 보려는지?
끝내 그대 늙음 보려는지.

이 시는 한 작은 소재 '酒旗'를 통하여 말구에 가서 인생의 무상으로 종결하니 제3연의 첩자에서 섬세한 주막의 주위를 묘사하여 활발하고 생동하는 분위기를 조성하고서 말연에서의 인간 수심을 대조적으로 농축하고 있다. 이것은 마치 "皆有似輕紗籠月, 助靜侵愁之妙, 細心人自不難索解也."라 한 의미에 일치하는 敍情이 되겠다.[69] 그리고 茶에 관한 영물시로서 「茶籝」을 보면,

   筤篣曉携去, 蒙箇山桑塢.
   開時送紫茗, 負處沾清露.
   歇把傍雲泉, 歸將挂煙樹.
   滿此是生涯, 黃金何足數.

   대바구니 새벽에 들고 나가
   어느새 뽕나무언덕에 이르렀네.
   수시로 푸른 차싹 따는데
   곳곳마다 맑은 이슬 맺혔네.
   구름 낀 샘에서 쉬며
   안개 낀 나무를 스치며 돌아가리.
   오로지 이러한 생활을
   황금으로 어이 족히 헤아리리오?

여기에서 차 바구니에 담은 이슬 맺힌 차잎의 자태를 그리면서 속세의 物慾을 초연히 여기는 시인의 심상을 표출시키고 있다. 말구에서 "黃金何足數"구는 바로 이 뜻의 대변인 것이다. 피일휴의 시

---

69) 傅庚生, ≪中國文學欣賞擧隅≫, p.93.

에서 표현법과 그에 따른 의취가 섬세하면서 풍유가 깃들어 있는 점은 潘彦輔가 말한 바, 勢利를 탈피한 경지인 '雅'의 세계에 다다른 것으로 볼 수 있으며,70) 시의 정신이 살아 있는 특색을 덧붙일 수 있다.71)

(2) 脫俗의 意趣

시의 俗脫味는 禪과 仙의 세계에 연계시켜 해석하는 경향인데, 嚴羽가 "論時如論禪"(《滄浪詩話》, 「詩辨」)이라고 시와 禪의 관계를 정립하고서 후세시론의 正統처럼 인술해 왔지만,72) 이 禪思想이 시의 풍격에 있어 탈속미를 주고, 아울러 道家의 仙趣가 산수전원의 풍격을 더욱 조성해 주는 것으로 평가하는 데 아무런 이론이 없다.73) 따라서 본고의 내용도 피일휴에서 성정상 만당시에서 보기 어려운 성당풍의 기풍을 맛볼 수 있기에 간과할 수 없는 것이다. 사실상 피일휴 시에는 순수한 禪的, 그리고 仙的인 시가 한정되어 있기에 그 몇 편을 통하여 그의 개성을 파악하고자 한다.74) 먼저 仙的인

---

70) 潘彦輔의 《養一齋詩話》에 "夫所謂雅者, 非第詞之雅馴而已. 其作此詩之由, 必脫棄勢利, 而後謂之雅也."라 하고 있다.
71) 王國維의 《人間詞話》에 "詞之雅鄭, 在神不在貌."라 한다.
72) 明代 李東陽, 淸代 王士禎 등의 시론 등 일일이 枚擧할 수 없다.
73) 拙著 《王維詩硏究》 第三章 參照(臺灣黎明出版社).
74) 禪的인 것으로 「遊棲霞寺」·「過雲居院玄福上人舊居」·「陪江西裵公遊襄州延慶寺」·「題潼關蘭若」·「奉和魯望寒夜訪寂上人次韻」·「奉和魯望同遊北禪院」·「聞開元寺開笋園寄章上人」·「開元寺佛鉢詩」·「重玄寺元達年二章」·「夏景無事因懷章來二上人二首」·「宿報恩寺水閣」·「訪寂上人不遇」·「冬曉章上人院」·「題支山南峰僧」 등을 들 수 있고, 仙的인 것으로는 「華山李鍊師所居」·「顧道士亡弟子以束帛乞銘于余魯望因賦戲贈日休奉和」·「寄題鏡巖周尊師所居」·「臘後送內大德從昂遊天台」·「寄題玉霄峰葉涵象尊師所居」·「傷開元觀顧道士」·「奉送浙東德師侍御罷府西歸」·「虎丘寺西小溪閑泛三絶」 등을 들 수 있다.

면에서「華山李鍊師所居」를 보면,

> 麻姑古貌上仙才, 謫向蓮峰管玉臺.
> 瑞氣染衣金液啓, 香煙映面紫文開.
> 孤雲盡日方離洞, 雙鶴移時只有苔.
> 深夜寂廖存想歇, 月天時下草堂來.

> 마고의 옛 모습 선재가 서려 있어
> 연봉으로 들어가 옥대를 지킨다.
> 서기가 옷에 젖어 금액이 나고
> 향연이 얼굴에 비쳐 자색 무늬 연다.
> 외론 구름 종일토록 굴에 감돌고
> 쌍학 나는 때에 이끼만 돋았구나.
> 깊은 밤 고요한데 묵상에 잠겨
> 하늘에 달 뜰 때에야 초당에 내려온다.

이 얼마나 단아한 표현인가. 仙語를 적절히 배열하여 이련사의 생활을 흠모하면서 자신의 초탈적 의식을 불어넣고 있다. '麻故'・'玉臺'・'金液'・'紫文' 등 이 모두 遊仙詩에서 볼 수 있는 선어의 연결이다.75) 제3연의 자연경관에 대한 別天地 묘사와 제4연의 俗塵을 떨친 적막 어린 忘念의 경지를 묘사함은 시인의 말년을 吳地에서 불우하게 보내면서 삶의 허무를 동반한 것과 무관하지 않는다. 그리고 入仙의 기품을 보이는 「虎丘寺西小溪閑泛」의 제3수는 시인의 심취를 알 수 있다.

> 高下不驚紅翡翠, 淺深還礙白薔薇.
> 船頭繫箇松根上, 欲待逢仙不擬歸.

---

75) 拙文「魏晋遊仙詩小考」(《申泰植古稀論集》 1979) 참고.

오르내리며 붉은 비취새 한가로이 놀고
깊고 옅은 데마다 백장미 둘러쳐 있네.
뱃머리 솔뿌리에 매고서
신선을 만나려고 돌아갈 생각 않누나.

이 시의 말구는 신선을 만날 수 있다면 차라리 돌아가지 못해도 좋다는 의미마저 깃들여 있다. 자연과 合一하는 심회를 느낀 상태에 이르는 표현이다. 꾸밈없이 가장 자연적인 맛은 최고의 妙인 것이며 진솔한 仙界에서 시인의 탈속심리를 읽게 하는 것이다.76)

피일휴 시에 있어 禪的 탈속미는 성당대의 王維 등 보다 내세울 만한 면이 적다.77) 그러나 시에 있어 탈속의 특성을 논하는 데 禪의 의미를 배제할 수도 없다. 따라서 '以禪入詩'의 경지에서 시의 탈속성을 피일휴 시에서도 일견할 필요가 있다. 「遊棲霞時」를 보면,

不見明居士, 空山但寂寥.
白蓮吟次缺, 青靄坐來銷.
泉冷無三伏, 松枯有六朝.
何時石上月, 相對論逍遙.

거사를 만날 수 없으니
텅 빈 산에 정적만 깃들일 뿐.
흰 연꽃을 노래하며 부족함 달래고
푸른 안개 속에 앉아 수심 식힌다.
샘이 차서 삼복더위 없으며

---

76) 陸輔之, ≪詞旨≫云 : "詞不用雕刻, 刻則傷氣, 務在自然." 謝榛, ≪四溟詩話≫ 卷四云 : "自然妙者爲上, 精工者次之, 此着力不着力之分, 學之者不必專一而逼眞也."
77) 拙著 ≪王維詩研究≫ 第三章 참조.

솔 마른 곳에 육조의 세월 스며 있다.
언제나 돌위 달을 대하며
소요를 논할 수 있으랴?

 이것은 俗世와는 무관하다. 어느 한 곳도 속세를 연상할 수 없다. 有限에서 무한을 보고 "狀物明理, 託物起興"의 禪趣를 보인다.[78] 제4연은 달과 하나된 심경을 그리고 있는데, 그 의취를 확인할 수 있다. 그리고「題支山南峰僧」은 생물의 처지를 비유하여 승려의 초탈생활을 부러워하면서 자신의 신세를 직시하고 있다.

雲侵壞衲重隈肩, 不下南峰不記年.
池裏群漁會受戒, 林間孤鶴欲參禪.
鷄頭竹上開危徑, 鴨脚花中摘廢泉.
無限吳都堪賞事, 何如來此看師眠.

구름이 헤진 장삼에 스며들어 어깨를 덮는데
남봉을 내리지 않은지 몇 해인지 모르겠네.
연못의 뭇물고기 불계를 받은 듯
숲새의 외론 학은 참선을 하려는 듯.
닭머리 대 위로 외길을 열고
오리다리 꽃 속에서 버린 샘을 긁는다.
끝없이 먼 오도에서 할 일 감당할 바엔
차라리 이곳에서 선사의 숙면을 봄이 어떠리.

 제2연은 물고기와 학과 같은 생물이라도 道得의 경지에 든 것같이 시인이 느낀 점을 묘사한 것이며, 제4연은 시인 자신이 속세에서

---

78) 拙著 ≪王維詩硏究≫, p.153 : "所謂禪趣者, 狀物明理, 託物起興, 以有限見無限, 使恍惚之禪機, 著迹如見也." 淸 李重華, ≪貞一齋詩說≫云 : "阮亭三昧集, 謂五言有入禪絶境, 七言則句法要健, 不得以禪求之."

벗어나지 못하면서 俗情으로 탈속의 세계를 희구하는 심회의 일단을 그려놓고 있다. 한 자의 禪語를 쓰지 않고도 禪境을 연상할 수 있다. 정신이 物外로 초탈하여 物我가 분별 없는 세계를 피일휴는 그리워하면서 썼을 것이다. 이것은 王士禎이 말한 바, "詩禪一致, 等無差別."79)의 의식으로 풀이한다면 피일휴시에 대한 다른 일면이 될 것이다. 피일휴시의 탈속의식은 후기 작품에서 산견되지만 경지에 이른 수준으로는 평가하기에 아쉬움이 있음을 인정한다.

피일휴는 그의 생졸년대가 불명하나 「皮子世錄」에서 밝힌 자신의 世系年代에 의해서 개략적이나마 類推할 수 있었다. 黃巢亂에의 참여에 대한 논란도 陸游의 기술보다는 《舊唐書》와 《資治通鑑》(旣說했음)상의 기록과 피일휴 자신의 儒家思想에 근거한 도덕의식과 정의감에서 발로된 의거정신이 낳을 수 있다는 긍정적인 관점으로 본고를 서술해 나갈 수 있었다. 당시의 老莊的 풍토하에서 오히려 배척의 기치를 들었던 이유도 정치사회의 부패상과 민생의 질고에 대한 근본적인 불만인 것이며, 그의 이러한 감정이 吳地에로 낙향을 결심케 하였고, 나아가서 황소에 가담하는 결단을 내릴 수 있게 하였다. 따라서 그의 교유의 대상도 육구몽을 위시하여 蘇州를 중심한 무관계급의 부류가 주를 이루었고, 초기의 시작이 白居易를 계승했다고 평가하고 말년의 풍격에서 오히려 釋老的 기풍과 詠物에 의한 諷諭를 보인 것도 우연이 아니라고 볼 수 있다. 시에 있어 전기의 작을 양적으로 소수인데도 보다 가치 있게 보는 이유도 사회현실에 대한 직시과 독설을 서슴지 않은 데 있다고 할 것이다. 따라서 劉揚忠은 그 특징을 "(一) 主題專一而明確, 一詩只集中寫一事, 不旁涉他

---

79) 王士禎, 「王漁洋蠶尾續文」: "捨筏登岸, 禪家以爲悟境, 詩家以爲化境, 詩禪一致, 等無差別."

事和另出新意……(二) 敍事和議論相結合,……(三) 由于以立意爲主, 因此風格比較朴素·質朴·直切, 不事雕繪."(「皮日休簡論」)라고 단정하는 면도 수긍할 수 있다. 元·白의 신악부를 계승한 만당의 詩界 革命論者라 할 수 있을 것이다. 그러나 그의 시에는 후기에 가면 본래의 의기를 보이지 않고 유미적인 조류에 젖어 들어 있으니 송별시에서는 별리의 정을 직설하지 않고 탈속의 고독에도 담백한 묘사를 아끼고 있음을 지적하지 않을 수 없다. 특히, 그가 음악적인 재예와 시율에 정통하여 만당에는 흔치 않는 雜體詩를 남기고 있으니 그의 「雜體詩序」에 "古詩或爲之, 蓋風俗之言也. 古有采詩官, 命之曰風人." 라 한 바와 같이 風人詩와 四聲詩, 그리고 疊韻雙聲詩 등은80) 시율상 破格이라 하겠다. 피일휴가 黃巢亂에 의해 희생당한 것은 당대에서 전쟁과 문학이라는 상관성에 놓고 볼 때, 王維가 安史亂에 의해 당한 고초와 함께 매우 중요한 의미가 있다.

---

80) 「四聲詩」로는 「奉酬魯望夏日四聲四首」와 「苦雨中又作四聲詩寄魯望」이 있고, 「疊韻雙聲詩」로는 「奉和魯望疊韻雙聲二首」가 있다. 그리고 첩운에 대해 피일휴는 雜體詩序에 "梁武帝云, 後牖有朽柳, 沈約云, 偏眠船舷邊. 由是疊韻興焉."라 함.

羅隱과 그 詠物詩의 諷刺性

나은과 그의 시를 고찰하는 데 나은의 생평과 문집관계를 밝히는 것과 나은의 시에서 詠物詩에 나타나는 다양한 시의 성격, 특히 시의 寄託에 의한 諷刺와 比喩의 관계를 구명하는 것 등 두 가지 면으로 구분하여 논조를 전개해 나가려 한다. 나은의 시에 관한 고찰에 앞서, 그의 생애와 문집 판본관계를 집중적으로 살펴보는 작업을 전개하려고 한다. 羅隱(833~909)의 생애에 불명한 부분이 불소하지만 주어진 자료들만으로 몇 가지 이설들을 재조명하고 이해하는 선까지만 살펴보려 한다. 그리고 그의 시문집 판본은 가능한 한 수집된 자료를 활용하고 비교하겠으나, 일차적인 참고자료는 萬曼의 ≪唐集敍錄≫을 위시하여 각서의 서발문에서 다수 참증할 수밖에 없다. 이 작업은 나은 시를 고찰하기 위한 일차 작업이라는 데 그 의미를 두겠으며, 그 주어진 한계 때문에 개관의 수준을 넘지 못하리라 본다. 자료의 객관적 이해와 정리에 본고의 목적을 두고자 한다.

Ⅰ. 生平과 文集 版本

≪舊唐書≫와 ≪新唐書≫에 羅隱의 傳記가 기술되어 있지 않으니, 그의 생애에 관해서는 다음과 같은 자료를 참조한다.

辛文房, ≪唐才子傳≫(現今 傅璇琮 主編의 ≪唐才子傳校箋≫, 中華書局, 1990.)
計有功, ≪唐詩紀事≫(王仲鏞 著≪唐詩紀事校箋≫, 巴蜀書社, 1992.)
雍文華, ≪羅隱集≫ 附錄(中華書局, 1983.)

나은(833~909)의 생평은 그의 시를 이해하는 데 필요한 범위 내에서 개관하고자 한다. ≪羅隱集≫ 부록의「生平傳記」부분에서는 ≪吳越備史≫의「羅隱傳」과 나은과 유관한「卷一」條, ≪北夢瑣言≫(卷6과 卷17), ≪舊五代史≫(「羅隱傳」), ≪新五代史≫(卷67), ≪唐摭言≫(卷3), ≪五代史補≫(卷1), ≪宣和書譜≫(卷11과 卷14), ≪硏北雜誌≫(卷下), ≪西湖遊覽志餘≫(卷11·12·24) 등 주로 고사성의 자료들을 수집하고 있어서 상기의 기인분 외에 보조참고로 쓰일 수 있다. 그의 생평에 있어 비교적 상세히 기술하고 있는 ≪唐才子傳≫(卷9)의 전문을 인용하여 부연고찰을 가하고자 한다.

隱字昭諫, 錢唐人也. 少英敏, 善屬文, 詩筆尤俊拔, 養浩然之氣, 乾符初擧進士, 累不第. 廣明中, 遇亂歸鄕里, 時錢尙父鎭東南, 節錢崇重, 隱欲依焉, 進謁投素作, 卷首過夏口云 : 一箇禰衡容不得, 思量黃祖謾英雄. 鏐得之大喜遇, 以書辟曰 : 仲宣遠託劉荊州, 蓋因亂世 : 夫子樂爲魯司寇, 秖爲故鄕. 隱曰 : 是不可去矣. 遂爲掌書記. 性簡傲, 高談闊論, 滿座風生. 好諧謔, 感遇輒發. 鏐愛其才, 前後賜予無數. 陪從不頃刻相背.

表遷節度判官, 鹽鐵發運使. 未幾, 奏授著作郞, 鏐初授鎭, 命沈崧草表
謝, 盛言浙西富庶. 隱曰 : 今浙西焚蕩之餘, 朝臣方切賄賂, 表奏, 將鷹
犬我矣. 鏐請隱更之, 有云 : 天寒而麋鹿曾遊, 日暮而牛羊不下. 又爲賀
昭宗改名表云 : 左則姬昌之半字, 右爲虞舜之全文. 作者稱賞. 轉司勳郞
中. 自號江東生. 爲朴節度羅紹威慕其名, 推宗人之分, 拜爲叔父. 時亦
老矣, 嘗表薦之. 隱恃才忽睨, 衆頗憎忌. 自以當得大用, 而一第落落, 傳
食諸侯, 因人成事, 深怨唐室. 詩文凡以譏刺爲主, 雖荒祠木偶, 莫能免
者. 且介僻寡合不喜軍旅. 獻酬俎豆間, 綽綽有餘也. 隱初貧來赴擧, 過
鍾陵, 見營妓雲英有才思. 後一紀, 下第過之, 英曰 : 羅秀才尙未脫白.
隱贈詩云 : 鍾陵醉別十餘春, 重見雲英掌上身. 我未成名英未嫁, 可能俱
是不如人. 與顧雲同謁淮南高騈, 騈不禮. 騈後爲畢將軍所殺, 隱有延和
閣之譏. 又以詩投相國鄭畋. 畋有女殊麗, 喜詩詠, 讀隱作至張華謾出如
丹語, 不及劉侯一紙書, 由是切慕之, 精爽飛越, 莫知所從. 隱忽來謁, 女
從簾後窺見迃寢之狀, 不復念矣. 隱精法書, 喜筆工葰鳳, 謂曰 : 筆, 文
章貨也. 今助子取高價. 卽以雁頭箋百幅爲贈, 士大夫踵門問價, 一致千
金, 所著讒書·讒本·淮海寓言·湘南應用集·甲乙集·外集·啓事, 並
行於世.

　　나은의 자는 소간이며, 전당인이다. 어려서부터 영민하고 문장을
잘 지었으며 시작이 더욱 뛰어나서 호연의 기품을 길렀다. 건부 초년
(874~879)에 진사에 오르고 과거에는 누차 낙방하였다. 광명(僖宗·
880)년 간에 난리를 만나서 고향으로 돌아갔는데, 그 당시에 전상부
가 東南 절도사로서 받들어 중히 여기니, 나은이 그에 의지하려 하여
배알하고 시를 지어 바치니, 권수의 "하구를 지나며"에 "하나의 예형
이 받아들이지 않고 황조를 생각하다가 영웅을 속였도다." 전류는 보
고 크게 기뻐하여 글을 써 청하기를 "중선은 멀리 유형주에 의탁하
니 대개 난세 때문이요, 부자께서 즐거이 노사구가 된 것은 단지 고
향 때문이네." 나은이 말하기를, "이에 떠나지 않겠다." 하여 드디어
장서기가 되었다. 성품이 단순오만하며 담론이 고상하고 활달하여 모
든 사람에 뛰어나고 해학을 좋아하며 감성이 즉흥적이다. 전류는 그
재능을 아껴서 앞뒤간에 수많은 하사를 하였다. 시종 잠시도 서로 등

돌리지 않았다. 절도판관·염철발운사로 옮기고 곧 저작랑을 제수받았다. 전류가 진해절도사 초기에 심숭에게 초사표를 짓게 하니 절서지방이 풍물이 넉넉하다고 꾸며서 썼거늘 나은이 말하기를, "지금 절서지방이 전쟁의 여파로 물자가 달리는데 조정의 신하가 마침 뇌물에 간절한 중에 이 표문을 올리게 되면 장차 우리를 훌륭하다고 추길 것이요." 하니 나은에게 고치도록 하였다. "하늘이 차니 노루가 벌써 놀다갔고 날이 저무니 소와 양이 내리지 않네." 또 소종의 改名을 경하하는 표문을 지으니 "왼쪽은 희창의 반자요, 오른쪽은 우순의 전문이로다." 하니 지은 자를 칭찬하였다. 사훈낭중에 옮기고 스스로 "강동생"이라 불렀다. 위박절도사 나소위가 그 명성을 사모하여 종문의 신분으로 받들어 숙부로 모셨다. 이 때에 나은도 늙어서 추대된 것이다. 나은은 재주를 믿고 남을 업신여기니 사람들이 자못 미워하고 꺼렸다. 스스로 응당히 크게 쓰이리라 여겼으나 한결 낙제만 하니, 제후의 식객이 되고 그로 인해 일을 하게 되니 심히 당왕실을 원망하였다. 시문은 거의가 풍자 위주이므로 비록 황폐한 사당과 나무 인형이라도 대상이 되지 않는 것이 없다. 또한 성격이 편벽되고 남과 어울림이 적으며 군대를 좋아하지 않았다. 제사드리는 중에도 여유만만하여 태연하였다. 나은이 처음 빈곤한 중에 과거에 나왔는데 종릉을 지니다가 광영의 기생 운영을 보니 재능이 있었다. 후에 10년 지나 낙방하고 지나게 되었는데 운영이 "나수재는 아직 백의 신세를 면치 못했는가?" 하니 나은이 시를 주어 이르기를, "종릉에서 취중에 헤어진 지 10여 년 만에 다시 운영을 만나니 손바닥 위의 몸이로다. 내 아직 공명을 이루지 못했고 그대 아직 시집 못 갔으니 아마도 모두 남들만 못한가 보네." 고운과 함께 회남의 고병을 알현하였는데 고병이 예의없다고 여겼다. 고병이 후에 필사탁 장군에게 살해되니 나은은 연화각시의 풍자를 지었다. 또 시로써 상국 정전에 의지하였다. 정전의 아름다운 딸이 있는데, 시 읊기를 좋아하여 나은이 지은 "장화가 뛰어남이 붉은 글씨 같지만, 유후의 종이 한 장 글에 못 미치네."로 인해 간절히 사모하여 몸둘 바를 몰랐다. 나은이 문득 와서 알현하는데 그 딸이 발 새로 그 누추한 모습을 엿보고서는 다시는 생각하지 않았다. 나은은 서법에 정통하여 장봉필을 즐겨 썼는데, 이르기를 "붓은 문장의 재물이다. 이제 그대에게 높은 값을 얻게 도와 주리라." 하고는 즉시 안두 전백폭을 내어주니 사대부가 찾아와서는 값을 물으매 천금에 이르렀다. 지은 바 ≪참서≫·≪참본≫·≪회해 우언≫·≪상남응용집≫·≪갑을집≫·≪외집≫·≪계사≫ 등이 함께 세상에 전해진다.

이상의 장문에서 나은에 관한 몇 가지 인적 사항을 정리해 볼 수 있다.

1. 출신 성분

나은의 출신지가 '錢唐'(杭州)이라 하였는데, 자료에 따라 이설이 있다. '餘杭'(≪唐詩紀事≫ 卷69)은 錢唐의 이명임에는 이의가 없으니 별호한데, 요는 '新城'이라는 데 이설로 된다. 혹은 '新登'이라고도 한다.[1] 이 이설을 傅璇琮의 「校箋本」도 "才子傳作錢唐人, 雖有所本, 仍誤."라 하여 후설을 믿고 있으나, '錢唐'의 근거는 ≪北夢瑣言≫(卷6)·≪舊五代史≫(本傳)·≪舊唐書≫(卷161)·「羅弘信傳」·≪宣和書譜≫(卷11)·≪郡齋讀書志≫(卷16) 등에 모두 전설로 기록되어 있어, 여기서는 「墓誌」의 믿을 만한 기록에도 불구하고 辛文房의 기술을 따르고자 한다. 그리고 그의 조부는 知微, 부는 修古로, 조부는 福州福唐縣令을 지냈다 한다.[2]

---

1) ≪吳越備史≫「羅隱傳」에 "羅隱, 字昭諫, 新登人也.", ≪十國春秋≫ 卷一二「十國地理表」下新登條: "舊爲新城, 吳越天寶元年梁避廟諱敕改新登縣."(今浙江省富陽縣西南) 謝先模「羅隱籍貫考辨」(江西師範大學報, 1985年 第四期)에는 역시 나은의 출신을 '新登'으로 본다. 이 說에 대해서 沈崧이 「羅給事墓誌」의 "家本新城, 地臨浙水, 惟彼秀色, 鍾乎夫子."라고 한 同年輩의 記錄에 根據하기 때문이다.
2) 沈崧의 「墓誌」에 "曾祖諱儺, 字童知, 福州福唐縣令. 皇考諱條古, 應開元禮."

한편, 나은의 생평년대에 대해서는 지금까지 당대 沈崧의「羅給事墓誌」(雍文華의 集本附錄 재인)에,

以開平三年春寢疾, 冬十二月十三一發於西闕舍, 享年七十七歲.

개평 3년 봄에 앓아 눕고, 그해 겨울 12월 13일에 서궐사에서 사망하니 향년 77세이다.

라고 명기하고 있어서, 이것으로 산출하면 나은의 생년은 文宗 太和 7年(833)이며 졸년은 吳越(錢鏐王) 天寶 2年(909)에 해당한다.

2. 성격과 외모

나은의 성격은 한마디로 비정상적이라 할 수 있다. 浩然之氣가 있고 俊逸하여 詩才가 발군하며 書法에 정통하여, 특히 행서에 전형필법을 강구하였지만,3) 반면 외모가 매우 누추하여 볼품이 없었고4) 성격은 오만하고 남을 경시하고 과감한 면이 있었으며 괴팍하여 자존심이 강한 면모를 보인다. 그러나 편벽한 면 외에도 권력지향적인 공명심이 적지 않아서 錢鏐에 의거하는 변심을 읽을 수 있다. 이 같은 다기한 성품의 표출이 그의 시풍에도 유관되어 있음을 후설할 수 있다. 그래도 그의 우인 沈崧은「墓誌」에서,

及遇我王, 錄爲上介, 致之大僚, 存沒加恩, 翼燕可託. 原田賻贈, 式表初終, 儒士於時, 亦謂達矣. 向非我王之支明王鑒, 豈展府君之多藝多才.

---
3) 《宣和書譜》卷一一「行書」五: "隱雖不以書顯名, 作行書尤有唐人典型……"
4) 才子傳의 鄭畋의 딸과의 故事에 대한 本文 外에 胡仔의 《苕溪漁隱叢話》前集卷二四: "……女見隱貌極陋, 遂焚其詩, 不復肯誦焉. 婚亦意不成."

우리 임금 만나 절개 곧은 인물로 기록되고, 그것으로 고관에 이르렀으니, 살아 있을 때나 죽을 때나 은총이 가해져 자손들이 의탁할 수 있게 되었도다. 들과 밭이 부의로 내려지고 경건한 마음이 시종 표해지니 선비들도 그때에 영달한 사람이라 말하였도다. 이미 우리 임금께서 왕 된 귀감을 밝히시지 아니하였다면 어찌 부군이 다재다능함을 펼 수 있었겠는가 ?

라고 지조와 기품이 높은 면으로 나은을 평가하였다.

3. 관직 관계

　　나은은 낙방하다가 생애의 전기에는 鄭畋과[5] 高騈,[6] 후기는 錢鏐[7]와 羅紹威[8] 등 사인의 은전을 받은 것을 알 수 있다. 재상인 정전과는 그 딸과의 사건으로 시명이 알려졌고, 고병과는 顧雲과 대조적으로 불경죄로 소외당하였으나, 正義를 세울 수 있었다. 이들 양인의 밑에서는 관직을 얻지 못하였고, 전류 밑에서는 '掌書記'를 위시해 '節度判官'·'鹽鐵發運使'·'著作郞'·'사훈낭중'(906)을 지냈으며, 宗家인 羅紹威를 만나서 비록 연만하였지만 '給事中'에 천거되어 (開平 三年·907) 그로서는 최고의 지위에 오른 것이다.

---

5) 鄭畋에 대해서는 ≪舊唐書≫ 卷一七八, ≪新唐書≫ 卷一八五.
6) 高騈에 대해서는 ≪舊唐書≫ 卷一八二. 나은도 「淮南高騈所造迎仙樓」 詩가 있음. ≪唐才子傳≫ 卷九.
7) 전류와 유관한 나은의 글로서는 「錢氏九州廟碑記」·「代武肅王錢鏐謝賜鐵卷表」·「錢氏大宗譜列傳」 등이 있음.(≪羅隱集≫ 雜著)
8) 羅昭威에 대해서는 ≪舊唐書≫ 卷一八一, ≪新唐書≫ 卷二一〇, ≪舊五代史≫ 卷十四, ≪新五代史≫ 卷三九, ≪唐詩紀事≫ 卷六十一, 나은이 준 시 「贈紹威」가 있음.

4. 시문집의 版本

나은의 시문집에 대해서는 현존하는 것으로 그의 시집인 《甲乙集》 10卷과 《讒書》 5卷, 《廣陵妖亂志》, 그리고 《兩同書》 등이 있으며, 이상에 들어 있지 않는 시문들을 수집 정리하여, 雍文華는 《羅隱集》 (中華書局, 1983)이라는 명제로 校輯해 내었다. 이 문집은 상기의 시문집을 포함하여 시에 있어서 《全唐詩》(10函4冊)의 490首 외에 산존되어 있는 일시들로 수집되어 있으며, 특히 최근(1992年) 출간된 孫望의 《全唐詩補逸》과 童養年의 《全唐詩續補遺》, 그리고 陳尙君의 《全唐詩續拾》(이상은 《全唐詩補編》에 合輯되어 있음, 中華書局)에 보충된 21수에서 8수가 이미 소개된 것을 확인할 수 있다.9) 그리고 문에 있어서는 「雜著」라는 제하에 37편의 문류를 수록해 놓아10) 羅隱文集으로서는 거의 작품총집이라고 할 수 있다. 이와 같은 교집본이 나오기까지 현전하는 시문집의 판본을 개관하여 작품의 校勘에 일조되게 하고자 한다.

나은의 시문집에 대한 서목은 자료서에 따라 달리하는 것도 있지만,11) 대개 나은의 시로는 《甲乙集》 10卷, 문으로는 《讒書》 5卷,

---

9) 孫望의 編本(卷之十三)에는 a「獻淮南崔相公」, 童養年 編本(卷十二)에는 b「滕王閣」・c「文選閣」・d「昭明太子廟」・e「下山過梅根」・f「金雞石」・g「掛劍處」・h「題廷和閣」・i「上亭驛」, 그리고 陳尙君의 編本(卷四十五)에는 j「鞠歌行」・k「宿法華」・l「題石門」・m「吳公約神道碑附詩」・n「繡」・o「詠柳」・p「過梁震居留題」・q「送竈詩」・r「下杜城」・s「華嚴寺」・t「鳳凰臺」・u「下第詩」 등 21首 중에 雍文華의 枚輯本에는 b・c・e・f・g・h・i・j 등 8首가 《甲乙集》 卷外로 補됨.
10) 《羅隱集》 「雜著」에 수록된 文은 啓가 19篇, 碑銘이 5篇, 記가 4篇, 序가 2篇, 表가 1篇, 狀이 1篇, 論이 1篇, 傳이 1篇, 其他가 3篇으로 구성되어 있음.(pp.281~282. 目錄)
11) 鄭樵의 《通志藝文略》・《崇文總目》, 陳振孫의 《直齋書錄解題》, 그리고 《宋史藝文志》・《四庫全書總目》 등에는 上記의 書目 外에 《淮海寓言》

≪廣陵妖亂志≫ 3卷, ≪兩同書≫ 2卷에 집약된다. 따라서 이들에 대한 시대별 판본상황을 다음에서 살펴보려 한다.

(1) ≪甲乙集≫ 10卷

黃丕烈이 宋刊本을 찾기 전에는 明末의 汲古閣의 刻本인 ≪唐人八家詩≫와 席玉照家의 ≪唐百名家集≫에 들어 있는 간본이 최조본으로 남았었는데, 그 얻은 시기와 판본의 상태에 대해 黃丕烈은 跋文(其一)에서 다음과 같이 기술하고 있다.

> 去歲顧澗濱秋試歸, 爲余言有宋板羅昭諫甲乙集, 惜去遲, 爲他人得去, 心甚怏怏. 旣而坊間人自金陵歸者, 告余顚末, 蓋是書在委巷骨董舖, 嘉定瞿木夫往觀之, 需四兩銀, 未能決其爲宋刻, 且欲俟澗濱去一決之, 故遲遲不得也……因思甲寅秋,   同年蔣賓峴曾在金陵得宋本孟東野集贈余, 爲季滄葦‧安麓村所藏, 今觀是書圖章正同, 兩書同出一源, 而散失不知何時. 今復俱歸揷架, 翰墨因緣, 何其深歟? 卷首有文太淸‧漁洋山人兩家圖章, 余所藏書未之見, 故特表出之. 至于十卷本, 毛刻亦然. 然字句未盡合, 諒未見宋刊. 廬山眞面目, 當以此爲最耳. 嘉慶辛酉夏六月望前一日, 揮汗書. 黃丕烈.

작년에 고간빈이 秋試를 보고 돌아와서 나에게 宋板 ≪羅昭諫甲乙集≫이 있다는 말을 하며 너무 늦어서 남에게 돌아갈까 안타깝다고 하면서 마음이 매우 불편해 하였다. 이미 거리의 사람이 금릉에서 돌아와서 그 일의 전말을 알려주었다. 대개 이 책은 작은 골목의 골동품점에 있었는데 가정 구목부가 가서 살펴보니 은 넉 량을 달라 하기에, 송판본인지를 판별하지 못하다가 간빈이 가서 판별해 주기를

七卷, ≪湘南應用集≫ 二卷, ≪羅隱啓事≫ 一卷, 그리고 ≪吳越應用集≫ 三卷, ≪汝江集≫ 三卷, ≪歌詩≫ 十四卷(上記 二種本은 ≪宋史≫에만 기재.) 등이 있었다 하나 陳振孫이 말한 바, "求之未獲."(解題)와 같이 今傳되지 아니했다.

기다리는 차에 늦어버려 놓치고 말았다는 것이다.……갑인년 가을의 일을 생각하건대, 동년인 장빈우가 일찍이 금릉에서 宋版本 ≪孟東野集≫을 얻어서 나에게 보내오니, 계창위와 안록촌의 소장본이었다. 이제 이 책을 보매 도장이 똑같거늘 두 책이 하나의 근원에서 나온 것이려니 언제 산실되었는지 모를 일이다. 이제 다시 모두 가져다가 서가에 꽂아 놓으니 한묵의 인연이 참으로 깊도다. 卷首에 문태청과 어양산인 양가의 도장이 있는데, 나의 소장에는 본 적이 없었기에 특별히 밝혀두는 것이다. 十卷本에도 毛刻本이 또한 그러하다. 그러나 자구가 다 부합되지 않으니 진정 송간본으로 보이지 않는다. 여산의 진면목은 이것이 으뜸인가 한다. 가경 신유년 여름 유월 보름 전날 땀을 닦으며 쓰다. 황비열.

위의 글에서 보면, 고서의 발견시기는 嘉慶 辛酉年(1801年)에서 去歲이니까 1800年이 되며, 판본상으로는 金陵에서 얻은 宋本≪孟東野集≫과 같은 圖章이라면 臨安府의 棚北睦親坊에서 陳宅書舖印行인 書棚本이 된다. 그리고 王漁洋의 圖章이 있는 것으로 보아 진본으로 확인했다고 밝히고 있다. 그런데 황비열이 그 跋文(其二)에서 이 책을 대조하고 나서 기록한 내용은 明代의 毛・席 양인의 장본보다 앞선 것을 밝혀 주고 있다. 보건대,

   癸亥夏五月望日, 重展讀于新居縣橋之百宋一廛中, 並取四卷殘宋本展對一過. 彼印本差後, 紙背有至正十一年字跡, 蓋元印也.……卷中墨釘多同, 間有舊人校補字, 各書于上方, 可謂愼重矣. 就所補者錄於此, 以備參考. 如:……卷四姑蘇臺高泰伯開基日上作臺字. 共七處, 未知所據是何本, 就字跡論之, 當在毛席兩家收藏前.

계해년 여름 오월 보름날에 신거현교의 백송일전에서 다시 펴서 읽으며 또 四卷의 殘宋本을 가져다가 일차로 대조해 보았다. 그 刊印本 거의 뒤에 紙背에는 "至正十一年"의 字跡이 있으니, 대개 元印本

인가 한다.……卷中의 墨釘이 대개 같으며, 사이에 古人의 교정보충한 글자가 上方에 써있어서 신중했다고 말할 수 있다. 보충한 것을 여기에 기록하여 참고케 하노라.……卷四의「姑蘇臺」시의 "高泰伯開基日"句 위에는 '臺'자를 지어 넣었다. 모두 일곱 곳이거늘 어느 판본에 의거한 것인지 모르지만 字跡으로 따져보면, 毛·席 兩家가 수장하기 전이라고 하겠다.

여기서 첫 번째 跋文 이후 2년 뒤에(1803年) 이 책이 至正 十一年 (1351年)의 元印이 있고, 校補된 字가 明代 이전의 간본에 해당함을 재확인하고 있다. 그리고 黃氏版本과 출처가 상사한 宋刊本에 대해서 楊紹和가 열람하고 난 후에 기록한 다음 글은 책의 형식에 대해서 상세히 설명하고 있다.

> 惜甲乙集爲他人所得. 越數年, 得此本於吾東故家梁焦林相國所藏, 卷後有葉文莊手迹, 蓋與滄葦本同出一刻, 而此本尤書棚中上駟也. 每半葉十行, 行十八字, 卷首尾有本記云臨安府棚北大街睦親坊南陳宅書籍舖印行……卷二·三·四有缺字, 此本卷三卷五亦有缺葉, 惜無由校補. (≪楹書隅錄≫ 卷四)

≪甲乙集≫이 남에게 넘어간 것을 애석히 여겼도다. 몇 년을 지난 뒤에 나의 동쪽 지체 높은 집 주인 초림 양상국의 소장에서 이 간본을 얻었는데, 卷末에 葉文莊의 手跡이 있거늘 대개 창위본과 같은 각본인가 본다. 이 간본은 더욱 書棚本 중에서 상품이 되겠다. 매양 半葉이 十行이고 一行이 十八字이며 卷首尾에 本記가 있어 "임안부 붕각대가의 목친방남쪽 진택서적포의 인행"이라고 쓰여 있다.……卷二·三·四에는 缺字가 있는데, 이 刊本의 卷三·五에 또 缺葉이 있어서 교정과 보충이 없었음을 애석히 여기는 바이다.

여기서 분명한 것은 書棚本은 같지만 缺字와 缺葉이 있는 점으로 보아 황씨의 간본과는 다른 것임을 알 수 있다. 현재 四部叢刊은 黃氏本을 영인한 바, 楊氏本은 행방을 모른다.12)

(2) ≪讒書≫ 5卷

현전하는 판본은 송대의 것은 난득하고 원본에서 비롯할 수밖에 없다. 그것은 황비열에 의해 五卷本으로 확인되었으니, 그의 跋文을 보면 다음과 같다.

> 海寧吳君槎客, 因吳江楊進士慧樓有言, 聞吳興書賈云, 吳門藏書家見有全帙, 尙願宛轉借鈔, 故託其同邑陳仲魚向余借鈔. 其實余無此書, 遂謝之, 此乙丑春事也. 後余從書肆果得吳枚庵鈔本, 有前四卷可補吳槎客本, 急寓書仲魚取槎客原本五卷相質證, 實較吳枚庵多所裨益, 而前四卷復賴余所得枚庵鈔本足之……嘉慶丙寅正月十一日吳趨黃丕烈蕘翁識於百宋一廛.

> 해녕의 吳騫이 楊復吉의 말을 바탕으로 듣건대 오흥의 책장사가 이르기를 오씨 가문의 장서가에 전질이 있는 것을 알고, 은근히 빌려서 베끼기를 원하였던 고로 같은 읍의 진전 '仲魚의 字'에 부탁하여 나에게 빌려 베끼게 하니 사실상 나에게 이 책이 없었기에 감사하나니 이때가 을축년 봄 '1805년'의 일이다. 후에 내가 서점에서 마침 오매암 "名은 翌鳳, 字는 伊仲, 江蘇吳縣人."의 초본을 앞 4권이 있어서 오건의 본을 보충할 만하여, 급히 책을 진전에게 부쳐서 오건의 원본 5권을 가져다가 서로 대조해 보니 실로 오매암 것보다 보탠 바가 많고, 전 4권은 다시 내가 얻은 매암초본에 의거하여 충족하는 바다. ……가경 병인 정월 11일 '1806년', 황비열 요옹이 백송일전에서 씀

---

12) 萬曼은 ≪唐集敍錄≫에서 "四部叢刊據黃藏本影印, 楊氏藏本今不知在何處."(p.346.)

여기서 황비열이 「매암초본」을 가지고 오건의 5권 원본과 대조하며 보충할 수 있었음을 밝히고 있는데, 이 「매암초본」은 錢穀의 跋文에 의하면,

隆慶二年二月中旬, 借顧從化元板本鈔.

융경 2년 2월 중순(1568년)에 고종화의 원판을 빌려 베끼다.

라고 하였는데, 이 錢穀의 鈔本을 "隆慶四年七月初一日從錢叔寶借鈔."라고 하여 다시 베낀 사실을 부기한 것을 「매암초본」의 발문에서 黃丕烈이 확인한 점에서 현재의 傳本은 元本에 의거한 것을 알게 된다. 그러나 이 ≪讒書≫가 方回의 跋에 의하면,

所爲讒書, 乃憤悶不平之言, 不遇於當世而無所以泄其怒之所作, 詳見淳熙二年乙未知新城縣楊思濟集鈘……大德六年壬寅六月十九日辛巳, 紫陽山人方回.

참서란 울분하여 불평하는 말을 쓴 것으로 당세에 불우하여 그 노함을 토로할 수 없는 데서 쓰여진 것이니, 순희 2년 을미(南宋 孝宗. 1175년)의 신성현 지사 양사제의 집서를 상세히 볼지라……대덕 6년 임인 6월 19일 신사(1302년) 자양산인 방회

라고 하여서 ≪讒書≫가 咸通 八年(867年)에 쓰여졌지만 (方回의 跋에 의거) 약 300년 후인 宋代 孝宗 때에 출간되었음을 알 수 있다. 그러니까 方回와 黃德弼의(黃氏의 跋은 方回보다 몇 달 늦은 同年 仲秋後 五日의 것.) 跋文이 楊氏의 集鈘보다 한 세기 더 지난 후의 것이어서 분명히 宋本도 있었지만 지금은 오건의 本이나 매암의 본

모두 元本의 鈔本이라는 점에서 宋本은 일실된 것으로 본다. 이것은 楊復吉의 跋에서 "永樂大典中有隨齊批注曰 : 讒書近刻於新城縣."이란 글에서 楊思濟의 敍와 상합되기도 한다. 그러한 黃丕烈의 정리가 있은 후에 吳騫에 의해「維嶽降神解」와「疑鳳臺」2편이 보완되어서13) 오늘의 ≪羅隱集≫에 수록되어 전해진 것이다.

(3) ≪廣陵妖亂志≫와 ≪兩同書≫

앞의 책은 ≪新唐書・藝文志≫에 郭廷誨의 撰으로 기재되고, ≪直齋書錄解題≫와 ≪經籍考≫에 鄭廷晦와 郭廷誨의 작이라 하나, ≪說郛≫만은 나은의 작이라 하였다.14) 이러한 설은 이 책의 작자설이 불일하다는 의미가 된다. 清代 繆荃孫의 跋을 보면,

說郛又以爲羅隱. 諸書各異, 所記高騈. 呂用之. 畢師鐸事, 通鑑頗取之. 說郛只存四篇, 羅昭諫集同. 又輯廣記中四條, 通鑑注六條增入, 略存梗槪. 光緒甲辰四月江陰繆荃孫跋. (≪羅隱集≫ 附錄再引)

≪설부≫는 나은으로 보고 있다. 제서가 각기 다른데, 고병・여용지・필사탁의 일을 기록한 것을 ≪통감≫에서는 취하였다. ≪설부≫에는 4편만 있는데, ≪나소간집≫과 같다. 또한 ≪태평광기≫ 속의 4

---

13) 吳騫은 嘉慶 丁卯年(1807)에「重刻讒書跋」을 쓰고, 다시 辛未 長夏(1811)에「維嶽降神疑鳳臺補刊跋」을 써서 4篇의(卷二) 缺文中에서 上記한 두 篇의 글을 補充할 수 있게 된 사실을 다음과 같이 기록하였다. "予以嘉慶丁卯重刻羅昭諫讒書五卷, 第二卷中原闕蘇季子・維嶽降神解・忠孝廉潔・疑鳳臺四篇, 徧檢群籍, 無從錄補. 今年春, 大興徐景伯太史從永樂大典鈔得維嶽降神解・疑鳳臺二篇, 屬仁和陳扶雅孝廉.趙寬夫茂才展轉寄至, 爲之狂喜, 無異珠還而劍合也. 爰亟補刊卷末, 用公同好, 幷識嘉惠於謗云爾. 辛未長夏, 騫再跋."(≪羅隱集≫ 附錄)
14) 繆荃孫의 跋文前段에 보면(後段은 引述됨.), "廣陵妖亂志, 新唐書藝文志作郭廷誨作. 直齊書錄解題作鄭廷晦撰. 經籍考引陳氏又作鄭廷晦. 說郛又以爲羅隱."(≪羅隱集≫ 附錄)

조와 ≪通鑑≫의 주 6조를 편집하여 보태 넣으니 대략 개요는 담고 있다. 광서 갑신(1904年) 4월 강음 목전손이 발문 씀.

여기서 이 책이 ≪說郛≫에 근거하여 나은의 작으로 열입시킨 것이 처음 나은의 작으로 인정한 경우가 되며, 그 구성을 ≪광기≫와 ≪통감≫에서 도움 받았음을 알게 된다. 특히 ≪羅昭諫集≫ 8卷本에 열입되면서 郭氏作說이 퇴보하는데, 이 문집의 초간이 明代 萬曆中 姚叔祥의 重輯本이므로 그 이후에 확정된 듯하다.15) 淸代 康熙 九年 (1670) 張瓚의 輯本을 소개한 ≪四庫全書總目≫에서 "第七卷末一篇 爲廣陵妖亂志."구를 볼 수 있음은 하나의 증거라 하겠다.

그리고 ≪兩同書≫가 단행본으로 ≪寶顔堂秘笈≫에 편입되어 姚叔祥이 跋文에서,

若兩同書後出諸集之外, 卽置格排比, 而持論雅贍, 足具五代一種著述也. (≪羅隱集≫ 附錄)

≪兩同書≫ 같은 것이 후에 문집과 떨어져 나와 규격이 가지런하고 담긴 논조가 우아하고 풍섬하여 족히 오대의 한 저술을 갖추고 있다.

라고 한 뒤로부터 책으로서의 주목을 받게 되었는데, ≪四庫全書總目≫에 ≪吳越備史≫의 기록을 인용하며 이 책을 소개하지 않았지만, ≪兩同書≫ 이 책이 凡十篇으로 엄연히 전해지고 오히려 앞서 ≪참서≫와 ≪광릉요란지≫는 나은의 작에서 출입이 있었음을 밝히고 있다.16)

---

15) 萬曼, ≪唐集敍錄≫, p.349 참조.
16) ≪四庫全書總目≫ : "(前略) 吳越備史載羅隱所著, 有淮海寓言・讒書, 不言有

II. 나은 詠物詩의 諷刺的 특성

　만당시단에서 유미풍이 유행할 때에, 독자적인 중당풍의 현실을 주제로 한 풍자의식이 넘치는 작품을 중심으로 시 490수(≪全唐詩≫ 10函4冊)를 남긴 나은(833~909)을 다시 거론할 필요성을 느낀다. 나은의 시수에 관해서는, 근년에(1992년) 孫望의 ≪全唐詩補逸≫ 卷之13에「獻淮南崔相公」과 童養年의 ≪全唐詩續補遺≫ 卷12에「滕王閣」・「文選閣」・「昭明太子廟」・「下山過梅根」・「金雞石」・「掛劍處」・「題延和閣」・「上亭驛」(이상 8수는 모두 ≪碧雞漫志≫ 卷5에서 수록.), 그리고 陳尙君의 ≪全唐詩續拾≫ 卷45에는 「鞠歌行」・「宿法華」・「題石門」・「吳公約神道碑附詩」・「繡」・「詠柳」・「過梁震居留題」・「送竈詩」・「下杜城」・「華嚴寺」・「鳳凰臺」・「下第詩」 등 21수가 추가되었다. 기히 살핀 바, 나은은 한국한문학의 비조라 할 崔致遠의 스승이며[17], 나아가서는 宋初의 실리적인 시류의 선도적 역할을 했다고 본다. 이러한 나은의 시에서 본고는 그의 영물시 55 수에서 그 시의 풍자예술을 살펴보고자 한다.[18]

　원래 영물시는 「寄情寓風」을 바탕으로 하는 바, ≪四庫全書總目提

　　此書. 然淮海寓言及讒書, 陳振孫已訪之未獲. 惟此書猶傳于今, 凡十篇. 上卷五篇, 皆終之以老氏之言. 下卷五篇, 皆終之以孔子之言. 崇文總目謂以老子修身之說爲內, 孔子治世之道爲外, 會其旨而同原."
17) 拙文「全唐詩所載新羅人詩」 참조.(≪韓國漢文學硏究≫ 3・4合輯, 1979)
18) 순수한 詠物詩로는 「牡丹花」,「雪」,「浮雲」,「香」,「白角簟」,「鸚鵡」,「金錢花」,「梅」,「桃花」,「梅花」,「柳」,「隋堤柳」,「仙掌」,「詠月」,「淚」,「子規」,「鷹」,「菊」,「殘花」,「錢」,「紅葉」,「雪」,「雪霽」,「堠子」,「茅齋」,「螢」,「蝶」,「輕」,「燕」,「野狐泉」,「鶯聲」,「聽琵琶」,「蜂」,「簾二首」,「村橋」,「柳」,「羅敷水」,「粉」,「野花」,「病驄馬」,「鷺鷥馬」,「小松」,「竹」,「牡丹」,「芳樹」,「聽琴」,「庭花」,「蟬」,「八駿」,「詠白菊」,「長明燈」,「竹下殘雪」,「杏花」,「金鷄石」.

要≫ 集部五의「詠物詩提要」에서

    昔者屈原頌橘, 荀況賦蠶, 詠物之作, 萌芽于是,……唐尙形容, 宋參議論, 而寄情寓諷, 旁見側出于其中, 此其大較也.

    옛날 굴원은 「橘頌」을 짓고 순자는 「蠶賦」를 지었는데, 영물의 작품은 여기에서 싹텄다.…… 唐詩는 사물의 모양을 숭상하고 宋詩는 議論을 삽입하는데, 기탁된 정감과 붙여진 풍유가 그 가운데서 끝없이 흘러나오니 이것이 그 대체적인 비교이다.

라고 하여 영물작품의 근본적인 착상의식을 피력하였으며, 영물시를 짓는 의도는 시를 통하여 比興의 諷諭를 하는 데 있음을 李重華는 다음과 같이 기술하였다.

    詠物一體, 就題言之, 則賦也, 就所以作詩言之, 卽興也, 比也. (≪貞一齋詩說≫)

    영물이라는 체재는 제재로 말하면 賦요, 시를 짓는 까닭으로 말하면 興이요, 比이다.

한편, 영물시의 작법에 대해서 구체적으로 여하히 표현해야 할 것인가에 대해서 元代의 楊載는 다음과 같이 기술하였는데, 이는 전대의 작품에서 보이는 공통점과 후대의 작법의 기준을 제시한 것으로 본다.

    詠物之詩, 要托物以伸意, 要二句詠狀寫生, 忌極雕巧. 第一聯須合直說題目, 明白物之出處方是. 第二聯合詠物之體, 第三聯合說物之用, 或說意, 或議論, 或說人事, 或用事, 或將外物體證. 第四聯取題外生意, 或

就本意結之. (≪詩法家數≫ 一卷)

영물시는 사물에 기탁하여 뜻을 펼치고, 두 구에 맞춰 사물의 형상을 노래하고 물상을 그대로 그려야 하나, 지나친 조탁과 기교는 피해야 한다. 제1연은 직설한 제목과 합치해야 하고 사물의 출처를 명백히 해야 된다. 제2연은 영물의 본체와 합치해야 하고, 제3연은 사물을 말하는 작용과 합치해야 하는데, 뜻을 말하기도 하고, 議論하기도 하고, 人事를 말하기도 하고, 故事를 사용하기도 하며, 외물을 구체적으로 실증하기도 한다. 제4연은 제목 외의 것으로 뜻을 표현하거나 혹은 본의로 그것을 결속한다.

이 장법은 매우 세밀하게 묘사되어 있어서 시의 독창과 주관을 제약할 수 있지만, 그 본의는 순수한 영물시란 사물을 순수하게 묘사하되, '寓懷'를 담아야 함을 알 수 있다.

1. 나은 영물시의 諷刺性 一般論

나은의 시에 있어서 풍자예술의 일반론을 간략히 소개함으로써 국한된 본론의 내용에 대한 길잡이로 삼고자 한다. 나은의 풍자시를 거론함에는 먼저 그의 성격과 처했던 생활환경을 살펴볼 필요가 있다. 나은은 개성이 매우 강한 시인이다. 먼저 ≪唐才子傳≫에 보면,

性簡傲, 高談闊論, 滿座風生, 好諧謔, 感遇輒發.

성품이 단순하며 오만하고 담론이 고상하며 활달하여 모든 사람에 뛰어나고 해학을 잘하며 감성이 즉흥적이다.

라 하여 오만한 성격과 달변에 익살스러운 면을 지니고 있었고,

≪舊五代史≫「羅隱傳」에는,

> 詩名于天下, 尤長于詠史, 然多所譏諷, 以故不中第, 大爲唐宰相鄭畋·李蔚所知. 隱雖負文稱, 然貌古而陋.
>
> 그의 시는 천하에 이름났고, 특히 영사시에 뛰어났으나, 譏諷하는 바가 많아 그로 인해 과거에 급제하지 못했다. 당나라 재상 정전과 이울로부터 크게 인정받았다. 나은은 비록 문필로 칭송을 받았지만, 용모가 고루하였다.

라 하여 詩才는 있으나 용모가 古陋하여 볼품이 없다는 점과, ≪五代史補≫(卷一)의,

> 羅隱在科場, 恃才傲物, 尤爲公卿所惡, 故六擧不第.
>
> 나은은 과거장에서 재능을 믿고 남을 깔보다가, 특히 公卿들에게 미움을 샀기 때문에 여섯 번 시험에 모두 낙방하였다.

와 ≪四湖遊覽志餘≫(卷12)에서의,

> 羅隱, 新城人, 博物能詩, 然性傲睨, 好議評臧否, 探隱命物, 往往奇中.
>
> 나은은 신성사람이다. 사물에 박식하고 시에 능하였으나, 성품이 오만하고 좋고 나쁨을 즐겨 따졌으며, 은미한 것을 찾아 명명하면 왕왕 기발하게 적중되었다.

라 한 데서 나은의 성품이 오만과 무시의 기벽을 지녔음을 확인할 수 있다. 이러한 성격에서 나오는 작품은 응당히 直說이라기보다는

隱喩와 批判의 성향을 띨 수밖에 없었기에 그의 영물 풍자시는 몇 가지 특성을 보이고 있다.

나은의 시는 영물에 관한 시뿐만 아니라 시 전반에 걸쳐 諷刺性이 다출되어 있으니, ≪羅昭諫集≫ 序에 보면,

> 羅昭諫詩言中有響, 三百篇後頗寓諷諫之意. 或者以其語多平易而忽之, 要之勝塡詞豪艷而無當於興感者什百矣. 況其精邃自然處, 正復不讓唐之初盛.
>
> 나소간의 시는 말 가운데 울림이 있고, ≪시경≫ 이후로 풍간의 뜻을 자못 많이 담고 있다. 혹자는 그의 시어가 매우 평이하다 하여 홀시하는데, 요컨대 전사의 호방하고 미려한 면에서 뛰어나지만 감흥표현은 이뤄내지 못하는 자는 수십 수백에 이르는 것이다. 그의 시의 정밀하고 깊으며 자연스런 점은 초·성당에 뒤지지 않는 경지에 들어 있다.

라고 하여 그의 시에 대한 칭찬을 諷諫이라는 기준에서 보내고 있으며, 또「重刻羅昭諫江東集紋」에서는,

> 唐末新城詩人羅隱昭諫, 世多傳其詼諧不羈之句, 將以自全於亂世也. 唐世重進士科, 讀昭諫贈雲英詩, 爲悒焉心傷之.
>
> 당말 신성 시인 나은은 그의 익살스럽고 얽매이지 않는 구절 때문에 난세에도 생명을 보전할 수 있었다고 세상에 전해진다. 당대에는 진사과를 중시하였는데, 소간의「증운영시」를 읽어보면 그것을 근심하며 마음으로 아파하고 있다.

라고 하여서 그의 시가 間說的 표현 때문에 오히려 당말의 패망난중

에서 신세를 보전할 수 있었다고까지 논평하고 있다. 序에서도 기설하였지만 나은에게 있어 시의 풍자성은 돋보이는데, 그의 영물시에서의 풍자성은 생물이나 자연현상에 이르기까지 다양하게 표출된다. 나은의 영물시는 체재상 칠언체를 위주로 하는데, 그 표현방법이 대개 先詠物하고 後寓懷하고 있다. 예컨대,「白角篦」를 보면,

> 白似瓊瑤滑似苔, 隨梳伴鏡拂塵埃.
> 莫言此箇尖頭物, 幾度撩人惡髮來.

> 하얗기는 옥과 같고 매끄럽기는 이끼 같으니,
> 빗을 빗고 거울 짝하여 먼지를 털도다.
> 이것을 끝이 뾰족한 물건이라 마라.
> 언제나 나쁜 머리카락을 단정히 하였도다.

시각과 감각의 기관을 가지고 색채미를 가하여 옥이나 이끼에 비유하고 거기에 섬세한 관찰력으로 실용적 功能性을 강조하고 있는 것이다. 아울러 내용적으로 볼 때도 자신의 인격상의 內心을 토로하여 울분해소의 대상이 되게 하였으니,「小松」을 보면,

> 已有淸陰逼座隅, 愛聲仙客肯過無.
> 陵遷谷變須高節, 莫向人間作大夫.

> 벌써 서늘한 그늘이 자리 구석에 지니,
> 소리 좋아하는 선객 그냥 지나치지 않도다.
> 세상이 크게 변할 때 고상한 절개가 필요하나니,
> 인간세상에서 대부가 되지는 말지라.

여기에서 소나무 한 그루를 가지고 高節에 比喩하였으며, 또「雪」

을 보면,

> 撇凍野蔬和粉重,　掃庭松葉帶酥燒.
> 寒窓呵筆尋佳句,　一片飛來紙上銷.

얼어붙은 들풀에 분가루가 겹쳐 있고,
뜰 안의 솔잎을 쓰니 우유가루 부서지듯.
차가운 창가에서 호호 입김 불며 좋은 구절 찾고 있는데,
눈 한 조각이 종이 위에 녹아 내리네.

여기서 시인은 눈 내림을 분가루와 젖에 비유하면서 마음의 정결을 표현하고자 하는 데 詩興을 두고 있다. 이와 더불어 세상사에 대한 比喩로서 「詠香」을 보면,

> 香水良材食柏珍,　博山爐煖玉樓春.
> 憐君亦是無端物,　貪作馨香忘却身.

향수의 좋은 재료는 측백보다 귀한데,
박산의 화로 따뜻하여 옥루는 봄이로다.
그대 아껴서 꺼릴 것 없으니,
그 향내 맘껏 마시며 시름 젖은 몸 잊고저.

여기서 향냄새의 그윽함을 통하여 속세의 身世가 가리어지고 헛되고 덧없음을 意趣 속에 담고 있는 것이다. 그리고, 「蜂」을 보면,

> 不論平地與山尖,　無限風光盡被占.
> 探得百花成蜜後,　爲誰辛苦爲誰甛.

평지와 산꼭대기는 말할 나위 없고,
끝없는 경치마저 다 빼앗겼구나.
온갖 꽃 찾아다녀 꿀 만들고 나면,
누굴 위해 고생하고 누굴 위해 달콤한가.

여기서도 꿀벌의 하는 일을 인간사의 虛無에 비견하려 하고 있다. 말구의 누굴 위해서 고생하고 또 달콤하게 하는지를 自問形式으로 표현하면서 벌을 민생에 비유하는 것이다. 이러한 기법은 초당대의 李嶠의 영물시에서 볼 수 있는 것으로19) 나은에게 있어서는 만당의 작이라 할 수 없을 만큼 고차원의 묘사를 강구하고 있다.

다음은 순전하고 암울한 당말의 사회현상을 묘사하는 정직성을 풍유적으로 작품에서 보여준다. 예컨대, 「鷺鷥」를 보면,

斜陽淡淡柳陰陰, 風襲寒絲映水深.
莫謾向人誇潔白, 也知長有羨魚心.

석양은 아른아른 버들은 울울침침,
바람맞는 해오라기가 물 속 깊이 비쳐 있네.
사람에게 결백을 뽐내지 마라,
물고기 부러워하는 마음 가진 줄 아노라.

이 시에서 한 마리의 새를 통하여 속세의 혼탁함을 대비시켰으며 물고기를 부러워하는 마음, 곧 구속 없이 번민과 고통으로부터 초탈한 심성을 단적으로 게시해 주고 있다. 그리고, 「雪」에서는,

盡道豊年瑞, 豊年瑞若何.

---

19) 拙文,「李巨山詩論考」(≪中國硏究≫ 7輯) 참조.

長安有貧者, 爲瑞不宜多.

모두가 풍년의 길조라고 말하나,
풍년의 길조면 어떻다는 건가.
장안에는 가난한 자 있으니,
길조가 많아도 안 될 일이지.

여기서는 口頭上의 풍년과 모순을 직시하고 있다. 한편, 나은의 영물시에서 하나 더 특기할 일반특성으로 과거에 대한 회고와 思念을 시에 기탁하는 점을 들 수 있다. 이것은 일종의 삶의 비애와 悼念의 발로인 동시에 내적 의식의 섬세한 감흥을 代物形式을 통하여 유로시키는 것이다. 「牡丹」을 보면,

欲詢往事奈無言, 六十年來此託根.
香煖幾飄袁虎扇, 格高長對孔融樽.
曾憂世亂陰難合, 且喜春殘色尙存.
莫背欄干便相笑, 與君俱受主人恩.

지난 일을 묻고자 하면 어찌 말이 없으랴만,
이렇게 뿌리 맡겨온 지 60년이네.
향기 따사로워 원호의 부채에 나부꼈고,
품격 높아 오래 두고 공융의 술동이 마주하였네.
일찍이 난세를 걱정하며 환란을 당하니,
곧 지는 봄 즐기려니 고운 자태 아직 남아 있네.
난간 등진 채 서로 비웃지 말자,
그대와 함께 주인의 은혜를 받느니라.

여기서 60년이나 된 모란꽃의 향기와 자태에서 세상의 혼탁상을 비교하며 모란을 보면서 봄빛이 남아 있듯이 희망을 잃지 않고 과거

사에 대한 未戀과 想念에서 自己悔恨의 念을 토로하고 있다. 이러한 성격은 淸代 李瑛의 ≪詩法易簡錄≫(卷13)에서,

> 詠物詩固須確切此物, 尤貴遺貌得神, 然必有命意寄託之處, 方得詩人風旨.

> 영물시는 진실로 이 사물을 확실하고 적절하게 표현해야 하며, 외양을 버리고 홍취를 얻는 것이 더욱 소중하지만, 반드시 뜻을 기탁할 곳이 있어야 비로소 시인의 의취를 얻을 수 있는 것이다.

라고 하였듯이 혼신의 의식으로 영물시의 寄託法을 가지고 최대한 내적 갈등을 표출하고자 했던 것이다. 이것은 ≪藝苑雌黃≫에서 「牡丹」 시를 두고서,

> 牡丹詩云: 自從韓令功成後, 辜負穠華過一春. 余攷之唐元和中, 韓弘罷宣武節制, 始至長安私第, 有花命斸之, 曰: 吾豈效兒女輩耶? 當時爲牡丹包羞之不暇, 故隱有辜負年華之語.

> 모란시는 "한령의 공이 이뤄진 뒤로, 버림받은 무성한 꽃은 한 봄을 보내누나."라 이르고 있다. 내 그것을 원화 연간에서 살펴보니 한홍이 선무절제사를 마치고 처음 장안 사저에 이르렀을 때 모란 꽃이 있자 그것을 꺾어 버리라 명하며 "내 어찌 아녀의 무리를 본받겠는가?"라고 하였다. 당시 모란은 부끄러워마지 않았으므로 나은에게 "버림받은 청춘"이라는 말이 있게 되었다.

라고 한 것이라든가, 宋代 姚寬가 ≪西溪叢語≫(卷上)에서,

> 牡丹詩云 : 可憐韓令功成後, 虛負穠華過此身, 據白廷韓蒙求韓令牡

丹注云：元和中, 京部貴遊尙牡丹, 一木値數萬. 韓滉私第有之, 據命厮去, 曰：豈效兒女邪?

모란시는 "가련토다, 한령의 공이 이뤄진 뒤로, 공연히 버림받은 무성한 꽃은 이런 몸으로 지내누나."라 이르고 있다. 백정한의 ≪당몽구≫「한령모란」, 주에 의하면 원화중, 장안의 귀족 자제들은 모란을 숭상하였는데, 한 그루의 값어치가 수만 전에 달하였다. 한황은 사저에 그것이 있자, 당장 꺾어 버리라 명하며 "어찌 아녀를 본받겠는가?"라고 말했다 한다.

라고 한 평어는 곧 나은의 시에 보이는 悼故的 의식의 대변이라 할 수 있다. 이것은 나은이 과거에 불합격하는 불우함과 나타난 성품의 교만성에서 오는 이중적 갈등과도 상관된다고 할 수 있어서, 何光遠이 쓴 ≪鑑戒錄≫(卷7)에는,

羅隱以諷刺頗深, 連年不第. 舉子劉贊贈之詩曰："人皆言子屈, 我獨以爲非. 明主旣難謁, 靑山何不歸, 年虛侵雪鬢, 塵汚在麻衣. 自古逃名者, 至今名豈微?" 隱覩之, 因起式微之思, 遂自歸.

나은의 풍자가 자못 깊어서 해마다 급제하지 못하였다. 과거 수험생 유찬이 그에게 보낸 시에서 "사람들은 모두 그대가 비굴하다 하나, 나만은 옳지 않다고 생각하네. 현명한 군주는 알현키가 이미 어려워졌는데, 청산에 어찌 돌아가지 않는가? 세월은 부질없이 눈처럼 흰 귀밑 털에 더하여 가고, 먼지는 더럽게 베옷에 끼는구나. 예부터 공명 피해온 자들, 지금에 이르러 그 이름은 과연 사라졌는가?"라고 하였다. 나은은 이를 보고 식미가를 상기하며, 마침내 스스로 돌아갔다.

라고 한 고사라든가, 또 同人의 同書(卷8)에서 성격과 연관시켜서,

羅隱秀才傲睨于人, 體物諷刺, 初赴擧之日于鍾陵筵上, 與妓雲英一絶. 後下第, 又經鍾陵, 復與雲英相見. 雲英撫掌曰 : "羅秀才猶未脫白邪?" 隱雖內恥, 尋以詩嘲之 : "鍾陵醉別十餘春, 重見雲英掌上身, 我未成名卿未嫁, 可憐俱是不如人."

　　나은 수재는 사람들에게 오만하였고, 사물을 체득하여 풍자하였다. 처음 과거 보러 가던 날, 종릉의 술자리에서 기녀 운영에게 절구 한 수를 주었다. 훗날 낙방하여 다시 종릉을 지나다 운영을 만났다. 운영이 손바닥을 어루만지며 "나 수재께선 아직도 백의 신세를 면치 못했나요?"라고 하자, 나은은 비록 내심 부끄러웠지만, 곧 시로써 그녀를 조롱하였다. "종릉에서 취중에 헤어진 지 10여 년 만에, 다시 운영을 만나니 손바닥 위에 이 몸을 올려놓누나. 내 아직 공명 이루지 못했고 그대 아직 시집가지 못했으니, 가련하도다 우리 모두가 남들만 못하구나."

라고 하는 서술에서 나은 시의 풍자성에 숨은 여러 요인들을 파악할 수 있다.

2. 自我傷心의 葛藤意識

　　나은 시에서의 영물기법은 기설한 바와 같으며, 그 당시의 유미풍에 대조하여 시가의 현실성이라고 할 수 있는 풍격을 보였는데, 그의 영물시에서는 그 면을 더욱 중시하여야 할 것이다. 따라서 그의 시에는 자아의식의 다양한 풍자와 정치현실을 주테마로 하여 표출되고 있는데, 이런 현실을 강렬하게 의식한 시이기에, 시어의 속성이 백화 시처럼 다출되는 점을 또한 간과할 수 없는 것이다.
　　나은에 있어 갈등의식이 어떻게 풍자적으로 묘사되고 있느냐 하는 점을 그의 영물시에서 찾아보도록 한다. 이런 류의 시는 자신의 不遇한 처신에서 기원하는데, 과거의 낙방이나 성격의 부조화 등으로 인해 自我虐待와 憎惡感이 팽배했으리라 본다. 나은의 散文에 보면 자신의 내심을 피력하고 있는 것을 확인할 수 있으니, 「答賀蘭友書」(≪讒書≫ 卷5)에는,

> 少而羈窘, 自出山二十年, 所向推沮, 未嘗有一得幸於人.

> 어려서부터 타향 떠돌며 궁색하게 지냈고, 산을 나온 지 20년 동안 하는 일마다 막혔으며, 남에게 사랑을 받아본 적이 한 번도 없었다.

이라든가, 또 「投知書」(≪讒書≫ 卷5)에 보면,

> 不惟性靈不通轉, 抑亦進退間多不合時態, 故開卷則悒悒自負, 出門則不知所之, 斯亦天地間不可人也.

> 성령이 통하지 않을 뿐더러, 진퇴간에도 세태와 같지 않는 일들이 많도다. 그리하여 책을 펼치면 답답한 마음 스스로 짊어져야 하고, 문을 나서면 어디로 가야 할 지 알 수 없으니, 이 또한 천지간에 쓸모없는 사람인가 하노라.

라고 하여 그의 自傷의 회포가 일시적인 현상이 아니라 소시부터 거의 습관화된 일련의 불우했던 성장과정의 환경에 기인했음을 알 수 있다. 그리고 이러한 불우는 일부의 특권층 이외에는 누구나 겪는 보편적인 것이어서, 그의 「投知書」에서 보면,

> 而執事者, 提健筆爲國家朱錄, 朝夕論思外, 得相如者幾人? 得王褒者

幾人? 得之而用之者又幾? 夫昔之招覽養士, 不惟弔窮悴而傷凍餒, 亦將
詢稼穡而問安.

  그러나 일을 집행하는 사람은 건필를 들어 국가를 위해 공문서를
작성하고, 조석으로 담론하고 생각하는 외에 사마상여를 얻은 자 몇
사람이고, 왕포를 얻은 자 몇 사람이며, 그와 같은 자를 얻어 사용한
자 또한 몇이나 되는가? 대저 옛날에는 현자를 부르고 양성함에 궁핍
하고 슬픈 것을 위로해주고, 춥고 배고픔을 아파하였을 뿐만 아니라,
농사일을 살피고 안부를 물었도다.

라고 하여 어느 개인의 '泄怒'가 아니라 당시의 일반 지식분자의 心
聲을 대변한다고도 볼 수 있다.
  이제, 시를 예거하면서 분석하여 보기로 한다. 먼저 客苦의 심기
를 표현한 「桃花」를 보면,

   暖觸衣襟漠漠香, 間梅遮柳不勝芳.
   數枝艶拂文君酒, 半里紅欹宋玉牆.
   盡日無人疑悵望, 有時經雨乍凄凉.
   舊山山下還如此, 廻首東風一斷腸.

   따스한 옷깃 스치는 바람에 은은히 풍겨오는 꽃향기,
   매화 틈에 있고 버들에 가려 향내 가누지 못하네.
   몇 가지의 꽃은 요염하게 탁문군의 술을 스치고,
   주위가 붉도록 송옥의 담에 기울어져 있도다.
   종일토록 아무도 없어 쓸쓸히 바라보는데,
   가끔 비 내리고 나 어느새 슬퍼지도다.
   옛 산의 산 아래는 아직도 이와 같을진저,
   고개 돌리니 동풍에 애간장이 끊누나.

이 시에서 제3연은 계절과 자신의 처지에서 오는 비감이 깃들여 있고, 제4연은 還鄕하는 回憶의 애절함을 토로하고 있다. 그리고 思友를 노래하는 것으로「梅花」를 보면,

> 吳王醉處十餘里, 照野拂衣今正繁.
> 經雨不隨山鳥散, 倚風疑共路人言.
> 愁憐粉艶飄歌席, 靜愛寒香撲酒罇.
> 欲寄所思無好信, 爲君惆悵又黃昏.

> 오왕이 취한 곳 10여 리 밖에는,
> 들 비추고 옷깃 스치며 지금이사 만발하구나.
> 비 맞으니 산새 따라 흩어지지 않고,
> 바람에 의지하여 길손과 이야기 나누는 듯.
> 근심스레 歌席에 요염히 나부끼는 꽃가루에,
> 고요히 술동이 건드는 향기가 사랑스럽네.
> 그리운 벗에게 부치고자 하나 좋은 소식 없으니,
> 그대 위해 슬픈 중에 또 황혼이 지는구나.

여기에서 그리운 벗을 매화의 자태와 계절에 빗대어서 자신의 哀傷을 표출하니 諸家마다 評述하기를, 나은의 불행한 관직을 나열하며 自傷의 懷抱를 강조하는 것도 위의 시의 흐름과 상관된다. 이것은 宋代 羅大經의 ≪鶴林玉露≫(卷12)에서 나은을 두고,

> 晚唐詩綺靡乏風骨, 或者薄之, 且因王維·儲光羲輩, 而幷薄其人, 然氣節之士, 亦往往出於間.……羅隱乾符中擧進士, 十上不第. 黃巢亂, 歸依錢鏐, 及朱溫纂詔至, 痛哭, 勸鏐擧義, 鏐不能從. 溫聞其名, 以諫議大夫招之, 不就.

> 만당시는 綺靡하고 風骨이 결핍되어 혹자는 이를 업신여겼으며,

또 왕유·저광희 등에 근거하여 그 시대의 시인까지 업신여겼다. 그러나 의기와 절개가 있는 인사도 왕왕 그 가운데서 나왔다.……나은은 乾符 중에 진사 시험에 응시하여 열 번 이상 낙방하였다.……황소가 난을 일으키자 전류에게 귀의하였다. 주온이 왕위를 계승하기에 이르자 통곡하여 전류에게 의거하도록 권하였으나, 전류는 따를 수 없었다. 주온은 그의 명성을 듣고 諫議大夫를 제수했으나 나아가지 않았다.

라고 하여 官路의 不順함을 부각시키고 있다. 나은의 영물시에는 자기갈등 속에 자연의 현상을 넣어서 풍유한 점이 매우 허다하다. 「浮雲」을 보면,

> 溶溶曳曳自舒張, 不向蒼梧卽帝鄕.
> 莫道無心便無事, 也曾愁殺楚襄王.

> 일렁이며 뭉게뭉게 저절로 퍼지며,
> 창오로 가지 않고 서울로 가누나.
> 무심히 아무 일 없다고 말하지 마오.
> 일찍이 초나라의 양왕을 걱정했던 적이 있다네.

라고 하여 이 시에 대해 明代 閔元衢는 「羅江東外記」에서,

> 羅隱雲詩 : "≪莫道無心便無事, 也曾愁殺楚襄王." 此刺生事者.

> 나은 시의 "무심히 아무 일 없다고 말하지 말라, 일찍이 초나라의 양왕을 걱정한 적이 있다네." 이것은 당시의 일을 풍자한 것이다.

라고 적절한 평을 가하고 있다. 아울러 「輕飆」을 보면,

輕颷掠晚莎, 秋物慘關河
戰壘平時少, 齋壇上處多.
楚雖屈子重, 漢亦憶廉頗.
不及雲臺議, 空山老薜蘿.

가벼운 회오리바람은 시들은 잔디를 스치고,
가을 경물은 변방의 강을 쓸쓸하게 하네.
전장의 보루에는 평화로운 때가 적고,
제단엔 높이 올려진 곳이 많네.
초나라의 屈原을 존중하나,
漢의 廉頗도 기억한다네.
雲臺의 의논에 따르지 못하니,
텅 빈 산에서 은자로 늙고 있다네.

이 시는 무상한 시류를 통하여 자신의 처지를 굴원이나 염파에 비견하며 潔白과 無私를 드러내고자 했다. 실지로 자연현상은 꾸밈이 없는 것이어서 나은의 자연에 대한 영물시에서는 직선적인 描法을 쓰곤 하였다. 그의 ≪讒書≫ 序의 첫머리에,

讒書者何? 江東羅生所著之書也. 生少時自道有言語, 及來京師七年, 寒餓相接, 殆不似尋常人. 丁亥年春正月, 取其爲書詆之曰 : "他人用是以爲榮, 而予用是以辱. 他人用是以富貴, 而予用是以困窮. 苟如是, 予之書乃自讒耳. 目曰讒書."

참서란 무엇인가? 江東의 羅生이 지은 책이다. 내가 젊었을 때 언어 실력이 있다 자부하였는데, 서울로 온 지 7년 동안 추위와 배고픔이 꼬리를 물었으니, 보통 사람과는 아주 다르다 하겠다. 정해년 봄 정월, 그 지은 책을 들고 꾸짖어 말하였다. : "다른 사람은 이것으로

영달을 누리는데, 나는 이것으로 치욕을 당하고, 다른 사람은 이것으로 부귀해졌는데, 나는 이것으로 곤궁해졌도다. 실로 이와 같으니, 나의 책은 스스로를 참언했을 따름이므로 「참서」라고 명명하는 것이다."

라고 하여 자기의 체험을 통한 꼬집음을 자인하고 있다. 그런데 이 책의 「風雨對」(卷1)는 바로 자연 현상을 가지고 삶의 역경과 相比하여 서술하고 있어서 나은의 자연 현상에 대한 관념을 이해할 수 있다.

  風雨雪霜, 天地之所權也. 山川藪澤, 鬼神之所伏也. 故風雨不時, 則歲有饑饉, 雪霜不時, 則人有疾病. 然後禱山川藪澤以致之, 則風雨雪霜果爲鬼神所有也明矣. 得非天之高不可以周理, 而寄之山川 : 地之厚不可以自運, 而憑之鬼神. 苟祭祀不時則饑饉作, 報應不至則疾病生, 時鬼神用天地之權, 而風雨雪霜爲牛羊之本矣. 復何歲時爲? 復何人民爲? 是以大道不旁出, 懼其弄也. 大政不聞下, 懼其傲也. 夫欲何言.

  비와 바람, 눈과 서리는 천지가 권세를 떨치는 바요, 산천과 숲, 연못은 귀신이 숨는 바이다. 그러므로 風雨가 제때 오지 않으면 그 해엔 기근이 발생하고, 雪霜이 제때 내리지 않으면 사람은 질병에 걸린다. 그런 연후에 산천과 숲, 연못에 기도하여 치성을 드리면 비와 바람, 눈과 서리 귀신의 소유라는 것이 명백해질 것이다. 하늘은 높아 이치를 주밀히 할 수 없기에 그것을 산천에 기탁하고, 땅은 두터워 스스로 움직이지 못하기에 그것을 귀신에게 맡긴 것이 아니겠는가? 만약 제사를 제때 드리지 않으면 기근이 발생할 것이요, 報應이 오지 않으면 질병이 생길 것이니, 이는 귀신이 천지의 권세를 이용하고 비와 바람, 눈과 서리는 소와 양의 근본이기 때문이다. 계절은 또 무엇이며, 백성은 또 무엇인가? 이리하여 큰 도가 나타나지 않으면 그것이 희롱하는가 두렵고, 큰 정치가 아래에 들리지 않으면 그것이 박한가 두려운 것이다. 그러니 무슨 말을 하고 싶겠는가?

여기서 귀신이 천지의 권세를 주고 자연현상은 그의 재물에 해당한다는 의미는 나은만이 상정한 상상의 표현이 되겠다. 한편, 그는 초목에 대한 남다른 애착을 지녀서,「小松」을 보면,

    已有淸陰逼座隅, 愛聲仙客肯過無.
    陵遷谷變須高節, 莫向人間作大夫. (旣引)

여기서 제2연은 소나무의 절개와 고상한 품격을 사실대로 그려서 자기 의지의 근거로 삼았음을 알 수 있으며, 내면의 불여의한 비감을 담고 있다. 그러기에 宋代 王應麟은 이 시를 놓고 이르기를,

    羅昭諫詠松曰:"陵遷谷變須高節, 莫向人間作大夫." 其志亦可悲矣. 唐六臣彼何人哉. 昭諫說錢鏐擧兵討梁, 見通鑑, 其忠義可見.(≪困學紀聞≫ 卷十八)

라 하여 나은 자신이 진실된 충의심의 소유자였기에 자신에 찬 직설적인 白描가 가능했으리라 본다. 또한 그의「牡丹花」를 보면(旣引),

    可憐韓令功成後, 辜負穠華過此身. (末聯)

라 하였는데, 이 시를 두고 宋代 姚寬은 평하기를,

    羅隱牡丹詩云:"可憐韓令功成後, 虛負穠華過此身." 據白廷翰 ≪唐蒙求≫「韓令牡丹」注云:"元和中, 京師貴遊尙牡丹, 一本値數萬."(≪西溪叢語≫ 卷上)

라 하여, 이 꽃의 고아한 품격을 어찌 아이들만 본받을 건가. 만인의 본보기가 되는 초목임을 강조하였다고 부연하고 있다. 나은은 靜物에 대한 묘사도 매우 섬세하여서 「長明燈」을 보면,

   破暗長明世代深, 煙和香氣兩沈沈.
   不知初點人何在? 祗見當年火至今.
   曉似紅蓮開沼面, 夜如寒月鎭澤心.
   孤光自有龍神護, 雀戲蛾飛不敢侵.

   밝아오는 장명등은 대대로 깊어져서,
   연기와 향기가 모두 그윽하네.
   처음 불 밝힌 사람은 어디에 있는가?
   지금까지 보이는 건 그때의 불뿐.
   새벽엔 붉은 연꽃처럼 늪의 얼굴 보이고,
   밤에는 찬 달처럼 연못의 마음 가라앉히네.
   외로운 불빛 절로 용신의 보호가 있음인지,
   참새가 희롱하고 누에나방이 날아도 여기엔 얼씬도 못 하네.

이 시를 두고 明代 胡震亨은 이르기를,

   羅隱詠長明燈 : "不知初點人何在? 祗見當年火至今." 語似祖述而用法一順一倒不同. (≪唐音癸籤≫ 卷十一)

라고 하여, 제2연을 白居易의 「詠老柳樹」의 "但見半衰臨此路, 不知初種是何人"구에서 본받았지마는, 그 묘사법이 상이하여 한결 인걸의 무상함과 세태의 불일함을 역설한 것으로 분석하고 있다.
 나은의 자기갈등 의식은 성장기와 官路期, 그리고 세대의 혼란(특히 黃巢의 난)에 의한 득의치 못한 내면적 불만의 다각적인 표현을

영물의 수법으로 해소하는 삶을 영위할 수 있었기에, 77세의 壽를 누릴 수 있었는지도 모를 일이다.

3. 정치사회에 대한 諷諭 의식

나은의 시는 그 당시의 암흑사회에 대한 광범한 폭로와 비판을 하고 있음은 기설한 바와 같다. 이것들이 直說이 아니라 間說的으로 표현되어 있다는 데에 그의 시에 나타난 풍자예술의 장점을 찾을 수 있다. ≪唐才子傳≫(卷9下)에는,

> 詩文幾以諷刺爲主, 雖荒祠木偶, 莫能免者.
>
> 시문은 거의가 풍자 위주이므로, 비록 황폐한 사당과 나무인형이라도 대상이 되지 않는 것이 없다.

라고 하여 현실풍자에 능하였음을 알 수 있다. 그의 풍자는 논리성이 있으며, 수법은 전투적이랄 만큼 강렬하다. 그리고 寓言과 故事를 다용하였으니 「越婦言」 같은 글은[20] 부귀를 몹시 추구하는 한 부녀자의 고사를 가지고 당시의 사대부를 조롱하는 수법을 쓰고 있으며 사상적으로는 다소 浮虛한 면이 있지만[21] 胡震亨의 다음 글은 객관적인 평가라 할 수 있다. 즉,

> 羅昭諫酣情飽墨, 出之幾不可了, 未少佳篇, 奈爲浮渲所掩, 然論筆材,

---

[20] 「越婦言」의 一段을 적으면 "……天子疏爵以命之, 衣錦以書之, 斯亦極矣, 而向所言者. 蔑然無聞, 豈四方無事使之然邪? 以吾觀之, 務於一婦人則下矣, 其他未之見也, 又安可食其食."이다.
[21] ≪石洲詩話≫云: "極負詩名, 而一望荒蕪, 實無足采."

自在僞國諸吟流上. (≪唐音癸籤≫ 卷八)

　　나은이 정감에 젖어 먹물을 흠뻑 머금으면 적어내어 거칠 것이 없으매, 좋은 글이 적지 않으니, 어찌 부허함에 가려질 수 있겠는가? 그러나 筆才로 말하면 당연히 五代의 여러 시인들의 위에 있다고 하겠다.

라고 독특한 風貌를 예시하고 있다. 그러면 나은의 영물시에 나타난 정치사회현실의 풍자성은 여하히 볼 수 있는지에 대해 보려면, 먼저 나은의 정치이상을 알아볼 필요가 있다. 그는 「讒書序」에서,

　　而今而後, 有誚子以譁自矜者, 則對曰 : 不能學揚子雲之寂寞以誑人.

　　오늘 이후로 내가 지껄여서 뽐낸다고 꾸짖는 자가 있다면, "양웅의 침묵을 배워 백성을 속일 수 없다."고 대답하리라.

라고 하여 당말 난세에는 揚雄처럼 著書自守하겠다고 하였으며, 또 위의 서의 「重序」에서는,

　　蓋君子有其位則執大柄以定是非, 無其位則著私書而疏善惡, 斯所以警當世而誡將來也.

　　대개 군자는 그 자리가 있으면 대권을 쥐어 시비를 결정하고, 그 자리가 없으면 개인의 책을 저술하여 善惡을 구별하였으니, 이것이 當世를 경계하고 미래를 훈계하는 까닭인 것이다.

라고 하여 정치로써 是非를 분별하겠다는 포부를 제시하고 있다. 나은은 정치적 입지를 전혀 확보할 수 없었으며, 사회는 혼란했기 때

문에 풍자의 농도가 영물로 강렬하게 표출되었으리라 유추하게 된다. 먼저,「雪」을 보면,

  盡道豊年瑞, 豊年事若何.
  長安有貧者, 爲瑞不宜多. (旣引)

여기서 지배계급의 백성에 대한 약탈현상을 강하게 묘사하였으며,「蜂」을 보면,

  採得百花成蜜後, 爲誰辛苦爲誰甛. (제2연)(旣引)

이 시는 꿀벌과 고난받는 백성을 연계시켜서 봉건사회 백성의 빈곤을 주제로 표달시켜 놓고 있다. 특히 나은은 통치자의 작태를 조롱 비판하는 데 주저하지 않았다.「金錢花」를 보면,

  占得佳名繞樹芳, 依依相伴向秋光.
  若敎此物堪收貯, 應被豪門盡劚將.

  고운 이름을 가지고 나무 주변에 향기 내고,
  느긋하게 짝지어서 가을 햇살 향해 방긋거리네.
  이것을 거둬들이고 쌓아둘 수 있게 하리니,
  응당 호족들에 의해 모두 찍혀 버릴 것이기에.

이 시는 豪族들의 양민 착취와 貪財를 비판한 것이며,「香」을 보자면,

  沈水良材食柏珍, 博山爐暖玉樓春.

憐君亦是無端物, 貪作馨香忘却身. (既引)

이 시에서는 香이라는 상징적인 사물 속에 貪色의 뉘앙스를 담아서 지배계급의 불륜적 생활을 조롱하고 있다. 그리고「黃河」를 보면,

莫把阿膠向此傾, 此中天意固難明.
解通銀漢應須曲, 才出崑崙便不淸.
高祖誓功衣帶小, 仙人占斗客槎輕.
三千年後知誰在, 何必勞君報太平.

여기에 아교를 쏟지 말아라!
이 속의 천의를 밝히기가 어렵도다.
은하수로 통해 있으면 응당 굽어 있을 것이련만,
곤륜산에서 흘러 나왔으면 맑지 않으리라.
한 고조는 공신에게 맹세할 때 허리띠가 작다 하였고,
仙人은 斗牛를 차지할 때 타고 간 뗏목이 가볍다 하였네.
삼천 년 뒤 누가 있을지 알겠는가?
어찌하면 수고로이 그대에게 태평을 알리게 할까.

이 시는 광대한 시제를(詠物詩에 넣을 수 없지만 한 폭의 畵로 간주했음) 통하여 天心과 민심의 일치가 太平이거늘 실지는 같지 않은 당시의 현실을 비판하고 있으며,「堠子」를 보면,

(前略)
終日路岐旁, 前程亦可量.
未能憨面黑, 只是恨頭方.

종일토록 갈림길 옆에 있으니,
앞길도 헤아릴 수 있겠구나.

아직 얼굴 검은 건 부끄럽지 않으나,
다만 머리가 모난 것이 한스럽구나.

이 시는 금전 권세만을 생각하여 골육 친척의 정리는 무너진 사회현상을 풍자하였으며, 「刻嚴陵釣臺」(≪讒書≫ 卷5)를 보면,

龍飛蛇蟄兮, 風雨相違, 干戈栽靡兮, 悠悠夢思. 何富貴不易節, 而窮達無所欺? 今之世風俗偸薄, 祿位相尙, 朝爲一旅人, 暮爲九品官, 而骨肉親戚已有差等矣.

용 날고 뱀 숨어, 風雨가 서로 어긋나고, 방패와 창이 꺾이니 아득 수심의 꿈에 잠긴다. 어찌 해야 부귀해도 절개 바꾸지 않고, 궁달해도 속이는 바 없을까? 오늘의 세상 풍속은 야박하고, 높은 벼슬만 서로 숭상한다. 아침에는 한 나그네였다가, 저녁에는 九品 관리가 되며, 골육친척 간에도 이미 차등이 생겼다.

이 글에서는 漢代 光武帝가 즉위 후에도 故友를 잊지 않았다는 고사를 빌려서 부귀영달만을 추구하는 세도가의 인심을 책망하고 있는 것이다. 아울러 「題神羊圖」(≪讒書≫ 卷1)를 보면,

堯之庭有神羊, 以觸不正者. 後人圖形象, 必使頭角怪異, 以表神聖物.. 及淳樸消壞, 則羊有貪狼性, 人有刲割心.

요임금의 뜰에는 신기한 양이 있어, 부정한 것 뿔로 떠받았다. 후인이 그 형상을 그릴 때면 으레 머리의 뿔을 괴이하게 그려 신성한 동물임을 나타내었다. 순박함이 무너지면 양은 탐욕부리는 성미를 갖게 되고, 사람은 잔인한 마음을 갖게 된다.

여기서는 당시의 정치가 암흑하고 사회가 극히 부패되어도 비판

하는 자 하나 없음을 自己痛歎的 입장에서 토로하고 있다. 나은의 영물시에서 정치사회현실을 고발하는 예를 얼마든지 들 수 있지만, 시의 풍자성이 내용과 표현상 적절한 것을 選材하기란 용이치 않다.

나은의 영물풍자는 일관성 있게 표현되어서 또 "使宅魚"라는 漁父의 입장을 빌려서 정치횡포를 고발하고 있는「題磻溪垂釣圖」는22) 그의 上官 錢鏐으로 하여금 漁稅를 포기케 한 시이기도 한 점을 부언할 수 있을 것이다. 시의 한계는 시인의 한계를 능가할 수 있듯이 나은의 영물시는 나은이 처한 한계를 몇 배나 넘어서 교훈을 주고 있음을 다시 새롭게 느낀다.

나은은 奇人이었기에 그의 시도 거침없는 筆鋒으로 서술해 나갔다. 그의 시에서도 영물시는 편수가 제한되지만 그의 의식을 감지하는 데 있어 매우 풍유적으로 표출하고 있다. 따라서 그의 영물시는 자아의식의 비애의 대상으로 사물의 개성을 빌려 왔고, 아울러 정치현실에 대한 사실성을 그 당시의 유미풍과는 다르게 보여 주는데, 그 대상을 영물의 간설적 描法으로 강구하고 있다. 그런 면에서 나은의 시는 차후에 심도있게 다루어져서 나올 때, 만당의 詩界의 최고봉(李商隱・杜牧을 능가)이 될 것이며, 詩史의 재술이 필요하리라 본다. 이제 沈崧이 쓴「羅給事墓誌」에 보면,

> 讀書萬卷, 討論見先聖之心, 擒藻千篇, 諷誦在時人之口. 嗚呼! 蒼天不弔, 哲人其萎, 以開平三年春寢疾, 冬十二月十三日歿於西闕舍, 享年七十七歲……及遇我王, 錄爲上介, 致之大僚, 存沒加恩, 翼燕可託. 原田賵贈, 式表初終, 儒士於時, 亦謂達矣. 向非我王之支明王鑒, 豈展府君之多藝多才. 所以主有禮賢之名, 賓有榮家之美, 明矣……乃文乃武,

---

22)「題磻溪垂釣圖」: "呂望當年展廟謀, 直鉤釣國更誰如, 若敎生在西湖上, 也是須供使宅魚."

爲光爲龍, 勳積餘慶, 惟賢所宗, 又銘曰, 家本新城, 地臨浙水, 惟彼秀色, 鍾乎夫子. 惟直道古, 藝高德美, 退罷文場, 榮歸故里.

책 만 권 읽고 토론하며 선대 성현의 마음을 밝혀내고, 글 천 편을 지어 당시 사람의 입에 오르내리게 되었도다. 오호라! 하늘은 위로하지 않고 哲人은 시들었도다. 開平 3년 봄에 앓아 눕고, 그해 겨울 12월 13일에 서궐사에서 사망하니, 향년 77세로다.……우리 임금 만나 절개 곧은 인물로 기록되고, 그것으로 고관에 이르렀으니, 살아 있을 때나 죽을 때나 은총이 가해져 자손들이 의탁할 수 있게 하였도다. 들과 밭이 부의로 내려지고 경건한 마음이 시종 표해지니 儒士들도 그때에 영달한 사람이라 말하였도다. 이미 우리 임금께서 왕 된 귀감을 밝히시지 아니하였다면 어찌 府君의 다재다능함을 펼 수 있었겠는가? 그리하여 임금은 현자를 예우한다는 명성을 얻었고, 신하는 집안을 영광되게 하였다는 찬미를 얻었음이 분명하도다. ……문무를 아울러 갖추신 우리 임금님, 빛이 되고 용이 되어 공훈이 쌓이고 경사가 남아돌아 현자들이 모여드는도다. 또 銘文에서는 "우리 집은 본디 신성이고 땅은 浙水에 임해 저 아름다운 경색이 선생에게 모여드는도다. 정직하게 옛 것을 말하며 기예를 높이고 품덕을 아름답게 하여 문단에서 물러나면 영광스럽게 고향으로 돌아가리라."고 하였다.

라고 하여 나은에 대한 성품과 식견, 그리고 복고적 전통관(특히 재조명해야 함) 등을 다시 재고하지 않으면 안 될 만큼 다양하게 문제점을 제시하고 있으며, 이것들이 아직까지 거의 관심의 的이 되지 않았음도 사실이다. 이제 이의 실천이 필요한 시기에 달했으며 정당한 詩學의 맥을 잡아나가야 한다. 그리고 당대에 白話詩가 僧侶詩人이나 성중당대의 寫實派에 의해 주도되어 왔는데, 만당대에는 羅隱 같은 전통유가관념의 소유자에게도 白話詩가 다작될 수 있었음은 역시 시의 풍간성을 위한 것이라 볼 수 있으며, 나은 시가 갖는 특이한 일면이라 할 수 있다. 그래서 宋代 王楙도 벌써 거론하여서,

唐人詩句中, 用俗語者, 惟杜荀鶴, 羅隱爲多, 羅隱詩如曰 : "西施若解
亡吳國, 越國亡來又是誰?" 曰 : "今宵有酒今宵醉, 明日愁來明日愁."……
曰 : "明年更有新條在, 攪亂春風卒未休." 今人多引此語, 往往不知誰作.
(≪野客叢書≫)

　　唐人의 시구 중 속어를 사용한 경우는 두순학과 나은이 많다 하겠
다. 나은 시는 예컨대 "서시가 吳를 망하게 하였다면, 월나라가 망한
것은 또 누구 때문이던가?" "오늘 밤 술 있으니 오늘 밤에 취하고, 내
일 근심이 오면 내일 근심하세." "내년에도 새 가지가 있을 터인데,
사정없이 불던 봄바람 끝내 아직 그치지 않았구나."라 하였는데, 지
금 사람들은 이들 시어를 많이 인용하면서도 흔히 누가 지었는지 모
른다.

라고 한 것도 이미 일찍부터 나은의 시에 대한 중요성을 제시해 준
豫言이라 하겠다.

羅隱과 崔致遠의 詩 比較

　만당의 유미파와는 다른 元·白의 현실주의를 따른 나은(833~909)의 시에서 綺麗함이 없는 것은 아니지만, 口語의 다용과 영물에 의한 현실풍자로써 490여 수의 핵심을 이루고 있다.[1] 이러한 나은의 시를 최치원 시와 비교하는 데는 독자적인 주관이 많이 개재되어 있음을 밝혀둔다. 이 비교는 하나의 시도적인 의미가 크며, 이의 객관화를 위한 초탐의 과정이기를 바랄 뿐이다. 최치원의 入唐時期와 在唐 文藝活動의 범위로 보아 나은과의 접목은 전혀 무모하지 않으리라 보아 착안한 것이다.

---

1) 拙文,「晚唐羅昭諫 詠物詩의 諷刺性攷」(≪敎育論叢≫ 8輯, 1993)을 참조.

I. 시 비교의 蓋然性

 양인의 관계에 있어서 상면의 근거는 淮南相國인 高騈의 幕下가 될 것이다.2) 최치원의 입당시기(868)와 진사급제(874)의 6년 간이 불명하지만 나은이 고병을 알현한 시기가 '中和'(881~885)에서 '光啓'(885~888)로3)본다면, 이때는 최치원이 입당한 지 10여 년이 지난 시기이므로 양인의 시풍이 상호간 독자성을 지녔다고 볼 수 있다. 그리고 양인이 相交한 시작을 남기지는 않았으나, ≪三國史記≫ 「列傳」에,

> 始西遊時, 與江東詩人羅隱相知, 隱負才自高, 不輕許可. 人示致遠所製詩歌五軸. (「崔致遠條」)

> 처음 서방에 유학 갔을 때 강동시인 나은과 서로 알게 되었는데, 나은이 재주를 믿고 스스로 높은 체 하니 가벼이 인정하지 않았다. 어떤 사람이 최치원이 지은 시가 다섯 두루마리를 보여 주었다.

라고 하여 내면상으로는 高騈의 幕下에 있기 전에 이미 상면이 있었고, 나은이 최치원의 문재를 인정하여 연령상으로(24년 나은이 연상, 金重烈,「崔致遠의 文學研究」p.47)보아서도 사제의 관계로까지 추리하게 된다. 이러한 요인을 바탕으로 최치원이 나은의 시와 비교될

---

2) 傅璇琮主編,≪唐才子傳校箋≫ 卷九, p.126.
3) 崔致遠은「獻詩啓」(≪桂苑筆耕集≫ 卷十七)에서 "某啓. 某竊覽同年顧雲校書獻相公長啓一首短歌十篇, 學派則鯨噴海濤, 詞鋒則劍倚雲漢, 備爲贊頌, 永可流傳. 如某者, 跡自外方, 藝唯下品, 雖儒宮慕善, 每嘗窺顔冉之墻, 而筆陣爭雄, 未得摩曹劉之壘, 但以幸遊國, 獲覿仁風."

수 있는 蓋然性을 상정해 보고, 이어서 양인의 시에서의 상통하는
점을 찾아보고자 한다.
 최치원의 입당시는 만당에 있어 唯美派와 古淡派로 시풍이 양분
된 상태에 있었는데, 최치원은 전자보다는 후자에 더욱 인적인 맥을
잇고 있음을 보게 된다. 그것은 즉 '芳林十哲'이라 하여 중당의 白居
易와 元稹, 그리고 孟郊와 賈島의 풍조를 높이어 사회현실의 풍자와
은둔을 취하고 당시의 유미풍에 반기를 든 시파인 것이다. 여기에
羅隱과 顧雲, 鄭谷과 張喬 등이 포진해 있었는데, 최치원의 시문과
행적이 대개 이들과 상관되어 있는 것이다. 여기서 먼저 나은 이외
의 문인과의 연관을 가려서 보고, 다음으로 나은과의 직·간접적인
일맥상통점을 찾고자 한다.
 高駢의 幕下에 나은과 같이 있었던 顧雲과의 관계를 보면, 과거급
제의 동년인 최치원으로는 가까운 정분을 나누었다. 보다 선배인 나
은을 가까이하는 데 고운의 역할이 적지 않았을 것이다. 顧雲(?~
894)의 시풍이4) 詳整하고 사실적이어서(芳林十哲의 風) 나은과 상사
하지만, 文選風의 신라시풍과 만당의 풍조를 보이는 최치원의 시를
보는 고운에게 있어서는 하나의 경이적인 인상이었다. 顧雲의 「送崔
致遠西遊將還」(≪全唐詩續拾≫ 卷34)을 보면,

　　我聞海上三金鰲, 金鰲頭戴山高高.
　　山之上兮, 珠宮貝闕黃金殿.
　　山之下兮, 千里萬里之洪濤.
　　傍邊一點雞林碧, 鰲山孕秀生奇特.

─────────────
4) 金重烈은 「崔致遠文學研究」(p.87)에서 顧雲이나 羅隱을 따르지 않고 晚唐의 詞
 華派를 따랐다고 하였지만, 芳林十哲이 추종한 儒學風이나 元白의 寫實風, 그
 리고 俗語구사의 영향을 벗지 못한 것으로 본다. 新羅는 齊梁의 文選風의 영
 향권을 아직 脫皮하지 못한 데서도 歸國後의 孤雲詩風과 相關시킬 수도 있다.

十二乘船渡海來, 文章感動中華國.
十八橫舒戰詞苑, 一箭射破金門策.

내 듣기를 해상에 세 마디 금자라 있는데
금자라 머리에 산이 높이 쓰여 있네.
산 위에 구슬과 조개 황금의 궁궐 있고,
산 아래엔 천리만리 넓은 파도라네.
옆에 한 점 계림이 푸른데
자라산 빼어나 기이하도다.
열둘에 배타고 바다 건너와서
문장이 중국을 감동시켰고,
열여덟에 전사월을 가로 다녀
한 화살 쏘아 금문책을 부셨네.

라고 하여 최치원에 대한 敬慕와 기대감을 함께 토로하고 있다. 그리고, 최치원에게는 「暮春卽事和顧雲友使」(≪孤雲先生文集≫ 卷1)과 「和顧雲侍御重陽詠菊」(≪十抄詩≫ 卷中)이 있고, 그리고 「七言紀德詩三十首」(≪桂苑筆耕≫ 卷17)를 獻詩함에 있어 그 「獻詩啓」에 顧雲의 長啓와 短歌를(相公에 바친 것) 보고 자신의 시 30수를 쓰게 된 것으로 기술하고 있다.5) 「暮春卽事和顧雲友使」를 보겠다.

東風遍聞百船香, 意緖偏饒柳帶長.
蘇武書回深塞盡, 莊周夢逐落花忙.
好憑殘景朝朝醉, 難把離心寸寸量.
正是浴沂時節日, 舊遊魂斷白雲鄕.

동풍에 백향이 두루 난데
생각실머리 너무 많아 버들이 길게 드린 듯.

---

5) 高騈은 「言懷」 등 47首의 詩를 남김(≪全唐詩≫ 九函八冊).

소무의 편지 돌아오니 깊은 변방 무너졌으니
장자 꿈에 나니 낙화가 분망쿠나.
잔영에 의거 아침마다 취하니
떠나는 마음 마디마디 헤아리기 어렵구나.
마침 욕기의 호시절이니
옛 놀던 넋 백문향에 끊이었네.

여기에서 제3·4연은 아쉬운 이별의 정을 은유적으로 묘사하고, 시어상으로는 제3연의 '好憑'·'把離心', 제4연의 '正是' 등은 白話語로서, 元白體의 구사법, 그리고 나은 등 古淡派에서 흔히 보이는 描法을 쓰고 있어서 유미보다는 사실에 가까워져 있다.6)

그리고 鄭畋과는 나은이 그의 관심의 대상이 되었었고, 당대의 권세가였던 만큼, 수다한 문인의 출입이 있었다. 최치원도 예외가 아니어서 정전과 상교하였으니, 그의「鄭畋相公」二首(≪桂苑筆耕集≫ 卷7)와「太保相公鄭畋」(上同 卷9, 共히 '別紙'임) 등은 바로 그 예증이 된다. 전자의 글의 일단을 보면,

　　伏以相公碩德茂勳, 雄才奧學, 播在四方之口, 沃於萬乘之心, 固絶贊揚, 但增瞻仰.

　　삼가 생각건대, 상공께서는 덕이 크시고 공훈이 많으시며 재학이 크고 깊으셔서 사방의 사람 입에 퍼지고 만승의 마음에 차시니 진실로 찬양할지며 더욱 우러러볼 따름이로다.

라고 하여서 상교의 깊이를 알게 한다. 최치원에 있어서 정전은 재당생활에 정착하는 데 있어 큰 힘이 되었을 것이다. 정전 자신도 시

---
6) 顧雲은「華淸詞」등 8首의 詩를 남김.(≪全唐詩≫ 十函一冊) 羅隱에게「送顧雲下第」가 있음.

명까지 있었고 문학을 애호하여 그의 시도 섬세하고 고아한 풍을 준다. 「夜景又作」(≪全唐詩≫ 9函2冊)7)을 보면,

> 鈴條無響閉珠宮, 小閣涼添玉蕊風.
> 枕簟滿牀明月到, 自疑身在五雲中.

> 방울가닥 소리 없고 주궁은 닫혔는데
> 작은 누각은 쓸쓸히 옥떨기의 바람만 더하누나.
> 대침을 하고 있으니 침상 가득히 명월이 다가와서
> 이 내 몸이 오색 구름 속에 떠 있는가 하노라.

환상과 색채가 짙은 초탈적인 作風을 보여준다. 한편, 최치원의 張喬와의 관계는 장교로서는 6수의 신라인에 준 시가 있고8), 고운에게 준 「贈進士顧雲」이 있어서 나은과의 관계 정립에 간접적인 대상이 된다. ≪唐才子傳≫ 卷10에 보면 "以苦學, 詩句淸雅, 廻少其倫."라 하여 시의 淸雅함을 추구하였으니, 그의 「題賈島吟詩臺」에서 보듯이 가도의 풍격을 추숭한 것으로 본다.9) 최치원이 장교에게 준 「和張進士喬村居病中見寄」10)를 보면 장교의 문학을 극찬하면서 賈島에 비견하고 있다.

> 一種詩名四海傳, 浪仙爭得似松年.
> 不唯騷雅標新格, 能把行藏繼古賢.

---

7) 鄭畋은 「中秋月直禁苑」 등 16首를 남김.
8) 張喬는 170首의 詩를 남기고 있는데, (≪全唐詩≫十函一冊) 그 6 首의 題를 보면 다음과 같다. 「送朴充侍御歸東國」,「送碁待詔朴球歸新羅」,「送賓貢金夷吾奉使歸本國」,「送新羅僧」,「送僧雅覺歸東海」,「送人及第歸海東」 등.
9) 傅璇琮 主編, ≪唐才子傳校箋≫ 卷十, p.302 참조.
10) ≪孤雲先生文集≫ 卷一(延世大 中央圖書館本 影印本).

藜杖夜携孤嶠月, 葦簾朝捲遠村煙.
病來吟寄漳濱口, 因付漁翁入郭船.

시명이 사해에 전해져
가도와 다툴 만한 이는 장교 같아야 할지라.
소아뿐 아니라 신시도 잘하니
그 품은 능력 옛 현인을 이었네.
명아주 지팡이로 밤에 외론 산들과 함께 하고
갈대주렴 아침에 걷으니 먼 마을 안개 자욱하네.
병들어「장빈」구에 읊어 부치니
낚시꾼 따라 성밖의 배에 드네.

　이 시에서 장교의 시명이 사해에 떨치고 고현인을 이을 만하다 하고, 제3·4연에서는 시적 표현이 繪畵美를 주어 제3연의 경우는 南畵의 皴法을 도입한 묘사로까지 부각되어 있다. 이들 외에 희종을 따라 相公을 지냈던 蕭遘와 裵澈에게 준 글들이 전해지는데[11], 나은에게「送支使蕭中丞赴闕」(十函四冊)이 있어 소구를 놓고 羅·崔 양인의 관계 또한 긍정적으로 본다.
　이상과 같은 최치원과 상교한 당인들은 나은과도 교분이 있기 때문에 간접적으로 양인의 시를 비교시킬 수 있는 充分한 근거가 설정되었다고 할 수 있다. 그러면 양인의 직접적인 관계성을 하나 인술한다면 ≪唐才子傳≫에 나오는 고사 중에 沈崧이 쓴 謝表의 내용이 富庶하다고 하여 전류가 나은에게 개작케 하였는데[12], 그 문구의 "天寒而

---

11) 소구는「春詩」등 4首, 배철은「孟昌圖」1首가 傳해지는데(≪全唐詩≫ 九函 八冊), 최치원에게는「史館蕭遘相公」(≪桂苑筆耕集≫ 卷七),「度支裵徹相公」(上同),「史館蕭遘相公」(上同 卷八),「蕭遘相公」(上同 卷十) 등 있음.
12) ≪新五代史≫ 卷六七「錢鏐傳」에 "鏐拜鎭海軍節度使·潤州刺史在景福二年.(893)"이라 하니 改作時期와 相通.

麋鹿曾遊, 日暮而牛羊不下."가 최치원과 여하히 연관되느냐 하는 문제이다. 이 점에 대해 金重烈은 최치원의 「姑蘇臺」에서 근원되지 않았는지를 거론하고 있다.13) 이러한 관점은 양인의 관계상 매우 심도 있게 고찰한 논리라고 보며, 여기서도 그 가능성을 긍정하면서 부연하고자 한다. 먼저 최치원의 시를 본다.

　　　荒臺麋鹿遊春草, 廢院牛羊下夕陽.

　　　황폐한 누대에는 고라니가 봄 풀에 놀고 있는데
　　　버려진 뜰의 소와 양들은 석양 속에 내려오도다.

앞의 謝表에서 「牛羊不下」와 비교해 볼 때 최치원의 이 시는 단순히 봄날 저녁의 敍景으로 볼 수도 있다. 나은의 謝表는 浙西地方이 전란으로 피폐되어 있는데도 沈崧이 假飾과 誇張을 부려 조정의 부당한 반응을 대비하여서 개작한 것인 만큼, 최치원과의 관계를 고려한 차원을 떠나서 오히려 나은의 「送王使君赴蘇臺」(≪全唐詩≫ 10函4冊)에서 제2·3연과 결부시켜서 봄도 생각해 볼 수 있다. 그 2연을 보면,

　　　兩地干戈連越絶, 數年麋鹿臥姑蘇.
　　　疲甿賦重全家盡, 舊族兵侵太半無.

　　　두 지방이 전쟁으로 더구나 끊기었고,
　　　몇 년 동안 고라니가 고소에 누워 있네.
　　　지친 농부는 세금이 무거워 온 가족이 다 망하였고

---

13) 金重烈은 「崔致遠文學硏究」(高麗大學博士論文, 1983, p.47)에서 나은의 文句를 최치원의 「姑蘇臺」의 意趣와 相通시켜 나은이 引用한 것으로 意見을 提示했음.

옛 가족은 병난의 침략으로 태반이 없어졌네.

라고 하니 고라니도 추위에 쉴 곳이 없다고 봄이 좋겠다.14) 나은과 최치원은 연령의 차이와 시단에서의 비중, 그리고 최치원이 신라인이라는 여러 여건상, 최치원으로는 나은이 사승으로 하고 지교를 받으며, 만당의 나은을 중심한 교우관계에서 시풍의 영향을 받았다고 할 수 있다. 漢文學의 입장에서는 최치원의 독자성을 강조하지만 재당의 시기에서만은 주종적 문학풍토를 불식시킬 필요가 없겠다. 귀국 후에 이룩된 문학이 더욱 한문학사적으로 중요한 것이기 때문이다. 따라서 다음에 이어질 양인의 시비교는 그 근거를 여기에 마련하였다고 할 것이다.

II. 兩人의 詩風格 비교

1. 풍격 비교의 도론

최치원이 스스로 피력하여,「初投獻太尉啓」(≪桂苑筆耕集≫ 卷17)에서,

> 某, 新羅人也. 身也賤性也愚, 才不雄學不贍, 雖形骸則鄙, 年齒未衰, 自十二則別鷄林, 至二十, 得遷鶯谷, 方接靑襟之侶, 旋從黃綬之官.

---

14) 羅隱의 姑蘇臺와 有關한 다른 시들로「秋日有寄姑蘇曹使君」,「姑蘇城南湖陪曹使君遊」,「暇日有寄姑蘇曹使君兼呈張郎中郡中賓僚」,「姑蘇臺」등이 있음. (十函四冊)

모는 신라인이다. 몸도 천하고 천성도 어리석으며 재주는 크지 못
하고 학문은 풍부하지 못하다. 몸이 비록 비천하지만 나이 아직 젊으
니 열두 살에 계림을 떠나서 스무 살에 앵곡으로 옮겨 마침 푸른 옷
깃의 선비들과 만나고 곧 황색 띠의 관리들을 따르게 되었다.

라고 하였듯이 당에서 이국인의 수모를 감내하며 청운의 뜻을 성취
키 위한 내심을 버리지 않았으며, 그러기 위해서 신라인의 자존심을
지키기 위하여 각고의 修學을 기울인 것을 다음「再獻啓」(上同 卷
17)에서 확인할 수 있다.

　　某旣懷志士之勤, 又抱愁人之苦, 聊憑毫牘, 敢述肺肝, 且如蹈壁冥搜.
　　杜門寂坐, 席冷而窓風擺雪, 筆乾而硯水成冰, 欲爲尼父之絶編.

　　모는 이미 지사의 근면을 지니고 또 수심에 찬 사람의 고뇌를 품
고서, 오로지 붓과 목편에 의지하여 감히 속에 맺힌 마음을 다 기술
하려하니 마치 벽을 더듬어 캄캄한 중에 찾듯이 하였다. 문을 닫고
조용히 앉으니 자리는 차고 창가의 바람이 눈을 거두고 붓은 마르며
벼루 물은 얼음이 되었어도 공자의 韋編三絶을 본받으려 하였다.

이처럼 외방에서의 노력 때문에 그는 당에서는 물론, 신라 이후의
한문학의 비조로 그 문학을 추숭하는 것이다. 그러나 그가 만당대에
유학했다는 이유로 그의 시를 단지 유미적인 데에 둔 관념이 자고로
잠재되어 있었음은 재고해야 할 점이다. 그 예문으로 李奎報는 ≪白
雲小說≫에서(≪詩話叢林≫ 春),

　　崔致遠孤雲有破天荒之大功, 故東方學者皆以爲宗.

　　최치원 고운은 천지를 진동시킨 큰 공이 있기에 동방의 학자들 모

두 그를 으뜸으로 삼고 있다.

라고 칭송하고는, 이어서 이규보는 또,

> 然其詩不甚高, 豈其入中國在於晚唐後故歟. (上同)

> 그러나 그의 시는 그리 높지 않으니 어찌 중국의 만당말에 속한 때문일까.

라고 촌평을 달고 있어서 그 평가 관념이 許筠에 와서도 여전히 다음과 같은 기술로 나타나고 있다.

> 崔孤雲學士之詩在唐末亦鄭谷韓偓之流, 寧俳淺不厚. (≪惺叟詩話≫, ≪詩話叢林≫ 秋)

> 최고운 학사의 시는 당말기의 정곡이나 한악의 부류에 속하니, 오히려 비천하여 온후하지 않다.

이러한 최치원에 대한 평가는 만당대의 기술한 바, 중당의 元·白과 韓愈 및 賈島 등을 추숭하는 芳林十哲을 위시한 羅隱·顧雲, 그리고 聶夷中 같은 유파는 배제한 데에서 나온 것으로, 현실에 대한 풍자와 은둔의 念을 시에 담은 시인들과의 교류를 트고 있던 최치원에게는 일치된 평이라 볼 수 없다. 최치원 자신도 그의 「獻詩啓」(≪桂苑筆耕≫ 卷十七)에서,

> 每嘗窺顔·冉之墻, 而筆陣爭雄, 未得摩曹·劉之壘. 但以幸遊樂國, 獲覩仁風.

늘상 일찍이 안연과 염유의 담을 엿보았고 붓은 으뜸 되기 다투었
지만 아직 조식과 유정의 보루를 얻지 못하였다. 그러나 다행히 중국
에 유력하면서 인풍을 터득하였도다.

라고 한 것을 보면, 최치원의 정신적 바탕은 儒家에 두었고 그의 문
학은 曹植과 劉楨에 기반하고 있음을 자술한 것을 분명히 밝히고 있
다. 여기에 최치원의 시를 許筠처럼 香奩體의 부류로 분류한 것이
가당치 않은 것이다. 더욱 참고할 점은 孤雲을 변명하기 위한 자료
의 하나라고 배제할 수도 있겠지만, 다음 盧相稷의「孤雲先生文集重
刊序」(≪孤雲先生文集≫)와 후손 國述의「孤雲先生文集編輯序」(上同)
는 상기의 논증을 뒷받침할 만한 것이다. 전자에서는,

> 至麗祀羅賢, 微先生, 無以當之. 先生實東方初頭出之文學也. 三千里
> 內禮義之俗, 先生實偈發焉.……先生之學, 以四術六經, 仁爲本, 孝爲先
> 爲宗旨.……先生之所願學孔子也.……先生著經學隊仗一書, 發明性理.
> ……麗之時誦佛益甚, 不但不讀隊仗. 亦鮮讀先生詩文.

고려조에 와서 신라의 현인을 모심에 선생 아니면 마땅한 자가 없
으니 선생은 실로 동방에 처음 뛰어나 문학을 낳았다. 나라 안에 예
의 있는 풍속은 선생이 진정 창도한 것이다.……선생의 학문은 사술
육경을 바탕으로 하고 인을 근본으로 하며 효를 우선하여 종지로 삼
았다.……선생의 소원은 공자를 배우는 것이다.……선생은 ≪경학대
장≫을 지어서 성리학을 발현시켰다.……고려조에 불경 암송이 더욱
성하니 ≪대장≫은 읽히지 않고 선생의 시문도 거의 읽히지 않았다.

여기서 다소간 편견을 엿볼 수 있지만 최치원의 확고한 儒家的
도덕관을 제시해 준다고 본다. 그리고 후자에서는,

天運否塞, 王又晏駕, 況國俗重佛敎, 而不知有儒道. 進不能容, 退無可施之地, 遂放於山水而終. 尼父之浮海, 孟氏之不得而退, 是豈盡本旨也哉. 噫, 生於千載之後, 欲求彷佛乎千載之上, 則非文無以爲徵. 世或以綺麗短先生, 撰佛詆先生, 然晚唐文法自有定制, 凡百需用, 非四六則不得行, 此其所以不可不從也.

천운이 막히고 임금이 또 죽은 데다 나라의 풍속이 불교를 중시하여 유도가 있는지 몰랐다. 나아가도 받아들이지 않고 물러나 행할 곳이 없으니 마침내 산수에 물러나 끝마쳤다. 공자가 바다로 떠가고 맹자가 뜻을 얻지 못해 물러나니 이 어찌 근본을 다할 수 있겠는가. 아! 천년 후에 태어나서 천년 전과 같아지기 바라니, 글이 아니면 징험할 수 없다. 세상에 때로 '기려'하다고 선생을 나무라고 불교로 선생을 꾸짖으나 만당의 법도가 정해진 규율이 있어 모든 쓰임에 사육체가 아니면 행할 수 없으므로 이에 따르지 않을 수 없었을 것이다.

라고 하여서 최치원의 시풍이 기려함이 있다면 본의가 아닌 풍조에 불과하다고 간주하고 있다.

나은의 시가 鄙俗한 점이 있지만,15) 만당의 綺靡에 물들지 않았고16) 세파에 지절을 지켰으며17) 諷諫을 지향한18) 의지가 최치원과 상관시킬 수 있는 요인이므로 다음 주어진 특성을 통하여 양인의 시를 상호 접근시켜 볼 수 있을 것이다.

---

15) 楊愼의 《升菴詩話》 卷四에 "羅隱詩多鄙俗, 此詩不類其平生."라 하고, 王楙의 《野客叢書》 卷六에는 "唐人詩句中, 用俗語者, 惟杜荀鶴·羅隱爲多."라 함.
16) 羅大經의 《鶴林玉露》 卷十二에 "晩唐詩綺靡乏風骨, 或者薄之,……羅隱乾符中擧進士,……事鏐終於著作佐郞,……又可以晩唐詩人薄之乎?"
17) 劉克莊의 《後村詩話後集》 卷一에 "羅隱有詩聲, 屢擯于名場, 然逢世亂離, 依錢氏以庇身, 未嘗失節."라 하고, 于愼行의 《讀史漫錄》에 "唐末詩人, 惟司空圖·羅隱卓有風節"이라 함.
18) 何良俊의 《四友齋叢說·詩》: 羅隱詩雖是晩唐, 如 "霜壓楚蓮秋後折, 雨催蠻酒夜深酤" 亦自婉暢可諷.

2. 淡雅

시의 풍격이 여하하냐고 할 때, 막연히 논리 없이 體會한 감성을 토로하곤 한다. 여기서도 '淡雅'란 매우 포괄적으로 이해할 수밖에 없다. 그러나 나은과 최치원의 시에서의 '淡雅'는 '以故爲新'과 '平淡'을 추구하는 것으로 접근해 나가야 할 것이다. 陳師道는 ≪後山詩話≫에서,

> 閩士有好詩者, 不用陳語常談, 寫投梅聖兪, 答書曰 : 子詩誠工, 但未能以故爲新, 以俗爲雅爾.

> 민남지방의 선비 중에 시를 좋아하는 사람이 있어서 진부한 어구와 평범한 말을 쓰지 않고 시를 써서 매성유에게 보냈다. 답장에서, 그대의 시는 실로 공교롭도다. 그러나 옛것으로 새롭게 하고 속된 것으로 우아하게 하지 못하였도다.

라 하여 시의 예술효과를 거두기 위해서는 奇險한 의미를 추구하거나 난삽한 이론을 이입시키는 것이 아니라 소재의 선택보다는 그 표현 내용의 創新과 高雅를 강구해야 함을 강조하고 있다. 그리고 袁枚가 말한 바,

> 非精深不能超超獨先, 非平淡不能人人領解. 朱子曰 : 梅聖兪詩, 不是平淡, 乃是枯槁. 何也? 欠精深故也. 郭功甫曰 : 黃山谷詩, 費許多氣力, 爲是甚底. 何也? 欠平淡故也. (≪隨園詩話≫)

> 시의가 정밀하고 깊지 않으면 우뚝 독도의 세계에 설 수 없고 시어가 평이하고 박실하지 않으면 사람마다 이해하여 터득할 수 없다.

주자가 말하기를, 매성유의 시는 평담하지 않고 메말라 맛이 부족하
다. 왜 그럴까? 정심이 부족하기 때문이다. 곽공보(宋人, 名祥正)는 말
하기를, 황산곡의 시는 많은 기력을 허비함이 매우 심하다. 왜 그럴
까? 평담이 부족하기 때문이다.

라 한 데서 시어의 구사에 있어 典故와 美麗함을 지양하고 자연적이
며 詩味가 넘치는 淸新을 중시함을 알 수 있다. 이것은 魏慶之가 말
한 바,

　　淸新 : 野色寒來淺, 人家亂後稀.(《詩人玉屑》 卷三)

　　청신함에는 "들판의 경색이 날씨 추워지니 엷어지고, 인가는 난리
지나니 띄엄하도다."

라고 하여 나은의「秋浦」시를 인용하며 예증한 것과 상통하는 것이
다. 이제 그「秋浦」시를 보고자 한다.

　　晴川倚落暉, 極目思依依.
　　野色寒來淺, 人家亂後稀.
　　久貧身不達, 多病意長違.
　　還有漁舟在, 時時夢裏歸.

　　맑은 냇물은 지는 햇빛에 드리운 듯
　　멀리 바라보며 깊은 상념에 끝이 없도다.
　　들판의 경색이 추워지니 엷어지고
　　인가는 난리가 지난 후 띄엄하구나.
　　오랜 가난에 몸도 영달 못 하였고
　　병도 많아서 뜻과는 오래 어긋났도다.
　　아직 고깃배에 담은 이 몸

때때로 꿈속에서나 고향에 돌아갈까.

이 시는 意趣와 표현어구가 모두 平常語에 의해 강렬한 望鄕을 내연시키고 있다. 그러면 최치원의 「秋日再經盱眙縣寄李長官」(≪孤雲先生文集≫ 卷之一)을 나은과 대비하여 보면,

孤蓬再此接恩輝, 吟對秋風恨有違.
門柳已凋新歲葉, 旅人猶着去年衣.
路迷霄漢愁中老, 家隔烟波夢裏歸.
自笑身如春社鷰, 畵樑高處又來飛.

외로운 다북쑥 같은 이 몸 은혜를 다시 입으며
읊으며 가을 바람을 대하니 어긋남이 한스럽네.
문 앞 버들은 벌써 새잎이 시들었는데
나그네는 여전히 작년 옷 입고 있네.
길 잃은 하늘 아래 시름 속에 늙고
집은 안개물결에 격해 있어 꿈에나 돌아가리.
스스로 웃는 것은 몸이 삼짓날의 제비 같거늘,
무늬 진 들보 높은 곳에 또 날아왔다네.

나은의 시가 보다 서정적이지만 제2구와 제3연, 그리고 제4연이 최치원의 제2구와 제5구, 그리고 제6구와 詩意가 상통하고 詩語 또한 「夢裏歸」처럼 同義하다. 최치원의 시 또한 나은과 같은 계절에 향수를 노래한다. 出仕에 대한 사념도 동일하게 유로되고 高騈에게 의지하는 심정이나 나은이 득의하지 못하는 것이 의미상통한다. 나은의 제7구와 최치원 제5구는 하나는 배에 있고, 다른 하나는 밤하늘에 헤매는 신세이지만, 고독과 失意하는 心懷는 동일하다. 시의 淸新味가 精深한 意趣와 平淡한 朴實味로 인해 두 시에서 진박하게

드러나 있다. 그리고 나은의 「中元夜泊淮口」를 보면,

> 木葉廻飄水面平, 偶因孤棹已三更.
> 秋凉霧露侵燈下, 夜靜魚龍逼岸行.
> 敧枕正牽題柱思, 隔樓誰轉逸梁聲.
> 錦帆天子狂魂魄, 應過揚州看月明.

> 나뭇잎이 휘돌아 날리고 물은 고요한데,
> 어느새 외로운 노에 벌써 삼경이구나.
> 가을이 서늘하니 안개이슬이 등불 아래 스며들고
> 밤이 고요하니 어룡이 둑에 다가오네.
> 베개 의지하고 깊은 상념에 잠겼는데,
> 누대를 사이에 두고 누가 대들보를 감도는 소리를 내는 건가.
> 비단 돛대의 님께서 넋이 나가신 듯
> 양주를 지나시면 응당 밝은 달을 보시겠지.

여기서 이 시는 전혀 만당의 미각을 느낄 수 없다. 綺麗하다고 보겠지만, 이 시는 '華而不靡'한 高雅美를 보여준다. 陸時雍은 이 시를 두고,

> 羅隱 "秋凉霧露侵燈下, 夜靜魚龍逼岸行", 此言當與沈佺期·王摩詰折證. (≪詩鏡叢編≫)

> 나은의 "가을이 서늘하니 안개 이슬이 등불 아래 스며들고, 밤이 고요하니 어룡이 둑에 다가오네." 이 말은 심전기와 왕유와도 마땅히 대질시킬 만하다.

라고 하여 이 시의 眞情流露와 朴素自然은 성당에 넣어도 可하다고 품평한 바이다. 이것은 만당시가 지닌 詞體的인 흐름을 뛰어넘은

경지임을 인정한다고 볼 수 있다.19) 高雅나 平淡은 그 자체가 枯燥한 표현에서 얻기 어려우므로 수식에 의해 婉約에 들지 않도록 하기가 쉽지 않다.20) 平淡이란 平易한 常語에서 나온다면 오히려 淺俗한 데로 빠지기가 쉽다. 平淡은 天然한 데로 흘러갈 때에 '시의 平淡性'을 논할 수 있다. 아울러 최치원의 「寓興」을 보게 되면(≪孤雲先生文集≫ 卷1),

> 願言扃利門, 不使損遺體.
> 爭奈探利者, 輕生入海底.
> 身榮塵易染, 心□垢難洗.
> 澹泊與誰論, 世路嗜甘醴.

> 사리의 문을 빗장 걸어서
> 버림받은 이 몸 더 헐게 안 하리라.
> 함부로이 사리를 탐내는 자는
> 가벼이 바다 밑으로 들어가리라.
> 몸이 영달하면 먼지에 쉬이 물드니
> 마음의 때 씻기 어렵도다.
> 담백하게 뉘와 얘기를 나눌 건가
> 세속의 길에서 단술을 즐기리라.

이 시는 묘사가 組麗하지 않지만 淸逸한 風味를 지니고 있어 상기한 나은의 시보다 오히려 淡白하다. 詩意 또한 脫俗的이어서 葛立方의 논리에는 불합하지만 天然하고, 반면 外華하지 않다. 그러나

---

19) 吳可는 ≪藏海詩話≫에서 "晚唐詩失之太巧, 只務外華, 而氣弱格卑, 流爲詞體耳."라고 한 觀念을 脫皮한 評價라 할 것이다.
20) 葛立方은 "大抵欲造平淡, 當自組麗來中, 落其華芬, 然後可造平淡之境, 如此則陶謝不足進矣. 今之人多作拙易語, 而自以爲平淡, 識者未嘗不絶倒也."(≪韻語陽秋≫)라 하여 平淡의 出源은 組麗에 있음을 강조.

최치원의 「海邊春望」(≪桂苑筆耕集≫ 卷20)을 보면,

> 鷗鷺分飛高復低, 遠汀幽草欲萋萋.
> 此時千里萬重意, 目極暮雲翻自迷.

> 갈매기와 백로가 따로 날아 높이 떴다 내려갔다 하고,
> 먼 물가의 그윽한 풀은 무성하도다.
> 이 때에 천리 밖에서 온갖 상념에 잠겼는데
> 멀리 보이는 저녁구름에 헤매는 마음.

이 시는 경치를 노래함이 浩然하다. 포용력이 있으며 통쾌하다. 내용이 淡白하고 표현은 高雅하다. 이것을 두고 淡雅한 경지라 할 수 있을 것이다.

한편, 나은의 시는 기설한 바, 俗語를 다용하면서도 詩趣는 高尙하며 초탈적인 데에 그 특징이 있다. 나은의 「自遣」 시를 먼저 보고자 한다.

> 得卽高歌失卽休, 多愁多恨亦悠悠.
> 今朝有酒今朝醉, 明日愁來明日愁.

> 얻으면 크게 노래하고 잃으면 가만있도다.
> 많은 근심 많은 원한이 또 그지 없으니라.
> 오늘 아침에 술 있으면 오늘 아침에 취하고
> 내일에 근심 오면 내일 근심하리라.

이 시는 시인이 여러 번 급제 못 하고 실의에 찬 심정을 동요처럼 (民謠) 묘사하고 있다. 표현이 솔직하지만 추상적인 서정이 깃들여 있다. 제1구는 情과 態가 하나로 형상화되어서 나타나고, 제2구는

무료한 가운데 삶의 眞實된 現象을 묘사한 것이며, 3·4구는 同意反復하여 詩情을 音律의 重疊技法을 통해 분명히 표출한다. 특히, 4구에서 '愁'자가 전후 각각 名詞와 動詞로 의미활용하는 口語의 昇化作用을 보게 한다. 최치원에게도 口語活用을 볼 수 있으니,「途中作」(≪孤雲先生文集≫ 卷之一)을 보면,

　　　東飄西轉路岐塵, 獨策羸驂幾苦辛.
　　　不是不知歸去好, 只緣歸去又家貧.

　　　동서로 홀연히 떠돌며 갈림길에 먼지 날리니
　　　홀로 지친 말 채찍하며 얼마나 고생하는가.
　　　돌아가는 것이 좋은 줄 알건만
　　　돌아간들 집만 가난하다네.

이 시는 정처없는 浪人의 心懷를 솔직 담백하게 그려 놓고 있다. 綺麗한 風이 어디 있으며 工巧한 묘사가 한 곳도 없이, 1구부터 완전한 白話文이다. 1구의 "東飄西轉", 2구의 "幾苦辛", 3·4구는 모두가 白話이며 口語이다. 그러나 자연스럽고 진실하다. 淺俗하지 않고 感動的이며 그대로의 平淡이다.

3. 隱諭

나은 시의 풍자에 대해서는 상기 영물시에서 상설하였기에 여기서는 양인의 시를 통한 비교만을 다루고자 한다. 먼저, 나은이 자신의 不遇를 풍자한「鸚鵡」를 본다.

　　　莫恨雕籠翠羽殘, 江南地暖隴西寒.

勸君不用分明語, 語得分明出轉難.

무늬 새긴 광주리에 푸른 깃털 남은 것 한하지 마라.
강남의 땅 따뜻하고 농서지방은 차겁도다.
그대에 권하노니 말을 분명히 하지 마오,
분명히 말하다가 어려운 일이 생기리라.

 隴西(隴山以西·陝西의 甘肅 변경)에는 앵무새의 산지로, 隴客이라고도 한다. 나은이 亂世에 救世의 抱負를 지녔지만 不遇하게도 55세에야 錢鏐의 幕下에 들어가니 뜻을 펴지 못함을 조롱 속의 앵무새에 비유한 것이다. 시인은 2연에서 언행의 愼重을 강조하여 처신의 어려움을 대신하였다. 이 시는 단순한 比興托物이 아니라, 앵무새의 말을 빌리는 형식으로 자신의 心曲을 토로하며 언행의 警戒를 스스로 다짐하고 있다. 최치원도 在唐時期와 歸國後에도 不遇한 지경에서 現實과 理想, 그리고 羅末의 정치상황에 대해서 영물을 통한 比興을 시에서 보여주고 있다.21) 그의 신세의 不遇를 읊은 것으로 「杜鵑」을 보기로 한다.

　　　　石罅根危葉易乾, 風霜偏覺見摧殘.
　　　　已饒野菊誇秋艷, 應羨巖松保歲寒.
　　　　可惜含芳臨碧海, 誰能移植到朱欄.
　　　　與凡草木還殊品, 只恐樵夫一例看.

　　　　바위틈에 아스라이 선 나무뿌리

---

21) 崔致遠의 諷刺性 있는 詠物詩로는 「石峰」, 「潮浪」, 「沙汀」, 「野燒」, 「杜鵑」, 「海鷗」, 「山頂危石」, 「石上矮松」, 「紅葉樹」, 「石上流泉」, 「東風」, 「題海門蘭若柳」(以上은 ≪桂苑筆耕集≫ 卷二十), 「蜀葵花」, 「題輿地圖」, 「碧松亭」(以上은 ≪孤雲先生文集≫ 卷之一) 등이 있다.

잎이 쉬이 마르고
풍상이 유독 스쳐 쇠잔에 보이네.
벌써 들국화는 가을의 요염함을 만끽하고
바위의 솔 찬 세월에 이겨내니
응당 부럽구나.
가여워라. 꽃향기 머금고 푸른 바다에 서 있으니
누가 옮기어 난간 앞에 심을 건가.
뭇 초목과는 완연히 다르건만
단지 두렵기는 나무꾼이 범상히 보아 넘기려네.

  이 시는 두견화를 자신의 形象으로 擬人化시켜서 계절과 바위 틈 새의 위치 등을 刻苦의 映像이 되게 하였기 때문에 시어의 구사와 韻律의 調和가 流麗하지만 그 意趣는 매우 凄切하고 孤獨하며 疏外된 現實生活相을 암시해 준다. 이것은 沈德潛이 말한 바, 어떤 사상이나 도리를 物象에 기탁하는 데 同類의 사물과 연계시켜 比喩하는 기법인 "托物連類"(≪說詩晬語≫)와 상통하여서,22) 최치원은 두견화를 浮刻시키기 위해서 野菊과 松, 凡草木 등 同類의 草木을 등장시켜서 대비하고 있다.
  한편, 양인에게는 支配階級의 制度나 言行의 不正을 통렬히 비판하는 내용을 은유적으로 묘사하는 예를 중시하게 된다. 먼저 나은의 「黃河」 시를 보면,

    莫把阿膠向此傾, 此中天意固難明.
    解通銀漢應須曲, 才出崑崙便不淸.
    高祖誓功依帶小, 仙人占斗客槎輕.
    三千年後知誰在, 何必勞君報太平.

---

22) ≪說詩晬語≫ : "事難顯陳, 理難言罄, 每托物連類以形之. 鬱情欲舒, 天機隨觸, 每借物引懷以抒之."

여기에 아교를 쏟지 말아라.
이 속의 천의를 밝히기가 어렵도다.
은하수로 통해 있으면 응당 굽어 있으련만,
곤륜산에서 흘러 나왔으면 맑지 않으리라.
한 고조는 공신에게 맹세할 때 허리띠가 작다 하였고,
선인은 두우를 점칠 때 뗏목이 가볍다 하네.
삼천 년 뒤 누가 있을지 알리오.
하필이면 수고로이 태평을 알리게 하는가.

 黃河의 형상과 水質을 빗대어 당대의 과거제도와 전반적인 당말의 정치풍조에 대한 절망감을 표현하고 있다. 1구의 혼탁한 물은 모든 분야의 腐敗相을, 2구의 天意는 皇帝의 明哲하지 못한 것을 각각 지적한 것이며, 3·4구의 銀漢과 곤륜산은 朝廷의 貴門勢力의 부조리를 지칭한 것이다. 3연에서 두 典故를 사용하여 漢高祖의 平天下時의 誓詞와 張騫과 嚴君平의 占卜故事에서23) 나은은 朝廷의 富貴와 貴族의 專橫을 은유적으로 비판하고 있다. 그러면서 4연에서 기대할 수 없는 당조의 형세를 비관한 것이다. 이 시에 대해 詞語가 躁急하다고 하여24) 溫厚의 부족을 탓하지만 풍자에 있어 直視와 冷酷이 결여된다면 그 眞意를 올바르게 표출시킬 수 없기 때문에 나은의 이 시는 着眼과 構思가 眞摯하고 강렬하다고 본다. 그리고 崔致遠의「野燒」(≪桂苑筆耕集≫ 卷20)를 보면,

　　　望中旌旗忽繽紛, 疑是橫行出塞軍.
　　　猛焰燎空欺落日, 狂煙遮野哉歸雲.

---
23) 班固의 ≪漢書≫ 卷一下와 上同書의 卷六十一「張騫李廣利傳第三十一」참조.
24) 劉鐵冷은 ≪作詩百法≫에서 "失之大怒, 其詞躁."라 함.

莫嫌牛馬皆妨牧, 須喜狐狸盡喪群.
只恐風驅上山去, 虛敎玉石一時焚.

깃발이 문득 어지러이 날리어서
변방의 군대 내달리는가 하였도다.
사나운 불꽃이 하늘에 타올라서 석양인가 하니
미친 듯이 오르는 연기는 들판을 가로질러
돌아가는 구름을 끊는도다.
마소를 키우기에 힘들다고 탓하지 말지니,
여우와 이리 떼가 없어져서 기쁘네.
단지 두렵기는 바람이 산 위로 몰아가서
헛되이 옥석을 일시에 태우게 되지 않을는지.

이 시는 夕陽에 타는 들불을 통해 당시의 惡한 관리와 사회의 병폐를 퇴치할 수 있기를 바라는 마음을 토로하고 있다. 1·2연은 단순한 들불의 모습을 형용하고 있지만, 그 내면에는 憤怒의 불길이 타오름을 묘사한 것이고, 3연에서는 "狐狸"라고 하여 小人輩의 作行을 불태워 刷新되기를 바라며 希求하는 心懷를 풍유한다. 그러나 4연에서 그 刷新과 改革이 玉石을 분별해야 함을 염려하니, 羅末의 改變을 試圖할 수 있기를 間說的으로 제안한다.

나은과 최치원의 풍자시는 그 소재가 類似性을 지니고 있으며, 대부분이 詠物의 방법을 택하고 있다. 그 이유는 양인이 각기 그 朝代의 말기에 처하였으며 그 풍조 또한 말세적 폐습을 드러내고 있었기 때문일 것이다.

4. 脫俗

避世니, 遁世니, 또는 隱遁이니 하여 자연에의 歸依와 종교의 信

心에 초점을 맞추어서 어느 시인의 脫俗意識을 浮刻시키는 경우가
常例이다. 羅·崔 양인에 있어서도 그 예외가 될 수는 없다. 최치원
에게는 佛家가 그 주요대상이 되지만 遊仙의 작을 인증하기에 부족
하다. 나은의 탈속은 道仙을 위시하여 그 대상이 다양하다. 그러나
양인의 시에 나타난 공통적인 소재의 테두리 안에서 相較하려고 한
다. 최치원에게서 遊仙的인 소재를 찾을 수 없기 때문이다. 먼저 나
은의「偶興」을 보면,

      逐隊隨行二十春, 曲江池畔避車塵.
      如今羸得將裏老, 閒看人間得意人.

      무리를 따라다니기를 이십 년,
      곡강 연못가에 수레 먼지 피하련다.
      지금은 시들하여 노쇠해지니
      한가로이 속세의 의기양양한 자를 보고 있노라.

여기서 은거한 心態를 悔恨的으로 그리고 있다. 그런데, 최치원은
나은보다 은거의 자세가 더욱 적극적이다. 그의「題伽倻山讀書堂」
(《孤雲先生文集》 卷1)을 보면,

      狂奔疊石吼重巒, 人語難分咫尺間.
      常恐是非聲到耳, 故教流水盡籠山.

      우뻣쭈뻣 겹겹이 솟은 돌 새로 미친 듯이 흘러 산을 울리니
      사람의 소리 지척에서도 듣기 어렵도다.
      항상 시비의 소리 귀에 들릴 것을 두려워서
      일부러 흐르는 물로 산을 다 감싸기로 하였는지.

이 역시 속세의 雜事를 외면하고자 하는 은둔의 심경을 노래하고 있는데, 羅末의 사회혼란을 상징한 것이라기보다는[25] 단순한 자연의 경물에 심취하고 귀의하고픈 순수한 心境의 표현으로 봄도 가할 것이다. 合自然의 일단이다. 그리고 양인은 佛家의 심태를 통해 脫俗을 추구하는 시들을 다작하고 있는데,[26] 나은의 「贈無相禪師」를 보면,

    人人盡道事空王, 心裏忙於市井忙.
    惟有馬當山上客, 死門生路兩相忘.

    사람마다 모두들 부처님을 섬긴다고 하면서
    마음으론 저자의 일에 바쁘구나.
    오로지 말이 있어 산 위의 나그네가 된다면
    생사의 길을 모두 잊으리라.

이 시에는 "空王"(부처의 尊稱) 이외에는 禪語가 없지만 口語 속에 지극한 禪趣가 흘러넘친다.[27] 최치원에서 「贈梓谷蘭若獨居僧」을 보면,

    除聽松風耳不喧, 結茅深倚白雲根.
    世人知路翻應恨, 石上莓苔汚屐痕.

---

25) 李家源의 ≪韓國漢文學史≫(p.72) : "이 詩는 新羅末期의 혼란한 社會를 잘 象徵한 作品이었다."
26) 羅隱에게는 禪詩로 「春晚寄鍾尙書」, 「春獨遊禪智寺」, 「廣陵開元寺閣上作」, 「秋日禪智寺見裴郞中題名寄韋瞻」, 「春中湘中題岳麓寺僧舍」, 「登瓦棺寺閣」, 「和禪月大師見贈」, 「封禪寺居」, 「題鼇石山僧院」, 「靈山寺」, 「甘露寺火後」, 「甘露寺看雪上周相公」, 「秦望山僧院」, 「寄無相禪師」, 「金山僧院」 등이 있으며, 崔致遠에게는 「和金員外贈巉山淸上人」, 「題海門蘭若柳」(이상은 ≪桂苑筆耕集≫ 卷二十), 「贈梓谷蘭若獨居僧」, 「贈雲門蘭若智光上人」, 「題雲峰寺」, 「登潤州慈和寺上房」, 「贈希朗和尙」, 「寄願源上人」(이상은 ≪孤雲先生文集≫ 卷之一) 등이 있음.
27) 禪趣에 대해서는 拙著 ≪王維詩硏究≫(黎明書局, 1987) 第四章을 참조.

솔바람 외에는 귀에 시끄러운 소리 없으니,
띠를 엮어 깊이 흰 구름 속에 의지하였네.
세상 사람 이 길을 아는 것이 외려 원망스러우니
돌 위의 푸른 이끼에 신발자국 남으리라.

여기에서 山이란 자연과 合一된 마음이 표출되어 있는 대상이다. 求道者的 초탈이며, 忘機한 禪境의 극치를 보여준다. 최치원은 이런 탈속의 심경에서 삶의 가치관을 재조명해주는 戒詩로 제시해주고 있는 것이다. 양인의 禪詩는 禪語나 禪理를 구사하지 않고 소박한 口語나 題材를 통하여 독자의 심금을 울려주고 있다. 주관의 객관화가 용이치 않은데, 양인의 시 비교는 바로 인증의 한소로 객관화에 충분치 못한 것 같다.

나은과 최치원의 교분과 그 양인의 시 비교는 서로 일치되는 점이 많지 않으나, 연결의 고리를 마련하는 작업을 시도하여 보았으며, 그 비교의 개연성에 대해서 주변의 상황과 처지도 더불어 거론해 보았다. 객관성 여부를 가릴 만큼 심도가 부족하였으며 억설도 적지 않다고 본다. 그리고 시의 비교도 피상적인 상관성에만 치우쳐서 이 역시 문제점이 많다고 본다. 그러나 최치원의 시에 대한 이해를 다른 각도에서, 다시 말하면 芳林十哲의 사조 면에서 조명할 수도 있으리라는 점에서 非唯美派의 나은 시와 접맥시켜 보았다.

杜牧詩의 憂國性

I. 사상과 시풍 일반

　杜牧(803~853)은 字가 牧之이며, 京兆萬年人(현재 陝西長安)이다. 두목의 遠祖는 晉六帝時에 ≪春秋左傳集解≫로 저명한 杜預(≪晉書≫ 卷34)를 조상으로 하고, 近祖로는 조부인 杜佑(≪新·舊唐書≫ 「本傳」, ≪樊川集≫ 卷10 「墓誌銘」 참고)가 있어 전통적인 仕宦階級의 세가에서 분란한 시대를 타고 생애를 보냈다. 특히, 杜佑의 「博聞强學」·「該涉古今」·「蘊通經之識」(≪杜佑通典≫ 「自序」) 등과 같은 家學이 두목에 계승된 일면과 정치사회적으론 府兵制와 文官制度의 廢弛,[1] 그리고 藩鎭의 禍亂이 극성하고[2] 내부로는 官廷이 혼란하며 환관이 監軍하는 작위로 인해[3] 唐運이 경각에 달하는 지경이었으며, 경제 풍속상으로는 부단한 재해와, 兵資 및 官俸의 과대로 인한 재

---
1) 岑仲勉, ≪隋唐史二十節≫(香港昌文書局).
2) ≪新唐書≫ 卷五十「兵志」.
3) ≪舊唐書≫ 卷 一八四「宦官傳序」, 趙翼 ≪廿二史箚記≫ 卷二十.

정곤난과 빈민현상4), 그리고 士習의 浮虛,5) 문벌과 진사를 중시하고 忠義를 결한 풍조가 또한 일면이 되어, 이 양면이 결국 두목의 사상과 당시의 일반성격과는 다른 시풍을 창출케 하였다.

두목의 의식구조, 즉 사상은 그의 시문을 논급하는 데 중요한 근거가 되는 만큼 일고하는 것이 필요하겠다. 두목은 世業儒學의 가정 출신인 고로 ≪樊川集≫에 제시된 불소한 독서를 파악하게 된다.6) 그는 「經書」는 물론, 「諸子書」·「兵書」·「佛典」까지 박통하고 曆法에도 능통하였다.7) 이런 엄격한 家學이 두목에게는 당시의 儒·釋·道 삼교의 혼융이 오히려 부적한 의식형성을 가져 와서 그의 偏執한 정서와 협착한 사상의 일요인이 되었다고 하겠다. 그는 孔子를 萬世之師로 추숭하여8) '以仁爲本'으로 정치와 사회의 규범을 삼으니 민간의 질고에 대한 煩悶과 국가혼란에 대한 우국정신은 오히려 현실에의 면에서 적극적인 열성으로 표출되었다.9)

그리고 그의 사상의 다른 중요한 면은 兵學에 대한 조예인 것이다. 그는 軍政一體를 주창해서 "兵者, 刑也, 刑者, 政事也. 爲夫子之徒實仲由. 冉有之事也."(「注孫子序」)라 하니 군사에 의한 무관의 존재가치를 높이 평가하였다. 軍事는 국가안보상 "餘去惡民. 安活善人"(「注孫子序」)에 있어 필수적 요건임을 확고히 하여 그 자신이 黃

---

4) 鄧雲特, ≪中國救荒史≫ 第一章에 "受災四百九十三次(300年間)"라 記錄.
5) ≪新唐書≫ 卷二〇一「文苑傳序」.
6) 張鷟, ≪朝野僉載≫ 卷一.
7) 杜牧의 讀書를 다음 몇 句의 例語에서 確認할 수 있다. 「注孫子序」(≪樊川文集≫ 卷十) : "某幼讀體, 至於四郊多壘, 卿大夫辱也."(禮) 上同序 : "及年二十, 始讀尙書."(書)「讀韓集」(同卷二) : "杜詩韓集愁來讀書"
8) 「書處州韓吏部孔子墓碑陰」(≪樊川文集≫ 卷六) : "天不生夫子於中國 : 中國當如何日不夷狄如也……."
9) 「黃州刺史謝上表」(卷十五),「祭城隍神祈雨其二」(卷十四),「與汴州從事書」(卷十四)에 民間疾苦에 대한 對策을 講究함.

州・池州・睦州・湖州刺史를 역임하면서 체험한 憂國憂民에의 실의와 구국의 양자에서 방황하고 종내 范蠡의 비극과 같은 의식을 지녔다.10)

두목의 시를 평해서 일반적으로 冶艶한 유미주의 풍격이라고 단정하기 쉬우나, 기실은 그의 家學과 사상을 근저로 한 인생관은 결코 당시의 만당풍만을 추종할 수 없었다. 그는 만당시풍의 기교인 新奇, 詞華의 美艶, 그리고 감정의 細微 등을 터득한 그 위에 高峭한 立足點을 세워 豪健한 성정과 함께 독특한 면목을 보였다. 그의 문학사상은 다음의 인문에서 분명히 표출되고 있다.

> 某苦心爲詩, 本求高絶. 不務綺麗, 不涉習俗, 不今不古, 處於中間. (≪樊川文集≫ 卷十六「獻詩啓」)

> 어떤 이는 고심 끝에 시를 짓는데, 본래 고절함을 구하는 것이다. 기려함을 힘쓰지 않고, 습속에 빠지지 않으며 고금의 것에 함부로 들지 않고 그 중간에 처하고 있다.

> 蓋騷之苗裔, 理雖不及, 辭或過之. 騷有感怨刺懟, 言及君臣理亂, 時有以激發人意. (≪樊川文集≫ 卷十.「李賀集序」)

> 대개 이소체의 작품은 논리가 미치지 못하면서도 표현된 어사가 때로는 지나친 면이 있다. 이소체의 작품에는 원망과 비분함을 담아서 군신간의 비리를 언급하여 때로는 사람의 마음을 격발시키기도 한다.

여기서 "不務奇麗"는 詞藻上의 艶麗를 강구하지 않으며 李賀詩의 唯美性에 불만을 토로한 것이니, 그의 시가 李賀의 綺麗와 元白의 淺

---
10) 杜牧은 范蠡를 希慕하는「西江懷古」(≪樊川詩集≫ 卷三)을 남기고 있다.

俗이란 美感과 實用의 두 극단을 보완하여 內涵情致인 '豪'까지 겸비한 것으로 평가되어야 할 것이다. 그 예증으로 高棅은 "杜牧之之豪健, 溫飛卿之綺麗……"(《唐詩品彙》)라 하고, 楊愼은 《升菴詩話》卷5에서,

> 杜牧之, 律詩至晚唐, 李義山而下, 惟杜牧之爲最. 宋人評其詩豪而艶, 宕而麗, 於律詩中特寓拗峭以矯時弊. 信然.

> 두목은 율시에 있어 만당에 와서 이상은 다음으로 오직 그만이 최고다. 송대 사람들이 평하기를 그의 시를 호방하고 화려하며, 호탕하고 미려하다고 하였는데, 율시에 있어서만은 특별히 고매하고 빼어나서 그 당시의 단점을 바로잡고 있다. 진실된 말이다.

라고 한 평구는 두목 시의 豪健風을 더욱 깊이 새기게 하는 것으로서, 본고가 지향하는 노선이 된다. 《樊川詩集注》(中華書局)에는 「本傳」 4卷 240제(265수), 「別集」 1卷 57제(60수), 「外集」 1卷 119제(125수), 「補遺」 1卷 14제(15수), 總430제(465수)가 재록되어 있는데 家國之事, 送別贈友, 詠物, 寫景 등을 주제로 한 작품이 대종을 이루고 있다. 이들 시수 외에 《全唐詩補逸》(孫望編, 1992) 卷之十二에 七絶 1수, 《全唐詩續補遺》 卷7(童養年, 1992)에 「九華山」 칠율 1수, 陳尙君의 《全唐詩續拾》 卷29(1992)에는 「缺題」・「貴池亭」・「暮春因遊明月峽故留題」・「安賢寺」・「玉泉」・「遊盤谷」 등 6수가 각각 추가 수록되어 있다. 이런 입장에서 두목 시를 憂國的 豪健風에 집약시켜 그 특성을 추출하려는 것이다.

Ⅱ. 시의 淵源

두목 시문의 연원은 자가상으로는 經書子史百家語에서 습득한 데 있으나[11], 그의 작품과 시화상에서 보면 비교적 밝히 구명하게 된다. 「冬至日寄小姪阿宜詩」(≪樊川詩集≫ 卷1)에서 시의 내력을 자술하고 있는데, 그 22~25연을 보면,

經書括根本,　史書閱興亡.
高摘屈宋艶,　濃薰班馬香.
李杜泛浩浩,　韓柳摩蒼蒼.
近者四君子,　與古爭强梁.

경서는 근본을 담고 있고
사서는 국가 흥망을 보여 주네.
높게 굴원과 송옥의 아름다움 따고
짙게는 반고와 사마상여의 향내 풍기네.
이백과 두보는 넓게 떠다니고
한유와 유종원은 하늘 높이 솟아 있네.
가까이 있는 사군자는 고인과 굳게 교량 이루네.

이 시구에서 멀리는 屈原·宋玉을, 가까이는 李白·杜甫·韓愈·柳宗元을 본받았음을 명시한다. 두목의 詩系譜는 일반적으로 杜甫와 韓愈·李賀의 방향을 따라 계승발전하고 있는 것을 본다.[12] 그 중에 두보와 비교하여 두목 시가 情致豪邁하여 小杜라고 호칭되었으니,

---
11) 杜牧의 所作인「罪言」,「原十六衛」,「守論」,「戰論」,「注孫子序」,「杭州新造南亭記」,「上李司徒論兵書」,「論江賊書」,「黃州刺史謝上表」,「塞廢井文」 등은 經訓에 根本함.
12) 鈴木修次, ≪唐代詩人論≫下, p.372 參照.

≪唐才子傳≫(卷6)에는,

> 詩情豪邁, 語率驚人, 識者以擬杜甫, 故呼大杜小杜以別之, 後人評, 牧詩如銅丸走坂, 駿馬注坡, 謂圓快奪急也.
>
> 시정이 호매하고 시어가 놀랍게 하니, 아는 자는 두보인가 하여 대두니 소두니 하며 구별한다. 후인들이 평하기를 두보 시는 마치 탄환이 들판을 달리고 준마가 언덕을 오르듯 하다 하니, 이는 시가 원만하며 경쾌하되 긴박한 것을 말함이다.

라고 하여 두보와 비견하는 讚評을 하고 있다. 그리고 특히, 韓愈와의 관계는 그 영향이 직접적이라 할 만큼 흡사한 것이다. 韓愈가 평범치 않은 구법을 다용하여 오언시의 경우에, 그 구법이 上二下三을 正格으로 하였는데 두목도 구법이 무상하여 上一下四句의 경우로는,

> 誓肉虜杯羹 (「感懷詩」, ≪樊川詩集≫ 卷一)
> 如日月絚升, 如鸞鳳穢樊 (「雪中書懷」, 卷一)
> 取蜑孤登壘, 以騈隣翼軍 (「史將軍」, 卷一)

등을 들 수 있고, 上三下二句의 경우는,

> 一午年際會, 三萬里農桑 (「華淸宮三十韻」, 卷二)
> 四百年炎漢, 三十代宗周 (「洛中送翼處士東遊」, 卷一)
> 二三里遺堵, 八九所高丘 (同上)

등을 들 수 있다. 七言詩의 句法은 上四下三句가 正格인데, 두목은 上五下二句 또는 上二下五句가 불소하니, 예컨대,

   邯戰四十萬秦坑 (「東兵長句十韻」, 卷二)
   故鄕七十五長亭 (「題齊安城樓」, 卷三)
   留警朝天者惕然 (「商山富水驛」, 卷四)

등을 들 수 있다. 이러한 점에 대해서 淸代 趙翼은 ≪甌北詩話≫에서 韓愈의 구법을 상평하고 있으니,

  昌黎不但創格, 又創格, 又創句法. 路傍堠云:"千以高山遮, 萬以遠水融", 此創句之佳者. 凡七言之多上四字相連而下三字足之. (卷三)

라고 하였는데, 두목 시의 그런 면에 관해서도 淸代 薛雪은 ≪一瓢詩話≫에서 다음과 같이 논술하여 極妙함을 강조하고 있다.

  古人用字之法極妙. 曾見善本樊川集, "杜詩韓筆愁來讀", 筆字何等靈妙, 俗本刻作 "杜詩韓籍愁來讀", 神韻頓損.

  한편, 韓愈와 杜牧의 풍격상의 상관성은 한유의 橫空硬語하고 孤峭한 점이[13] 두목 시에서 다견되고 있는데, 이를 예견하면,

   大江吞天去, 一練橫坤抹 (「池州送孟遲先輩」, 卷一)
   東驚黑風駕海水, 海底捲上天中央 (「大而行」, 卷一)
   濤驚推萬岫, 舸急轉千谿 (「朱坡」, 卷二)
   誰驚一行雁, 衝斷過江雲 (「江樓」, 樊川外集)

등이 되겠다. 그리고 한유의 以文爲詩와 같이 두목은 오언고시를 잘

---

13) ≪甌北詩話≫ 卷三: "盤空硬語, 須有精思結撰, 若徒捃摭奇字, 詰曲其詞, 務爲不可讀以駭人耳目, 此非眞警策也." 또 淸代 黃子雲, ≪野鴻詩的≫: "昌黎極有古音, 惜其不由正道, 反爲盤空硬語, 以文入詩, 欲自成一家言, 難矣."

지어 표현했는데, 풍격이 健美하고 富贍하여 마치 押韻한 문과 같아 「留誨曹師等詩」(≪樊川外集≫)는 한유의 「符讀書城南府」(≪韓昌黎全集≫ 卷6)를 倣製한 것이다.[14] 「杜秋娘詩」(卷1)의 "指何爲而捉, 足何爲而馳, 耳何爲而窺." 구도 모두 한유체에 逼近한 것이다.

Ⅲ. 시의 우국적인 豪健性

여기서는 당시의 풍격인 유미문학적인 면을 지양하고 두목의 독특한 憂國憂民的이며 慷慨的인 豪健風에 한정하여 고찰하려 한다. 따라서 본고는 주로 서정성보다는 國事에 대한 감회와 寓慨, 강렬한 국가관념이 표출되고 있는 憂國愛民의 熱誠, 그리고 정치에 대한 諷諫과 비판 등의 측면에서 두목 시를 개관하는 것이 바람직하리라 본다.

1. 국사에의 感懷와 慷慨

두목은 성격이 본래 감정적이어서 비록 曠達한 논리를 폈다 해도 내심에 있는 고민을 自脫하지 못하고서 비극적 의식을 지니고 있었다.[15] 특히, 국가의 興亡治亂에의 관심과 國計民生에의 고심은 그의 비극적인 失意的 思念을 더욱 농후하게 하였으니, 裵延翰은 「樊川詩注自序」에서 각 작품의 창작의식과 내적 의미를 밝혀서 설명하고 있다. 이제 그것을 보면 다음과 같다.

---

14) 「留誨曹師等詩」의 "萬物有好醜, 各一姿狀分……根本旣深實, 柯葉自滋繁."은 특히 退之詩에서 傳習함.
15) 謝錦桂毓, ≪杜牧硏究≫, p.73 參照(商務).

其文有罪言者, 原十六衛者, 戰守二論者, 與時宰論用兵, 論江賊二書者, 上獵秦漢魏晋南北二朝, 逮貞觀長慶, 數千百年兵農刑政, 措置當否, 皆能采取前事, 凡人未嘗經度者. 若繩裁刀解, 粉畵線織, 布在眼見耳聞者. 其譎往事, 則阿房宮賦; 判當代, 則感懷詩 : 有國慾亡則得一賢人, 決遂不亡者, 則張保皐傳, 尙古兵柄, 本出儒術, 不專任武力者, 則注孫子而爲之序.

여기에서 두목이 창작하는 성향이 다분히 국가의 대소사에 대한 열정에서 나오고 있음을 알 수 있다. 이러한 풍격을 보이는 작품이 두목의 초년에 다출하는데,「感懷詩」(≪樊川詩集≫ 卷1),「郡齋獨酌」(同 卷1),「李甘詩」(同 卷1),「雪中書懷」(同 卷1),「洛中送冀處士東遊」(同 卷1),「九日齊山登高」(同 卷3),「西江懷古」(同 卷3),「江南懷古」(同 卷3),「題武關」(同 卷4) 등은 기세가 縱橫하고 구법이 矯健하여 시의 豪邁한 맛을 표출하고 있다. 이제「感懷詩」를 보면, 그 중반부에서,

急征赴軍須, 厚賦資凶器
因隳畵一法, 且逐隨時利.
流品極蒙尨, 綱羅漸離弛.
夷狄日開張, 黎元愈憔悴.
邈矣遠太平, 蕭然盡煩費.

급히 출정하여 군대의 수요가 있으니
많은 세금은 흉한 무기에 들어가네.
정해진 법도를 무너뜨리고
시세의 이익을 쫓아 따르네.
시류의 기품은 극도로 흐리어져서
기강이 점점 헤이해지도다.
오랑캐는 날로 떨치고

백성은 갈수록 초췌해지네.
아득하도다. 태평세월이 멀도다.
쓸쓸이 번민만 더하도다.

라 한 표현은 두목이 25세시(太和 元年, 827)에 藩鎭이 반란하매 그에 대한 자기의 의견을 표출한 것으로 전체의 시의 중에서도 安史亂 후에 藩鎭의 발호를 통해서 변방이 공허하고 急征으로 인한 厚斂이 가해져서 민생이 초췌한 현실을 묘사한 것이며, 후반에서는,

關西賤男子, 誓肉虜杯羹.
請數係虜事, 誰其爲我聽.
　(中略)
往往念所至, 得醉愁蘇醒.
韜舌辱壯心, 叫閽無助聲.
聊書感懷韻, 焚之遺賈生.

관서의 천한 사나이는
오랑캐의 고깃국 먹을 것을 맹세하네.
오랑캐를 잡을 일 자주 청하였으나
누가 나의 말을 듣겠는가?
　(중략)
늘상 걱정이 이에 미치면
술 취했다가 근심에 깨어나누나.
혀를 놀리면 웅장한 뜻 욕되게 할까 하나
궁궐문에 외치면 돕는 소리 없도다.
잠시 감회시를 써서
태워서 가의에게 보내노라.

라 하여 두목 자신의 感憤을 발서하였다. 여기서 西漢의 賈誼인 賈

生을 자기와 비견하면서 慷慨하여 藩鎭을 削平할 방책을 논하여도 용납되지 않은 상황을 서술하였는데, 그 정치상의 포부를 표현함이 강렬한 것으로 본다. 청대 翁方綱은「郡齋獨酌」과 함께 王荊公의 말을 빌려서 의미깊은 평을 한 것으로 그 심절함을 알 수 있다.16)

그리고, 두목이 37세(開城 四年, 839)에 左補闕로 있을 시에 지은 「李甘詩」는 李甘17)의 사정을 추서하여 그가 충직한데도 득죄하여 貶死된 것을 애도하면서, 李甘이 鄭注의 宰相됨을 반대하다가 被貶된 사실을 다음과 같이 묘사하였다.(중반 인용) 이것은 두목이 보인 悲憤慷慨인 것이다.

> 時當秋夜月, 日直日庚午.
> 喧喧皆傳言, 明晨相登注.
> 予時與和鼎, 官班各持斧.
> 和鼎顧予云, 我死有處所.
> 當廷裂詔書, 退立須鼎俎.
> 君門曉日開, 赭案橫霞布.
> 儼雅千官容, 勃鬱吾纍怒.
> 適屬命鄜將, 昨之傳者誤.
> 明日詔書下, 謫斥南荒去.

> 시기는 가을 달밤
> 날은 경오일(7월 27일)이라.
> 시끄러이 모두 말하기를

---

16) 《石洲詩話》卷二 : 小杜感懷詩爲滄州用兵作, 宜與罪言同讀. 群齋獨酌, 詩意亦在此. 王荊公云 : "末世篇章有逸才. 其所見者深矣."

17) 《舊唐書》「李甘傳」: "甘字和鼎, 長慶末第進士, 累擢侍御使, 鄭注侍講禁中求宰相, 朝廷譁言將用之, 甘顯榻曰, 宰相代天治物者, 當先德望後文藝, 任何人欲得宰相, 白麻出, 我必壞之, 旣而麻出, 乃以趙儋爲鄜坊節度使, 甘坐輕躁, 貶封州司馬."

내일 아침 정주가 재상에 오른다 하네.
나는 때때로 화정과 함께
관리로서 각각 도끼를 잡았네.
화정은 나를 돌아보고 말하기를
나는 죽어 머물 곳이 있다네.
궁정에는 조서가 찢어지고
물러나면 곧 죽게 된다네.
그대 문이 새벽에 열리면
붉은 공문이 노을 진 천에 가로 쓰여질 것이다.
위엄있고 우아한 관리들의 모습에
나는 발끈하게 화를 내리라.
마침 부장군에게 명령을 내리니
어제의 전달한 사람이 그릇되었네.
다음날 조서가 내려져서
남쪽 황무지로 유배 떠나네.

　李甘이 太和 9년 7월(835)에 鄭注를 반대하다가, 封州司馬로 폄적되어 죽은 사실은 우인인 두목에게는 큰 실망이며, 정의에 입각한 의분이 있어 후에「昔事文皇帝三十二韻」(卷2)에서,

　　　每慮號無告,　長憂駭不存.
　　　隨行唯踽踽,　出語但寒暄.

　　　매양 걱정하며 아뢸 수 없으니
　　　오래 근심 속에 마음 잡지 못하네.
　　　모시고 다녀도 오직 우물쭈물할 뿐
　　　말하려도 단지 마음에 쓸쓸할 뿐이네.

라 하여 심경의 침통함을 당시의 정황에 寄託하고 있다. 宋代 葛立

方은 두목의 작시시의 심태를「李和鼎詩七絶」을 인용하면서 李甘의 冤尤를 밝히고자 한 점을 강조하였으니18), 이것은 구체적 두목 시의 慷慨라 할 것이다.

두목은 會昌 2년(842)인 40세시에 御史中丞 李回에게 준「上李中丞書」(≪樊川文集≫ 卷12)에19) 仕宦 15年에 득의하지 못한 國事에의 회포를 토로하면서 자기의 의지를 밝혔는데, 그해 가을 往事를 回憶하고 감개를 이기지 못해서 지은 시가 바로「郡齋獨作」(卷1)로서, 이는 그의 40세 이후에 없는 최후의 포부를 실은 작품이라 하겠다.(후반 재록)

> 往往自撫己,　淚下神蒼茫.
> 御史詔分洛,　擧趾何猖狂.
> 闕下諫官業,　拜疏無文章.
> 尋僧解憂夢,　乞酒煖愁腸.
> 豈爲妻子計,　未去山林藏.
> 平生五色線,　願補舜衣裳.
> 弦歌教燕趙,　蘭芷浴河湟.
> 腥膻一掃灑,　凶狼皆披攘.
> 生人但眠食,　壽域富農桑.
> 孤吟志在此,　自亦笑荒唐.
> 江郡雨初霽,　刀好截秋光.
> 池邊成獨酌,　擁鼻菊枝香.
> 醺酣更唱太平曲,　仁聖天子壽無疆.

---

18) 杜牧之作李和鼎詩云:"鵬鳥飛來庚子直, 謫去日蝕辛卯年. 由來枉死賢才士, 消長相持勢自然." 蓋言鄭注事也. 方是時, 和鼎論注不可爲相, 旋致貶責, 故牧之作詩痛之如此…… 詩人有辛卯之詠, 借是事以明李甘之冤.

19) 上書: "某入仕十五年間, 凡四年在京, 其間臥疾乞假, 復居其半……性固不能通經, 于治亂興亡之迹, 財賦兵甲之事, 地形之陰陽遠近, 古人之長短得失,……."

늘상 스스로를 달래매
눈물 흘리면 정신이 아득하도다.
어사로서 분사도를 맡을 시에
행동거지가 얼마나 양양했는가.
궁궐에서 좌보궐 시절에는
상소에 좋은 문장 못 지었네.
스님을 찾아가 근심을 풀었고
술을 찾아 수심 찬 간장을 녹였도다.
어찌 처자를 위한 것이겠느냐만
산림으로 들어가 숨지도 못하였네.
평생 오색실 드리워
순임금의 의상을 깁게 되길 바라네.
음악으로 연나라 조나라 교화하고
난초로 하황을 깨끗케 하리라.
비린내를 한 번에 씻어내고
흉한 늑대 모두 쫓아내리라.
백성들 오직 편히 자고 먹게 하고
영원한 나라 농사짓고 누에치기 넉넉케 하리라.
외로운 내 마음 여기에다 읊어대나니
황당함에 절로 웃음이 나네.
강과 고을에 비 개이니
칼을 들어 가을빛을 가르리라.
연못가에 홀로 술 마시니
국화 향기 코에 스며드네.
마시고 또 태평곡을 노래하며
어질고 성스런 천자의 만수무강 빌도다.

이 시를 李回에게 준 서신과 같이 보면, 두목의 당시의 심경이 憤 懣한 점을 알게 되니, 그는 재능과 포부로써 杜佑의 經世致用을 이어 "治亂興亡之術, 財賊兵甲之事, 地形之陰陽遠近, 古人之長短得失"

을 닦으려 했지만, 宦途가 곤궁하여 監察御使와 左補闕의 직분을 다
못하고 단지 "尋僧解憂夢, 乞酒緩愁腸"이라 표현하였다. 그리고 藩
鎭을 평정하여 河湟을 수복하고 변방을 견고히 함을 "弦歌教燕趙,
蘭芷浴河湟"이라 하였으며, 최종의 목적을 백성이 安居하여 생산할
수 있게 할 의지를 보이기를 "生人但眠食, 壽域富農桑."이라고 표현
하였는데, 현실과 비교할 때 소극적 의식의 幻想이 유출되어 두목
사상의 모순성이 보이기도 한다.[20] 葛立方은 이 시가 道釋에 통하고
空言이 아니라 하여 내면의 深旨를 인정하려 하였다.[21]

2. 憂國에의 열정

여기서는 극히 순수한(개인을 초월한) 憂國愛民의 일념을 고백한
부분만을 거론하려 한다. 먼저 「早雁」(卷2)을 보면 象徵法을 써서 武
宗 會昌中에 回鶻이 南侵해 옴에 북방의 변새인민을 憂念하여 託詠
하였다.

>   金河秋半虜弦開, 雲外驚飛四散哀.
>   仙掌月明孤影過, 長門燈暗數聲來.
>   須知胡騎紛紛在, 豈逐春風一一廻.
>   莫厭瀟湘少人處, 水多菰米岸莓苔.

  금하의 가을 오랑캐의 노랫소리에
  구름 밖의 새들이 놀라 슬피 울며 사방으로 흩어지네.
  건장궁의 달 밝은데 외로운 기러기 지나가고

---

[20] 毓鉞,《杜牧傳》, p.75 : "事實上, 晚唐君主的昏庸, 政治的混濁, 使人民的苦
    難一天一天的加深, 而杜牧自己的抱負也沒有施展的機會. 事實的教訓, 幻想的
    破壞, 使他産生消極的情緒, 這就是杜牧思想中的矛盾."
[21] 《韻語陽秋》卷十二.

장문의 등불 어두운데 기러기 소리 들리네.
오랑캐 말 어지러이 날뛰는데
봄바람은 어찌도 돌고만 있는가?
소상에 인적 드물다고 싫어말지니
물에는 고기가 많고 언덕에는 딸기가 무성하도다.

이와 같이 두목은 변방에 관심을 가져서 吐蕃이 통치하는 곳의 백성이 奴役하는 것을 懷念하여 「河湟」(卷2)을 지었는데, 代宗時 元載가 河湟을 수복하지 못한 아쉬움을 표시하고 있다.

元載相公曾借箸, 憲宗皇帝亦留神.
旋見衣冠就東市, 忽遺弓劍不西巡.
牧羊驅馬雖戎服, 白髮丹心盡漢臣.
唯有涼州歌舞曲, 流傳天下樂閒人.

원재 상공 일찍 계략을 세워
헌종 황제께서도 마음을 두었도다.
어느덧 의관은 동쪽 저자에 널려 있고(원재가 처형당함)
홀연히 활과 칼 남기고 서방 순시 못 하네.(황제가 세상 떠남)
양치고 말 모는 이 오랑캐 복장이지만
백발의 붉은 마음은 한나라의 신하로다.
오직 양주의 가무곡만이
천하의 한가로운 이에게 전해질 뿐이다.

武宗 會昌 4년(844)에 이르러 朝廷에서 回鶻이 쇠미하고 吐蕃이 내란하매 河湟四鎭과 十八州를 수복하려 해서 給事中인 劉蒙으로 원정케 하니,22) 두목이 이 소식을 듣고 흥분하여 武宗을 가송하는

---

22) ≪資治通鑑≫ 「唐紀」六十四」 參照.

「皇風」 칠율(卷1)을 지어 武宗에 거는 期望을 기탁하고 자신의 애국 열정을 그렸다.

> 仁聖天子神且武, 內興文敎外技攘.
> 以德化人漢文帝, 側身脩道周宣王.
> 远蹊巢穴盡空塞, 禮樂刑政皆弛張.
> 何當提筆待巡狩, 前驅白旆弔河湟.

> 인자하고 성스런 천자는 신명하고 용감하여
> 안으로는 예교를 일으키고 밖으로는 적을 물리쳤네.
> 덕으로 백성을 교화한 한문제
> 몸을 던져 정도를 닦으신 주선왕.
> 좁고 어두운 길, 구멍을 막아서
> 예악형정법들을 모두 베풀었네.
> 어찌하면 붓을 잡고 천자의 순행을 기다리다가
> 백기를 앞세우고 하황의 백성 위로할 건가.

그러나 끝내 武宗은 두목의 期望과는 달리 수복을 못 하고 宣宗 時에 당지의 의거에 의해 河西地方이 다소 회복됐을 뿐이다.

3. 정치현실의 諷刺

두목 시의 諷諭는 誹謗이나 卑屈의 의미가 아니라, 憂國과 報國을 위한 풍간인 것이다. 따라서 내용이 載道言理를 지니고 있으며 정치를 주대상으로 해서 표출한 만큼 明言하기보다는 함축성 있는 어법을 강구하였다. 이에 이상의 논술한 부분보다 예술적인 詩的 味覺을 강하게 발휘한다. 의론과 反語가 다용되고 俊逸함이 표출된다. 여기서는 두목의 「華淸宮三十韻」(《樊川詩集》 卷2)과 「過華淸宮絶句三

首」(卷2), 그리고「赤壁詩」(卷4) 등을 예거하겠다.「華淸宮三十韻」은 두목이 中書舍人 때(大中 六年, 853)[23] 지은 것으로, 唐玄宗의 荒淫과 召亂을 풍자하였는데, 구법과 시어가 比興的이다. 그 일부를 보기로 한다.

雨露偏金穴,　乾坤入醉多.
玩兵師漢武,　廻手倒于將.
鯨鬣掀東海,　胡牙揭上陽.
喧呼馬嵬血,　零落羽林槍.
傾國留無路,　還魂怨有香.
蜀峰橫慘澹,　秦樹遠微茫.

이슬비 같은 은혜 황금 굴에 내리니
천지는 온통 술에 취하네.
병사는 한무제 받들어서
손을 돌려 우장을 넘어뜨리네.
고래 지느러미는 동해를 들고
오랑캐 이빨은 상양에 걸렸네.
시끄럽게 마외의 피가
우림군의 창에 떨어지누나.
기우는 나라에 길이 없고
떠도는 넋은 원한이 맺혀 있네.
촉의 산에는 참담한 색이 걸려 있고
진의 나무는 멀리 희미하도다.

이 시에 대해 宋代 周紫芝는 評하기를,

---

23) 溫庭筠은「上杜舍人啓」(≪全唐文≫ 卷七八六)와「華淸宮和杜舍人詩」(顧嗣立, ≪溫飛卿詩集箋注≫ 卷九)를 지었음.

제2장 晚唐代 詩人과 그 詩

杜牧之華淸宮三十韻, 無一字不可入意. 其敍開元一事, 意直而詞隱, 聯然有騷雅之風. (《竹坡詩話》)

두목의 화청궁삼십운은 어느 한 자도 의취에 들지 않은 것이 없다. 그 개원년간의 일을 묘사한 것은 그 시의가 곧고 시어가 은유적이어서 진정 《시경》, 《초사》의 풍격이 담겨 있다.

라 하여 시의 描繪가 諷諭함을 밝혔다. 이외에 두목이 玄宗을 풍자한 「過華淸宮絶句三首」도 역시 강렬한 정치풍토를 隱喩한 작품이다.

長安廻望繡成堆, 山頂千門次第開.
一騎紅塵妃子笑, 無人知是荔枝來. (其一)

장안에서 돌아보니 비단을 쌓은 듯
산정에는 천 개의 문이 차례로 열리네.
말 한 필 먼지 날리며 양귀비가 웃으니
아무도 여지가 실려 옴을 모르도다.

新豊綠樹起黃埃, 數騎漁陽探使回.
霓裳一曲千峰上, 舞破中原始下來. (其二)

신풍의 푸른 나무에 먼지 일어나니
몇 명의 어양 탐사가 돌아오도다.
뭇 봉우리엔 예상곡을 연주하고
춤은 중원에 이르러 멈추도다.

萬國笙歌醉太平, 倚天樓殿月分明.
雲中亂拍祿山舞, 風過重巒下笑聲. (其三)

만국은 술과 음악으로 태평하고

하늘에 솟은 누각 달도 밝구나.
구름 속에 녹산 춤 어지러운데,
바람이 첩첩산을 지나니 웃음소리 들리네.

그리고,「赤壁」시는 宋代 許顗가 ≪彦周詩話≫에서 말한 대로[24] 赤壁之戰의 목적이 대국을 위한 것이 아니라, 二喬라는 國色을 노래하는 데에 있었다면 이것은 好惡를 모르는 창작 성향이라는 혹평을 한 詠史詩인데, 社稷興亡의 이치를 暗寓하고 있어 함축이 深切하다. 이제 그 시를 보겠다.

折戟沈沙鐵未銷,　自將磨洗認前朝.
東風不與周郎便,　銅雀春深鎖二喬.

부러진 창 모래에 묻혀 있어 쇠가 삭지 않으니
다듬고 씻어내매 옛조대 것이 분명하다.
동풍이 주랑편에 들지 않았으면
동작대의 봄에 교공의 두 자매 갇혔으리라.

許彦周가 평한 점을 黃白山이「賀黃公載酒園詩話評」에서 "唐人妙處, 正在隨拈一事, 而諸事俱包其中. 若如許意, 必要將社稷存亡等字面眞眞寫出, 然後贊其議論之純正, 具此詩解, 無怪宋詩遠隔唐人一塵耳." 라고 반론하였는데, 여기서 彦周가 작시상의 含蘊을 보지 않고 피상적인 면만을 말한 것으로 보이며, 더욱이 당인의 시가 정성을 본으로 함이 송시가 의론을 좋아함과 같지 않다는 점을 밝힐 필요가 있다.[25]

---

24) 許顗云 : "杜牧之作赤壁詩云 : (略) 意謂赤壁不能縱火, 爲曹公奪二喬, 置之銅雀臺上也. 孫氏覇業繫此一戰, 社稷存亡, 生靈塗炭, 都不問, 只恐促了二喬, 可見措大不識好惡."
25) 方嶽, ≪深雪偶談≫ : "本朝諸公喜爲議論, 往往不深諗唐人主於性情, 使俊永有

두목 시에 대해 논자가 수다하고 후대에 끼친 풍모 또한 廣大하다.26) 그 중에 소극적이긴 하지만 시세에의 감개와 우국, 현실비판은 만당의 사회풍조와 정치역량으로 보아 특이한 시적 풍격을 보였다. 이것은 李賀·李商隱·溫庭筠에게서 쉽게 찾을 수 없는 차원이니, 全祖望은 이 점을 다음과 같이 높이 평가하였다.

> 杜牧之才氣, 其唐長慶以後第一人耶. 讀其詩古文詞, 感時憤世, 殆與漢長沙太傅相上下. (≪鮚埼亭集≫ 外編卷三十七「杜牧之論」)

> 두목의 재능은 당대 장경년간 이래로 제일인자이다. 그의 시와 문장을 읽으면 시세에 감화되고, 세파에 의분하게 되니 아마도 한대의 장사태부 가의와 견줄 만할 것이다.

그리고 葛連祥은 張祜·許渾·司空圖 등과 함께 感時傷世의 작가라고 하였고(≪中國詩論≫), 繆鉞은 두시를 憂國憂民·慷慨激昻과 含蓄性을 지닌 유일한 豪健의 풍골의 시인으로 추숭하였는데(≪杜牧詩簡論≫), 만당의 유미시풍도 겸비하였다는 점을 인식할 때,27) 近人 陳延傑이 "豪邁而艷"(「論唐人絕句」, ≪東方雜誌≫ 卷22, 13號)라고 평한 두목 시의 특색을 본문의 결어로 대신함이 타당하리라 본다.

味, 然後爲勝." 淸代 薛雪, ≪一瓢詩話≫ : 樊川 "東風不與周郞便, 銅雀春深鎖二喬." 妙絶千古…… 許彦周謂孫氏覇業, 繫此一戰, 社稷存亡, 生靈塗炭, 都不問, 只恐捉了二喬, 可見措大不識好惡. 此考專一說夢, 不禁齒冷.
26) 謝錦桂毓은 ≪杜牧硏究≫(商務) pp.145~164에 詳析했음.
27) 楊愼, ≪升菴詩話≫에서 "宋人評其詩豪而艷, 宕而麗……"라 하고, 沈德潛은 ≪圍爐詩話≫ 卷三에서 "遠韻遠神"이라 함.

李商隱 詩의 唯美的 要素

만당의 유미주의적 문풍과 고문운동에 의한 복고주의적 사조가 양립하는 문학조류 가운데에는 이상은의 출현이 당연한 결과이겠으나, 소위 詞體의 흥성을 환기시킨 중추적 역할을 한 西崑體의 종으로서의 이상은은 흥미있으면서도 난해한 문학적 개성을 지녔다고 본다.

이상은의 인간성을 논하자면, 다정하고 감성이 예민하며 憂愁, 그리고 예의없는 因循과 自誇를 지닌 奇峻한 인간상을 보여 주고 있다. 그의 개성이 주는 인상이 그의 시작에서 묘출되지 않을 수 없는 것이다. ≪唐才子傳≫ 下卷七傳에서 "詭薄無行"[1]이라고 성격을 표현하고, ≪舊唐書≫「文苑傳」에 "商隱幼能爲文"이라고 서술하여 이상은이 자기능력에 대한 自誇心이 있었음을 알 수 있다.

이상은은 唐憲宗 元和 七年 壬辰(812)[2]에 懷州河內(河南沁陽 부근)

---
1) 宋, 辛文房 撰書 ≪李商隱傳≫, p.6.
2) 陸侃如, 馮沅君의 ≪中國詩史≫엔 生年을 813 A.D.(p.519)으로 記錄하였고, 馮浩는 元和六年(811 A.D.)으로 試錄하였다.(≪玉谿生箋註≫)

에서 출생하여 宣宗 大中 二年 戊寅(858)에 鄭州에서 47세를 일기로 졸하였다. 宏農·盩厔 등의 尉를 지냈고, 만년은 秘書省秘書郎·工部郎中 등을 역임하였다. 字는 義山이요, 號는 玉溪生이다. 이상은의 사적에 관한 문헌으로는 ≪舊唐書≫ 「文苑傳」, ≪新唐書≫ 「文藝傳」, 辛文房의 ≪唐才子傳≫과 計有功의 ≪唐詩紀事≫에 소략하게 기재되어 있다.

이상은의 家世로는 高祖 涉은 美原令을 지냈고, 曾祖 叔恒은 安陽尉縣을 祖 俌는 荊州錄事參軍을, 父 嗣는 殿中侍御史를 각각 지냈다.[3] 의산의 유년은 6세시(元和 十二年)에 父 嗣를 따라 潤(江蘇 丹徒)으로 이가하였는데, 그곳은 山淸水秀한 관계로 문학적 소양을 배양할 수 있는 환경이 주어졌고, 10세에 父喪하매 洛陽으로 돌아와 令狐楚[4]를 만나 등제의 기회를 얻었다. 27세(文宗 開成 三年)에 王茂元[5]이 涇原節度使로 있을 때 이상은의 재조를 아껴 그 딸을 娶妻케 하니 牛李黨爭[6]에 끼여들어 불우한 생애를 보내는 계기가 되었다. 즉 은사인 令狐楚가 牛派에 속해 있고, 처가인 王茂元이 李派에 속해 있어 양당간의 와중에 결부되어 이상은의 생활은 漂泊의 길로 향하게 되었다. 따라서 28세(開成 四年)에 秘書省校書郎에서 파거하여 潭洲로, 37세(大中 二年)엔 荊巴, 40세(大中 五年)에 東蜀西川 등으로 유력하고, 46세에 武夷山에 들었다가 이듬해 鄭州에서 병졸하였다.

---

3) ≪舊唐書≫「本傳」云 : "李商隱, 字義山, 懷州河內人. 曾祖叔恒, 年十九, 登進士第, 位終安陽令. 祖俌位邢州錄事參軍, 父嗣."
4) "令狐楚, 字殼士, 憲宗時爲中書舍人, 敬宗時內爲尙書僕射, 外爲諸鎭節度, 爲人外嚴重而中寬厚."(≪中國人名大辭典≫, ≪新舊唐書≫ 參閱)
5) "王茂元, 栖曜子, 少好學, 德宗時上書自薦, 擢試校書, 累遷嶺南節度使, 蠻落安之, 家積財, 交煽權貴, 遷涇原節度使, 封濮陽郡侯."(≪中國人名大辭典≫, p.110.)
6) 李德裕를 中心한 李回, 鄭亞, 王茂元의 一派와 李宗閔, 牛僧孺를 위시한 令狐楚, 崔戎, 楊嗣復, 白敏中, 杜悰의 一派間의 政權鬪爭.(≪資治通鑑≫ 卷224 唐紀參閱)

즉 중년 이후의 생애는 표랑의 노정이 아닐 수 없었다.7)

이상은의 저술은8) 시집으로 ≪新唐書≫ 「藝文志」에 ≪玉溪生詩≫ 3卷으로 기록되었는데, 宋 이후에는 ≪李義山詩≫(≪崇文總目≫), ≪李義山集≫(≪遂初堂書目≫, ≪直齋書錄解題≫, ≪文獻通考≫ 等), ≪李商隱詩集≫(≪宋史≫ 藝文志) 등으로 호칭되었다. 그러나 명칭이 다르다 하나 권수는 일치한다. 그리고 淸代 목록으로는 ≪絳雲述古著錄≫의 ≪李商隱詩集≫9) 3卷과 ≪愛日精廬錄≫에 二本이 있어, 하나는 護淨居士의 跋이 있는 ≪李義山輯舊鈔校≫와 다른 하나는 陳鴻의 跋이 실린 ≪李商隱詩集≫ 3卷(毛板校北宋本)이 있다. 본고에서 저본으로 한 판본은 ≪欽定四庫全書≫ 속에 馮浩10)가 註本한 ≪玉谿生詩箋註≫ 2冊(臺灣中華書局四部備要刊)으로서 현존본으로는 믿을 만한 판본으로 인정되고 있다.

---

7) 中年以後 重要遠遊는 다음과 같다.
　29歲(文宗 開成 五年) : 楊嗣復의 초청으로 潭州(今湖南長沙).
　37歲(宣宗 大中 元年) : 桂州刺史 鄭亞를 따라 桂林幕(今廣西桂林)에 부임, 이해 冬節에 南郡(今湖北江陵)에 奉使.
　37歲(宣宗 大中 二年) : 南郡에서 돌아와 昭平郡(今廣西平榮地) 奉使. 二月에 荊巴(今湖北四川間)에 滯留함.
　38歲(宣宗 大中 三年) : 盧宏正을 따라 徐州를 진압함.(今江蘇銅山)
　46歲(宣宗 大中 十一年) : 武夷山 (今福建)에 遠遊.
8) ≪唐才子傳≫云 : 「商隱自號玉谿子, 其文自成一格, 學者謂爲西崑體也. 有樊南甲集二十卷, 乙集二十卷, ≪玉谿生詩≫三卷, 又賦一卷, 文一卷幷傳於世.」
9) 述古에 影鈔 北宋本이라고만 記載되어 있어 何本인지 不明.
10) "馮浩, 相鄕人, 字養吾, 號孟亭, 乾隆進士, 官至御史, 有孟亭居士詩文稿."

I. 이상은 個性과 그 시의 背景

　이상은의 시풍을 논하기에 앞서 그의 개성을 규찰함이 시의 특성을 구명하는 데 중요하리라 본다. 이상은의 개성을 생애와 문집을 통해 정리해 보면, 대략 다음 세 가지로 특징지을 수 있겠다.
　첫째, 多情多感하다는 것이다. 그의 일생은 哀怨의 音과 熱烈의 情을 함유하고 있었다. 남녀의 정에만 한한 것이 아니라 혈육의 정, 붕우11)의 정도 충일하였다. 그의 45세(宣宗 十年 丙子·856)의 작인 「暮秋獨游曲江」(《玉谿生詩箋註》 卷6)12)의,

> 荷葉生時春恨生, 荷葉枯時秋恨成.
> 深知身在情長在, 悵望江頭江水聲.
>
> 연꽃잎이 생겨날 때 봄의 한도 생겨나고
> 연꽃잎이 시들 때 가을의 한도 이루어지네.
> 몸이 있으므로 정이 오래 있음을 깊이 알아
> 쓸쓸히 강가에 서 있으니 물소리 들려오네.

에서 제1구와 제2구의 春恨과 秋恨, 그리고 제3구의 句意가 토로하는 정적 묘사는 극히 迫眞感을 주고 있다.
　둘째, 多愁하다는 것이다. 즉 悲觀과 憂鬱이 유로되고 있다. 이것은 이상은의 漂泊 생활이 그 바탕을 이루는 것이라 하겠는데, 본의 아닌 당파에 의한 유리, 權貴에의 실의 등도 그 중요한 성격형성의

---

11) 「祭仲姊文」, 「哭劉蕡詩」(《玉谿生詩箋註》 卷二) 등 작품 속에 表現.
12) 이후의 引用詩는 전부 《玉谿生詩箋註》 本에서 뽑은 고로 '同 卷0' 形式의 卷數만을 記載한다.

요인이 된다. 예시컨대, 「有感」(同 卷1)의,

中路因循我所長, 古來才命兩相妨.
勸君莫強安蛇足, 一盞芳醪不得嘗.

중도에서 막혀온 이내 신세
옛부터 재능과 운명 두 가지는 서로 상치됨을 보여주네.
그대에게 권하노니 억지로 蛇足을 그리려 하다가는
한 잔의 향기로운 술도 맛보지 못하리라.

에서 제4구는 그러한 실의적인 意態를 보여 주고 있다.
 셋째, 自負心이 강하였다고 할 것이다. 이상은이 廣州都督으로 출사하는 데 출자하는 사람이 있으매, 그는 "吾自性分不可易, 非畏人知也."(≪唐才子傳≫ 卷7)이라고 사절한 것이라든지, 崔珏이 애도해서 지은 「哭李商隱」第二首(同贈詩篇)의,

虛負凌雲萬丈才, 一生襟抱未曾開.

하늘을 짊어지고 구름을 능가하는 빼어난 재주를 지니고서도
일생의 포부 아직껏 펼쳐보지 못했다네.

 위의 양구에서 보이는 意趣로써 가위 自負의 개성을 알 수 있다. 일반적으로 근래 발표된 이상은에 관한 논고 중에 상당한 경향이 그를 유미주의 시인(劉大杰, ≪中國文學發達史≫, p.488), 또는 상징주의 시인(蘇雪林, ≪唐詩槪論≫, p.156)으로 평가하는데, 이것은 서구 문예사조적 부회에 의한 것일 뿐, 이상은 자체의 시학에 대한 정당한 비평으로 인식해서는 안 될 줄 안다. 이상은 시가 精麗한

修辭를 강구하고 있고, 동시에 난해한 古書典故를[13] 활용하여 독시자의 이해를 불용이하게 하지만, 이것은 어디까지나 葉少蘊이 ≪歷代詩話≫ 第1冊 ≪石林詩話≫上에서 "唐人學老杜, 惟商隱一人而已, 雖未盡造其妙然, 精密華麗亦自得其彷彿."라고 한 바와 같이 두보의 시학에 근접하는 각고와 煩憫으로부터 창조된 시였던 것이다. 따라서 다양한 修辭法에 의해서만, 그리고 작품의 難解性만을 초점으로 해서 이상은 시를 분석하는 데 호도되어서는 안 될 것이다. 이상은 시는 그 자체의 해석의 내적 충실을 갖춘 다음에 비교평가의 단계가 있어야 한다. 현금 비교문학의 와중에서 그 문학 자체의 본질을 왜곡하는 오류를 범하는 경향을 자성할 필요를 느끼며, 무엇보다도 우선 그 자체의 정확한 이해가 가장 요긴한 점을 강조해야 할 것 같다.

이제 본고에서는 외부적인 여하한 여건과 이론을 완전 배제하고 나름대로의 생각으로 이상은의 시 풍격을 고구하려는 것이다. 시풍은 일면 시의 특성이 될 수 있다. 그러나 여기서 의도하는 것은 시의 시적 작풍이라는 점이다.

그의 시풍의 특점을 (1) 戀情, (2) 傷感과 悽情, (3) 精麗라는 단자적 개념하에서 정리하려 한다.

---

[13] 典故의 例를 들면, 女道士方面의 人物에 있어서는 東方朔·王子晉·洪崖·蕭史·靑女·素娥, 地境에 있어서는 碧城·玉樓·瑤臺·紫府·玉山, 그리고 宮嬪方面의 人物에 있어서는 赤鳳·秦宮·襄王·宋玉·魏東阿·燕太子·盧莫愁·宓妃·漢后楚妃, 王宮에 있어서는 楚宮·漢苑·景陽宮·蓬萊·芙蓉塘·天泉龍宮 等 사용.

Ⅱ. 戀情

이상은 시는 남녀련애를 주제로 한 情詩가 많다. 육감적인 정시는 이상은 만한 시인이 또 없다. 禮敎의 속박이 남녀의 애정에 대한 존엄성을 표현할 용기를 갖지 못했다. 孟郊의 「古別離」14)의,

>欲別牽郎衣, 郎今向何處.
>不恨歸來遲, 莫向臨邛去.

>이별 무렵 낭군의 옷깃 끌어당기나니
>낭군은 이제 어디로 향하나.
>늦게 돌아오심을 한스러워 않으리니
>제발 오랑캐 보이는 임공지방으로 가지 마소서.

이라든가, 李益의 「江南詞」15)의,

>嫁得瞿塘賈, 朝朝誤妾期.
>早知潮有信, 嫁與弄潮兒.

>구당의 상인에게 시집갔더니
>아침마다 첩과의 기약 어기는구나.
>일찍이 潮水가 信義있음을 알았다면
>潮水에게 시집갔으리라.

---

14) "孟郊, 字東野, 湖州武康人. ≪孟東野集≫ 有.(751~814 A.D.)" 「古別離」는 ≪全唐詩≫ 第六函 第五冊 p.2212(臺灣復興書局) 引用.
15) 李益, 字君虞, 隴西姑臧人, 禮部尙書까지 지냄. 邊塞詩多作. 有集.(≪唐才子傳≫ 上卷四, p.8.) 「江南詞」는 ≪全唐詩≫ 第五函 第三冊, p.1712 引用.

등은 모두 상상적인 사구에 의한 애정묘사이다. 그러나 이상은은 이
표현이 사실적이고 열렬하다. 그의 정시는 대상에 있어 궁녀와 처자,
그리고 女冠을 중심으로 하고 있는데, 궁녀를 대상으로 한 것은 이
상은 31세(武宗 會昌 二年)에 秘書省에서 正字官을 지내던 때부터이
다. 당시의 시대적 배경을 보면, 궁궐에 윤리가 무너져서 음란의 풍
기가 물들어 있었고 환관의 탐리가 극심하여 만당의 폐색을 보여 주
고 있는데, 이상은이 이러한 소재를 내용으로 한 묘사로는 우선 시
제부터가 16수의「無題」시로 대칭하는 방법 외에 寄託16)하는 방법,
그리고 仙女故事를 사용하여 銀河・七夕・宓妃・纖女 등을 내세우
는 방법 등을 채택하였는데, 이는 정이 깊어짐에 따라 사구의 晦暗
한 의취를 짙게 하려는 것이었다. 그의 궁녀와의 정시에는 몇 가지
특징을 부여하여 시작상에서 규지할 수 있다. 내용상 세분한다면,
먼저 상봉의 정을 들겠다. 그의「無題」시 二首(同 卷1),

   昨夜星辰昨夜風, 畵樓聲畔桂堂東.
   身無彩鳳雙飛翼, 心有靈犀一點通.
   隔座送鉤春酒暖, 分曹射覆蠟燈紅.
   嗟余聽鼓應官去, 走馬蘭臺類轉蓬. (第一首)

  별빛 쏟아지고 바람도 일었던 어젯밤
  화려하게 장식한 누대 서편 계당의 동쪽에서.
  몸에는 채색 봉황의 쌍날개 없어도
  마음은 靈犀뿔의 흰 줄마냥 하나도 통했었지.
  떨어져 앉아 送鉤놀이할 때 봄 술은 알맞게 익었고
  편을 갈라 射覆놀이할 때 촛불은 붉게 타올랐네.
  아아, 나는 북소리 들리면 응당 관직으로 돌아가야 하니

---

16) 寄託詩로는「流鶯」,「曲池」,「聞歌」,「銀河」,「吹笙」 등 詩篇이 있음.

蘭臺로 말달리는 이 내 신세는 뒹구는 쑥 같구나.

聞道閶門萼綠華, 昔年相望抵天涯.
豈知一夜秦樓客, 偸看吳王苑內花. (第二首)

듣건대 천상에 萼綠華라는 미녀 있다 하여
예전엔 하늘 닿을 저 먼 곳에서 서로 바라다보았지.
어찌 알았으리오 어느 날 밤 秦樓客되어
오왕 정원 안에 핀 꽃을 훔쳐볼 줄을.

에서 제1·3구는 그 時地를 묘사하고, 다음의 「身無」 2구는 분격한 상태에서의 정을 나눔을 그리고, 「隔座」 2구는 內省의 諸公에 대한 환락을 묘사하고 있다. 결구는 艶妬의 意趣를 나타내면서 현실에의 반감을 노정했다. 그것이 제2수의 묘사에서 더욱 구체적으로 표현되어 萼綠華는 衛公을, 秦樓客은 李商隱 자신을 비유하여 궁내에서 機遇하게 됨을 서술했다. 총괄해서, 제1수는 궁녀를 해후하는 정경을 묘사하여 특히 제3·4구는 그 표현의 구체화인 것이며, 제2수는 그 驚喜의 정을 그리어 제3·4구에서 사출되고 있다. 「漢宮詞」(同 卷2)의,

青雀西飛竟未迴, 君王長在集靈臺.
侍臣最有相如渴, 不賜金莖露一盃.

푸른 공작새 서쪽으로 날아가 마침내 돌아오지 않고 있는데
군왕은 오랜 기간 궁녀의 집령대에만 머무시네.
모시고픈 이 신하는 무척 사마상여같이 목말라하나
금경의 이슬 한 잔 하사하지 않네.

4구를 보면, 이 시는 군왕이 集靈臺에 상주하며 후궁 삼천을 거느리고 臨幸하지 않음을 묘사한 이른바 顯達을 희원하는 미묘한 어사(제 3·4구)를 사용한 정시이다. 여기서 西飛는 이상은이 비서성관직을 맡음(이 시는 34세의 작)을 말한 것이며, 未廻는 승진의 기회가 도래하지 못함을 말한 것이다. 그리고 金莖은 內職을, 相如渴은 목말라 물 바라듯 농부가 聖歲를 바라는 뜻을 비유한 표현인 것이다. 그리고 「聞歌」(同 卷6)의,

> 歛笑凝眸意欲歌, 高雲不動碧嵯峨.
> 銅臺罷望歸何處, 玉輦忘還事幾多.

> 살며시 미소짓고 눈짓하며 노래하려 할 제
> 드높은 구름 미동도 않고 푸른 산은 우뚝 솟아 있네.
> 동대에서 바라다보기를 마친 후 어디로 돌아가려나
> 천자가 환궁하는 것 잊으신 지 얼마나 되었을까.

4구에서 특히 후 2구의 "銅臺罷望"과 "玉輦忘還"은 궁중의 정사를 지적하고 있다.

둘째로는, 이별의 情을 들 수 있다. 이것은 이상은의 漂泊生活의 시작에 해당하는 40세 전후의 시에서 다출된다. 離情의 詩化란 당연히 거론할 만한 것이다. 그의 「無題」詩(同 卷3)의,

> 相見時難別亦難, 東風無力百花殘.
> 春蠶到死絲方盡, 蠟炬成灰淚始乾.

> 서로 만난 후 이별하기란 어렵고 어렵건만
> 봄바람이 누그러지고 온갖 꽃이 떨어지는 시절이어라.
> 봄누에는 죽을 무렵 모든 실을 풀어놓고

촛불은 재가 된 다음에야 비로소 눈물이 마르네.

구는 이상은이 장안에서 東蜀으로 떠나면서 離愁의 정을 서술한 것으로, 起語부터 自悟한 경지를 알 수 있다. 제1구는 특히 그 묘사가 直逼하다. 그리고「辛未七夕」(同 卷4)의,

   恐是仙家好別離, 故教迢遞作佳期.
   由來碧落銀河畔, 可要金風玉露時.
   清漏漸移相望久, 微雲未接過來遲.
   豈能無意酬烏鵲, 唯與蜘蛛乞巧絲.

아마 仙男 仙女는 이별을 좋아했으리라.
그러기에 아득히 멀리 佳約을 해놓았으리라.
본디부터 저 드높은 은하수가에서
반드시 가을바람 불고 옥이슬 맺힐 때가 되어야만 했네.
물시계 방울이 차츰 바뀌면 서로 오랜 동안 바라보나니
조각구름 아직 닿지 않아 건너옴이 늦어지네.
어찌 烏鵲에게 은혜 갚는 마음 없을 수 있으리오.
오직 거미에게 정교한 실줄 간구하네.

제1·2구에서 蓬山의 길이 막혀 회합의 기약이 없지만 佳會의 희망을 갖는다는 自解의[17] 의도를 표시하고는 말 2구에서는 '烏鵲'의 힘(力)과 '蜘蛛'의 기교(巧)를 믿어 보면서 仙意의 아득한 의식을 실현화한다는 것은 꿈 이외의 사실일 수 없다는 절망의 念을 표현했다. 이것은 첫 2구와 상응되는 표현법으로 用意가 고결하고 制格이

---

[17] 黃侃, 《李義山詩偶評》 卷上, p.16. : "此詩純以氣勢取勝. 首二句作疑詞. 三四申言致疑之理. 五六句與首句好字次句故字相應, 七八句言佳會果難, 則當酬鵲橋之力, 今但與蜘蛛以巧, 是知佳期之稀本緣仙意, 仍與首二句相應, 用意之高, 制格之密, 卽玉谿集中亦罕見其此也."

밀절하다.
　셋째로는, 추억의 情이다.「深宮」(同 卷3)을 보면,

>　　金殿銷香閉綺籠,　玉壺傳點咽銅龍.
>　　狂飄不惜蘿蔭薄,　淸露偏知桂葉濃.
>　　斑竹嶺邊無限淚,　景陽宮裏及時鍾.
>　　豈知爲雨爲雲處,　只有高唐十二峯.

>　　화려한 궁전 잠겨 아리따운 궁녀 갇혀 있고
>　　궁중의 물시계 시간을 알리느라 銅龍을 울리네.
>　　사나운 바람 가차없이 쑥 그림자 엷게 하고
>　　맑은 이슬은 계수나뭇잎 향기 짙은 것만을 아네.
>　　반죽령가에서 한없이 눈물짓나니
>　　경양궁 안에서는 때 되자 종 울리네.
>　　어찌 비되고 구름 되는 곳을 알겠는가
>　　단지 高唐 열두 峰만 있도다.

　이 시는 37세(宣宗 大中 二年)의 작으로서, 제3구는 미천한 관리를 아끼지 않음을 원망함이며, 제4구는 은혜의 베푸심을 바라는 내용이며, 제5구의 斑竹은 湖湘의 실의를 가리킴이요, 제6구의 景陽은 牛黨의 得君을 비유한 것이다. 제7구에 이르러 "爲雨爲雲"한 곳을 헤매며 정처없는 현실과 제1·2구에서 "金殿銷香", "玉壺傳點"과 같은 深宮의 경황을 회억하는 漂泊의 상념(第5句)에 몰입해 있다. 결국 제7·8구는 매우 감개적이다. 궁녀와의 관련시 다음으로 처자와의 寄內詩를 살펴보아야겠다. 이상은은 王茂元의 愛才[18]로 그 여식과 혼인하고, 비록 그로 인해 개인신상은 불우를 당했으나 부부간의 정은

---

18) ≪舊唐書≫「文苑傳」參閱.

深厚했다. 「夜雨寄北」(同 卷3)을 보면,

> 君問歸期未有期, 巴山夜雨漲秋池.
> 何當共剪西窓燭, 却話巴山夜雨時.
>
> 그대에게 돌아오실 때를 여쭈오나 기약조차 없구려
> 파산의 밤비에 가을 연못 넘실거리네.
> 언제나 그대와 함께 서창 아래서 촛불심지 돋우며
> 파산의 밤비 올 때를 이야기하려나.

이 시는 이상은이 四川에 있을 때(37세·宣宗 大中 二年), 夜雨를 만나 간절한 망향을 작시해서, 河內(河南北部)의 처자에게 부친 것이다. "巴山夜雨" 네 자가 제2구·4구에 양차 출현하는데, 전구의 것은 點題이며 후구의 것은 이 시 주지의 소재를 강조하기 위한 것이다. 淸, 李鍈의 ≪詩易簡錄≫에서 "就歸期夜雨等字觀之, 前人有以此爲寄內之詩者, 當不誣也."라고 한 것은 타당한 말이다. 그리고 「王十二兄 與畏之員外相訪見招小飯時子以悼亡日近不去因寄」(同 卷4)[19]를 보면,

> 更無人處簾垂地, 欲拂塵時簟竟牀.
>
> 더욱이 사람 없는 곳에 주렴만 드리워져 있는데
> 먼지 털려고 보니 대나무 침상까지 닿아 있네.

위의 구는 寄內의 深情을 뚜렷이 하고 있다. 처자와 자녀에 대한 현실적 결속이 탈속할 수 없는 원인인 것을 표현했다. 기타 寄內詩로 기록할 수 있는 것은 「悼傷後赴東蜀辟至散關遇雪」(同 卷4), 「房中曲」(同

---

19) 王十二兄은 王茂元子를 指稱.(≪玉谿生詩箋註≫ 卷四 p.14 參照)

卷4)20) 등이다. 상기의 전편 시는 종군하여 寄內한 시이며, 「房中曲」은 悼亡詩이다.

　'戀'적 풍격을 지닌 특성으로 女冠과의 관계를 아울러 논구함에 있어 본론은 특별히 柳枝와의 情詩를 구체적으로 분석하고자 한다. 「柳枝五首」의 序文에21) 柳枝를 다음과 같이 서술하고 있다.

　　　柳枝, 洛中里娘也. 父饒好賈, 風波死湖上. 其母不念他兒子, 獨念柳枝, 生十七年, 塗粧綰髻未嘗竟, 已復起去, 吹葉嚼蕊, 調絲吹管, 作天海風濤之曲幽憶怨斷之音. 居其傍與共家揖故往來者, 聞十年尙相與疑其醉眼夢物斷不娉. 余從昆讓山比柳枝居爲近, 他日春曾陰, 讓山下馬柳枝南柳下, 詠余燕臺詩. 柳枝驚問 "誰人有此, 誰人爲是." 讓山謂曰 "此吾里中少年叔耳." 柳枝手斷長帶, 結讓山爲贈叔乞詩. 明日, 余比馬出其巷. 柳枝丫鬟畢粧, 抱立扇下, 風障一袖, 指曰 "若叔是. 自後四日, 隣當去濺裙水上. 以博山香待與郞俱過." 余諾之. 會所友有偕當詣京師者, 戲盜余臥裝以先, 不果留. 雪中讓山至, 且曰 "東諸侯取去矣" 明年讓山復東, 相背於戲上, 因寓詩以墨其故處云云.

　　　柳枝는 낙양 마을의 아가씨였다. 아버지는 부유하고 뛰어난 상인이었는데 풍랑으로 江湖에서 죽었다. 그녀의 어머니는 다른 자식들은 아랑곳하지 않고 오직 류지만을 사랑하였다. 류지는 17세가 되었으나 화장하거나 머리를 매만지는 일에는 관심이 없고, 또 화장도 제대로 않고 나가곤 하였다. 그녀는 나뭇잎파리를 불어보고 꽃술을 깨물기도 했으며, 거문고를 잘 타고 통소를 잘 불었는데 마치 바다의 풍랑과 파도를 연상케 하는 장엄한 곡조와 사모하고 원망이 가득한 듯한 음악을 연주했다. 사람들은 그녀의 집 부근에 살며 근 10년 동안 서로

---

20) 「悼傷後赴東蜀辟至散關遇雪」詩: "劍外從軍遠, 無家與寄衣. 散關三尺雪, 回夢舊鴛機."; 「房中曲」詩: "薔薇泣幽素, 翠帶花錢小. 嬌郞癡若雲, 抱日西簾曉. 枕是龍宮石, 割得秋波色. 玉簟夫柔膚, 但見蒙羅碧, 憶得前年春, 未語含悲辛. 歸來已不見, 錦瑟長於人, 今日澗底松, 明日山頭蘖. 愁到天地翻, 相看不相識."
21) 《玉谿生詩箋註》卷五, p.36 引文.

알고 지내오면서 그녀가 몽환병을 앓고 있다고 의심하여 그녀와 결혼하려 하지 않았다. 내 종형인 양산은 류지의 집과는 비교적 가까운 거리에 살았다. 봄 그늘이 짙은 어느 날 양산은 류지의 남쪽 편에 있는 버드나무 아래에서 말을 내려 나의「燕臺」詩를 읊고 있었다. 류지가 듣고 놀라서 묻기를 "누가 이런 詩興을 지녔는지요? 누가 이런 시를 지었답니까?" 양산이 대답하길 "이는 우리 마을의 소년 堂弟가 쓴 것이오." 류지는 손으로 자신의 긴 의대를 끊어 양산에게 매어주며 당제가 자신을 위해 시를 적어 주기를 청했다. 다음날 나와 당제는 말을 나란히 타고 그녀의 집이 있는 거리로 갔다. 류지는 두 갈래로 머리를 따 빗고 단정히 단장한 채 문 앞에 서 있었는데, 봄바람에 옷깃이 날리고 있었다. 그녀가 나를 가리키며 "당신이 당제신지요? 사흘 후 저는 치마를 빨래하러 가는데 박산 향로를 가지고 기다리겠으니 당신도 함께 가시지요." 하자 나는 허락했다. 마침 경성에 함께 가야하는 친구가 장난으로 내 봇짐을 훔쳐가 더 이상 머물 수가 없게 되어 버렸다. 그해 눈이 오던 겨울날, 양산이 와 "동방의 제후댁으로 시집을 가버렸네."라는 말을 해주었다. 이듬해 양산은 다시 동쪽으로 가야 했기에 서로 희상에서 작별했다. 이에 시를 지어 그 옛 일을 기록해 둔다.

이「柳枝」시는 35세인 武宗 會昌 六年의 작이다. 제1수는,

花房與蜜脾, 蜂雄蛺蝶雌.
同時不同類, 那復更相思.

꽃술과 벌집은
수벌과 암나비가 산다네.
같은 시대에 살면서도 처지는 다르다네.
어찌 또 다시 그리워할 수 있으리오.

여기서 配偶 없음을 自解한 것이며, 제2수,

本是丁香樹, 春條結始生.
玉作彈棋局, 中心亦不平.

본래 정향나무는
봄 가지와 결합해야만 비로소 성장한다네.
바둑알이 바둑판 위에서 튕기는 것은
마음이 역시 안정되지 않은 때문이네.

여기서는 적합할 만한 사람이 없음을 한탄하는 自解인 것이고, 제3수,

嘉瓜引蔓長, 碧玉氷寒漿.
東陵雖五色, 不忍值牙香.

맛있는 오이 긴 덩굴에 매달려 있으니
푸른 옥이 차디찬 물 속에 있는 듯하네.
동릉의 오이 비록 오색찬란하지만
차마 그 향내를 맛볼 수는 없네.

여기는 嘉瓜를 귀인에 비유한 것인데, 차마 採食하지 못하는 마음, 즉 柳枝에 대한 戀情의 억제를 묘사했다. 제4수,

柳枝井上蟠, 蓮葉浦中乾.
錦鱗與繡羽, 水陸有傷殘.

버들가지는 우물가에 휘어져 있고
연꽃잎은 물 위에 말라 있네.
비단같이 찬란한 모양을 지닌 물고기와 새가

물과 땅에서 상심에 젖어 있네.

여기는 後房에서 承寵하지 못하는 신세에다, 원행하는 운명임을 그리고 있고, 제5수,

  畵屛繡步障, 物物自成雙.
  如何湖上望, 只是見鴛鴦.

  그림병풍에도 자수 놓인 휘장에도
  모두 다 쌍쌍이네.
  어찌하여 호수 위를 바라보면
  오직 짝 이룬 원앙만 보이는지.

여기는 湖上에서 떨어져 그리워하며 단지 鴛鴦만 바라보는 自歎을 읊었다. 그리고 「柳」(同 卷5)는 柳枝의 宛轉한 자태를 묘사하고 妬情을 유로했다. 즉 제3·4연 보면,

  絮飛藏皓蝶, 帶弱露黃鸝.
  傾國宜通體, 誰來獨賞眉.

  버들솜 휘날리어 흰나비를 숨기어 주고
  버들가지 가늘어 꾀꼬리를 드러내네.
  傾國之色은 의당 온몸이 빼어나니
  뉘 와서 홀로 그 아리따움을 맛보려나.

라 하여 위 2구는 자태의 妖艶을, 아래 2구는 이미 타인에 속한 몸, 通體를 흔상할 수 없는 妬忌心을 표현했다. 이 시는 묘사가 노골적이라고 보아 이상은 특유의 시어구사라 본다.

Ⅲ. 傷感과 悽情

　상감적 시풍은 이상은 시의 소극적 특성이 된다. 傷感과 悽情을 함유한 自嗟自歎의 毁滅精神이다. 우선 傷感의 시풍을 보면,「無題」4수(同 卷3) 중 제2수의,

　　春心莫共花爭發, 一寸相思一寸灰.

　　봄을 그리는 마음 꽃이 핀다고 다투어 갖지 말지니
　　님 그리워 번민하는 마음 한 줌의 재가 될 뿐이라.

　구는 인간의 이상적 애정에서 오는 행복으로부터 비참한 인간세로 하락할 때 오는 정조이며,「屬疾」(同 卷4)의,

　　秋蝶無端麗, 寒花更不香.

　　가을 나비는 단아한 아름다움이 없고
　　겨울의 꽃은 향기 나지 않는다네.

　구는 이러한 현상에 대한 悟得의 표현이다.「錦瑟」(同 卷4)은 傷感의 좋은 예시이다. 즉,

　　錦瑟無端五十絃,　一絃一柱思華年.
　　莊生曉夢迷蝴蝶,　望帝春心託杜鵑.
　　滄海月明珠有淚,　藍田日暖玉生煙.
　　此情可待成追憶,　只是當時已惘然.

금슬은 부질없이 쉰 줄이나 되어
한 줄 한 괘마다 꽃답던 시절 생각나게 하는가.
莊周는 새벽꿈에 나비 되어 넋을 잃었고
望帝는 봄 그리는 마음을 두견새에 맡겼었지.
滄海 달빛 밝은 밤 인어의 눈물로 이루어진 진주 생각
藍田에 햇살 비출 때 연기 내며 사라진 紫玉을 그리네.
이 마음 이제 추억이 될 수도 있지만
오직 당시에는 너무도 망연자실했었네.

이「錦瑟」의 해석에 있어 적지 않은 의견22)이 있으나, 아직 정확한 해석이 내려지지 못하고 있다. 비록 象徵派의 시가 난해하다는 통념을 감안하여 劉延陵이 이상은 시의 묘사법을,

　　外界有許多雖暗晦模糊, 而却能表示我們的情調的東西的, 詩人應當去捉住這些象徵, 用以表現內心座情調.23)

　　외면적으로 볼 때 비록 암시와 모호함이 많으나 오히려 이를 통해 우리들의 정감을 표현할 수 있다. 시인들은 이러한 상징을 포착함으로써 내면의 정조를 표현한다.

와 같다고 하였지만, 이러한 방법만으로 이상은의 시를 이해할 수는 없다. 시 자체에 대한 體會가 필요한 것이다.「錦瑟」은 상징이란 표현 이전에 그 자체에서 음절이 울려나오고 있다. 분석 이전의 자연 음률을 느끼는 것이다. 제1·2구는 음악이며, 제3·4·5·6구는 이 시 전체 윤곽을 형성하고 있다. 그리고 나서 제7·8구에서 심층에

---

22) 劉盼遂 ≪李義山錦瑟詩定詁≫에는 8個諸說을 收錄하고 있음.(臺灣學生書局, 1971)
23)「劉延陵法國之象徵主義與自由詩」(≪新文藝評論≫, p.124)

진동되는 哀傷의 인생풍정을 '惘然'하다는 표현으로 결론짓는다. 이것은 李重華가 말한 바,

> 詩本空中出音, 卽莊子所云:"天籟"是已. 籟有大有細, 總各有其自然之節, 故作詩曰吟, 曰哦. 貴在叩寂寞而求之也. 求之不得, 則此中或悲或喜或激或平, ㅡㅡ隨其音以出焉.[24]

> 시는 본시 空中에서 발하는 음과 같기에 장자는 "자연의 소리"라고 했다. 소리에는 크고 세밀함이 있고, 모두 각기 자연의 절주를 지닌다. 때문에 시를 짓는 것을 일러 '吟'이라 하기도 하고 '哦'라고도 했던 것이다. 시는 적막한 분위기에서 머리 조아려 생각해도 아무리 찾아지지 않는 가운데 슬픔과 기쁨 그리고 격정과 평정의 정감이 하나하나 저절로 자연스럽게 소리를 내는 것이 귀중하다.

에서 시와 음절의 관계를 잘 설명한 내용과 상통한다. 「錦瑟」은 시의 음절이 생동하는 음악시다. 梁啓超의 다음과 같은 이 시에 대한 감상은 이러한 의미를 보다 분명히 하는 예증이 될 것이다. 즉,

> 但我覺得他美. 讀起來令我精神上得一種新鮮的愉快. 須知美是多方面的, 美是含有神秘性的, 我們若還承認美的價值, 對於這種文字, 便不容輕輕抹煞啊.[25]

> 그러나 나는 그의 시가 아름답다고 느낀다. 그의 시를 읽게 되면 나의 정신은 일종의 신선한 유쾌감을 얻게 된다. 모름지기 美란 다양성을 띠고 신비성을 함축하고 있음을 알아야 한다. 우리가 만약 미의 가치를 승인한다면 이러한 문장을 쉽사리 말살해서는 아니 된다.

---

24) 李重華, 《貞一齋詩說》, p.1(《淸詩話》本)
25) 梁啓超, 「中國韻文裏頭所表現的情感」, 中學以上作文敎學法附錄.

이상은의 시정의 이러한 특성은 작시에 대한 음절과 예술수양의 관계에서 비롯된다고 할 것이다. 이상은의 傷感은 전장의 실의자로서뿐 아니라 정치무대상의 낙백자로서도 나타난다. 「東下三旬苦于風土馬上戱作」(同 卷4)의,

> 路繞函關東復東, 身騎征馬逐驚蓬.
> 天池遼闊誰相待, 日日虛乘九萬風.

> 함곡관 동쪽을 빙 두르고 있는 길을
> 말 타고 달려 놀란 갈대들 쫓아낸다.
> 천지는 광활하니 뉘 기다릴 것인가
> 날마다 구만 리 바람을 타고 가노라.

에서 제3·4구와 「夕陽樓」(同 卷1)의,

> 花明柳暗繞千愁, 上盡重城更上樓.
> 欲問孤鴻向何處, 不知身世自悠悠.

> 꽃은 화사하고 버들가지 그늘 짓는데 온갖 시름을 띠고서
> 겹겹의 성을 올라 다시 누각으로 오르네.
> 외로운 기러기에게 어디로 가느냐고 묻고자 하니
> 왠지 모르게 이 내 신세 적적해지네.

에서 제3·4구와 그리고 「早起」(同 卷6)의,

> 風霧澹淸晨, 簾間獨起人.
> 罵花啼又笑, 畢竟是誰春.

바람과 이슬 맑은 새벽 한층 적막하게 하는데
주렴 사이에서 홀로 잠자리에서 일어나는 사람 있네.
앵무새 울고 꽃도 미소를 지으니
아리따운 이 봄 과연 누구의 것인가.

에서 제3·4구는 각각 江湖에 묻힌 悲傷失意를 서사하고 있다. 그러나 실의 속에 慰藉로써 고통을 달래고 諦念하는 의식이 또한 傷感의 시정에서 지감된다. 「餞席重送從叔余之梓州」(同 卷4),

莫歎萬重山,　君還我未還.
武關猶悵望,　何況百牢關.

만겹의 산이 가로놓여 있음을 한탄하지 마소.
그대는 귀환했고 나는 아직 귀환치 못했나니.
무관도 오히려 서글피 바라보니
하물며 백뇌관이랴.

에서 전 2구는 행인의 慰藉語라면, 후 2구는 곧 傷感語라 하겠다. 따라서 何義門은 "義山頓挫曲折, 有聲有色有情味."26)라고 특징지었다.
다음 悽情的 시풍으로 보면, 표면상으로는 傷感이 悽情보다 心苦가 더할 듯 하나 사실은 그 심각하기는 처정이 더할 것이다. 처정은 상감의 결정체라 볼 수 있어서 "斬不斷, 理還亂."(끊으래야 끊어지지 않고, 생각할수록 어지러워진다.)한 특징을 지닌 것이기 때문이다. 따라서 이상은에 있어서 상감적 시보다는 처정적 시가 비교적 많다고 본다. 「卽日」(同 卷4),

---

26) 何義門, 《李義山詩集》 卷上, 「義門讀書記」.

一歲林花卽日休, 江間亭下悵淹留.
重吟細把眞無奈, 已落猶開未放愁.
山色正來銜小苑, 春陰只欲傍高樓.
金鞍忽散銀壺漏, 更醉誰家白玉鉤.

한 해 동안 무성했던 꽃 오늘 모두 지려 하자
강 사이 정자 밑에서 서글피 머물러 있네.
거듭 읊기도 하고 조심스레 잡아도 보고 정말 어쩔 줄 모르네
이미 떨어졌고 몇몇만이 피어 있나니 수심에 젖지 않을 수 없네.
山色은 바야흐로 小苑을 머금었고
봄 그늘이 높은 누각에 비끼려 하네.
황금안장의 귀인들 급히 돌아가 은술잔 기울이며
또 뉘 집 백옥주렴 아래서 취하려나.

위 시의 제3·4구에서 표현되는 意趣가 떨칠 수 없는 苦味를 맛보 듯 하는 괴로움을 느끼게 하는데, 이것이 이상은 시가 갖는 별다른 풍격으로 처정적 情調인 것이다. 「夜半」(同 卷6)을 가지고 상세히 구명하기로 한다.

三更三點萬家眠, 霧欲爲霜月墮煙.
鬪鼠上堂蝙蝠出, 玉瑟時動倚窓紘.

삼경의 야밤 모든 집 잠들고
안개 서리 될 즈음 달은 기울어 가네.
쥐는 마루에서 시끌하고 박쥐 날아다닐 때
거문고 바야흐로 들어 창에 기대고 켠다네.

여기서 제1·2구는 萬籟가 잠든 속에 寒氣가 엄습하는 적막한 深夜를 묘사하고 있는데, 제3·4구에서 이 같은 深夜에 玉瑟에 의지하

여 우울한 심회를 호소하는 답답한 심정, 숨었던 박쥐 날고 쥐는 上堂에서 떠드는 정경을 제시하여 무한한 悽凉을 표현하였다. 이상은은 위의 4구에 상반된 動과 靜의 개념을 부각시켰다. 動 속에서 靜을 추출하고 靜 속에서 動을 묘사하였다. 제2·3구는 動에서 靜을, 제4구는 靜에서 動을 묘사한 경우이다. 특히 '鼠'字의 사용은 ≪詩經≫ 이래27) 시어에 인용을 적게 한 경향인데, 비록 인용한다고 해도 ≪詩經≫의 경우는 풍자와 嫌惡의 대상으로 이용했고, 그 외엔 웅장한 부류에 '鼠'를 인용하면 보잘것없는 사물로 비유하고 우미한 부류에서는 매우 더러운(汚穢) 사물로 대용되었다. 그러나 이상은이 이런 우미한 경지에 인용하면서 和諧感을 조성한 것은 시어구사의 높은 수준을 의미한다. 다음 그 2수의 시를 보면, 즉 「宿駱氏亭寄懷崔雍崔袞」(同 卷1),

  竹塢無塵水檻淸, 相思迢遞隔重城.
  秋陰不散霜飛晚, 留得枯荷聽雨聲.

  대나무 산 먼지 하나 없고 누각은 맑은 물가에 임해 있고
  멀리 계신 님 그리워하나 겹겹한 산이 가로막혀 있네.
  가을의 먹구름 흩어지지 않으니 서리 날리는 겨울 늦는구나.
  남아 있는 시든 연꽃잎이 빗소리를 들려주네.

「過招國李家南園其二」(同 卷5),

  長亭歲盡雪如波, 此去秦關路幾多.
  惟有夢中相近分, 臥來無睡欲如何.

---

27) ≪詩經≫의 「碩鼠」篇을 指稱.

세밀 기다란 정자에 파도같이 휘날리는 눈발
이곳은 진관에서 얼마나 될까.
오직 꿈속에서만 서로 가까워질 뿐인데
누우면 잠이 오지 않으니 어찌할 거나.

에서 각 제4구인 "留得枯荷聽雨聲", "臥來無睡欲如何"는 사람이 相思로 인해 무료히 지내는 밤의 경황을 형용해서 '人'을 悽情의 경계로 유인하는 수법을 강구했다. 이상은은 悽情을 묘사함에 字義上으로나 音節上으로 그 의취를 십분 표현한 시적 개성을 보여주었다.

IV. 精麗

賀裳이 이상은을 "綺才艶骨"[28]이라고 평한 말은 그의 시가 精麗한 풍격이 있다는 뜻이다. 그의 精麗風은 두보에서 배웠다는 것은 「導言」에서 기설한 바이다. 두보에게서 배웠지만 精麗의 경계가 같을 수는 없다. 두시가 노인의 長歎과 같다면 이상은 시는 소년의 輕嗟 같고, 두시가 人間世的이라면 이상은 시는 自我的이며, 또 두시가 實際的이라면 이상은 시는 幻想的이니, 인생관과 문학관 형성의 배경이 不同한 것을 반영해 주는 것이다.

精麗는 斧鑿痕跡이 있게 마련이니, 精美한 문학세계는 琢磨를 요하기 때문이다. 葛立方은 "作詩貴雕琢, 又畏有斧鑿痕, 委破的, 又畏粘皮骨, 此所以爲難"[29]이라고 하여 조탁이 귀중하지만 그 후유가 두렵다고 했는데, 이상은 시의 精麗도 이러한 결점을 배제할 수는 없

---

28) 賀裳, 《載酒園詩話》 卷四.
29) 何文煥 《歷代詩話》의 宋代 葛立方 《韻語陽秋》 卷三, p.307.

다. 단지 補救하는 방법이 있다면 音節의 和諧를 강구하는 것이다. 음절의 화해는 율절구의 平仄法을 지칭하는 것이 아니라 吟詠의 妙和를 조성해야 하는 것을 의미한다. 李重華는 ≪貞一齋詩說≫에서 "律詩止論平仄, 終身不得入門."이라고 하였는데, 한 자의 성조가 단독 아닌 合用될 경우, 四聲이 일정한 원칙을 따를 수 없기 때문인 것이다. 王力은 그 예를 다음과 같이 細說하였다.

    聲調單唸與合唸不一樣, 例如在北平話裏, '河北'的 '北'是全唸的, '北平'的 '北' 只唸一半, 都是上聲. 至於 '北海'的 '北' 又唸作平陽了.[30]

    聲調는 홑소리의 경우와 겹소리의 경우가 다르다. 예컨대, 북경어에서 '河北'의 '北'은 전부 발음하고, '北平'의 '北'은 반절만 발음하는데, 모두 上聲이다. '北海'의 '北'은 또한 平陽聲으로 읽는다.

王世貞도 ≪五代詩話≫에서 稗史彙編을[31] 인용하여 貫休의 예를 제시하여 설명하였는데, 吳越王이 貫休의 시 중의 "十四州"를 '四十州'로 고치자고 한 이유는 영토의 대소를 비유한 것이 아니라 음절의 和諧美를 고조하자는 데 있었던 것이다. 貫休의 不屈의 정신도 좋으나, 시 자체의 가치로는 '四十州'가 더욱 의미있는 표현이라는 것이다. 이상은은 두보로부터 精麗風의 결점을 이 音節和諧를 배워 보완한 경지를 터득했다. 두보의「解憫」(淸, 劉濬, ≪杜甫集評≫ 卷15)의 "新詩改罷自長吟"과「長吟」(上同 卷9)의 "賦詩新句穩, 不覺自

---

30) 王力의 ≪中原音韻學≫ 上冊 p.93.
31) 引文하면 다음과 같다.
    唐詩僧貫休初投詩於吳越王曰 : "貴逼身來不自由, 龍驤鳳翥勢難收, 滿堂花醉三千客, 一劍霜寒十四州. 萊子綵裳宮錦窄, 謝公篇詠綺霞羞. 他時名上凌煙閣, 豈羨當年萬戶侯", 王語之曰, "詩則美矣, 若能改作四十州, 當得相見." 貫喟然曰 : "州不可增, 詩亦不可改, 孤雲野鶴, 何天不可飛耶. 遂杖錫法."

長吟" 구는 음절이 平仄보다는 吟詠에 그 중심을 삼고 있는 경우다. 시중의 음절은 자기창조여야지 전인의 모방일 수 없다. 따라서 袁枚는 ≪隨園詩話≫에서 "詩有音節, 淸脆如雪竹冰絲, 非人間凡響, 皆由天性使然 非關學問."32)이라고 설명했다. 이상은의 「楚宮」第二首(同卷5)의,

　　　已聞佩響知腰細, 更辨絃聲覺指纖.

　　　이미 패옥 소리 듣고 가는 허리임을 알았고
　　　또한 가야금 소리에 가냘픈 손가락임을 느낄 수 있었네.

또 「日射」(同 卷5)의,

　　　日射紗窓風撼扉, 香羅掩手春事違.
　　　廻廊四合掩寂寞, 碧鸚鵡對紅薔薇.

　　　햇살은 비단 창을 내리쬐고 바람은 사립문을 흔드네.
　　　비단 손수건 만지작거릴 새 어느덧 봄날은 가고
　　　회랑의 사방에서 적막이 엄습해오고
　　　푸른 앵무새 붉은 장미와 짝하네.

　위의 2수 시구는 음절의 和諧를 강구하여 精麗美를 고취하고 있다. 이상은 시의 精麗의 또 한 특색은 자연적 감각을 준다는 것이다. 다시 말하면, 인위적 조작의 느낌이 없다는 것이다. 이것은 李賀와 溫庭筠詩와 다른 점이다. 李賀詩33)는 冷覺과 色覺을 다용해서 寒·

---

32) 袁枚, ≪隨園詩話≫ 卷九, p.36.
33) ≪檀大學報≫(1974) 李東鄕 「李賀詩의 特色」.

冷·濕·白·素·碧·老紅·冷紅·幽紅·空綠·靜綠 등이 음절의 急促感을 주는 한편, 溫庭筠詩는 精麗華色이 짙어 浮虛하다. 이상은 시는 '麗中眞味'(필자의 의견)를 지니고 있어 묘사가 ① 淸潔하고, ② 高遠한 격조가 있다. ①의 예를 들면「嫦娥」(同 卷6)의,

  雲母屛風燭影深, 長河漸落曉星沈.
  娥應悔偸神靈藥, 碧海靑天夜夜心.

  구름 두둥실한 병풍 촛불에 그림자 깊게 드리우고
  은하수 점점 멀어질 새 새벽별 사라져 가네.
  항아는 응당 불사약을 훔친 것 후회하리
  푸른 바다 파란 하늘에서 밤마다 애처로운 심정으로.

에서 제2구와 4구의 '淡',「霜月」(同 卷5)의,

  初聞征雁已無蟬, 百尺樓高水接天.
  靑女素娥俱耐冷, 月中霜裏鬪嬋娟.

  애당초 기러기 소리 들리면 매미 소리 사라지는 법
  백 척 되는 높은 누대에 서니 강물과 하늘이 맞닿아 있네.
  청녀와 항아 다들 추위를 견디면서
  달 속 서리 안에서 아리따움을 다투네.

에서 제2·4구의 '雅',「聖女祠」(同 卷6)의,

  無質易迷三里霧, 不寒長着五銖衣.

  빼어난 미모는 쉽사리 황홀경에 빠지게 하나니
  춥지도 않은지 五銖衣 길게 걸쳤구나.

구와「重過聖女祠」(同 卷3)의,

　　一春夢雨常飄瓦, 盡日靈風不滿旗.

　　한바탕 봄날의 꿈같은 비는 항시 기와에 날리고
　　종일 부는 靈風은 깃발조차 휘날리지 못하네.

구는 각각 "바라보기만 하고 가까이하지 못함"(「聖女祠」)과 "가까이 하되 바라보지 못함"(「重過聖女祠」)의 '眞'을 표현하고 있다. 이것은 이상은 시의 脫俗味이기도 하다.
　②의 경우는 이상은 시에 있어 精麗를 위해 번잡한 수식과 진부한 표현이 없다는 것이다. 물론 典故를 다용했지만 性靈스럽다. 따라서 袁枚는 또 시평하기를,

　　凡詩之傳者, 都是性靈, 不關堆垛. 惟李義山詩稍多典故, 然皆用才情驅使, 不專砌塡也.

　　무릇 시 가운데 후대에 전해지는 것은 모두 성령이지 (典故 따위를) 쌓아 놓는 것과는 관계가 없다. 이상은의 시는 다소 典故가 많으며 화려하나 모두가 재주와 정감을 가지고 구사한 것이지 전적으로 깎아서 채워 넣은 것은 아니다.

라고 추숭하였다. 그리고 范溫도 "義山詩, 世人但稱其巧麗, 至與溫庭筠齊名. 蓋俗學祇見其皮膚, 其高情遠意皆不識也."[34]라 適評했다.「題鄭大有隱居」(同 卷3)의,

---

34) 袁枚의 ≪隨園詩話≫ 卷五, p.13.

結構何峰是, 喧門此地分.

어느 산봉우리에서 끝맺어지는가.
시끄러운 문 여기에서 나눠지도다.

그리고 「春遊」(同 卷3)의,

橋峻斑騅疾, 川長白鳥高.
烟輕惟潤柳, 風濫欲吹桃.

교각은 치솟아 있고 화려한 천리마 질풍같이 달리고
내는 길고 백조는 높이 나네.
안개 연기 경쾌하게 피어오르고 윤기 흐르는 버들
바람 드세어 도리꽃에 불려 하네.

그리고 「無題」(同 卷5)의,

白道縈廻入暮霞, 斑騅嘶斷七香車.

흰 꽃 가득한 길 굽이돌아 저녁 노을에 드니
얼룩무늬 烏騶馬 七香車를 울리네.

이상 여러 구는 그 예가 되며, 특히 「聞歌」(同 卷6)의,

斂笑凝眸意欲歌, 高雲不動碧嵯峨.
銅臺罷望歸何處, 玉輦忘還事幾多.
青蒙路邊南雁盡, 細腰宮裏北人過.
此聲腸斷非今日, 香炧燈光奈爾何.

살며시 미소짓고 눈짓하며 노래하려 할 제
드높은 구름 미동도 않고 푸른 산은 우뚝 솟아 있네.
동대에서 바라본 후 어디로 돌아가려나
천자가 환궁하는 것 잊으신 지 얼마나 되었을까.
푸르게 덮인 길가엔 남쪽으로 가는 기러기 사라지고
가는 허리 궁전 안에선 北人들이 지나가네.
이 소리 애끊게 함은 오늘만이 아니니
향사 불빛 그대를 어이하려나.

여기에서 제1구는 歌者의 상황을 묘사하여 歌者의 처절한 감동적 심사를 토로할 기식을 열고, 제2구에서는 청중이 歌者의 엄숙함에 감화되어 경청하는 정경을 묘사했다. 그리고 중간 4구는 청중이 歌辭와 曲調의 처절에 동화되어 幻想世界로 몰입하는 감흥을 서술하고 있어서 이러한 精麗하면서도 高尙한 시경은 이상은 외엔 찾기 힘든 풍격을 이루고 있는 것이다.

이상은의 시는 "華而不靡"(화려하지만 저속하지 않음)(《王右丞集》卷之末「司空圖與李生論詩書」)하다. 이상은은 '離騷'를 바탕으로 比興이 많고, 두보를 배워 沈雄激壯하고, 穠麗하다. 그리고 이상은은 用典을 즐겨 시의에 深文奧旨가 있어 이를 西崑體라 한 연유가 된다. 이상은의 시풍은 다각적으로 분석할 수 있으나 본고가 집석한 방법은 이상은의 생평상의 시대성, 시상의 표현성, 시리면의 隱喩性을 종합하여 시의 풍격을 축약하였다. 그리하여 情詩의 특성을 애정의 희비와 상통시켜 '戀'적 풍격을 규정하여 궁녀와 女冠과의 교통에 따라 표현되는 詩味를 고찰하였다. 그리고 시에 제시되는 悽傷과 沈鬱을 '傷'적 풍격에 열입하여 진지한 서정의 감각을 포착하는 데 주중하였다. 아울러 '麗'적 풍격은 精麗緻密한 詩味를 대변하는 것이다. 이상은 시를 유미시니 상징시니 평가하지만 修辭學的으로 우수하여 두보 이후의 최대 작가로서, 淸雅하고 高遠함이 화려한 시어 속에 유로되고 있다는 점을 유의해야 할 것이다. 이상은 시의 난해성은 바로 양면성(Ambiguity)이 같이 포함된 심오한 詩境이 조성된 데 그 근본을 찾아야 할 것이다. 이상은 시를 유가적이나 도가적인 종교 내지 윤리적 관념보다는 人間心性 자체에 의거해 이해하는 태도가 타당하리라 본다.

索引

【ㄱ】

賈島　43, 128, 129, 239, 403
假仁假義的　332
葛連祥　448
葛立方　440, 442
葛常之　259
姜夔　37
格律派　239
耿湋　199
景中有情　191, 316
高古奧逸主　230
顧起綸　112
古淡派　403, 405
高騈　364, 402, 403
高棅　431
高彥休　32
顧雲　364, 403
高適　72
高仲武　160, 166
顧況　33, 90
郭廷誨　371
管世銘　168

貫休　474
國雅品　112
郡齋讀書志　29, 285
軍政一體　429
屈原　432
權德輿　144
近體詩　11
金聖嘆　92
汲古閣　366
寄內詩　460, 461
綺麗婉靡　82
紀批瀛奎律髓　112
寄情寓風　374
寄託法　382
金可紀　12
金立之　12
金雲卿　12

【ㄴ】

羅大經　388
羅紹威　364
羅隱　400, 403

南宗畫 13
郎士元 86
冷朝陽 92
盧景亮 219
盧綸 140, 199
老學菴筆記 295
農父謠 321

【ㄷ】
譚優學 113, 116
唐闕史 32
唐代口語 313
唐詩紀事 48, 133
唐詩談叢 138
唐詩選釋評 248
唐汝詢 202
唐才子傳 128
唐會要 30
臺閣風 210
大歷十才子 140
對牀夜語 162
對仗法 167
陶潛 127, 195
獨孤鉉 255
敦煌 104
動靜對比 346
杜牧 248
杜甫 432
杜如晦 333

杜佑 441
登科記考 29

【ㅁ】
馬異 46
萬曼 245, 358
孟軻 34
孟郊 403
孟瑤 307
孟浩然 276
明暗法 346
冒春榮 157
繆鉞 296
繆荃孫 372
文藪 308
文苑詩格 157
文章四友 14
物我一體 317
閔元衢 389

【ㅂ】
朴實咮 416
潘德衡 176
反齊梁風 14
方東樹 63, 96
芳林十哲 280, 403, 411, 427
房玄齡 333
方回 371
裴延翰 435

白居易　41, 150, 307, 308, 356, 403
白描手法　140
飜案法　340
樊宗師　32
范蠡　430
范希文　162
皕宋樓　283
傅璇琮　142, 150, 169, 362
悲憤慷慨　438
非戰思想　16
比興托物　421

【ㄙ】
司空圖　266
謝靈運　71, 110, 222
四分法　13
寫實派　400
謝安　78, 88
謝夷甫　160
謝朓　71, 80, 107, 195
詞華派　239
三羞詩　294, 326
三皇五帝　10
上三下二句　433
橡媼歎　330
上二下三　433
色感　255
西崑體　449, 479

徐凝　255
西清詩話　138
石州詩話　162
禪理　138
禪語　426
禪跡　138
禪趣　136, 426
薛雪　56, 434
小杜　433
蘇雪林　453
蕭穎士　90, 143, 156, 161
蕭滌非　296, 297
孫望　62
孫星衍　282
宋玉　432
數對比　255
升菴詩話　57
詩概　262
詩界革命論者　356
詩仙　16
詩聖　16
詩人主客圖　230
辛文房　286
新樂府運動　17
沈德潛　422
沈炳巽　63
沈崧　399
沈亞之　252
沈作喆　32

十二石山齋詩話 158

【ㅇ】

安史亂 298, 437
梁啓超 468
梁九圖 158
兩面性 176
羊昭業 303
楊紹和 368
楊愼 57, 62, 95, 211, 431
揚雄 34
楊載 375
彦周詩話 447
嚴羽 211, 306, 352
余嘉錫 31
麗中眞味 476
鍊丹 11
艷情類 250
葉燮 279
葉少蘊 454
令狐楚 243, 246, 247
令狐楚 450
翁方綱 109, 162, 438
王巨仁 12
王建 231
王國維 260
王夢鷗 218
王茂元 450, 460
王士禎 355

王世懋 94
王世貞 211, 474
王安石 150
王涯 41
王維 86, 109, 276, 354
王應麟 391
王翼雲 97, 111
姚範援 30
姚寶 383
姚合 69, 255
容齋隨筆 58
容齋詩話 127
牛李黨爭 450
元結 57
元德秀 294, 333
袁枚 271
元白體 405
元載 171
圓載上人 298
元稹 403
魏慶之 415
魏朴 302
韋應物 90
韋處厚 33, 36
劉開揚 100
劉貢父 59
劉克莊 63, 127
劉大杰 453
唯美派 403

劉成德　173
流水對　167
劉崧　150
劉雅農　254
劉揚忠　356
劉延陵　467
劉禹錫　255
劉長卿　199
柳枝　462
陸龜蒙　298
陸龜夢　309
陸時雍　230, 417
六硯齋二筆　28
陸榮望　114
陸游　296, 307
尹洙　295
殷堯藩　255
議論爲主　340
懿貞禪師　11
李嘉祐　92
李甘　439
李翺　33
李轂　304
李嶠　380
李奎報　410
李端　92, 190
李勉　68
以文爲詩　435
李攀龍　257

李白　127, 432
李紓　90
以禪入詩　164, 263, 354
李涉　256
以識爲主　53
李瑛　382
李益　455
李日華　28
李肇　141
李重華　343, 374, 468, 474
李蔡　103
李忠臣　68, 69
李賀　44, 230, 430
李回　440, 441
李懷光　101
李希烈　68, 69
一韻到底　19
一瓢詩話　138

【ㅈ】
自問形式　380
張喬　403
章臺柳傳　67
長嘯　11
張詠　114
張爲　230
張以寧　150
蔣寅　142, 150
張諲　86

張籍 48, 239
張表臣 32
錢謙益 218
錢穀 370
錢起 69, 86, 92, 140, 199
全唐詩說 138
錢鏐 363, 364
全祖望 448
錢鍾書 14, 307
占卜故事 423
情景交融 316
情景分寫 316
鄭谷 126, 403
正樂府 321, 328
鄭畋 364
情中有景 317
丁鶴年 150
齊梁風 14
第二義 306
第一義 306
晁公武 29
趙翼 58, 434
朱泚 101
周紫芝 445
皴法 407
中山詩話 59
重疊技法 420
中興間氣集 166
陳尚君 114

陳延傑 448
陳王和 95
陳子昂 56, 57
陳振孫 172, 213, 244

【ㅊ】
唱和詩 309, 314
蔡正孫 259
淸江 150
淸奇雅正主 230
淸新味 416
苕溪漁隱叢話 232
初唐四傑 14
崔璐 300
崔涯 256, 257
崔致遠 12
仄聲韻 23
七愛詩 319, 332

【ㅌ】
脫俗意識 425
太湖詩 310
平淡性 418
平聲韻 23
風骨峻上 57
皮子良 295
皮子世錄 356

【 ㄏ 】

何光遠 383
賀裳 473
夏侯審 195
韓翃 140
漢元天皇 101
韓愈 48, 53, 56, 281, 347, 432
香奩體 412
許堯佐 65
許顗 447
許渾 250
玄奘法師 11
形象思維 340
豪健風 431
胡三省 296
胡雲翼 102
胡應麟 102, 167
胡震亨 343, 394
洪邁 58, 127
弘惠上人 298
華而不靡 417, 479
黃德弼 371
皇甫湜 28
皇甫冉 86, 88, 150
黃丕烈 366
黃巢 297, 393
黃巢亂 356
繪事後素 55
橫空硬語 434

後村詩話 127, 138
侯希逸 67
毀滅精神 466

著者 : 柳晟俊

1943년 출생
서울대학교 중문과 졸업
서울대학교 대학원 중문과 문학석사
國立臺灣師範大學 國文硏究所 문학박사

공군사관학교 교수부 조교수
계명대학교 중국학연구소 소장
한국외국어대학교 중국문제연구소 소장
한국외국어대학교 언어연구소 소장
미국 Harvard 대학교 객원교수
한국중어중문학회 회장
한국외국어대학교 동양학대학 학장

현재 : 한국외국어대학교 중국어과 교수·중국연구소 소장
    중국 西北大學 연구교수·南京大學 특빙교수

논 문:「王維詩攷」,「李商隱詩風攷」,「全唐詩所載新羅人詩」,
    「寒山과 그 詩攷」,「滄浪詩話詩辨考」,「鄭燮詩攷」,
    「王梵志詩考」,「戴叔倫의 五律考」,「皮日休詩考」,
    「盧綸詩考」 등 170여 편

편·저서 : 《申緯作品集》,《新編中國語》,《唐詩選注》,《實
    用中國語》, 《王維詩研究》,《王維詩比較研究》,
    《楚辭》,《中國唐詩研究》,《唐詩論考》,《中國詩
    歌研究》,《淸詩話研究》 등 50여 권

● 唐代 後期詩 硏究

인쇄 2001년 2월 10일
발행 2001년 2월 20일

지은이 ● 柳 晟 俊
펴낸이 ● 韓 鳳 淑
편집인 ● 金 賢 貞
펴낸곳 ● 푸른사상사

등록 제2-2876호
서울시 중구 을지로2가 148-37 삼오B/D 302호
대표전화 02) 2268-8706-8707
팩시밀리 02) 2268-8708
메일 prun21c@yahoo.co.kr

ⓒ 2001, 유성준

값 22,000원